高校创新创业教育理论与实践研究

李 涵 汤德钱 胡倩枫 著

中国商业出版社

图书在版编目（CIP）数据

高校创新创业教育理论与实践研究 / 李涵，汤德钱，胡倩枫著. -- 北京 : 中国商业出版社, 2023.11
ISBN 978-7-5208-2722-5

Ⅰ. ①高… Ⅱ. ①李…②汤…③胡… Ⅲ. ①高等学校－创造教育－研究－中国 Ⅳ. ① G640

中国国家版本馆 CIP 数据核字（2023）第 226780 号

责任编辑：李 飞
（策划编辑：蔡 凯）

中国商业出版社出版发行
（www. zgsycb. com 100053 北京广安门内报国寺 1 号）
总编室 :010-63180647 编辑室 :010-83114579
发行部 :010-83120835/8286
新华书店经销
安徽中皖佰朗印务有限公司印刷

787 毫米 ×1092 毫米 16 开 13 印张 305 千字
2023 年 11 月 第 1 版 2023 年 11 月 第 1 次印刷
定价：58.00 元

* * * *
（如有印装质量问题可更换）

前 言

21世纪，科学技术迅猛发展，全球化进程加快，人们更加重视对学生创新思维与创造能力的培养，创新创业教育也成为教育体系中的重要组成部分。创新创业教育既是提升大学生创新创业能力的抓手，也是推进社会发展进步的重要动力源泉。创新精神与创业能力的培养是一个国家、一个民族可持续发展的灵魂与综合国力的具体表现，是缓解日益增大的大学毕业生就业压力、提升人才创新精神和创业意识的重要途径。

“大众创业，万众创新”赋予了高校创新创业教育新的内涵，也对高校提出了更高要求。作为创新创业教育的主要载体，各高校不仅承担着素质教育的责任，更肩负着为社会培养、输送大量创新创业型人才的重要使命。创新是一个民族进步的灵魂，是一个国家兴旺发达的不竭源泉，创新是引领发展的第一动力。我国鼓励创业带动就业，倡导广大青年勇于创新创造。高校要全面实施素质教育，着力提高教育质量，培养学生的创新精神、实践能力和社会责任感，就必须深化创新创业教育改革。同时，持续有效地推动高校大学生创新创业教育各方面的改革，发挥高校大学生创新创业教育的重要作用，为社会发展注入强劲动力。不仅如此，随着创业经济的发展和全球竞争态势的加剧，大力发展高校创新创业教育逐渐成为各国的共识。

本书是一本关于高校创新创业教育理论与实践方面研究的书籍。全书首先对高校创新创业教育进行简要概述，介绍了创新教育、创业与创业教育以及实施创新创业教育的必要性等内容；其次对高校创新创业教育构成的相关问题进行梳理和分析，包括创新创业意识、精神与思维，创业者与创业团队，创业机会与创业风险，等等；最后在高校创新创业教育实践方面进行探讨，内容涵盖了高校创新创业教育协同机制、研学旅行创新创业教育实践平台的构建、“互联网+”背景下的大学生创新创业能力培养等方面。本书论述严谨，结构合理，条理清晰，且能为当前高校创新创业教育理论与实践相关理论的深入研究提供借鉴。在写作过程中，由于水平有限，书中难免存在很多不足之处，恳请各位专家和读者能够提出宝贵意见，以便进一步改正，使之更加完善。

李涵 汤德钱 胡倩枫

2023 年 11 月

目 录

第一章 高校创新创业教育概述

第一节 创新教育

一、创新教育概述

（一）创新教育概念

创新教育是指在教育的过程中，以启发、诱导的教育方式为手段，以激发开辟人的创新意识为核心，以整体素质的培养提高为载体，以着力塑造人的创新精神和能力为重点，全面实现人才的培养目标。创新教育的本质就是培养创新人才，创新人才应具备全面的、综合的素质，既包括能以释放个人的生命本质力量为基点，以全面提高个人的社会效能为最终目的所养成的科学意识、科学态度、科学精神、科学观念、科学知识、科学技能组成的科学素质，还包括由爱国主义精神、修身之道、思想政治觉悟、人格道德理念、人文能力组成的人文素质以及健全的身体和心理素质。

综上，创新人才的鲜明特征应包括以下四个方面。

1. 知识广博

创新不是无源之水，也不能单靠创新精神和热情就可以做到，它必须以丰足的能源为基础。所以，拥有创新素质的人才应具有广博的知识，不仅掌握本学科的基本理论、基本知识、基本技能，还通晓其他学科的知识，并且形成综合性的知识结构体系，为自己的可持续发展提供基础和可能。

2. 思维敏锐

思维能力强，具有创业者和企业家所需要的开拓精神，能站在整体的角度以多向思维甚至是批判性思维方式，分析和处理问题。

3. 突破能力强

能在一定领域在前人研究成就的基础上实现突破性、前所未有的进展，及时或在他人之前创造一种社会经济发展所需要的新观点、新理论、新产品、新工艺、新技术、新方法等。

4. 事业心和责任感强

事业心和责任感强，对自己所从事的事业怀有执着的追求，具有锲而不舍的精神；人格心理品质优异，心理承受能力强，能从容应对变化与挫折，较好地处理各种压力；交际能力强，有合作精神，能意识到自己同他人的依存关系，在尊重与维护自己利益的同时，尊重他人利益，以公平的心态、互惠的原则处理事务，谋求共同发展。

（二）创新教育的特征

基于以上对创新教育的描述，可以概括出创新教育的基本特征。

1. 创新教育是一种旨在培养创新人才的教育

教育的根本目的是培养全面发展的人，而在人的全面发展中，最重要的是人的创新精神、创新思维与创新能力。高校培养创新人才，首先要培养学生鲜明的创新个性，要以人为本，因材施教；其次，要做到学校社会化，要加强学生的实践环节，提高学生解决实际问题的能力；再次，要使学生兼具人文精神与科学精神；最后，要使学生具有国际竞争与国际合作能力。

2. 创新教育是一种超越式教育

传统教育强调的是如何学习和积累前人的知识，从本质上来说，这种教育方式只是在发挥“复制”前人知识的功能，并无深刻且内涵独特的创新意义。创新本身就意味着超越，相对于传统教育，创新教育强调的是在积累前人知识的基础之上，不断创新，超越前人。创新教育就是要培养学生以积极主动的精神去丰富、创新和发展前人的知识。因此可以说，创新教育是一种超越式教育。

3. 创新教育是一种主体式教育

教育理论早就倡导学生是教育的主体，但传统教育模式却以学科和专业为中心，学校按专业来安排课程，教师以学科知识的系统性和连续性进行授课，学生则以学校安排好的专业和课程进行学习。这种教育模式强调的是作为教育客体的学科，而不是作为教育主体的学生，其教育方式呆板、僵化，学生缺乏充分的自主选择权，是一种客体式教育。与传统教育相比，创新教育培养的是创新人才，追求人格发展的特异性与和谐性相统一。创新意味着尊重个性——创新教育以学生为中心，坚持从学生个性出发，注重学生个性的培养和发展，给学生以充分的自主选择权，以最大限度地激发学生的积极性、主动性和创造性为目标。在传统教育中，学生是分数和书本的奴隶；在创新教育中，学生则是学习的主人。

4. 创新教育是高层次的素质教育

素质教育是现代教育思想的体现，其内涵是面向全体学生，全面培养学生的基本素质，培养学生的创新意识和创新能力。创新是一个综合的素质，从这个角度上说，素质教育是创新教育的基础，因为只有在素质全面发展的基础之上，才能形成创新精神和创新能力。而从教育模式的角度来看，创新教育则是高层次的素质教育，它所培养的素质不是一般的素质，而是代表人类本质最高体现的创新素质。

二、构建高校创新教育体系

高校的创新教育是一项复杂的系统工程，它要求学校的一切工作都要紧紧地围绕着创新教育来进行，都要紧紧地围绕培养创新人才来进行。因此，构建高校的创新教育体系是全面实施创新教育的关键。

（一）抓住教学这一中心环节进行教学体系创新

1. 转变教育、教学思想

在我国，长期以来把学校仅仅看成单纯传授知识的场所，教育、教学的任务就是向学生传授知识，学生就是接受和存储知识。在这种思想的指导下，形成了“三个中心”的教学思想体系，严重地影响了学生学习的积极性、主动性和创造性的发挥。因此，改变旧的传统教育思想观念是培养创新型人才必须首先解决的问题。科学的教育学告诉我们，现代教育、教学的任务不只是传授知识，更重要的是发展、培养学生的智能，必须把培养学生的创造能力放在重要地位。除了教给他们最基本的理论、知识、技能以外，更重要的是培养学生多方面的能力，特别是运用已有的知识去获取新知识的能力和勇于探索、勇于创新的创造能力，掌握发展新的科学理论的思想方法，建立起合理的智能结构，学会在探索知识的过程中进行创造性的学习和工作。这就要求必须在教育、教学思想上进行转变，既要重视知识的传授，更要重视学生的培养，特别是创造能力的培养，并把两者统一起来。

2. 更新教科书的编写思想

科学研究以及对理论成果的实际应用都是创造性的工作。但是，创造能力并不是天生的，而是需要在教学过程中有意识地加以培养和训练。通过对教科书中知识创造过程的介绍以及书中丰富例题和习题的练习，学习和借鉴前人的经验和方法去分析和解决问题，虽然是一种模仿性的训练，但模仿常常是创造的基础，模仿可能孕育出创造的种子。从模仿走向创造，是人们的一种共同经验。因为在模仿遇到困难时，就是人们发挥创造能力进行新的创造的开始。起初可能只是对前人工作的改进和革新，进而则有可能作出根本性的创造。

目前，我国高校各门课程的教科书都是按照学科知识体系编排的，多重视已有的知识结论，忽视知识的创造过程，而且书后例题多为重复性练习，没有提出创造性要求，致使学生在学习和训练时思维懒惰，没有创新。因此，要转变教科书的编写思想，要将结论与过程统一，历史与逻辑统一。在保证知识体系完整的前提下，增加知识创造过程的内容，按问题提出解决问题的途径和方法、获得的结论以及可能发展的方向来叙述各种知识。这样不仅有助于学生了解科学规律，认清科学的不稳定性和暂时性，并可激发创造欲望，而且有助于学生通过了解科学创造的过程，形成和学会蕴含在其中的科学精神和创造方法。

3. 提供创造性的教学环境

从学生的心理发展和认识水平来看，大学生和中学生有着显著的差异。大学时期，学生主要处于一个求索和发现的阶段，比中学生更多地具备了独立认识世界和事物的能力。因此，在大学教学过程中充分发扬教学民主既是必要的，也具有了一定的心理基础和相应条件。但更重要的是，教师必须放下架子，以平等的身份与学生坦诚探讨，鼓励学生提出各种新异见解，而不是以真理或权威的化身对学生的各种观点下结论。许多大学进行的各种课堂讨论之所以收效甚微，关键就在于教师缺乏科学、民主的精神。

创造性的培养离不开“创造性的环境”和“创造性的气氛”。在高校里，创造性的环境和气氛要依靠教师的创造性教学和科研活动来形成。但是，并不是说教师搞科研就自然建立了这种环境，重要的是教师必须将科研过程引入教学过程，与学生接触和联系。这样形成的才是一种积极的，有教育价值的创造性教学环境。现在许多教师的科研工作完全与学生脱离，不仅使学生对科研工作产生了神秘感，无法激发出创造欲，而且对于教师本人的科研来说，也是一种消极的“画地为牢”。

4. 加强实践教学环节

培养大学生的创造能力，还必须加强教学的各个实践环节，注重理论联系实际，给学生培养思维能力、独立工作能力和创造能力的机会。加强实践性教学，首先要加强实验课教学。在实验过程中，要鼓励学生不受已有知识的束缚，要敢于突破已有“知识圈”，敢于创造性地进行试验。对高年级的实验课，要尽量增开或加大综合性的、带有研究性的项目。改变“抱着学生走”的方法，从实验设计方案、实验操作、分析解决实验中出现的问题，直到完成实验报告总结，都让学生在教师的指导下独立完成，把实验过程变成理论联系实际、培养学生独立工作能力和创造能力的过程。其次，要鼓励学生积极参加科学研究。学生时代思想最活跃，最富有想象力，通过参加科学研究，培养学生的创造能力，为毕业后进行创造性的工作打下良好的基础。因此，学校要尽可能创造条件，鼓励学生积极参加科学研究活动。最后，还要加强第二课堂和其他教学实践环节的研究，广泛培养学生的兴趣和爱好，为发展学生的创造才能创造条件。

5. 改革教学管理制度

高校要培养创新型人才，教学管理制度的改革必须和教学本身的改革同步进行。要改变过去不利于创新型人才培养的教学管理制度。我国高校在应试教育思想影响下，往往对学生以分数高低和是否“听话”分优劣。建立在这种思想上的管理规章制度，不但束缚了学生手脚，而且影响了学生素质能力的培养，特别是创新精神和创造能力的发挥和培养。为此，应增加鼓励学生创造性活动的内容。例如，在制定评选奖学金标准时，要注意体现有利于对学生创造能力的培养；在成绩考查评定上，要增加有关进行独立思考和创造能力的规定和标准，对于创造能力较强并取得创造成果的学生，要有一些特殊待遇。有条件的高校应把“封闭式”的教学管理制度改为“开放式”，使学生根据个人的学习基础和兴趣爱好，积极主动地构建个人的知识结构，充分发挥每个学生的聪明才智和创造才能。创造性人才培养还和思想政治工作有着密切关系。一个人的创新精神是在正确思想认识的基础上，在情感的激励下发生和发展起来的。加强学生的思想政治工作，培养他们的荣誉感、责任感和义务感，使他们逐渐树立正确的信仰和世界观，树立远大的理想抱负，才能为学生创新精神和创造能力的培养和发展奠定良好的思想基础。为此，必须改进和加强学生的思想政治工作和各项管理工作，使学生德、智、体、美等各方面得到全面发展。

（二）以改革教育内容为核心构建知识创新体系

以“教师—教材—课堂—应试”为中心的知识传授体系，在培养创新精神和创新能力方面难以有更大的作为。只有以此为基础，重建以“发展知识”为中心的“知识创新体系”，才能更好地满足创新需求。

立足应用性特色，培养创新型人才。学校在课程体系、教学内容的设置上，不能一成不变，沿袭过去，也不应是简单的“拿来主义”，应根据应用性特点培养学生的创新精神、创新能力，作为构建教学内容的原则。随着世界经济一体化进程的加快，人才的培养不仅仅要求掌握一定的专业知识，较强的外语能力，计算机应用能力，一定的外交、经贸、法律、金融等方面的专业知识，都成为高校构建教学内容的重要方面。

围绕应用性目标，重视实验、实践教学。传统实验教学的“验证理论，培养学生的动手能力，培养学生的多种实验技能”的目标应有所突破，实际操作能力对于培养具有创新精神和创新能力的工科学生尤为重要。因此，学校在课程设计和毕业设计中应注重新技术、新工艺、新思想的应用，应建立“开放性实验室”，在指导学生实验时应从培养学生的动手能力入手。

（三）改革现行考评方法，构建评价创新体系

1. 构建考核创新体系

构建考核创新体系，包括对创新型教师和创新型学生的考核。改革评教、评学体系和改革考试内容与方法，是培养创新精神与实践能力的有效途径。对创新型教师的考核可以以职称改革为切入点，调动教师的创新激情，提升教师的科研创新和教学创新能力；对创新型学生的考核，可以以现有的考试制度为基础，大力加以丰富和完善。比如，建立创新的考试评价标准，增加没有标准答案的考试内容；改变以考试分数作为评价学生优劣唯一标准的做法，鼓励学生按照自己的个性和特长在不同方面探索和创新；改革考核模式和方法，除开卷、闭卷、笔试、口试外，还可采用网上考试、实践技能操作、撰写专题报告和学术论文及参加科研项目等方式。同时，考试时间也可以由学生自主选择，允许学生提前申请考试。

2. 评价系统起导向作用，学校应当构建具有激励机制的评价系统

对学生，教师应多鼓励、少批评。学校要形成浓厚的创新氛围，使学生产生强烈的创新冲动，并制造创新机会，提供创新条件，让学生的创新冲动转化为创新愿望，最终通过创新行动实现培养学生的创新能力。目前已有许多高校采取积极的激励措施，鼓励和支持学生进行创新活动。

（四）重视非智力因素与动手能力培养，构建全面发展的创新体系

把教育教学从以培养和发展学生的注意力、记忆力、观察力、思维力等智力因素为中心，转到在发展智力因素的同时，注重培养和发展学生的动机、兴趣、情感、意志和

性格等非智力因素，并使它们相互促进，和谐统一，协调发展。创新能力离不开智力活动，但创新能力绝不仅仅是一种智力特征，更是一种人格特征，一种追求创新的意识，一种积极探究问题的心理取向，一种积极改变自己并改变环境的应变能力，是智力因素和非智力因素的综合。

培养和发展学生的非智力因素，是一项需要学校、家庭和社会相互配合、共同进行的系统工程。学校教育要重视通过教学活动向学生讲述科学家的发现、发明、创造所经历的曲折和艰辛，同时应大力开展由学生自己组织、自主参加的各种第二课堂活动，让他们体验成功和失败。在家庭教育中，家长要克服过度保护的倾向，放开手让孩子通过“摸、爬、滚、打”自己长大。社会各界都要努力创造条件，关心和支持学生利用节假日参加各种社会实践活动，接触社会，了解社会，品尝人生的酸甜苦辣。伴随着经济全球化和教育国际化的进程加快，高校培养的人才只有较高的智力水平是远远不够的，他们还应该具有一定的科研能力、较强的动手能力，要有市场意识、合作精神、顽强的意志和良好的人际沟通能力。一个创新能力强的人，一定是在各方面都得到较好发展的人。

（五）全面提高教师素质，构建创新型教师队伍

1. 尽快提高教师的全面素质，改变现行的教材建设模式

创新教育环境下，教师不仅需要有良好的启发、诱导和培养学生独立思考与创新意识的教学艺术素质，还应有驾驭学科综合知识和对前沿理论创新与实践的能力。在进行一般知识的传授前提下，教师更多地应把实践中的技术难题和学科前沿的理论发展动态等提交给学生，培养学生分析和解决问题的技能与技巧，激发学生的想象力与创新思维能力，使其付诸实践，在实践中磨炼。对于教材的使用，更多的时候应该是参考书，内容则应以当代的生产实践和社会实际为主，以学科发展的最新动态为主。因此，教师兼有充实完善教材的责任，也应更多地服务和实践在生产第一线。

2. 着力建设一支立志创新、善于创新的教师队伍

教师应当具有自觉的创新精神、开阔的知识视野以及富有开创性的思维方式和实践能力。他们不应该仅仅是传统文化的继承者，还应该是与学生平等相待的亲密朋友；不应该是故步自封的教书匠，而应该是不断超越和更新自我的教育家。教师应该善于吸收最新的教育科学成果，将其积极运用于教学中，并有独特见解，能够发现行之有效的新教学方法。教师要敢于突破权威思想，建立新型的师生关系，鼓励学生大胆质疑和创新。要重视实践活动，鼓励学生课外活动，要给学生提供更多的机会去接触社会和实践。在教学过程中，应该把各种创新思想训练的方法融汇到课堂教学、学科教学中。

3. 创新型教师的培养要有宽松的环境

一方面，学校要从时间、物力和财力方面予以大力支持；另一方面，学校要允许教师实施自己创造出来的教学设计或借鉴国内外经验改造后的教学方法，要鼓励教师进行以创新思维开发的教学。同时，对教师在教学中取得创新教育成果予以表彰和奖励，从而在学校形成一种创新教育的氛围。

（六）构建管理创新体系

1. 营造浓郁的学术氛围

经常举办各种学术讲座，广泛开展各种社团活动，切实贯彻“百花齐放，百家争鸣”的方针，是营造浓厚学术氛围的重要举措。在学术活动中，要倡导学术自由。这是因为：第一，真理具有相对性。第二，倡导学术自由，是促进科学进步、艺术发展和文化繁荣的必由之路。第三，倡导学术自由，是培养创新人才的需要。

2. 在教育管理上要有弹性

对教师进行考核是必要的，但考核指标要科学，要有灵活性。科学研究的生命在于创新，而创新是一种艰苦的探索；探索的时间有长有短，探索的结果有成功也会有失败。如果按照指标考核，貌似公允，但有时会痛失英才。

3. 考试内容和方法要改革

现行的考试不利于培养学生的创新精神和创新能力。那么，如何改革呢？第一，命题的指导思想应该是考能力而不是考书本知识。第二，考题应重理解、运用，而不重记忆，实践环节应重点考核动手操作能力。第三，考试方法要多种多样。第四，不能全按“标准答案”评分，最好不要提标准答案而只提参考答案。第五，对答题有创意的学生应加分，对全做对了但平平淡淡的学生不能给满分。

4. 加强大学生课外科学研究和发明创新活动

高校各科教学中的研讨活动往往局限在较狭窄的知识领域内，与当今大综合的研发实际有一定的距离。加强大学生的课外科学研究和发明创新活动有利于打破课程界限，培养学生综合利用多学科知识解决理论与实践问题的能力。这类创新活动应纳入教学计划，提供必要的财力支持和物力支持，由科研能力强的教师指导。在高年级应将学生引入各种项目研究。在研讨式教学和综合性的科学研究、发明创新活动中，学生在教师的指导下，在同学的激发下边干边学，体验创新活动的成败得失，有助于他们掌握创新的技能。创新的技能是难以通过阅读和听课来掌握的，在教师指导下边练边学是掌握技能的有效途径。

第二节　创业与创业教育

一、创业与创业素质

（一）创业

一般地说，创业分为广义与狭义两种：狭义的创业是指创办企业，广义的创业是指开创事业。我们把前一种创业者称为企业家，把后一种创业者称为开创事业的人。

（二）大学生创业的时代特征

在不同的时代，创业的内容和方式会有很大的不同。就当前的大学生创业活动来看，体现出如下一些特点。

1. 知识创业

大学生是一个特殊的人才群体，他们系统地学习了科学文化知识，掌握了某个领域的专业知识和基本技能，是具有了创新精神和实践能力的高级专门人才，这是大学生的最大优势。只有在创业过程中充分发挥这种优势，依靠知识创业，才会使创业实践具有更大的成功率和效益。具体地说，在知识创业中，大学生要实现三种形式的转化：一是把知识转化为创业素质。即通过学习和掌握知识，并在与社会实践的结合中升华，培养有益于创业的综合素质，包括个性、才能、创造力和心理品质，从而提高自主创业的能力。二是把知识转化为“资本形态”。即从大学生“知识富有”而“资金匮乏”的特点出发，通过技术投资的形式，把知识转化为“资本”，在与其他投资者的合作中创业。三是把知识转化为物质财富。即依靠自己的知识和科技成果创办企业，把它转化为现实的生产力，直接创造物质财富，获得经济效益。目前，一些地方设立了专门的大学生创业园区，作为大学生创业的“孵化器”，以独特的条件扶助大学生创业，能够有效地解决大学生经验不足、资金困难及对创业实践过程和操作程序不熟悉等问题，帮助他们逐步摸索、适应、成长和壮大，为大学生发挥自身优势、依靠知识创业提供了良好的条件。

2. 能力创业

创业包括“求职”和“创造新的工作岗位”。从“求职”的角度看，随着社会主义市场经济体制的完善，人才资源的配置已由市场来调节，就业问题主要通过竞争来解决，而这种竞争从根本上说，主要是人的素质的竞争，是知识水平和创造能力的竞争。大学生如果不能发挥自身的知识优势，就难以在竞争中获胜。从“创造新的工作岗位”的角度看，有的企业倒闭和职工下岗，很大程度上是因为缺乏科技创新能力，如果我们还去创办缺乏知识含量和科技含量的低档次企业，就会重蹈“失败”和“倒闭”的覆辙。只有重视和善于发挥大学生的知识优势，创办知识含量和科技含量高的企业，才会有创业的成功、企业的兴旺，从而解决自身的就业出路问题，解决社会劳动力的就业与再就业问题。

（三）大学生创业的基本形式

1. 创办企业

这是大学生创业的一种典型形式，也是比较高级的形式。它符合知识经济时代的创业特征，但要求大学生有一定的资金实力，有组织管理能力和社会活动能力，所以目前还不是普遍的形式。创办企业应该不限制在单纯的企业，而应包括社会生产的各个领域。

2. 提供劳务

这是大学生创业的一种重要形式，有利于培养他们自立自强的创业精神。大学生可以发挥自身的知识优势从事家教服务，可以发挥自己的专业优势从事技术服务，也可以从事以体力劳动为主的劳务。一些缺乏资金和管理经验等条件的大学生，通过为社会和他人提供劳务，既可以取得一定的经济收入，减轻家庭的负担，又可以在实践中培养艰苦创业的精神，增强劳动光荣的意识，磨炼吃苦耐劳的品质，学会自立自强；还可以培养适应社会的能力，增加创业的体验，熟悉社会环境，学会社会交往。对于缺少资金者，通过提供劳务进行创业，无疑是比创办企业更加普遍的一种大学生创业形式，也是开展创业教育的重要方式和途径。

3. **大学创业园**

现在，许多大学或城市都创办了大学生创业园或留学归国人员创业园。通过制定一系列的优惠政策，鼓励和吸引大学生入园创业，在创业实践中，提高大学生的创业意识和创新能力。一般来说，大学创业园为学生创业提供了一些最基本的条件，大学生不必投入太多的资金就能创业，并且投资的回收期也较短。进入园区进行创业的项目大多与学生的专业有关，学生入园创业经营项目由自己选定，学生自筹资金、自主经营、自负盈亏，有些创业园也为创业者提供适当的贷款。

二、创业教育

（一）创业教育及其必要性

1. **创业教育的定义**

创业教育是指通过教育教学活动来培养学生创业能力的教育，即在加强基本理论和基础教育的同时，以培养人的创业精神和创业能力为基本价值取向的教育。

创业教育的概念来源于西方，它主要有两个方面的含义：一是进行事业、企业、商业等规划、活动、过程的教育；二是进行事业心、进取心、探索精神、开拓精神、冒险精神等心理品质的教育。它整合了素质教育、创造教育、职业教育、创新教育等多种教育理念，是知识经济中集各种教育之合力的一种新的教育理念。

创业教育分为广义和狭义两种：从广义上来说，创业教育是培养具有开创精神的个人，它对于拿薪水的人同样重要，因为用人机构或个人除了要求受雇者在事业上有所成就外，正在越来越重视受雇者的首创、冒险精神，创业和独立工作能力以及技术、社交、管理技能；而狭义的创业教育是指进行创办企业所需要的创业意识、创业精神、创业知识、创业能力及其相应实践活动的教育。

创业教育包括两个方面，即“求职”和“创造新的就业岗位”。在这里，“求职”不是被动地等待“分配工作”，也不是在某一特定领域寻找空缺，而是主动地、全方位地探寻可能的岗位以及通过施展才华使其成为自己的现实工作的过程；“创造新的就业岗位”既是创业教育的精髓，也是创业教育的关键。

大学生创业教育，是指广义的创业和创业教育，即开创事业和与此相应的教育活动。根据这种理解，人人都有可能成为不同岗位、不同事业的开拓者，都有可能成为创业者。

在我国高校开展的创业教育和创业活动中，对创业有不同的理解和定位。创业教育的实践活动方式概括为三种类型：第一种是以提高学生整体能力和素质为侧重点的创业教育；第二种是以提高学生的创业知识、创业技能为侧重点的创业教育；第三种是将素质教育作为基础并为学生提供创办企业的资金和技术咨询的创业教育。

2. 创业教育的必要性

（1）创业教育是现代高等教育的基本内容

创业教育虽已提出多年，但从来没有像今天这样得到重视。为了适应21世纪新的挑战和变革的需求，革新教育和培训过程必须包括创业能力，这种能力无论对工作、就业还是自我谋职都同等重要。

创业教育是开发和提高学生创业基本素质的教育，是一种培养学生事业心、进取心、开拓精神、冒险精神，从事某项事业、企业、商业规划活动的教育。联合国教科文组织曾经提出“学习的第三本护照”，即创业能力“护照”，要求把创业能力护照提高到与学术性和职业性护照同等重要的地位。实施素质教育，核心是提高国民和广大劳动者的素质，培养学生的创新精神和实践能力。对高等教育而言，创新精神要落实到创业上来，创业素质应该成为高校学生必备的基本素质。

（2）创业教育是知识经济和高等教育大众化的必然要求

新经济时代的到来，经济全球化及社会需求的日益多样化，为创业教育和创业活动的展开创造了广阔的空间。过去创业更多利用的是人才、物力、财力和已有的技术方法，而在新经济时代，知识、信息和技术是最重要的创业资源。因而在新经济时代，高校所培养出来的人群较之其他人群更具有创业的环境和资源优势；新经济时代的来临促成了产业结构的调整升级，高新技术产业成了新经济的第一支柱产业，知识产业化成了当代经济发展的主要增长点，这就迫切需要一大批高素质的创业人才去振兴传统工业，发展新兴产业、高新技术产业，这也为高校创业教育和大学科技创业活动的展开创造了十分有利的条件。经济全球化、生产国际化，促成企业的竞争日益激烈，一方面迫使企业扩大规模，推动企业的兼并、合作；另一方面又导致大企业供应大市场的活动不断向小企业供应小市场的活动转移，这推动着大学生创办小型高科技企业。未来的社会是一个需求日益多样化、多元化和个性化的社会。这种社会需求必然使生产的多品种、小批量、个性化成为其显著特征，这势必导致新的行业、新的企业、新的产品不断涌现。而在新经济时代，高科技的小企业具有相对优势，这种社会需求为大学生的创业提供了前所未有的机遇。

（3）创业教育是解决中国社会矛盾的有效途径之一

开展创业教育，培养学生的创业能力，不仅能解决毕业生就业难的问题，而且是繁荣经济、缓解就业压力最有效的途径之一。因此，不论是在发展中国家还是在发达国家，人们都越来越重视中小企业在创造就业机会中的突出作用。今后我国非国有经济的中小企业将有一个更大的发展。这就给高等教育提出了新的任务，即要为非国有经济的中小企业培养人才。也就是说，通过高等教育培养出来的学生不仅是求职者，还应该成为就业岗位的创造者和成功的中小企业家。

（4）创业教育代表着高等教育改革和发展的方向

高等教育必须与社会经济的发展密切结合，必须注重培养人的创新意识与创业能力，既要注重知识与技能的传授，又要重视学生职业素质与职业能力的培养。同时，还要强调发展学生的个性和创业潜能。创业意识与创业能力的培养，将成为高校教育质量的标志之一。如果一个高校的毕业生在求职和创造工作岗位的过程中缺乏竞争力，那就很难说这个学校的办学方向是正确的，质量是上乘的。

（5）创业教育是促进个人未来发展的基本因素之一

从根本上讲，创业是人类社会发展的基础和动力。国民的创造性和创新能力，不仅是一个国家国力的重要标志，而且人的创业精神和创业素质已被联合国教科文组织称为进入社会的“护照”。随着我国市场经济体制的逐步完善和产业结构的调整，转岗、转业、失业将成为市场配置人力资源必然产生的现象，将成为一种经常性的、持久的、正常的状况，要想在激烈的市场竞争中获得生存，就必须学会自谋生路的本能。所以，无论从我国社会经济发展看，还是从受教育者的就业问题和今后的发展趋势看，都必须在高等教育中重视推行创业教育，注重培养受教育者的创业精神、创业能力及引导受教育者的创业行动。

（二）创业教育的内容与方法

1. 在学科教育中渗透创业教育，培养学生的创业能力

高校学科教育有着悠久的历史，在长期的发展中，已经形成了完整的体系，门类众多，领域广泛，每门学科都蕴含着丰富的创业素质教育内容。比如，社会科学课程中众多创业者的风范和改革家的事迹，自然科学课程中缜密的逻辑思维、科学设计和发明家的创造智慧与意志等，它们都会给创业者以启迪和感悟。因此，在学科教育中渗透创业教育，是培养学生创业素质、提高学生创业能力的有效途径。一方面，它有效地利用了课堂资源，使学校拓展了学科教学的应用领域；另一方面，它又节约了教育时间，优化了教学内容，常常可以取得事半功倍的效果。不可否认，学科教育有自己的特点和目标体系，在学科教学中渗透创业教育，关键在于“渗透”，不能本末倒置。因此，要最大限度地发挥学科教育在创业教育中的作用，应注意以下几个问题。

（1）要深入钻研学科教学内容，准确把握学科内在的创业知识，引导学生掌握创业知识

学科教育强调学科知识的传授，而这些学科知识往往是创业的基石。但传统的教育思想和教育目标使这些原本鲜活的内容僵化成了书本上的知识，教师为传授知识而传授知识，学生为学习知识而学习知识，学生掌握的知识应用率低。这就要求教师在传授学科知识时，首先应该明确这些知识是来自实践，而又将回归于实践。教师应深入发掘隐藏在其中的对学生的成长、成才具有实质性价值的内容，加以激发，引导学生自觉掌握。

（2）在学科教学中，教师要积极地启发、指导学生敢于创业、尝试创业

教师的知识、业务素质对学生的创业能力有重要影响。教师知识渊博、业务能力强，对学生的创业能力产生正效应，因此，教师在工作中应重视自身素质的提高。在教学中，要积极地鼓励学生，使学生善于分析，尝试创业，使课堂小制作、小创造、小发明成为经常性的活动。

（3）重视学生的参与精神和主体意识

在现代化教学中，教师要让学生成为学习的主体，让他们自己发现问题、解决问题，培养和提高学生的自学能力和思维能力。要让学生参与教学活动，课堂教学可采取灵活多样的形式。只有让学生参与教学活动，才能真正使学生关心教学目标的实施和实现，关心教学过程的发展和完善，进而体验到实现教学目标的乐趣，从而自觉参与到创业活动中去。

（4）营造宽松和谐的学习氛围，鼓励学生质疑

善于提出问题，是培养学生创业能力的前提。在学科教学中，要精心组织、合理引导学生善于质疑。教育是一种培养人的活动，营造一种宽松、和谐、民主、生动活泼的学习知识和思考问题的氛围，就是为学生创业能力的发展创造出一个无拘无束的思维空间。

2. 开设活动课程，提高学生的创业能力

（1）活动课程的主动性作用

在创业教育中，如果说学科课程在保证学生获得系统的创业基础知识方面发挥着主导作用的话，那么，活动课程则在学生综合性运用所获取的知识方面发挥着主动性的作用。

第一，培养学生获取综合运用知识的能力，完善创业者的知识构成

成功的创业实践与创业者文化水平较高具有正相关关系。一般来说，创业者的知识结构分为三种类型：专业技术知识、经营管理知识、综合性知识。在这三类知识中，经营管理知识、综合性知识在创业实践活动中具有决定性的作用，而这些知识的获得，单纯的学科课程并不能完全提供。由于活动课程以学生的自主性活动为主，围绕活动，能为学生提供同时运用多学科知识、多方面智力才能的机会。因此，学生的经营管理知识、综合性知识能够得到充分的锻炼和展示，并能及时地获取和消化与活动相关的各种知识，从而改善和丰富学生的知识构成。

第二，多方面训练学生，增强和巩固学生的创业能力和技能

活动课程重视学生的实际动手和操作，重视学生的亲身体验和实践。它关注的是教学过程而非结果，强调的是在整个活动过程中训练技能，发展能力。在活动课程中，学生要独立地参与活动，脑、口、手并用。因此，它能使学生的专业能力、特长发展及各种能力综合运用的训练得到增强和巩固，有助于培养学生的社会实践能力和组织协调能力。

第三，培养学生良好的个性，发展学生的创造力

创造力是发挥主观能动性，开动脑筋，进行探索、求新、发展的能力。由于活动课程的开设是根据学生自己的实际情况和具体要求而进行的，课程目标、模式、评价的设计都有利于学生发挥自己的聪明才智和积极、主动的求索精神。因此，一方面，活动课程有助于培养学生的兴趣和爱好，激发学生进行探索、研究的欲望；另一方面，活动课程有助于学生情感与意志的培养和发展，加强学生科学探索的优良品格，养成独立思索、勤奋工作、团结奋进、不怕挫折的创业个性。此外，活动课程还有助于校正学生的性格，形成良好的习惯。所有这一切，都会焕发学生的创造能力，使他们体验到发现的乐趣。

（2）开设活动课程应注意的问题

活动课程不同于学科课程，它有自身的特点和规律。通过活动课程的开设来提高学生的创业能力，应注意以下六个问题：

第一，活动课的课程体系和教学系统要科学化、正规化。如何构建活动课程的教学目的，这一切都有赖于活动课程体系和教学系统的科学化、正规化。一方面，活动课程的设立和教学内容的安排，既要围绕开发和提高学生的各种能力，特别是创业能力，又要顾及学生、师资的实际情况，有的放矢；另一方面，要不断优化活动课教学系统的各个组成要素，教学目标要具体，教材要实用，教学活动要灵活，教学评估要经常，积极探索出一套操作性强、指导意义大、高效的教学系统。

第二，活动课程教学模式要多样化、规范化。活动课程实践性、自主性、过程性、综合性、开放性、创造性的特点，决定了活动课程教学模式势必是多种多样、不拘一格的。但无论哪种模式，都应服务于发现问题、解决问题这一基本程式。因此，活动课程教学模式只有围绕这个过程来设计实施，才能创造性整合教学资料，使学生逐步掌握研究问题的方法和分析问题、解决问题的能力。

第三，活动课程教学环境要宽松、和谐。因此，形成整个学校轻松活泼的活动课程教学环境，是营造有利于学生创业能力发展的适宜的“气候”和“土壤”。为此，在观念上，应正确认识活动课程的地位和作用，改变以往重知识传授、轻学习能力培养，重学生认知发展、轻学生情感培养的偏颇。在教学场地和师资建设上，应加大基础投入，添置必要的设备，加强师资队伍的培养，造就一支高水平的活动课程教学队伍。在具体措施上，要鼓励和培养冒险精神，帮助学生树立“敢为天下先”的思想，要使学生感到被人承认和理解，受人尊重和信任，努力使学生有表达、思维、感觉的自由，有塑造自我、实现自我价值的愿望，避免消极式和谴责式的评价，激励学生进行自我决定、自我控制、自我指导。

第四，开设创业教育课程，培养学生的创业意识和创业能力。高校学生创业单凭少数学生自我摸索、自我锻炼是不够的。由于缺乏科学的指导，学生的创业行为难免会带有一定的盲目性。因此，高校应该开设有关创业教育的课程，以系统培养学生的创业意识和基本的创业技能。

第五，采用通才教材，使学生具有广博丰厚的创业知识基础。我国现有的教育体制

是从高中便开始文理分班，进入大学后专业划分更细，致使学生囿于专业的范围而不利于其他方面知识的获得，从而造成培养的人才技能单一，知识面过窄。而学生要进行创业，尤其是在高科技领域内的创业必须具有较为广博丰厚的知识基础，才能够融会贯通，有所发现，有所创新。有鉴于此，高校实施通才教育，加强教育的综合性、整体性，促进文理结合、理工结合，课程的内容不再囿于学科界限，从而实现不同类型的知识间整合，使普通课程、专门课程、科学课程、人文课程统一协调起来。

第六，开展创业计划大赛，锻炼学生的创业能力。创业计划又名商业计划，是高科技与风险投资浪潮兴起的产物，是一无所有的创业者就某一项具有市场前景的新产品或服务，向风险投资家游说，以取得风险投资而撰写的商业可行性报告。创业计划大赛，可以让学生在实际操作中锻炼自己的自主创业能力。此外，还可以在竞赛过程中，锻炼学生的组织能力、人际交往能力及团队合作能力。

（三）创新教育与创业教育的关系

1. 目标同向

在知识经济这种全新的社会环境中，提高个体、社会乃至整个国家和民族的基本素质，已成为衡量教育现代化水平的重要标志。当前，我国政府已将实施素质教育确定为教育工作的战略重点，从而使培养出的人才能够应对知识经济时代瞬息万变的复杂局面。这就决定了要把培养创新精神和实践能力作为实施素质教育的重点。总之，培养创新精神和实践能力是实施素质教育的应有之义，是素质教育的重点内容。

2. 内容同质

创新与创业是当代青年的历史使命。创新大致包括以下两个层面：一是具有社会价值的创新，它为人类文明带来质的变革；二是具有个人价值的创新，它是个体发现和创造出相对于个体而言的新知识、新事物、新方法。与创新一样，创业也包括社会价值和个人价值两个层面。社会价值的创业满足了发展生产力的需要，通过为社会提供新的产品或服务而为社会增添财富和工作岗位；个人价值的创业不但使个人求职谋生，得到精神和物质财富的回报，也为其创新、创造施展才华提供了广阔天地。创业教育包括创业意识、创业精神、创业品质、创业能力培养等方面。创业意识是指在创业实践活动中对人起动力作用的个性心理倾向，包括需要、动力、兴趣、思想、信念和世界观等心理成分。创业意识集中表现了创业素质中的社会性质，支配着创业者对创业活动的态度和行为，是创业素质的重要组成部分。

创业品质即创业心理品质，它是对创业者在创业实践过程中的心理和行为起调节作用的个性心理特征，反映了创业者的意志和情感。

从创新教育和创业教育四方面基本内涵的比较中，不难发现，创新教育与创业教育内容结构相互融合、相辅相成，创新是创业的基础和孵化器，创业是创新的载体和表现形式，两者相互促进又相互制约，是辩证的统一体。然而，创新教育和创业教育毕竟是两个不同的概念，创新教育与创业教育内容的相似，并不能说明两者可以随意偏废或替代，因为仅仅具备创新精神是不够的，它只是为创业成功提供了可能性和必要的准备，如果脱离创业实践，缺乏一定的创业能力，创新精神也就成为无源之水、无本之木。创新精神所具有的意义，只有作用于创业实践活动才能有所体现，才有可能最终产生创业的成功。

3. 功能同效

教育功能是时代特征的集中反映，是由时代对人才素质的基本要求所决定的。时代要求的人才素质、教育功能、教育形式，构成了教育与社会双向驱动的链条。其中人才素质是这根链条的联结点。创新教育是为了适应已经到来的知识经济时代而提出来的，创新教育不仅是方法的改革或教育内容的增减，而且是教育功能的重新定位，带有全局性、结构性的教育革新和教育发展的价值追求。创业教育的着眼点，是为了使教育更好地适应社会、经济、文化发展的现实状况，彻底消除教育脱离时代、社会、生活的弊端。创业教育的落脚点是社会实践性，创业教育的基本内容决定了创业教育除了要使受教育者形成良好的心理素质和个性特征以外，还要使之具有较强的实际工作能力和动手操作能力，在此基础上形成较强的社会适应性和多方面的应变能力，使之成为未来社会的强者和创造者。

创新教育和创业教育都是为了满足人的个性发展的需求，实现人的解放。从教育本质上讲，创新教育和创业教育通过职业教育可以达到目的和手段的辩证统一。

4. 途径同归

从实施途径上来说，创新教育是学校、家庭、社会三方面相结合的系统工程。学校、社会、家庭三方面在创新教育实施过程中必须目标一致、功能互补、形成合力，主战场在学校，主渠道在课堂。教育教学活动的实施载体是课程，学科课程、活动课程、环境课程和实习实践课程，都是实施创新教育的重要途径。

（四）采取有效措施，推进实施创业教育

1. 树立创业教育观

（1）树立以学生为本的教育教学观

传统教育教学观强调书本知识的传授，忽视知识的应用与创新，缺乏创新精神和创业能力。创业教育实施的是“以学生为本”的现代教育，它以促进学生素质的提高为目的，把培养人的全面发展作为具体目标，以教育学生做人为核心，使受教育者具有现代社会所需要的素质，在时代激流中学会生存并发挥推动社会进步的作用，从而实现教育的价值。以学生为本的思想，强调建立和谐的师生关系，营造民主的教学氛围，创造学生积极参与、主动发现的教学情景。以学生为本的教育教学观应贯彻于教学的各个环节之中，统率教学的全过程。具体来讲：在教学目标上，要突出学生创新精神的培养；在教学过程中，教师要科学地、艺术地设计教学的各个环节，让学生充满好奇和有兴致地投入到教学中来；在教学的组织形式上，打破单向传输的教学组织形式，代之以教师与学生互动的双向教学组织形式。

（2）加强培养学生全面发展的素质教育观念

高校人才培养规格应是加强基础、灵活专业方向、拓宽专业、注重素质、强化实践、注重创业能力培养。一是以全面提高素质为主，使学生在德、智、体、美、劳等各方面得到全面发展；二是以人为本，充分挖掘学生的个性潜能；三是以学生的创造性才能作为高等教育人才培养的主要内容，鼓励学生开拓进取，保护学生的创造意识与创新精神。

一方面，要转变以专业为中心的教育思想，树立整体化和综合化的教育观念。当今科学的发展既高度分化又高度融合，并呈现出以高度融合及知识的整体化为主的发展态势。一系列边缘学科、交叉学科、综合学科的出现，表明科学领域越来越成为一个有机统一的整体。专业学科的过度细化，割裂了知识的完整性，不利于知识创新和创业人才的培养。因此，要强调专业结构的有机整体性、专业设置的宽口径、课程设置的综合化，培养理论基础扎实、知识面宽、综合素质高、探索研究能力强、发展后劲足的创新型、研究型人才，还要大力培养一专多能的复合型人才。彻底改变高校人才培养中重智育轻德育、重理论轻实践、重知识轻能力、重共性轻个性、重理工轻人文、重专业轻基础、重功名轻素质等现象。

另一方面，要转变以开发智力为中心的教育思想，树立整体素质培养的教育观念。创业离不开智力活动，但创业能力绝不仅仅取决于智力因素，它还包括自信心、上进心、意志品质、探求问题的能力和对环境的应变能力等非智力因素。要把智力教育与非智力教育有机结合，并使二者相互促进，和谐统一，协调发展。

（3）重视培养创业人才的环境建设

实施创业教育，提高教学质量和学术水平，仅重视教学的硬件设施建设是不够的，还必须同时注意抓软件建设，努力营造一个良好的学术和教学环境。良好的学术和教学环境是学校重要的潜在的教育因素，是无声的教育资源，对于学生形成良好的创业心理有着潜移默化的影响作用。可以通过文化活动、制度建设、社团创办、校风校训等丰富有特色的物质载体的建设，将创业上升到为社会创造财富、为社会增加就业岗位、对社会做贡献的高度，形成崇尚创业、鼓励创业的氛围。大力倡导积极参与、平等讨论、自由交流、教学互动、教学相长的教学方法和研究方法，为学生发展学术、激发创新思维、培养创业能力提供坚实的基础。

（4）培养学生树立新的求职观念

就业教育与创业教育是高校在寻求满足不同社会发展需要的途径与方法过程中产生的两种不同的教育观点。从就业教育走向创业教育是高校教育改革的必然趋势。因此，高校在理论教育和实际工作中要逐渐适应这种趋势，培养学生树立新的求职观念，认清求职、就业、创业的关系，才能使学生适应市场经济条件下的人才竞争，并能及时地应对这种变化。

创业教育作为高等教育发展史上一种全新的理念，为传统意义上的就业赋予了新的内涵。毋庸讳言，“求职”是为了就业，但新的求职观却不同于传统意义上的“填空式”就业，而是一种创造性的就业。

总之，创业教育不是单纯地进行创业知识的传授和创业技能的训练，而是一个素质教育的过程。将创业教育的思想渗透到高校的各方面教育中，贯穿到教书育人、管理育人、服务育人的全过程中去，才能实现“高等教育培养出来的毕业生不仅是求职者，还是成功的企业家和就业创造者”的目标。

2. 引导大学生树立创业意识

（1）教育和引导学生增强创新意识和创业精神

国家鼓励大学生自主创业，关键在于鼓励一种创新意识和创业精神。在现实情况下，高校中真正选择自主创业道路的大学生还只是少数，之所以为数不多，正是因为大多数学生还缺乏这种创新意识和创业精神。要通过自主创业成功的先进典型，引导大学生增强自主创业的信心和勇气，鼓励和扶植更多具备自主创业条件的大学生脱颖而出。

（2）教育和引导大学生全面理解创业的深刻含义

要使学生认识到，培养高素质的创新人才是我国高等教育的一种全新的教育模式和培养体系。今天的大学生如果不能为社会作出贡献，就算不上一名优秀的大学生。自主创业既不是头脑一热的“下海”，也不是普通的专业性比赛或科研设计；它不仅要求学生能结合专业特长，根据市场前景和社会需求搞出自己的创新成果，而且要直接面向市场、面向社会，把研究成果转化为产品，创造出经济效益，使大学生由知识的拥有者变为直接为社会创造价值、作出贡献的创业者。创业是一种精神，创业是一种意识，创业是一种素质。创业不是个人行为，创业是合作和表率。创业不是攫取私利，创业是奉献与无私，创业者是坚定的爱国者、富有激情的实践者、艰苦创业的实干家。这是对自主创业的最深刻理解。不能全面理解其深刻内涵，就不能获得自主创业的成功。

（3）教育和引导大学生主动培养创造能力和创新精神

科技创业、自主创业对大学生并非高不可攀。作为掌握一定科学知识和能力的大学生，一般都具有创新、创造的潜能，关键在于能不能主动开发自己的潜力。大学生大都具有敏锐的观察力、严谨的思维能力和丰富的想象力，充分运用和发挥这些能力，有助于创新精神和创造能力的开发。特别是在大学学习的过程中，不仅仅要从书本上学，从教师的讲授中学，还要从社会中学习多方面的知识。学习中要增强主动性，敢于质疑，善于发现问题，并在学习的过程中把知识变成自己的财富，从培养自己的创造力思维入手，对于捕捉到的好点子抓住不放，在反复实践中充实、拓展。要善于与别人合作，相互促进，不断开发和培养创造精神和创业能力。

3. 改革现行教学与管理体制，推进创业教育

（1）加速推进学分制，因材施教，发展学生个性

高校应加大教学改革力度，削减必修课比例，加大选修课比例，课程要及时反映科技新成果、新技术及动态方向。增加学生根据自己爱好和特点选课的自由度，努力拓宽知识面，用人类社会创造的一切优秀文明成果来丰富学生，激发学生的灵感和激情，培养学生的创新能力和向科学研究进军的能力。

实行主辅修制是充分发挥学生潜能，培养复合型人才的有效措施。学生在主修所学

专业的同时，辅修另一专业的主干课程和主要实践环节，成绩合格者取得两个专业的学位。辅修专业可根据社会需要及本校专业、师资等情况予以开设。可以是自然科学与管理的结合，也可以是社会科学中的学科结合。如工、农业各科与管理，财经和商贸，历史、法律与文学等。

（2）改革考试及学籍管理制度，为素质教育和提高学生创业能力服务

要改革考试内容和办法，加强对实践技能的考核，提高学生的动手操作能力。为培养学生创业，高校要实行弹性的学习制度，允许经济困难的大学生先创业再上学，或学习一段时间后有了知识和创业欲望即去创业，适当时候再回校完成学业。

（3）高校要加强与企业的交流和优势互补，鼓励引导在校生创新

充分利用企业的生产、经济条件，让学生及早加入生产和科研的实践，在交流中让企业选择毕业生，让学生选择企业。同时，学校要发展科技园，转化科研成果，与毕业生签订劳动合同，成为人才培养的“孵化器”。

（4）引导大学生积极参加创业实践活动

要使课堂教学与课外活动结合起来，引导学生积极参加科研和各种专业竞赛活动，这是锻炼和提高大学生创新能力、科研能力、协调合作能力的重要途径。多年来，随着校园中学生科技竞赛活动的开展和提高，涌现出许许多多大学生自己的科技作品，有的已申请国家专利并获得了经济效益。这一点已被涌动在大学校园中的“挑战杯”竞赛所证实。大学生通过自由组合，或是协助导师共同进行的课题研究以及参加各种专业竞赛活动，对于增强创新意识，锻炼和提高观察力、思维力、想象力和动手能力都是十分有益的。只有在大学生当中营造浓厚的科技创新氛围，才能使更多的创新人才脱颖而出，才能使创业教育富有生机和活力。

（5）要使大学生创业教育规范化、系统化

要把创业教育列入大学生就业指导课之中，并作为一个重要内容予以重视。有条件的应单独设置“创业教育选修课”，列入教学计划，投入教育经费并实施考核。要将课程、讲座、活动结合起来，形成一个立体的教育网络。教育内容应包括创业风险、创业心理、创业技巧、创业能力、创业理论、创业指导、创业法律常识等。还可以聘请有丰富创业经验的企业家和专家学者与大学生进行交流。同时，应积极利用网络资源，向同学们宣传大学生创业成功的典型案例，以使他们更直观地了解同龄人的创业经历。

（6）兴建科技园区，加快学生科技成果的转化

学生创业伊始，各方面的条件如场地、硬件设施等都面临着困难。要加快学生科技产品的开发，高校应该通过兴建科技园区，为学生提供场地等方面的支持。

4. 建立大学生自主创业的社会保障机制

（1）建立大学生创业现实可行的评估体系

鼓励高校学生进行自主创业，但并不是说对所有想创业的学生不管他们的想法是否可行，他们的能力、条件是否具备，那样只会导致更多的学生在市场经济无情的竞争中一次次败下阵来。因此，为了保证学生自主创业能在更大程度上获得成功，应由校方、

风险投资家和政府有关部门共同介入，建立具有现实可行性的评估体系，对创业者的创业计划和能力、条件等方面进行全方位衡量，为其以后顺利创业把好第一关。

（2）营造大学生自主创业的政策环境

建立学生公司注册制度。国家应改进企业或公司的注册制度，增加有关学生公司注册的条款，便于学生公司注册，为其创业提供良好的政策环境，清除其创业路上的障碍。建立高校学生创业风险投资基金并鼓励风险投资家进行投资。学生创业面临的最大难题就是资金问题，少数大学生有一定的积累基础，但大部分学生在创业时几乎是“身无分文”，他们迫切渴望得到社会和企业的资助。例如，在某一线城市，获得了第一期风险投资的大多数学生公司，第二期的风险投资到位率几乎为零。鉴于这种情况，社会可通过多种渠道筹措资金，建立高校学生创业风险投资基金，在学生创业的初始阶段给予学生必要的资金支持。同时，政府应鼓励公司和企业家进行风险投资，与学生共谋发展。

（3）政府对大学生创业要给予优惠扶持政策

建议国家对大学生毕业后有志于创业者降低注册资金，提供无息或低息贷款，实行免税或税收优惠等。这可以提高大学生创业的积极性。有些学生不是不愿创业，不是不想自立门户，也不是没有专业知识和创业能力，而是因为没有资金，只能打工依附社会和单位。如果给他们一定的优惠扶持，有些学生还是能干出一番事业的。

第三节　实施创新创业教育的必要性

一、知识经济与创新创业教育

当今世界科学技术发展异常迅猛，高新技术日新月异，科学技术进步对经济社会发展的影响和作用越来越大。伴随着以微电子技术、计算机应用技术、多媒体技术、卫星和光缆为载体的通信技术为核心的信息技术的发展以及全球经济一体化的推进，知识经济已在世界范围内兴起。知识创新、人才创新、教育创新，是时代提出的要求，也是时代的挑战。在知识经济时代，我国综合国力的强弱将取决于我国科学技术新知识总量在国际上所占的份额，取决于我国创造新知识的优秀人才总量在国际上所占的份额。因此，面对知识经济的浪潮，培养创新人才已成为紧迫问题。

（一）知识经济与高等教育的关系

大学应该成为社会发展的动力站和提升人的精神的机构。所以，高等教育作为整个教育体系的最高层次，在知识经济时代处于核心的地位。

1. 知识经济提高了高等教育在社会中的作用

以智力、知识资源为基础的知识经济时代，赋予了高校更加重要的社会职责；高校是培养和造就成千上万富有创新意识和创造能力的高级人才的摇篮；是继承、发展人类文明，从事基础研究和高科技前沿探索的重要基地；是国家、民族和区域经济、社会可持续发展最重要的知识和人才辐射源。世界各国为了在知识经济时代综合国力的较量中占有更多、更先进的知识资源份额，都十分重视高等教育的改革发展与重要作用。要发展知识经济，离不开高素质人才与高科技，而这些必须由高校培养来完成。

2. 高等教育的水平制约着知识经济的发展状况

当今社会，已经把经济建设转移到依靠科技进步和提高劳动者素质的轨道上来。在发达国家，科技进步对经济增长的贡献率已经超过了其他生产要素贡献率的总和。在一个以知识为基础的社会里，财富积累、经济增长、社会进步和个人发展，都离不开知识。真正的生产资源不再是传统的以资金、设备和原材料为主，而是取之不竭、可以再生产的智力资源——知识。人才是知识的载体，而人才要依靠高校培养，知识要由高校去传播与创新。因此可以说，高等教育的水平制约着知识经济的发展状况。

3. 高等教育与知识经济相互依存

一方面，如果没有高等教育提供源源不断的人才与知识资源，知识经济就无从谈起；另一方面，知识经济时代的到来，对高等教育提出了更新、更高的要求，高等教育面临着千载难逢的发展机遇与挑战。高等教育的规模与质量，在很大程度上影响和制约着知识经济的发展速度与水平；反过来，知识经济又为高等教育的发展提供更多的办学经费和前沿的科研课题，确保高等教育具备实力并在更高层次上为之服务。概言之，两者在相互依存与促进的良性循环过程中，共同推动着人类社会的发展进步。大学在知识经济发展中，要把创新工作作为重中之重的任务切实抓好。要强调的是，要在创新人才培养上做好文章，大力加强教学、科研队伍建设。因此，一要借助政府和社会力量，专设特聘教授、研究员津贴岗位，从国内外公开招聘一批特聘教授、特聘研究员，以推动创新人才培养，带动整个教学、科研队伍素质的普遍提高。二要建立创新人才奖。要在优秀年轻教师中，经过公开、公正评选，择优选定创新人才，从中造就出一批名教授、名专家。三要建立一批创新人才科研基地。利用原有科研基地或新建一批科研基地，创造较好条件，装备现代化先进仪器设备，提供必要的支撑服务，让一批创新人才能专心致志地开展科研工作。四要建立国际合作与交流基金。争取国家财政投入和募集社会团体的资金，建立基金，重点支持创新人才参加国际合作研究、学术交流。五要加强素质教育、博识教育。为培养高素质创新人才，大学除了创造良好环境氛围外，还要对现行不符合时代发展需要的课程体系、教材内容、教学方法、教学手段进行革新，培养学生尤其是培养博士研究生的创造思维能力和解决问题能力。我们的大学应竭尽全力，为我国科技、经济社会发展，为我国知识经济的发展培养出更多在国内外有知名度的科学家和学科带头人，培养出更多在重大科学技术上有攻坚能力的优秀年轻学术骨干，培养出更多优秀的企业家，培养出更多精通管理的高级管理专家。

（二）适应知识经济需要实施创新教育

1. 改变人才培养模式

在知识经济社会里，知识产业成为社会的主导产业，知识劳动者成为劳动的主体，教育因而上升到经济发展和社会进步的首要位置，成为社会生活的中心。教育是知识经济竞争的基点，它对知识的再生产、知识的传播和知识的应用都具有重大的作用。适应知识经济的人才要求，把学校教育的重点转移到创新教育上来，转移到培养创新人才上来。这不仅要求加大教育发展的力度，更需要在人才培养模式上进行重大改革。第一，知识经济是全球性经济，教育要有全球视野，培养具有全球眼光和国际竞争能力的人才，特别是能跟踪世界发展趋势、驾驭全局的战略型人才；第二，知识经济是创新型经济，教育自身要有创新观念和运作方式，培养具有知识创新和技术创新攻坚能力的创造型人才，尤其是培养在关键科学技术问题上有突破能力、能带领学科和技术领域进入世界先进水平的优秀人才；第三，知识经济是科学、技术和经济紧密结合、一体化发展的经济，教育要实行产学研结合，并通过高科技产业化等途径，造就具有经营能力的科学家和拥有科学技术知识的企业家；第四，知识经济是产业不断更新和创新的经济，教育要重视培养学生的创业精神和创业能力，让学生自主创业，还需要一批有能力发展大企业集团甚至跨国公司的创业型人才。只有拥有一大批在各个领域能站在世界前列的优秀人才，才能在知识经济的国际竞争中占据主动地位。

2. **大力发展面向全民的创新教育**

随着社会的发展，知识和技术在经济发展中的作用日益突出，这就要求上岗的人员有更高的素质，受过更好的教育和专业培训。现在的就业状况是低技能的人员过剩，高技能的人员短缺。因此，建立面向全民的创新教育系统是一项紧迫的任务。为此，教育工作应该做的是：一是教育的学科结构和层次结构应当不断调整以适应科技、经济与社会发展的需求变化，要符合知识的生产、传播、消费与应用的发展需要。二是在更新知识体系、加强基础的同时，教育要不断更新，不仅是教育内容要更新，教育方法要创新，教育目的也要改变，即要建立起一种有利于创新的教育制度。要着力拓宽知识的领域，以适应现代科技综合交错的知识网络相互作用的要求。三是适应现代社会协同合作的特点和科技与经济社会紧密结合的趋势，教育应注意自然科学、人文、经管和其他社会科学交叉和渗透，培养复合型人才。四是面对国际的竞争和合作，教育要面向世界，要充分消化吸收世界各国科技、教育与文化的优秀成果，发展开放式的教育。五是教育应从知识灌输彻底转变为启发教育者对知识的主动求索，着力强化创新意识和创造能力的培养，对知识创造性应用和创造新知识的主动追求；着重培养受教育者的求知欲和创造性，使受教育者具有获取、运用、创造知识的意识和能力。六是促使教育面向社会，面向全民，使教育资源更加多元化、配置不断优化，并不断从适应社会发展需求和提高教育质量和效益方面，提高教育资源的社会经济效益。七是在科技迅猛发展、知识不断更新、市场经济不断发展的环境下，要强化继续教育、终身教育、在岗教育等，大力发展在职教育、继续教育、闲暇教育。八是教育手段和教育环境要根据信息社会的要求不断革新，使教育成为知识网络的重要内容，使教育更广泛地进入社区、办公室和家庭。九是要强调学习的重要性。教育系统不仅是教育过程，更重要的在于学习与创造。学习不仅与教育联系在一起，也与生活、工作紧密联系在一起。因此，未来教育要把如何学习作为一项重要内容。

（三）适应知识经济需要实施创业教育

知识经济时代，我们要支持、鼓励广大学生创业，创造新的产业，创造新的工作岗位。高校必须实施创业教育，培养学生的创业意识和创业能力。只有这样，中国才能在全球化的知识经济时代迎头赶上世界发展的先进水平。

二、科教兴国、创新工程与创新创业教育

（一）科教兴国的内涵

在将教育、科技作为经济社会发展的重要动力的同时，也要注重兴科、兴教，只有这样才能在国际竞争中争取主动权，占领高科技的制高点，也才能构建教育与人才优势，确保教育对经济、科技发展的巨大能动作用。实施科教兴国战略，既要充分发挥科技和教育在“兴国”中的作用，又要努力培植科技和教育这个“兴国”的基础。在当前，更应着重加强和扶持科技和教育，为国家的近期和长期稳定发展打好基础。科技和教育具有双重功能，既能为当前经济社会的发展提供各种手段，又能为持续的长远的发展提供必要的基础。今天，科技和教育能够为经济和社会的发展提供知识、技术、人才，是在此之前对科技和教育投入的回报。现在，在科教兴国战略的贯彻实施中，各地方各部门都已认识到教育具有极为重要的基础作用。在加强教育基础作用的同时，也要加强科技的基础作用，促进科技成果的转化率。知识积累和技术积累都体现在人才身上。因此，培养人才是实施科教兴国战略最重要的工作。只有兴教，才能实现国民经济的持续发展和社会的全面进步。

（二）实施科教兴国的创新体系

科技的发展、经济的振兴以及整个社会的进步，都取决于劳动者素质的提高和大量专门人才的培养。因此，教育是实施科教兴国战略的基础。

三、高等教育大众化与创新创业教育

（一）关于高等教育大众化

高等教育是面向少数人的，规模较小，这是它区别于大众化高等教育的最显著的标志。这一阶段的大学主要是培养国家所需的各行各业的建设者，当然，这其中也包括了一部分未来的国家管理者。在大众化高等教育阶段，国家、政府虽然提供一部分的高等教育经费，但高教的主要支撑者还是老百姓，即高等教育经费的主要来源为社会和个人对教育的投资。教育的机会增多，受教育者分布广泛，更多的人可以上大学。这一时期高等教育规模的扩展，一方面表现为学校数量增多，学生入学人数比率达到相当程度，且学生人数的增长幅度远远高出学校数的增长；另一方面表现为高等教育种类、层次、形式的多样化。同时，与各种职业相对应的技术逐渐成为专门的学科，并作为知识进行传授。高校向学生提供实用的、能为产业界利用的短期课程。

（二）精英教育向大众化教育转变是高等教育发展的必然趋势

社会经济的发展对教育的需求主要表现为两个方面：一是经济发展对人才需求的数量增加；二是产业结构的调整和变化对所需人才的层次和质量要求发生变化。社会的变迁迫使大学原有的研究高深学问、为统治者服务的根本使命不得不加以改变。在意识到大学不仅是培养少数精英的机构，还承担着分配职业阶梯和社会角色的作用之后，大学为越来越多的人所关注。大学已不再是研究不同程度高深学问的机构，而是成为满足逐渐扩大的国民需求不可缺少的设施。近年来，科学技术进步和人力资源开发已越来越成为世界各国振兴经济不可替代的重要手段，而发展科技、开发人力是高等教育最重要的职能。于是，把发展高等教育视为国家繁荣的重要保证和国力竞争的重要谋略就成了世界性的共识，高等教育在世界范围内开始从精英教育走向大众化乃至普及化。任何一种教育思潮、教育机构和教育形式的出现都反映着社会的进步，深刻预示着社会的进步与发展的方向。教育正成为衡量社会进步的一项重要标志。实现高等教育大众化意味着我国高等教育的发展将实现质的飞跃。随着全球经济一体化、我国加入世贸组织，我国的政治、经济、文化等方面发生了深刻变革，我国高等教育也以前所未有的速度发展，招生规模不断扩大。

（三）创新创业教育是高等教育大众化阶段的本质特征

高等教育的大众化使高等教育与社会经济发展的结合更加紧密，深化教育体制改革，促进教育与经济结合，探索教育的经济学规律，是发展大众化高等教育的关键。中国教育界有甘于清贫和学以致用的优良传统。实际上，高校面向经济建设，为知识创新、技术创新和高新技术产业化已经做出了巨大贡献。我们应当继续提倡甘于清贫、追求知识的社会责任感，同时提倡围绕具体经济社会目标，用丰富知识浇灌灿烂经济花朵的历史使命感。读书不是为了脱离大众，而是为了和群众一起摆脱贫困，这是教育观念的根本转变。研究开发和教育培训得到经济回报的周期缩短，知识本身的经济学规律将加快科学和教育的发展。市场经济体制下，教育既是第三产业中提供教育服务的“交易行为”，又是人力资本的投资行为，有丰厚的个人回报和社会回报。就市场行为而言，又有强烈的外部性，对近期缓解就业压力和远期提高就业率，对我国产业结构调整、高新技术产业化和农业现代化都具有极为重要的意义。教育在经济学意义的有效性，取决于教育的个人回报率和社会回报率，这是收取学费、获得财政拨款和社区资助的理由。从个人回报来说，教育质量的标准是就业、晋升、创业和创新。离开这些标准，教育投资就会变成不良资产，数量、质量都沦为空谈。就社会回报来说，大学是培养造就高水平创造性人才的摇篮，是认识未知世界、探求客观真理、为人类解决面临的重大课题提供科学依据的前沿，是知识创新、技术创新和高新技术产业化的重要力量，是民族优秀文化与世界先进文明成果交流借鉴的桥梁。学校要适应学生就业需求，形成有特色的培养方案，使个人和社会教育投资较快得到回报。例如，根据就业、创业和创新的要求，提供多样化的学制和多种培养方向；根据学生实习和就业的反馈，不断更新教育内容；随着就业变化和知识发展，不断调整专业方向；用生动活泼的方式，培养创业和创新的活力。学校在就业市场上打响自己的品牌，不断提高声誉，是取得教育投资效益的关键。作为公益机构，要学会预决算管理和成本核算，讲求效益，后勤社会化。政府要讲教育经济学，提高教育投资的社会回报率；个人要讲学习经济学，讲求学习投资的个人回报率。学生作为尚未完全独立的青年，家长可以给予资助。但是，高等教育对象已经是成年人，应当有自立意识，尽早开始打工和实习，取得工作经历。贷款是不依赖家长掏腰包的自立求学途径。学习2年后工作，工作一段时间后再学习，应当成为多数人的求学方式。学生打工可以获得工作经验，增强学习动力，体验生活乐趣，懂得自立自强。为了高效率利用教育资源，应当提倡两种学习模式：一种是学习与研究结合，在本科和研究生阶段参与科学研究和技术开发；另一种是学习与工作结合，走在实践中增长才干的路。抽象地定义“学历”，把“学历”作为敲门砖，是浪费教育资源。一般来说，从中学开始每个人都要把学与思结合，学与做结合，学会了解情况、研究问题和解决问题。

推动创新与创业是大众化高等教育的基本命题。大众化高等教育一方面要推动就业，另一方面要推动创新。高校教师和学生开展基础研究、应用开发和产业化，能够在知识创新、技术创新和高新技术产业化过程中发挥重要作用。科学发现和技术发明可以概括为知识创新，而技术创新则是看到技术发明中潜在的商业利润并首次在市场上实现。发展经济如果只抓技术引进产业化，抵御风险能力很弱，我们应当把知识创新、技术创新和产业化结合起来，掌握自主知识产权。地方企业已经不能依靠避税或低工资竞争，每一个企业要想生存发展，都必须抓住自己特殊的资源和市场优势，不断创新形成特色。创新要靠人才，根本出路是在当地发展创新型高等教育。没有抽象的“教育质量”，能够解决当地问题的教育才是高水平教育。培养创造型人才必须转变教育观念。学生不仅要用功、听话，更要有活力。教学中既要说明真理的绝对性，又要说明真理的相对性，介绍认识的历史过程。鼓励独立思考，提倡教学、科研、生产相结合。开展科学研究和科技活动可以培养学生的实践能力和创新精神，是学习活的有用知识的好机会，是研究生教育的核心环节，也是师资队伍建设的根本途径。围绕学生就业环境的科研是调整教学内容、改进教学方法的依据。学校应为当地的经济建设、社会发展提供人才支持和知识贡献。大众化高等教育应当立足于产学合作。学校的办学方向、课程设置、教学内容，都要跟上和适应甚至超前于产业的发展。我国产学合作对建设工业化初步基础做出过重要贡献，随着企业改革和政府职能转变，需要探索市场经济体制下新的产学合作形式。比如，高校建立有地方政府和产业界人士参加的校务指导委员会，建立产学研合作示范中心，开展技术开发、技术集成和技术推广，为企业培养人才，又从企业引进人才改进教学。理论和核心技能在学校里学习，技术和实践技巧在企业里学习，鼓励师生创办高新技术企业，既保持与科技源头的牢固联系，又实行现代企业制度。组织高校群体，带动区域经济发展。

第二章 创新创业意识、精神与思维

第一节 创新创业的意识

一、大学生创新创业意识培养的重要内容

（一）构建以理想信念培养为前提的创新创业意识培养

创新创业意识同理想信念结合起来既能够帮助学生树立建设中国特色社会主义的理想信念，从而实现中华民族伟大复兴的中国梦，又可以激发他们的学习力和创造力。高校思想政治教育可以增强学生创新创业的信心，培养他们的社会责任感，为祖国的繁荣昌盛贡献自己的一份力量。作为高校思想政治教育的一个重要组成部分，理想信念教育可以帮助学生确立奋斗目标、树立正确的人生理想。理想信念教育主要由四个元素组成，即人生理想、道德理想、职业理想、社会理想。大学生进行创新创业，是经过在学校接受教育深思熟虑后做的决定，既有理性，又有热情。从大学生这一群体的本质上来看，他们敢于提出问题，具有冒险主义精神，质疑传统，勇于大胆想象。在创新创业氛围的不断熏陶之下，高校将会重点培养学生的创新创业精神和意识，激发他们创新创业的热情和增强他们创新创业的信心，为他们提供创新创业的机会。如果有学生在创新创业的过程中遇到困难和挫折就停滞不前、不知所措，那么他们失去的不仅仅是创新创业的主动权，甚至是人生理想和美好的未来，他们的人生观和价值观将变得越来越消极。因此，在大学生创新创业指导工作中融入理想信念教育，能够提升学生的思想素质，使他们拥有更加敏捷的思维，紧紧把握住时代精神，激发他们创新创业的意识与热情，树立信心，为最终走上创新创业之路做好充足的准备。

（二）构建以自我意识培养为基础的创新创业意识培养

近年来，我国的综合实力不断增强，人们就业的渠道也越来越广泛。在这样的背景下，国家提出支持大学生创新创业，许多大学生响应国家政策走上了创新创业之路，并赚到了人生的第一桶金。因此，对于大学生来说，具有创新创业所需的精神力量和自我意识是极其重要的。那么，自我意识指的是什么呢？首先是自我认知。大学生要正确地认知自己的兴趣所在，创新创业需要的个人条件、专业技能。其次是对自己作出客观的评价。大学生要客观地评价自己是否具有创新创业的潜质和创新创业的条件。最后是不断地提升自我和关注自身的成长。当自己存在不足的时候，大学生要努力提升自我，通过不断的学习和历练提升创新创业素质。目前，很多大学生存在跟风的心理，认为创新创业是

一件很时髦的事，殊不知创新创业极具挑战性。他们对创新创业了解得还不够全面，不清楚创新创业者都应该具备哪些素质。此外，他们对自己了解得也不够清楚，如自己喜欢什么、特长是什么、有什么样的能力。这些都阻碍了大学生创新创业素质的提升，阻碍了创新创业潜质的挖掘。在培养大学生创新创业意识的过程中，高校要结合思想政治教育课程体系提高大学生的自我认知水平、增强大学生的自我意识，使大学生群体成为我国创新创业的主力军。大学生在创新创业的过程中，要通过不断的实践来挖掘自身的创新创业潜能，不断地提升自身的创新创业素质，以实现创新创业的理想。

（三）构建以意志品质培养为核心的创新创业意识培养

创新创业并不是很多人想象的那么容易、一帆风顺，它需要事先做好计划和组织，运营的过程中还可能遇到很多风险、困难、挫折，甚至是一次又一次的失败。只有具备良好的意志品质，才能够支撑创新创业者从困难、挫折，甚至是失败中走出来，坚持自己的理想，并最终走向成功。大学生还没有步入社会，没有丰富的经验和阅历，一旦在创新创业的过程中遇到了困难和挫折，便会有畏难情绪，开始怀疑自己的能力，打退堂鼓，或者逃避拖延，不去积极地想办法解决难题，反而消极应对，这大大影响了创新创业活动的正常开展。当意识、能力、资金等条件相同的时候，为什么有的人成功了，有的人却失败了呢？归根到底还是意志品质对个人的影响。坚强的意志和良好的品质是一名成功的创新创业者必须具备的素质。有了它们，才能够在创新创业的道路上披荆斩棘、奋勇向前，不断磨炼自己的意志，坚定信念，最终获得成功。强大的意志力和顽强的精神能够帮助我们战胜创新创业路上的千难万阻，实现创新创业梦想，收获人生宝贵的经验。大学生在日常的学习和生活中经常会遇到一些心理问题，高校思想政治教育课程体系能够及时缓解他们的心理压力，排解他们的忧愁，培养他们适应环境的能力，完善他们的人格，教会他们如何保持乐观向上的心态、积极健康地面对生活，同时使他们学会自我调节。心理健康教育有着广泛的覆盖面，教学内容也十分丰富。介绍成功人士和他们创新创业的案例可以培养大学生良好的意志品质。将心理健康教育和创新创业教育融入高校思想政治教育课程体系，既调整了大学生的创新创业心态，又培养了他们不怕困难、勇于面对挫折的优秀品质，为创新创业打下坚实的心理基础。良好的创业心理品质主要有勇敢自信、独立思考、选择判断、积极行动、交流合作、敢于拼搏，能在创新创业实践活动中起调节作用，使创新创业者以最佳的状态去面对困难和挫折，以百折不挠的精神意志为桨，朝着追寻理想的方向不断前进，更快地到达成功的彼岸。

二、创新创业意识培养的意义

（一）国家大众创业、万众创新战略落实的需要

推进大众创业、万众创新，就是要通过加强全社会以创新为核心的创业教育，弘扬“敢为人先、追求创新、百折不挠”的创业精神，厚植创新文化，不断增强创新创业意识，使创新创业成为全社会共同的价值追求和行为习惯。高校大学生作为创新创业的主

体、社会发展和人才队伍的后备力量，投身创业行列，无疑会壮大创新创业队伍，创造更多的就业机会，带动经济的发展，增添经济发展的新动力和新活力，更好地推动“双创”战略落地落实。因此，转变大学生的思想观念，让其自觉投身到创新创业实践当中，对于落实“双创”战略至关重要。大学生就业观念的转变和创业意识的形成，需要靠创业意识培育来实现。进行大学生创业意识培育，拓宽大学生的思维路径，转变其对于创业的认知，帮助其树立创新观念，激发对创业的兴趣，提高创业素质，增强创业的能力，使其积极投身创业浪潮，进而带动更多的人参与其中，实现国家经济的转型升级。

（二）高校人才培养模式改革的需要

深化高校创新创业教育改革，是国家实施创新驱动发展战略、促进经济提质增效升级的迫切需要，也是推进高等教育综合改革、促进高校毕业生更高质量创业就业的重要举措。把深化高校创新创业教育改革作为推进高等教育综合改革的突破口，树立先进的创新创业教育理念，面向全体、分类施教、结合专业、强化实践，促进学生全面发展。提升人力资本素质，努力造就大众创业、万众创新的生力军。坚持问题导向，补齐培养短板。把解决高校创新创业教育存在的突出问题作为深化高校创新创业教育改革的着力点，融入人才培养体系，丰富课程、创新教法、强化师资、改进帮扶，推进教学、科研、实践紧密结合，突破人才培养薄弱环节，增强学生的创新精神、创业意识和创新创业能力。高校作为大学生创业意识培育的主导者，在这个高度竞争、机遇无限、跨越发展的时代，必须凸显以学生为中心的理念，把学生的需要作为高校改革关注的重点，进行大学生创业意识研究，探索大学生创业意识培育路径；必须转变发展理念和发展模式，促进高校创新创业教育改革。只有这样才能改革创新，激发大学生蕴藏的无限活力，将高校打造为高水平、有特色的大学。当今世界的竞争归根到底是人才的竞争，社会的发展对人才素质提出了更高的要求，创新创业意识就是其中要求之一。大学生作为知识分子队伍的新生力量必须具有创新创业意识。创新创业意识的培育能够帮助大学生树立正确的就业观，发挥他们的主观能动性，发掘内在潜能，提高创新创业素质。加强大学生创新创业意识的培育是高校人才培养模式改革的内在动力。

三、大学生创新创业意识培养的对策

（一）加强理想信念教育，引导大学生树立创新创业目标

1. 加强实践教育

高校除了在课堂上对学生进行理想信念教育以外，还可以通过实践活动来展开理想信念教育。高校可以通过丰富的实践教育来激发学生的创业热情，帮助他们树立远大的创业理想。高校应该定期组织学生参观爱国主义教育基地，让他们认识到是无数先辈的无悔付出才有了今天日益强大的祖国，这种自强不息的民族精神将代代相传，我们将坚定不移地加快改革创新，集中力量进行社会主义现代化建设，从而实现中华民族伟大复兴的中国梦。一些高校还可以与企业取得联系，让学生走进企业，了解新技术、新方法

给企业带来的发展动力，切实感受创新创业产生的社会价值。高校还要为学生和创新创业者搭建沟通交流的平台，让学生了解创新创业的全过程，帮助他们树立创新创业目标。

2. 营造“双创”氛围

高校通过各种渠道宣传创新创业的相关政策和资讯，在校园里营造良好的创新创业氛围。高校要定期组织各类创新创业竞赛，并通过校园电视台、广播、校园网、微信群等方式向学生进行宣传，让他们能够抓住每个提升自我创新创业能力和技能的机会，积极主动地参与其中，感受什么是创新创业。另外，高校要树立创新创业典范，对他们的创新创业项目和心路历程进行推介和报道，借助榜样的带动作用对广大学生进行创新创业的启蒙教育，激发学生的创新创业精神和意识，形成崇尚创新创业之风。除了利用传统的宣传手段以外，高校还要借助新媒体，多角度、立体化地宣传创新创业。随着5G时代的到来，手机移动端成为人们接收信息的不二之选。大学生思维活跃，喜欢使用音视频类社交软件。高校可以利用音视频类播放软件制作与创新创业知识相关的小视频，学生在轻轻滑动手机屏幕的短短几分钟内就能了解创新创业的小知识，没有了课堂上的一字一板，学生接受起来也更容易。此外，高校还可以为正在创新创业路上或已经成功创新创业的学生制作小视频，让他们讲讲创新创业感悟和心得。近年来，直播成为年轻人学习和交流的另一种新方式。高校可以利用直播账号，请企业家和创新创业大学生进行直播，用他们的真实经历来宣传创新创业，并和学生们进行网上交流，解决他们存在的问题和困惑。这些新奇有趣、贴近大学生的宣传方式能够调动他们参与创新创业的积极性，在榜样的带动下，他们将携手共进，在创新创业的道路上阔步向前。

（二）加强政策教育，激发大学生创新创业热情

1. 加强政策宣传

近年来，我国为了促进大学生创新创业出台了一系列的扶持政策，各地方政府也出台了一些配套政策，从贷款、技术、税收等方面鼓励和支持大学生创新创业，减轻他们的负担。

2. 推进协同育人

高校创新创业人才的培养必须同社会和市场的需求相适应。高校在培养人才的时候要敞开大门，积极地与政府和社会进行对接，准确地分析政策和形势的走向，根据用人市场的需求培养创新创业人才。高校可以请政府工作人员和企业用工人员以论坛的形式为学生解读创新创业政策和资讯，学生也可以就自己关心的问题和他们展开互动。高校也可以组织学生去企业进行实习和考察，让他们了解当前企业的发展形势，以及政府政策的落实情况。与此同时，专业课教师也要配合创新创业教师共同培养学生的创新创业意识，可以在专业课上为学生分析本专业未来的发展前景，激发他们创新创业的热情，树立创新创业目标。通过高校、政府、企业，创新创业教师、专业教师之间的协同，构建交叉、多样的人才培养机制，能够提高大学生创新创业的意识和热情。

（三）加强职业生涯规划教育，提升大学生自我认知水平

1. 改进培养方案

什么是职业生涯规划呢？职业生涯规划指的是通过对个人主客观的条件，如兴趣、特长、能力和时代环境等进行测定、分析，总结出适合的行业倾向及职业目标，并为实现这一科学目标，对其自身的职业生涯乃至人生进行系统计划的过程。大学生职业生涯规划，对大学生而言，就是在自己兴趣、爱好的前提下及认真分析个人性格特征的基础上，结合自己专业特长和知识结构，对将来从事工作所做的方向性的方案。大学生在走向社会前，将现实环境和长远规划相结合，给自己的职业生涯一个清晰的定位。高校应该根据大学生创新创业的现状适时地改进职业生涯规划培养方案，利用科学的测评体系让学生清楚地了解自己的创新创业水平，以便展开差异化教学，根据学生自身的兴趣和特点引导他们选择创新创业的方向，挖掘他们的创业潜能，发挥自身优势，补足自身短板，不断增强创新创业的能力和技能。

2. 用好测评系统

借助专业的生涯规划机构和测评系统，大学生可以从潜能、人格、兴趣测验等维度进行自我评估，选定发展方向，确定发展目标，设计自己的生涯规划，并制订计划，按照计划一步一步地实施，对执行的情况做出评估和反馈。通过测评系统，学生对自己的能力水平有了一个清晰的认识，知道自己欠缺什么，以便抓紧在校时间不断完善和提升自我，踢开创新创业路上的绊脚石，向自己制定的创新创业目标不断迈进。目前，国际上有很多成熟的自我认知理论，比如马斯洛的需求层次理论、MBTI 性格理论、霍兰德的职业兴趣理论，借助这些理论，不同的机构从兴趣、性格、技能、价值观等维度设计出了许多职业测评体系。高校可以通过这些测评体系帮助学生清楚地认识自我，并不断提升自我。从现实情况来看，很多学生并没有使用这些测评体系，一是大部分的创新创业指导教师注重理论讲解，没有在学生中推广这些测评体系；二是高校对测评体系没有给予足够的重视，没有投入资金购买测评体系，这样学生就无法体验测评体系的效果了。

第二节　创新创业的精神

一、创新精神

（一）创新精神的定义

创新精神是指人们在创新活动过程中应该具备的能够综合运用已有的知识、信息、技能和方法，提出新方法、新观点的思维能力和进行发明创造、改革、革新的意志、信心、勇气和智慧。创新精神属于科学精神和科学思想范畴，是进行创新活动必须具备的一些心理特征，包括创新意识、创新兴趣、创新胆量、创新决心，以及相关的思维活动。

1. 创新精神的内容

创新精神的内容非常多，其主要内容有开拓精神、开放精神、科学精神和学习精神等。

（1）开拓精神是一种追求卓越、争先创优的开拓进取精神

这种精神是团队懒惰的克星，能充分遏制团队随遇而安的悠闲心态和不思进取的思想作风。毕竟，有进取心才有创新欲，有开拓力才有创新力。创新属于永不停滞、自强不息、开拓未来的团队和个人。

（2）开放精神是一种面向世界、放眼天下的开放包容精神

狭隘的心胸无法成就事业，格局越大，视野越开阔。具有开放精神的人从不局限于封闭狭隘的自我，从不坐井观天。具有开放精神的人往往具有博大的胸怀、开阔的视野、高远的境界，他们能够站在世界的、时代的、行业的顶端，收获的不仅是一时的成就，更主要的是扩展出包容通达的、接纳追赶的创新动力和方向。

（3）科学精神是一种实事求是、严谨缜密的遵循科学规律的思维精神

科学精神要求我们不能急功近利、急于求成，必须尊重规律、求真务实。尊重科学，就要在实施创新中尊重实际、尊重规律。实践是检验真理的唯一标准，因此，创新必须从客观实际出发，坚决规避好高骛远甚至故弄玄虚。创新的结果应该是提高效率与效果，而不是猎奇、图名。因此，科学精神要求我们充分遵循科学规律，绝不可盲目冒进、盲干蛮干。

（4）学习精神是一种广闻博学、深钻细研、虚心好学的求知精神

创新的基础是知识、技能和信息等，因此个人或团队首先必须是学习型、知识型的个人或团队。不学无术、自以为是的创新只是一种标新立异，并不是真正意义上的创新。“学而时习之，不亦说乎”“温故而知新”都告诉我们学习需要不断地进行，并且在扎实稳固的基础之上进行创新，所以我们一定要养成终身学习、反复学习的良好学习习惯。

2. 创新精神辩证观

创新是一个国家和民族发展的不竭动力，也是一个现代人应该具备的素质。创新精神属于科学精神和科学思想范畴，是进行创新活动必须具备的一些心理特征，包括创新意识、创新兴趣、创新胆量、创新决心，以及相关的思维活动。

创新精神需要勇于抛弃旧思想旧事物、创立新思想新事物。创新精神要求我们不满足已知，不断追求新知；创新精神要求我们不满足现有的生活生产方式、方法、工具、材料、物品，而是根据实际需要不断进行改革和革新；创新精神要求我们不墨守成规，敢于打破固有定式，不断探索新规律、新方法；创新精神要求我们不盲从教条、不迷信权威，独立思考，敢于质疑；创新精神要求我们不盲从，不唯书，不唯上，有主见；创新精神要求我们追求新颖独特，追求卓越；创新精神要求我们灵活主动，精于应用。

创新精神是科学精神的一个方面，二者并不矛盾。例如，创新精神以敢于摒弃旧事物旧思想、创立新事物新思想为特征，同时创新精神又以遵循客观规律为前提，只有当创新精神符合客观需要和客观规律时，才能顺利地转化为创新成果，成为促进自然和社

会发展的动力。具体来说，创新精神提倡新颖、独特，同时又要受到一定的道德观、价值观、审美观的制约；创新精神提倡独立思考、不人云亦云，并不是不倾听别人的意见、孤芳自赏、固执己见、狂妄自大，而是要团结合作，相互交流，这是当代创新活动不可缺少的方式；创新精神提倡胆大、不怕犯错误，并不是鼓励犯错误，只是出现错误认知是科学探究过程中不可避免的；创新精神提倡不迷信书本、权威，并不是反对学习前人经验，任何创新都是在前人成就的基础上进行的；创新精神提倡大胆质疑，而质疑要有事实和思考的根据，并不是盲目地怀疑一切。总之，要用科学、全面、辩证的观点对待创新精神。

3. 企业文化与创新精神

一个企业要发展，其企业文化也应该与时俱进、崇尚创新，创新精神应该成为企业文化最核心的内涵之一。变革、发展、创新已经成为当今诸多知名企业的核心价值观，对很多初创企业来说，其更需要深刻地理解并融入这种价值观，才能在激烈的市场竞争中持续地发展。创新应该成为企业发展不竭的动力源泉，企业需要营造鼓励创新的文化氛围，将创新精神融入企业发展的血液，最终形成企业的核心竞争力，形成企业积极向上的氛围。

企业文化的核心是其价值观念，它决定着企业的制度执行，决定着员工的思维方式和行为方式。具有创新精神的企业文化能够激发员工的士气，充分发掘员工潜能。一个具有创新精神的企业文化氛围形成后，它所带来的是积极向上的进取精神、积极合作的团队协作精神，企业将充满活力，企业的创新和发展将拥有源源不断的精神动力。因此，企业文化建设要与企业的创新有机结合起来。创新一旦成为一个企业的文化核心之一，将会为企业的长盛不衰打下坚实的基础。很多世界知名的百年企业发展至今，原因就在于其创新精神经久不衰，且将企业文化像基因一样植入企业的细胞。

（二）创新精神的功能

创新是一个民族进步的灵魂，是一个国家兴旺发达的不竭动力。因此，提高民族创新意识，增强民族创新能力，关系到中华民族和社会主义事业的兴衰成败。科学技术是第一生产力，科技创新能力越来越成为综合国力竞争的决定性因素。可以推断，科学的本质就是创新，整个人类历史就是一个不断创新、不断进步的过程。没有创新就没有人类的进步和未来。创业精神具有重要的功能，主要表现在以下四个方面。

第一，人类社会的发展史既是一部人类艰苦奋斗的创业史，也是一部创新精神的展现史。可以看到人类社会的一切文明成果，无一不是艰苦创业精神的结晶。艰苦创业精神不是某个时代所特有的精神，而是与人类社会发展同在的。在人类改造自然与社会的过程中，艰苦奋斗的创业精神逐渐积淀为一种崇高的美德，成为后人继往开来，创造更加辉煌灿烂的物质文明、政治文明、精神文明和生态文明的巨大动力。

第二，创新精神是人们成就事业必不可少的精神动力和崇高美德。不管是个人、组织还是国家，具有了创新精神就具有了前进的动力。

第三，培养创新精神是知识经济时代发展的本质需要。知识经济是人类社会继农业经济、工业经济之后又一种崭新的经济形态。知识经济的基本特征，就是知识不断创新，高新技术迅速产业化。创新是知识经济时代的一个显著标志，它实现了从有形资产向无形资产的转变，从重视引进、模仿能力向强调创新能力的转变。知识经济形态的重点就是创新。为了使学生适应现代社会的需要，必须注重学生创造力的发展，培养学生的创新精神。

第四，培养创新精神是推动一个国家社会生产力发展的需要，也是社会发展的需要。创造性劳动是社会进步的决定性力量，创造性劳动是社会经济增长的动力，当今世界各国都在争先抢占科技、产业和经济的制高点，都在提升国民创造力，培养大量的创造性人才。当今世界经济竞争实际上是科学技术的竞争，也就是创造力的竞争。社会需要创造型人才，必须培养学生的创造思维、创造意识和创造精神。

（三）创新精神的培养

创新精神的培养对一个人、一个组织和一个国家的成长发展都至关重要。那么对于当代大学生来说，如何培养创新精神呢？具体来说，当代大学生可从以下六个方面来提升自己。

1. 培养强烈的好奇心和求知欲

牛顿少年时期就有很强的好奇心，他在观察星星和月亮时就在思考：星星和月亮为什么挂在天上？星星和月亮都在天空运转着，它们为什么不相撞呢？这些疑问激发着他的探索欲望。后来，他经过专心研究，终于发现了万有引力定律。能提出问题，说明在思考问题。好奇心包含着强烈的求知欲和追根究底的探索精神，要想在创新创业中获取成功，就必须有强烈的好奇心。

2. 培养科学求证的精神，不迷信权威

不是被人验证过的事情就一定是真理，科学的发展需要对旧的知识、观念进行辩证的分析，取其精华、弃其糟粕，需要我们能够有质疑权威的精神，当然，这种质疑不是无根据的质疑，需要科学的求证。怀疑是发自内在的创造潜能，它激发人们去钻研、去探索。对待我们所学习或研究的事物应做到：不要迷信任何权威，应大胆地怀疑。这是我们创新的出发点。

3. 激发追求创新的欲望

追求创新的欲望会引发创新的动机，最终导致创新行为的实施。如果没有强烈的追求创新的欲望，可能我们的成果只是模仿和借鉴。有了追求创新的欲望，接下来就需要坚持不懈地努力，勇于面对困难。成功学有一句话是“凡事至少有三种以上的解决办法”，现实生活中，只要执着地去思考、去做，办法总比困难多。

4. 树立凡事皆可求异的观念

生活中有很多人太过于在意别人的看法，往往忘记了自己内心的主见，人云亦云，这种生活和做事态度只会让我们丧失自我。要知道，创新不是简单的模仿，而是需要我

们认真地独立思考，有自己的理解和见地。因此，要树立凡事皆可求异的观念，积极地思考，以积极的创新精神状态来追求创新成果。求异也要求我们换个角度思考，从多个角度思考，并将结果进行比较。求异者往往要比常人看问题更深刻、更全面。

5. 培养执着的冒险精神

创造实质上是有风险的，没有冒险精神的人在困难或者可能造成的后果面前会选择退缩。当然，冒险不是那些危及生命和健康安全的冒险，而是一种合理性冒险，一种不怕困难和追求成功的精神，一种对创新成果的执着。

6. 培养谦虚学习、永不自满的精神

一个有很多创造性思想的人如果就此停止，害怕去想另一种可能比这种思想更好的思想，或已习惯了一种成功的思想而不能产生新思想，这个人就会变得自满，停止创造。如果把我们已知的事物用一个圈内的部分来表示，那么圈外的事物就是我们未知的，当我们学习得越多，知道得越多，接触的未知事物越多，我们就越敬畏知识、敬畏科学、敬畏创新。因此，我们要谦虚学习，永不自满，只有这样才能有不断学习新知识、新技能的动力。

二、创业精神

（一）大学生创业精神的构成

1. 创新精神

人类能够从原始社会发展至今，和其对生产工具的不断改革创新有关。蒸汽机的发明导致了社会模式的变革，电脑、手机和网络的发明更是改变了人类的生活方式。创新是一个民族进步的灵魂，是一个国家兴旺发达的不竭动力，也是中华民族最深厚的民族禀赋。创新是推动发展的第一动力，更是引领发展的第一动力。在激烈的国际竞争中，唯创新者进、唯创新者强、唯创新者胜。

创业精神的核心是创新精神。创新不仅仅是创建新公司、制造新产品等，创新体现在方方面面，方方面面皆可创新。比如，某大型跨国连锁餐厅没有发明任何新东西甚至其生产的产品也是以前任何小餐馆都可以制作的，但是它凭借着管理上的创新制造出了覆盖全球的快餐市场。因此，创新不一定非是技术上的，也不一定非是实物的，其具有更广阔的范围。作为思维活跃的大学生，要有敢于打破常规的思维，在平常中发现不平常。

创新精神是创业精神的核心，但不是全部的内容，作为一个创业者如果只有创新精神，而不具备其他条件，也是无法成功的。因此，创业者要有创新精神，同样也要具有其他精神和品质。

2. 进取精神

进取精神是不满足于现状，坚持不懈地追求新的目标、蓬勃向上的心理状态。

创业的原因有很多，但是仅仅为了创业而创业，终究是很难成功的，为了金钱而创业，会因害怕损失金钱而止步。成功的创业者通常拥有更高的价值追求，现在有越来越多的大学生创业者是为了实现自我价值。追求卓越被认为是优秀企业的品质。拥有进取精神，会有强烈的好胜心，不甘落后，勇于向未知领域挑战。创业是一个从无到有，从小到大不断前进的过程。作为创业者，要勇于知难而进，在面对各种各样的困难和挫折时，要敢闯敢干，不能患得患失。作为创业者，要敢于破旧创新，及时学习，不断更新自己的知识，提高个人的能力。古人有云："君子之学必日新，日新者日进也。不日新者必日退，未有不进而不退者。"创业是和他人竞争的过程，但更重要的是能够战胜自我，在创业之初，创业者需要突破自我，不断寻找下个增长点。很多人创业失败都是因为放弃，不是被别人打败，而是被自己的失败心理打败。在创业成功之后，创业者更加需要突破自我。

3. 冒险精神

冒险意味着承担风险、不惧危险，而之所以需要冒险，是因为事件本身充满了不确定性，但同时也存在着无数的可能性。创业正是一件充满未知和变数的事，即使在创业前创业者做了周密的计划和准备，也无法保证制定出万全之策，不确定的事件随时都有可能出现。创业本身的特点就决定了创业永远有着不确定性，而正是这种不确定性才为创业者提供了机遇。

这个世界上最不可能成功的就是永远都不敢尝试、不敢做的人。他们回避困难，自然也就失去了成功的机会。只有敢于尝试、敢于冒险，一个人才有可能在创业的种种挑战下创造成功。在今天开放的全球化世界中，随机性和偶然性更大，在如此不确定的环境中，冒险是一个人创业成功的前提，也是一个人能够创业成功的重要精神。世界上大部分人都能看到，并认为可行的就不是机会。没有被别人看到，而只有我们看到时，然后去做且成功的机会则少之又少。最普遍的是大家都看到了，但是在别人还没有看好时，我们就勇敢去做了。

4. 团队精神

无论是就业还是创业，个人和社会的发展都需要个体具有团队精神。在社会中发展，个人的力量是有限的。正所谓"一根筷子容易折，一把筷子折不断"，团队的有效通力合作产生的不是 1+1=2，而是 1+1 ＞ 2 的效果。对于团队合作有正确认识的个体，将在团队中增强自我的力量，也有助于激发他人的潜力，使团队的能量发挥到极致。创业绝非一件更适合单打独斗就会成功的事，绝大部分创业成功者都有着自己的团队。

作为大学生创业者，要认知、认同团队精神的重要性。团队精神的形成，能将不同的个体凝聚成一股力量，为了共同的目标而前进。团队中的优秀个体对于其他成员而言是一种激励力量，而不是嫉妒的对象。因此，要创业的大学生在对自身能力认同的基础上，也需要学会欣赏别人的优点，寻找别人的优势，愿意与人合伙，积极寻求合作伙伴。在团队中尊重和接纳团队成员的感受和建议很重要，在团队中对自身行为的控制和约束也必不可少，需要依靠成员间的相互协调和相互激励来实现个体与团队的共同成长。

（二）大学生创业精神的培养

真正意义上的创业教育应当着眼于为未来的几代人设定"创业遗传密码"，以造就最具革命性的创业一代作为其基本价值取向。这里所称的遗传密码，就是指以创业精神为内在表现的创业品质的传承问题，它也是评价创业素质教育成功与否的关键环节。创新创业教育不仅仅在于知识的学习，更重要的是创业能力和创业精神的培养。

1. **营造创业文化氛围**

创业精神作为一种心理现象，文化对其影响是不可忽视的。创业精神模型在跨文化情景中可能有所差异。据此，社会文化对创业行为的认同程度和普遍倾向会影响个体的创业精神，乃至整个国民的创业精神。伴随着经济模式和人们观念的转变，社会对大学生创业的态度变得更有接纳性。大众创业、万众创新理念的提出，使得整个社会形成了更积极的创业氛围和创业环境。就大学校园而言，也需要营造良好的校园创业文化，通过创业比赛、创业实践、创业网络平台等，培养学生的创造性思维与创新精神，激发学生的好奇心，鼓励学生敢于怀疑、敢于尝试、敢于冒险。

2. **正确认识创业本质**

创业是对一个人创业素质的检验，也是实现个人价值的途径。创业不仅仅是一种谋生手段，也是在无法就业下被迫的选择。找一份固定的工作固然没有错，但随着经济模式的转变，所有的职业都没有绝对的稳定。而就工作方式和工作内容而言，也不是简单的重复再重复。大学生的创业不仅仅是办公司，也可以是岗位创业、制度创业。创业的核心在于创新，大学生既要有创新意识，又要不断锻炼自身的创新能力。

3. **树立明确创业理想**

在创业之初，大学生就要带着使命和信念，要弄清楚自己想要解决什么问题、实现什么理想，要规划公司的发展方向，有明确的目的，要承担更多社会责任，为社会创造更多财富并回报社会。如果拥有了远大的创业理想，创业信念会更加坚定，自信心也会随之增强。

4. **培养强大人格魅力**

创业者处于纷繁复杂的社会关系网络中，无论是寻找创业伙伴还是谋求合作伙伴，都需要个体具有相对完善的人格特质，需要与他人保持相应的密切关系，在遇到问题时不气馁，不因失败而放弃。创业者要对自身有足够的自信，才能以阳光的心态向着既定的方向前进。大学生要客观地评价自己，正确认识自身的优点。人的心理是对客观环境的主观反映。如果一个人对自身没有正确的认识，不仅影响自己对自身的评价，也会影响别人对自身的评价。一个不够自信的人看到更多的是别人的不尊重、不重视、不公平。但一个足够自信的人并非看不到不尊重、不公平，只是他们更具有客观性甚至可将其转化为前进的动力。让大脑接收更多积极的声音，多鼓励自己，多支持自己，让自己迈出创业的第一步。

让每个有创业愿望的人都拥有自主创业的空间，让创新创造的血液在全社会自由流动，让自主发展的精神在全体人民中蔚然成风！创业者是中国经济升级换代的力量，创业者的成功不仅是为个人创造财富，也是为社会和国家创造财富，增加就业机会。中国年轻人已经迎来了创业的好时代，大学生不应该仅是这个时代的旁观者，更应该是见证者和参与者。大学生应该勇敢地迈入新一轮的创业大潮历练自己，砥砺前行。

三、企业家精神

（一）企业家

1. 企业家概述

“企业家”一词是从法语借来的，其原意是指“冒险事业的经营者或组织者”。在现代企业中，企业家大体可分为两类：一类是企业所有者的企业家，作为所有者，他们仍从事企业的经营管理工作；另一类是受雇于企业所有者的职业企业家。目前对“企业家”一词还没有一个权威的、统一的定义。企业家是冒险家，是把土地、劳动、资本这三个生产要素结合在一起进行活动的第四个生产要素，他承担着可能破产的风险。企业家是以自己的创新力、洞察力和统率力，发现和消除市场的不平衡性，创造交易机会和效用，给生产过程提出方向，使生产要素组织化的人。由以上表述也可看出企业家的一些本质特征：冒险、创新。因此，将企业家定义为：企业家是对土地、资本、劳动等生产要素进行有效组织和管理，富有冒险和创新精神的高级管理人才。企业家与一般厂长、经理等经营者的不同主要在于，企业家敢于冒险，善于创新。企业家是经济学上的概念，企业家代表一种素质，而不是一种职务。

2. 企业家的基本素质

有一种观点是从一些企业家的显著特征来总结的，将企业家素质分为以下三个方面。第一，有眼光。站得高，才能看得远。企业家要高瞻远瞩，高屋建瓴，未雨绸缪；要有战略眼光，既要把握大势，掌握全局，又要见微知著，明察秋毫。第二，有胆量。企业家需要冒险，冒险精神是企业家精神的一个重要组成部分。第三，有组织能力。企业家要善于动员和组织社会资源，进行并实现生产要素的重新组合。

还有一种观点是从企业家应具备的知识、见识、方法、境界及意志力五个方面素养来进行总结的，将企业家素质分为以下四个方面。第一，知识。一个企业家的所作所为只能局限在自己“知识岛”所能掌控的范围内，岛外行为只能属于冒险式的投机。第二，见识。见识源于个人的经历。如果把知识看成是一个岛，见识就是一条线，就是走过的路，就是见过的事。第三，方法。方法即合理的路径。第四，境界。企业家的境界决定了他站在什么高度思考问题。人的境界不一样，做事的心态完全不同。

（二）企业家精神的内涵与特征

1. 企业家精神的内涵

进入 20 世纪后，企业家精神的定义就已拓展到了行为学、心理学和社会学分析的领域。而在当今的西方发达国家，企业家转到政府或社会组织工作的情况非常普遍，也不断有人提出和实施用企业家精神来改造政府服务工作和社会管理工作。也有人将企业家精神定义为个人带来的过程，确定新的创业机会，并将其转化为可销售的产品或服务。

可以看出，不管哪种看法，企业家精神都应该有以下内涵：一是企业家精神的主体一定是在商业领域有成功经历的人；二是企业家精神的内容一定是一些共同或相似的精神特征；三是企业家精神的表现一定有其科学的行为特质，这种特质可以表现在工作行为、管理行为、日常行为等生活和工作的方方面面。

2. 企业家精神的特征

企业家精神是企业家这个特殊群体所具有的共同特征，是他们独特的个人素质、价值取向及思维模式的抽象表达，是对企业家理性和非理性逻辑结构的一种超越、升华。企业家群体独有的、显著的精神特征把企业家和其他群体区别开来，人们常把它看作成功的企业家个人内在的经营意识、理念、胆魄和魅力。企业家的成功是各种各样的，但是不同企业家的企业家精神却往往有着共同的特征。一般认为，企业家精神具有如下特征。

（1）创新

一个企业最大的隐患，就是创新精神的消亡。创新必须成为企业家的本能。但创新不是“天才的闪烁”，而是企业家艰苦工作的结果。创新是企业家活动的典型特征，包括产品创新、技术创新、市场创新、组织形式创新等。创新精神的实质是做不同的事，而不是将已经做过的事做得更好一些。所以，具有创新精神的企业家更像一名充满激情的艺术家。

（2）合作

企业家在重大决策中实行集体行为而非个人行为。尽管伟大的企业家表面上常常是进行着一个人的表演，但真正的企业家其实是擅长合作的，而且这种合作精神需要扩展到企业的每个员工。企业家既不可能也没有必要成为一个超人，但企业家应努力成为“蜘蛛人”，要有非常强的“结网”的能力和意识。

（3）敬业

这种需要人们不停地工作的事业，成为他们生活中不可或缺的组成部分。事实上，这是唯一可能的动机。但与此同时，从个人幸福的观点来看，它表述了这类生活是如此不合理：在生活中，一个人为了他的事业才生存，而不是为了他的生存才经营事业。对事业的忠诚和责任，才是企业家的“顶峰体验”和不竭动力。

（4）学习

学习与智商相辅相成，从系统思考的角度来看，从企业家到整个企业，必须持续学习、全员学习、团队学习和终身学习。

（5）执着

在遵循摩尔定律的信息时代，只有坚持不懈、持续不断地创新，以“夸父追日”般的执着，“咬定青山不放松”，才可能稳操胜券。在发生经济危机时，资本家可以用脚投票，变卖股票退出企业，劳动者亦可以退出企业，然而企业家却是唯一不能退出企业的人。正所谓“锲而舍之，朽木不折；锲而不舍，金石可镂”。

（6）诚信

诚信是企业家的立身之本，在企业家修炼领导艺术的所有原则中，诚信是绝对不能摒弃的原则。市场经济是法治经济，更是信用经济、诚信经济。没有诚信的商业社会，将充满极大的道德风险，显著抬高交易成本，造成社会资源的巨大浪费。企业家只有一个责任，就是在符合游戏规则下，运用生产资源从事利润的活动，亦即须从事公开和自由的竞争，不能有欺瞒和诈欺。

3. 企业家精神的作用

（1）企业家精神是企业核心竞争力的重要来源

公司的核心竞争力是指能做别人根本不能做的事，能在逆境中求得生存和发展，能将市场、客户的价值与制造商、供应商融为一体的特殊能力。可见，企业核心竞争力从某种意义上讲，是企业家精神的一个反映或扩展，它体现的正是企业的创造与冒险，也是企业的合作与进取。

企业家在企业中的独特地位，决定了企业的核心价值观必然受其重要影响，决定了企业的组织创新、管理创新、价值创新等冒险活动只能由企业家自己承担。它同时也决定了企业经营发展的兴衰成败，从而也就决定了企业核心竞争力能否形成。因此可以说，企业家在其精神的鼓励下对企业核心竞争力起着关键性保障作用，企业家精神通过企业家自身保障了企业核心竞争力的培育与提升。

（2）保护企业家精神对企业竞争力具有提升作用

企业家精神是企业核心竞争力的来源之一。在一个活跃的市场中，土地、劳动者、资本等要素只有在具有企业家精神的人手中，才能在复杂多变的竞争环境中发展壮大起来，才会真正成为财富的源泉。企业家精神也是如此，它是一个企业的灵魂，是一个企业核心竞争力的体现。

四、大学生创业应具有的伦理道德

（一）商业道德与企业伦理

1. 商业道德

商业道德从分析商业的本质、商务活动的前期行为入手，为人们提供了判断商务活动是否符合道德规范的商业道德行为准则。中国古代就有经商要合议取利、价实量足等要求。在社会主义条件下，商业道德的基本内容是为人民服务，对人民负责；文明经商，礼貌待客；遵纪守法，货真价实；买卖公平，诚实无欺等。

商业道德是一个历史范畴，作为一种意识形态，不仅为一定的社会经济和文化所决定，而且也反作用于一定的社会经济，对商业活动具有重要的指导意义。改革开放以后，随着市场经济的最终确立和发展，我国的经济建设取得了巨大成就，社会生产力显著提高，市场经济日益发达。但是，在经济领域的发展带给我们物质生活极大丰富的同时，我们也不能忽略经济领域中某些企业的道德缺失现象。同样，其他如环境污染、不遵守商业契约等各种不遵守商业道德的问题，不仅造成了巨大的环境压力，还严重影响了社会经济活动与社会风气，更制约了社会精神文明的发展。

从事商业活动的商业主体必须讲究商业道德，具备良好的商业信誉，树立正确的商业道德价值观，才能使自己在商业经济大潮中健康、长远地发展下去。所以，只有加强商业道德建设，提高商业主体的道德水准，树立正确的商业道德价值取向，找寻现代商业道德建设的新思路，才是解决商业领域种种问题的出路所在。

2. 企业伦理

企业伦理，又称为企业道德，是指企业经营本身的伦理。不仅企业，凡是与经营有关的组织都包含伦理问题。只要是由人组成的集合体在进行经营活动时，在本质上始终都存在着伦理问题。一个有道德的企业应当重视人性，不与社会发生冲突与摩擦，积极采取对社会有益的行为。

企业是将盈利作为主要目标的，伦理追求的则是道德规范，企业的经营目标与企业社会责任没有必然联系，甚至是水火不相容的，因此企业的经营目标和经营伦理是相矛盾的。其实这不过是表面现象，追求利润为唯一目标的思维方式是落后于新时代的。在当今时代，如果企业只追求利润而不考虑企业伦理，则企业的经营活动会越来越为社会所不容，必定会被时代所淘汰。也就是说，如果在企业经营活动中没有必要的伦理观指导，经营本身也就不能成功。树立企业伦理的观念，体现了重视企业经营活动中人与社会要素的理念。

3. 企业伦理的内容

企业伦理的内容依据主题可以分为对内和对外两部分，内部包括股东伦理、劳资伦理、工作伦理、经营伦理等，外部包括客户伦理、竞争伦理、社会伦理、政商伦理等，具体内容如下。

（1）企业与股东间的股东伦理

企业最根本的责任是追求利润，因此企业必须积极经营、谋求更多的利润，借以为股东创造更名的权益。清楚严格地划分企业的经营权和所有权，让专业经理人充分发挥其作用，确保企业营运自由。

（2）企业与员工间的劳资伦理

其主要包括劳资双方如何互信、劳资双方如何拥有和谐关系、伦理领导与管理、职业训练等。

（3）企业与客户间的客户伦理

其主要是指服务伦理。客户伦理的核心精神是，满足顾客的需求才是企业生存的基础。顾客是企业经营的主角，是企业存在的重要价值。

（4）企业与同业间的竞争伦理

其主要包括不削价竞争（恶性竞争）、不散播谣言、不恶性挖角、不窃取商业机密等。

（5）企业与社会间的社会伦理

企业与社会息息相关，企业无法脱离社会而独立运作，要重视社会公益，提升企业形象，谋求企业发展与环境保护之间的平衡。

（6）企业与政府间的政商伦理

政府的政策需要企业界的配合与支持。金融是国家经济发展的重要产业之一，因而金融政策更是政府施政的重点，企业不但要遵守政府相关的法规，更要响应与配合政府的金融政策。

4. 企业伦理在企业经营管理中的作用

在企业经营管理中，企业伦理发挥着重要的作用。

（1）提倡企业树立崇高目标，为企业发展指明正确的方向

以发展生产力，提高经济效益，将企业的发展与国家、民族乃至人类社会的发展相联系作为企业追求的目标，这赋予了企业一种庄严的使命感，为企业发展指明了方向。

（2）提高员工的道德素质有利于企业人力资源和物质资源的配置

在企业管理过程中可以发现，那些德才兼备的员工往往会成为企业的核心，并且能够给企业带来较大的价值，是企业可持续发展的骨干力量。

（3）运用伦理手段可以调动员工的积极性和创造性

在企业管理过程中，伦理手段不仅能够约束员工的行为，也有利于传播正能量，从而提升员工工作积极性及对企业的责任感，增强企业竞争力。目前很多企业非常重视对员工职业化的培训，这就是通过伦理影响员工行为的一类课程。

（4）增强管理者人格魅力，提升管理者管理效率、效果

管理者的人格魅力主要由管理者的道德素质决定，它能产生威信，使管理者赢得员工的信任，有助于二者之间的沟通；它能产生感染力和号召力，使员工产生一种归属感、安全感、责任感，并进一步转化为对企业的忠诚，产生强大的内聚力。

（5）通过产品伦理道德提升产品质量，提升服务

产品质量、企业信誉和服务对企业的发展至关重要，遵守产品伦理道德意味着企业在生产经营过程中坚持一流的产品意识，坚持信誉高于一切，坚持一流的服务意识和行动，这些是企业产品和服务在市场中竞争的基础。

（6）强化社会责任，注重社会效益

企业在追求经济效益的同时，应该强化社会责任，注重社会效益。企业不仅应为社会提供优质的产品和服务，而且要积极参与社会的公益活动，履行社会的义务，完成社会的使命，树立良好的企业形象。同时，企业社会责任的履行和企业的正面社会形象也会给企业带来更多的品牌利益和经济利益。

（7）树立契约精神、崇尚伦理是企业间竞争与合作的基础

企业之间的信任建立需要一个过程，在这个过程中，契约的履行及其他企业间的伦理履行有着重要的作用。一旦企业建立互信，将会给企业间的合作带来非常好的效果。

5. 企业伦理构建

企业可以从以下四个方面入手，推动企业伦理的建立。

（1）制定并执行企业伦理守则

伦理守则所规范的主要对象是企业与其利益相关者。员工、顾客、股东、政府、社区、社会大众等责任关系同时包含公司的经营理念与道德理想，反映公司的文化与行为、生存的基本意义和行为的基本方向。企业信奉的伦理守则应贯彻到经营决策的制定及重要的企业行为中。在建立伦理法则的同时，公司也可通过一系列的奖励、审核及控制系统加以强化，并对破坏伦理规范的行为予以惩罚，让员工明白，组织绝不允许违反伦理的行为。管理人员对违规者的默许，将会严重阻碍组织形成更具伦理气候的环境。

（2）设定伦理目标

企业伦理目标强调企业行为不仅具有经济价值，还必须具有伦理价值。企业在追求经济目标的时候，往往不由自主地将获利作为衡量行为价值的唯一尺度。于是，为了实现利润最大化，不惜损害他人利益的行为在现实生活中时有发生，这说明企业的经济目标需要伦理目标的调节和制约。企业目标制约下的行为不仅不能违背以法规形式体现出来的经济活动的游戏规则，而且要进一步以伦理准则来约束自己，主动实现道德自律。经营者必须不断提醒自己：企业生存的根本意义是什么？企业的生存其实不是一个目的，而是一种手段，是通过企业的生存，求得顾客的满意。所以，当一个企业只能用不伦理的手段才能生存的话，它就不再具有存在的意义和价值了。

（3）加强员工企业伦理教育

现在不少国外的大企业，在员工的教育训练课程中会邀请诗人、哲学家为员工上课，目的就是希望员工能对身边的人与物有更高的敏感度，帮助员工在道德思想和行为中注入强大的个人意志，防止道德沦丧。企业也可参与一些有意义的社会活动，协助推动社会良性改革，这样不仅可以提高公司的向心力，激励员工士气，同时也可以提升个人品质，满足员工更高层次的精神需求。这种需求的满足会进一步激发员工的积极性、创造性和敬业精神，从而更有利于企业经济目标的实现。这样，道德伦理风范就不再是企业必须维持的一个负担，而是统治一个企业的精神风貌。因此，企业应加强员工企业伦理教育，注重培养反映企业价值观的态度观念、思考方式等，让员工深刻了解到企业更高一层的使命。

（4）企业高层推动伦理建设

高层领导的重要职责之一是赋予企业的指导价值观以及生命力，建立一个支持各种道德行为的环境，并在员工中灌输一种共同承担的责任感，让员工体会到遵守伦理是企业积极发展的一面，而不是权威强加下的限制条件。领导要敢于承诺，敢于为自己所倡导的价值观念而采取行动，并在与道德义务存在冲突时，敢于以身作则。

企业管理的主要责任是教导、促进并启发员工的诚实、正直、公正感。一个真正的企业家，应该是净化社会风气的先锋。

目前，中国企业处于公平开放的国际化竞争中，这更要求企业以诚信为本，在创造经济利益的同时，将企业伦理作为体制改革的一个重要部分，在组织内建立一套行之有效的伦理监督机制，肩负起应尽的社会责任，共创人间净土，实现企业的可持续发展。

（二）大学生创业伦理道德建设

高校创业教育包括理论教育与创业实践两个方面，创业实践是提升创业素质的重要途径之一，创业者通过向社会提供各类产品和服务进行创业实践。如何在合理、合法的情境中获得最大发展，如何处理好企业与社会、企业与消费者、企业内部员工间利益关系等问题，都涉及道德问题。

第一，目前，大学生创业在各个高校已经成为一种普遍的现象，然而在这个过程中，还是存在着很多的伦理问题需要解决，如契约精神、团队合作、客户为中心的理念等。这需要我们的课程教育、实践教育、创业指导都有针对性的涉及。

第二，从创业目标指向看，要鼓励大学生创业者在物质层面、道德层面上追求更高的价值，开创新的事业。要创业，必须向社会提供具有竞争力、能增进社会福利的产品，这些产品具有物质和道德两个层面，既是物质产品又是道德产品。物质产品是生产活动的结果，道德产品则是指附加在实物产品上的，能够提高实物产品的价值并为大众所信任的产品。具有道德的物质产品，能够使企业获得良好的商业信誉和声誉；反过来，这又会促进企业物质产品的销售，增加实体资本，推动企业做大做强。道德产品和物质产品共同关系到企业的生死存亡，任何企业都应该秉持对社会和他人高度负责任的态度、诚实守信的精神，为他们提供优质高效、物美价廉的人性化商品，这是创业企业命运攸关的核心任务。但是这种道德品质不是天生的，只能在创业教育实践中进行引导和培养。

第三，应当鼓励大学生创业者在整个创业过程中建立良好的企业伦理道德，做一些简单或短期的有益的事情。从创业过程看，创业实践是实体资本与道德资本共同作用，开发新产品、提供新服务的过程。任何一项事业发展都需经历由小到大、由量变到质变、由不完善到完善的发展过程。在创业过程中，创业者要顺应社会发展的要求，制订可行的创业方案，整合人力资本、物质资本等资源，克服困难完成任务。这一过程既是实体资本实现经济价值的过程，也是道德资本推动实体资本发展、实现其社会价值的过程。因此，企业伦理道德的建立需要长期坚持。

第三节　创新创业的思维

一、思维

（一）思维的概念及要素

1. 思维的概念

思维是人接收信息、存储信息、加工信息及输出信息的活动过程，也是概括地反映客观现实的过程。思维的对象主体是信息及信息过程，思维是认识的理性阶段，人们在感性认识的基础上，形成概念，并用其构成判断（命题）、推理和论证。高校学生在创业过程中深刻地理解思维的内涵，并充分地拓展自己的思维方式，积极进行创新创造，对学生个人未来发展具有重要意义。

思维来源于劳动，是在人类认识自然、改造自然的过程中，逐渐形成的对客观世界及现实的信息化反映。思维对事物的间接反映，往往通过其他媒介作用及借助于已有的知识和经验，通过已知的条件推测未知的事物。人因为具有思维而伟大，思维是人类有别于万物的主要特点。思维的体现是多种多样的，可以体现为人类认识自然、改造自然的过程，可以体现为社会的发展和进步，可以体现为思想与艺术的表达和展现，也可以体现为科技成果的创造，还可以体现为我们的生活及日常管理。

2. 思维的要素

思维包含思维对象和思维主体两个要素。思维对象，就是人们的思维所指向的目标，从思维方法的角度来考察思维对象，其主要特点表现在“无穷多的数量”“无穷多的属性”“无穷多的变化”三个方面。思维主体，就是从事实践活动的人或正在进行思考的人的头脑。在大学生创业过程中，项目运营阶段和企业运营阶段的思维对象有显著的不同，在项目运营阶段的思维对象更多的是项目相关要素，以项目完成为目的；而在企业运营阶段的思维对象更多的是各个商业要素，以营利为目的。作为思维主体的大学生，其思维形式还不够完善，还需要进行大量的知识和经验积累，积极进行思维训练将会对其综合素质的提升起到极大的促进作用。

（二）思维的特性

1. 思维具有内隐性

思维不是一种直接的感觉活动，而是一种间接的抽象过程，是人脑对外界事物直接或间接刺激的反映，也可以说人们的知觉在其中起着重要的作用。我们无法直接观测到人脑的思维过程，只能观测到人们思维后的主观反应，如语言、行为、表情等。

2. 思维具有概括性

人脑可以将一类事物甚至多种事物通过概括或归纳总结，提炼出其本质特征及规律，并加以应用。

3. 思维具有间接性

人的感知是有感觉阈限的，如超声波、次声波等听觉阈限，红外线、紫外线等视觉阈限。同样，嗅觉、触觉等都存在着感觉阈限。所以，思维的活动往往需要以其他事物为媒介来认识客观事物，或者借助已有的知识经验来理解和把握那些没有或者不可能感知的事物，以预见和推理事物的发展过程。

4. 思维具有预见性

预见性并不是思维者与生俱来的天赋和灵性，而是客观事物在人脑中主观反应的产物。事物的发展不是杂乱无章的，而是有序的，是有规律可循的事物发展的规律决定了事物发展的方向和事物发展的趋势，人们不但可以认识、推测对象的过去，还可以对对象的未来进行科学的预测。人们可以根据自身经验及感知，通过对客观规律的分析，预见未来可能存在的科技发展趋势、社会发展趋势。

5. 思维具有时代性

也可以说具有历史性及现实性。人们的思维活动容易受到所处时代的实践经验的制约，思维的历史性提醒人们既不能固守传统思维模式，又不能割裂历史，而思维的现实性要求我们认清当代社会发展的趋势，充分考虑现实的要求，摒弃传统的思维方式中不好的方面，努力培养新的符合时代发展的思维方式和方法。

6. 思维具有创造性

在人类历史过程中，时刻都有人向陈规旧律挑战，时刻都有人在打破旧的传统和习惯。人的思维及人类社会的诸多发现、发明、创造都体现了思维的创造性，人类具有强大的分析问题、解决问题的能力，随着时代的发展，这一速度也在加快。怀疑常规事物，否定原有框架，解放思想、锐意改革、勇于创新也成了现代社会的强烈呼唤。

7. 思维具有逻辑性

事物及社会的发展是有其规律可循的，人们在改造自然的过程中，自然而然地学习和理解事物及社会的发展规律，同时在充分地利用规律来影响事物及社会发展，可见思维具有逻辑性。逻辑性反映出思维是一种抽象的理性认识，表明思维过程有一定的形式、方法和规律。

8. 思维具有形象性

思维常借助形象化的材料来进行，形象既是思维的载体，也是思维的工具。

9. 思维具有统一性

人类具有普遍性的思维，在基本思维层次上，人类的反应具有统一性和一致性。

10. 思维具有差异性

人类思维能力的最基本的东西是一致的，但并不是说人与人之间在思维上就没有差别，实际上每个人深层上的思维常常有很大的不同，存在着个体差异性。

（三）思维的分类

1. 从抽象性上划分

思维有很多分类方法，从抽象性来划分，主要可分为直观行为思维、具体形象思维、抽象逻辑思维。

（1）直观行为思维

其是直接与物质活动相联系的思维，又称感知运动思维。这种思维主要是协调感知和动作，在直接接触外界事物时产生直观行动的初步概括，感知和动作中断，思维也会中止。比如，运动员对技能和技巧的掌握也需要直观行动思维做基础。

（2）具体形象思维

其是以具体表象为材料的思维，是一般形象思维的初级阶段。它不具备真正揭示事物的本质特征，而具有开始认识事物的属性及具体形象性。它往往凭借事物的具体形象、表象或语言来进行，其在文艺创作中运用比较普遍。

（3）抽象逻辑思维

这是高级的思维方式，以抽象概念为形式，依靠概念、判断和推理进行思维，最终反映事物的本质属性和规律性联系。它是人类思维的核心形态，也是人类最基本的、运用最广泛的思维方式。

2. 从目的性上划分

从目的性来看，思维可以分为上升性思维、求解性思维、决策性思维。

（1）上升性思维

其以实践所提供的个别经验为起点，把个别经验上升为普遍性的认识。个别思维大多来自日常生活体验，因而不具有普遍的指导意义，其真实性有待实践检验，最终上升为普遍性认识。

（2）求解性思维

这种思维始终是围绕问题展开的，依靠已有的知识去寻找与现状之间的中间环节，从而使问题获得解决。例如，在解答数学题时，应先分析已知条件，理解问题，最后再找出由条件到问题之间的桥梁。

（3）决策性思维

它是以预测未来效果为中心的思维活动，是人们面对某一事物的发展趋势而做出果断抉择的思维，是以规范未来的实验过程或预测其效果为中心的思维。它遵循具体性、发展转化、综合平衡三条原则。

3. 从智力品质上划分

从智力品质上划分，思维可以分为再现思维、创造思维。

（1）再现思维

这是一种一般性思维，主要依赖过去所获得的知识和经验，对过去的记忆进行思维再现，按现成的方法或程序去解决问题。这种思维方式往往是对自己或他人以往的思维活动进行重复与模仿，缺乏创新性。

（2）创造思维

这种思维形式是人们在已有的知识和经验的基础上，对问题找出新答案、发现新关系或创造新方法的过程，是思维的一种高级形式。虽然其依赖于过去的经验和知识，但却会把它们综合组织形成全新的东西，其最突出的标志是新颖、独特，在很多行业取得突破性成绩和见解的人往往具备这种思维。

4. 从思维技巧上划分

从思维技巧上划分，思维可以分为以下几种。

（1）归纳思维

归纳思维与演绎思维相对，是由一系列具体的事实概括出一般原理的思维，需要从一个个具体的事例中，推导出它们的一般规律和共同结论。比如，数学中就经常用到归纳思维。

（2）演绎思维

演绎思维是把一般规律应用于一个个具体事例的思维。在逻辑学上又称为演绎推理。它是从一般的原理、原则推及个别具体事例的思维方法。

（3）批判思维

人们在解决问题的时候，往往强调批判思维。它一方面需要品评和批判既定的想法或假说；另一方面需要思考者积极进行思维，提高思考的质量，巧妙地运用思维内在的结构并用智能标准对思考施加影响。批判思维体现为独立自主、自信、思考、不迷信权威、头脑开放、尊重他人等。

（4）收敛思维

收敛思维是与发散思维相对的，又称集中思维、求同思维，是指从已知的种种信息中产生一个结论，从现成的众多材料中寻找一个答案。例如，从许多资料中找出合乎逻辑的联系，对几种解决方案加以比较研究，从而导出一种解决办法，就属于这种思维。

（5）发散思维

发散思维也称求异思维、辐射思维、放射思维、扩散思维，是大脑呈现一种扩散状态的思维模式。它表现为思维视野广阔，呈现出多维发散状。最常见的发散思维形式如"一题多解""一事多写""一物多用""一词多义"等。

（6）侧向思维

使用侧向思维思考时，要求避开问题的锋芒，从侧面去想，在最不起眼的、次要的地方多做文章，进行侧面挖掘，扩大价值。这种利用"局外"信息来发现解决问题的途径的思维往往会有意想不到的效果，也更简单、方便。

（7）求证思维

求证思维是用自己掌握的知识和经验去验证某一个结论的思维，现实生活中很多问题需要求证才能为人们所信服。求证思维的结构包括论题、论据和论证方式，如我们写议论文，就需要充分论证我们的观点，才能被读者接受。

（8）逆向思维

逆向思维是对司空见惯的、似乎已成定论的事物或观点反过来进行思考，看看结果是什么，亦即"反其道而思之"。从问题的反向进行探索，有利于树立新思想，创立新形象。其实，当人们习惯于沿着事物发展的正方向去思考时，往往难以寻求到解决办法，如果从结论往回推，倒过来思考，或许会使问题简单化。我们常常说的"以终为始"就是运用了这种思维方式。

（9）横向思维

横向思维是在更广阔的领域进行思维拓展，打破逻辑局限，它的特点是不限制任何范畴，以偶然性概念来逃离逻辑思维，从而创造出更多新想法、新观点、新事物。这种思维大都是从与之相关的事物中寻找解决问题的突破口，围绕同一个问题，从不同的角度去分析或在与之相关的事物分析中寻找答案。我们常说的“左思右想，思前想后”就是运用了这种思维方式。

（10）递进思维

递进思维以当前现状为起点，以最终目标为方向，有条理、有步骤、有序地进行递进思考，由浅入深，逐步深化，最终达到想要的目标或者结果。例如，数学运算中的多步运算就是运用了这种思维。

（11）想象思维

想象思维是人们在联想中进行思维，大脑通过形象化概括，对已有记忆表象进行加工、改造或重组，经过新的组合创造出新形象，是形象思维的具体化，是人类进行创新活动的重要的思维形式。

（12）分解思维

分解思维又称分离思维，将研究对象或问题进行科学分解，使其本质属性和发展规律从复杂现象中暴露出来，从每个部分及其相互关系中去寻找答案，从而使研究者能够理清研究思路，抓住主要矛盾，以获得新思路或新成果的思维方法。

（13）推理思维

推理思维是一种逻辑思维，通过一个或几个已知前提推出新判断（结论）的过程。思维过程中需要对一个事物进行分析、判断，得出结论，再以此类推，通过判断、推理去解答问题。

（14）对比思维

对比思维通过对两种相同或是不同的事物进行比较，寻找事物的异同及其本质与特性。比如，我们生活中的排序、目标达成情况、横向对比、纵向对比等都属于这种思维方式。

（15）交叉思维

交叉思维是在寻找答案的过程中，在一定的点暂停，同时再从另一个方向寻找答案；也可在同一个地方暂停，交叉汇合沟通思路，找出正确的答案。

（16）转化思维

转化思维是在解决问题的过程中遇到障碍时，把问题由一种形式转换成另一种形式，使问题变得更简单、清晰。

（17）跳跃思维

跳跃思维又称跳跃式思维或跳跃性思维，跳过事物中的某些中间环节，省略某些次要的过程，直接到达终点。该思维不依照逻辑步骤，直接从一种可能跳到另外一种可能，并再一步推而广之到其他相关的可能。

（18）直觉思维

直觉思维是对一个问题未经逐步分析，仅依据内因的感知迅速地对问题答案作出判断、猜想、设想。直觉思维是一种心理现象，是可以有意识地加以训练和培养的。

（19）渗透思维

渗透思维是分析问题时，看到错综复杂的、互相渗透的因素，通过对这些潜在因素关系的分析来解决问题。

（四）思维的过程

思维是对一个信息反馈及加工的过程，典型的思维过程由准备、立题、搜索、捕获和解释构成。

1. 准备

这是一个信息积累的阶段，人们通过学习性或搜集性的形式积累信息。学习性的积累可以没有具体目标，只为积累更多的知识，以利于今后解决更多的问题。当然也可以有目的、有方向地进行积累，为后期的研究方向奠定基础。在“大众创业、万众创新”的时代，学生的信息积累更应该是多样的，学习的积累更多地应以提升自身综合素质，努力具备创新创业精神、创新创业素养、创新创业能力为方向，不管将来是就业或是创业，都会为其奠定良好的基础。搜集性的信息积累一般有明确目标，有明显的针对性，为解决某个具体问题而进行。比如，学生团队在做某个项目时进行相关信息、素材的积累和收集，大学生创业初期进行市场信息收集等，这类信息积累具有明显的目标性及针对性。

2. 立题

立题是思想上的跃升，是思维的一个新阶段。从信息的角度看，立题就是思维主体对已经接收的基本信息的一个总的反映或跃迁、繁衍和深化的表现形式。在大学生创新创业的过程中，立题体现为对已经收集的项目信息或创业需要信息进行总体的思考，进行有目的性的甄选，选择有用的信息进行再次深化、总结、思考，为后面的项目进行或创业运营打下基础。

3. 搜索

为解决问题，需要继续在原有的思维阶段进行新的思维，这就是搜索。搜索是明确目标下的思维，是围绕目标进行的有针对性的、全方位的思维。搜索的思维过程包括问题分解和设计搜索方案两个阶段，可以运用个体思维，借助社会思维，还可借助机械仪器。在大学生创新创业过程中，围绕项目目的或经营目的，对信息进行新的加工，在加工的基础上得到更进一步的信息，并能够针对问题提出针对性解决方案。

4. 捕获

捕获是解决问题的一种跃升。捕获有实事捕获和思想捕获两种形式。实事捕获常常来自资料查询和实验观察等。思想捕获更能使问题的解决跃上一个新的阶梯。在大学生创新创业过程中，解决方案的实施会给项目或经营带来实事捕获，但更应该获取的是思想捕获。思想的捕获和升华，将为大学生在走向社会后的就业或创业过程中遇到类似问题或更困难的问题时提供更高层次的思维基础。

5. 解释

解释又称接通。解决问题的过程随着搜索、捕获而逐渐升级，逐渐明朗化，经适当步骤之后，再实行一次对全过程的综合整理，这叫接通。接通思维在解决问题全过程中的每一阶段都需要。例如，在立题前的信息积累过程中，没有接通综合思维就不可能产生立题的飞跃。经过整体思维过程的经常性思考和训练积累，人们的思维将会产生质的飞跃。因此，大学生在校期间，应抓住可能的机会，在项目的锻炼中，在创业的经营中，突破思维的局限与障碍，最终实现思维方式的质的提升。

二、创新思维

创新思维是人类所独有的，它既有一般思维的特征，又有其独特的魅力特征。人类正是凭借着创新思维不断地认识世界、改造世界，不断推动生产力变革。创新思维是人类思维中的精华部分，是人类智慧的结晶，是人类不断增强的创造力和创新活动的基础。目前国际上公认的21世纪重点研发的高新技术领域分别是信息技术、生物技术、新材料技术、新能源技术、空间技术和海洋技术等，它们将会带来世界性的又一次变革。一个国家、一个行业、一个企业、一个团队只有充分具备了创新思维，才能够在这个时期、在这些领域走得更远。

创新思维是在客观需要的推动下，以获得新的信息和已储存的知识为基础，综合地运用各种思维形式和思维方式，克服思维定式，经过对各种信息、知识的匹配、组合，或者从中选出解决问题的最优方案，或者系统地加以综合，或者借助类比、直觉、灵感等思维方式创造出新理论、新方法、新概念、新形象、新观点，从而使认识或实践取得突破性进展的活动。

创新思维主要有以下几个层面：第一，创新思维和常规思维不同，需要突破常规思维，具有新的特点；第二，创新思维可以体现为方法或者解决方案，总的来说是各种思维的综合运用；第三，创新思维的最终结果是产生新的社会价值或成果，以社会客观需要为前提。

在我们的日常工作和生活中，创新思维在本质上更重要的是将创新意识的感性愿望提升到理性的探索上，实现创新活动由感性认识到理性思考的飞跃。

创新性（求新性）、系统性（综合性）是创新思维必不可少的特征。另外，创新思维应该产生价值，满足社会或个人某个方面的需求，所以价值性也是其必不可少的一个特征。

思维的创新性可以理解为具有独创性和新颖性。独创性也称原创性或初创性，是创作者经过独立创作产生的，具有非模仿性和差异性。独创性在思路的探索、思维方式方法和思维结论上，都能提出新的创见，做出新的发现，实现新的突破。独创性要求我们打破陈规旧俗，敢于想人之所未想或不敢想之事，做别人未做或者不敢做之事。新颖性则体现了我们思维的求异性，不同于他人。在我们的创新活动中，尤其是初始阶段，对新颖性的要求非常高，人们更多地关注现象与本质、形式与内容的不一致，更多地关注差异。

创新思维的系统性主要是从系统创新的角度来说的，我们在创新活动过程中，需要对创新活动整体系统的组成要素之间的关系、结构、流程及环境进行动态的、全面的梳理，并依据其内在规律对创新活动进行有序的组织实施，以促进创新活动系统整体功能优化，使整个创新活动系统发生质变。在许多情况下，创新思维是对已有成果的系统综合，是对多种思维方法的系统综合应用，是对多种思维形态的综合运用。

创新思维的价值性在于它能够带来社会价值，不管是知识的增加、科技的进步，还是问题的解决、事物的发明、管理的改善，都是具有价值的。

第三章 创业者与创业团队

第一节 创业者和创业动机

一、创业者的界定

创业者是一种主导劳动方式的领导人，是一种需要具有使命、荣誉、责任能力的人，是一种组织、运用服务、技术、器物作业的人，是一种具有思考、推理、判断的人，是一种能使人追随并在追随的过程中获得利益的人，是一种具有完全权利能力和行为能力的人。

创业者（Entrepreneur）有两个基本含义：一是指企业创办者，即通常所说的即将创办新企业或者刚刚创办新企业的主导者；二是指企业家，即为成熟企业负责经营和决策的领导者。由此可见，企业家从本质上来看也是创业者。企业创办者伴随着企业的不断成长，其在企业中的角色也在不断变化，逐渐成长为企业家。

通常来说，创业者可分为狭义和广义两种。狭义的创业者是指参与创业活动的核心人员，该定义避免采用领导者或组织者的概念。随着创业活动对技术的要求越来越高，很多拥有某项特定成果的技术专家通常会成为创业活动的发起者。广义的创业者是指参与创业活动的全部人员，创业者一般更多地以团队的形式出现。在创业过程中，狭义的创业者将比广义的创业者承担更多的风险，但也会获得更多的收益。

二、创业者的类型

（一）根据创业者的角色划分

根据创业者在创业过程中所扮演的角色，一般可划分为独立创业者和创业团队。

1.独立创业者

独立创业者是指单独一人进行创业，即自己出资、自己管理。独立创业者通常具有较强的创业意愿，在创业过程中可以充分调动个人主观能动性和创新性，可以最大限度发挥自己的想象力和创造力，可以自由地安排自己的生活和工作，可以追求自身价值的最大化。独立创业者在实现创业理想和抱负的过程中可以尽可能地遵从个人意愿，拥有绝对的话语权和主导权，但也需要独自面对和承担创业过程中遇到的困难和风险。独立创业者可能会面临创业资金短缺、管理经验匮乏、社会资源和技术资源不足、市场难以开拓等困难，独立创业的难度和风险较大，所要承受的压力也较大。

2. 创业团队

创业团队是指在创业初期（包括企业成立前和成立早期），由一群才能互补、责任共担、愿为共同的创业目标而奋斗的人所组成的特殊群体。创业团队成员之间可以做到能力互补、资源共享、风险分担，这对新创企业起到了提升管理水平、增强企业实力、降低创业风险的作用。但是，随着企业的发展，创业团队成员之间可能会因为意见不一致、权责划分不明确、利益分配方式不完善等因素，导致团队解散。

（二）根据创业者的创业动机划分

根据创业者的创业动机，可划分为生存型、机会型和梦想型三种创业者类型。

1. 生存型创业者

生存型创业者一般都是为生活所迫，并无创业概念，创业只是其谋生的手段，而且大多数此类创业者是在没有其他选择的前提下才被动地选择创业。

生存型创业者通常会受到创业资金、社会及技术资源等因素的限制，而且其对风险的承受能力也较为薄弱，所以他们一般是在现有市场中捕捉机会，从事的基本都是一些技术要求不高、低风险、低回报的行业。生存型创业者往往很难成长起来，大多数只能维持做一个小企业。当然，也有部分生存型创业者通过自身的努力和拼搏，在创业过程中不断学习、积累、提高，最终把企业做大做强。

2. 机会型创业者

机会型创业者大多数是为了抓住和充分利用市场机会而从事创业活动。此类创业者一般拥有较为充足的创业资金，对于新的市场机会比较关注，通常会选择资金壁垒和技术壁垒较高的行业。由于他们对风险的承受能力较高，所以他们往往也会期望较高的投资回报。

3. 梦想型创业者

梦想型创业者对创业有着执着的追求，他们为了实现自己的梦想而选择创业这条道路，在创业过程中充满激情和活力。此类型的创业者在进行创业活动时通常比较注重经验积累。创业过程不会一帆风顺，甚至会失败，但他们凭借着对梦想的执着、坚韧不拔的精神、不畏艰难的意志，在创业过程中不断实现自我提升，从而吸引更多志同道合的创业者加入，获取更多的资源和投资，进而实现创业梦想。

（三）根据创业者所处的创业领域划分

根据创业者所处的创业领域，可划分为传统创业者和技术创业者。

1. 传统创业者

传统创业者是指在餐饮、房地产、服装、零售等传统行业创办企业，为顾客提供产品或服务的创业者。

2. 技术创业者

技术创业者所创办的企业以技术为核心，企业为顾客提供的产品或服务技术含量较高，所创造的附加值较高，有较大的利润空间。

三、创业者的创业动机

（一）创业动机的含义

动机是激发和维持有机体的行动，并使行动导向某一目标的心理倾向或内部驱动力。创业动机是指激发和维持个体或团队从事创业活动，并使活动朝着某些目标发展的内部动力，是激励创业者愿意冒着各种风险去创立新的企业的内在力量。

（二）创业动机的类型

创业动机会随着创业者所处的环境、自身需求等因素的变化而发生变动，对创业动机的探讨需结合创业者自身情况来加以分析。

1. 生存需要型

对于生存需要型的创业动机来说，经济是最主要的原因。有些人或许是因为没有一技之长而无法找到工作，又或许是因为家里的经济负担太重，希望通过创业来解决生存压力。对他们来说，创业也许只是一个无奈的选择。目前，有部分大学生创业者就是出于缓解家庭经济压力的目的，而选择利用课余时间进行兼职，从而维持正常的学习和生活。一部分具备创业素养的大学生在兼职过程中会发现商机并把握住，从而走上创业的道路。

2. 兴趣需求型

兴趣是创业的重要动因之一。有些人对创业有着天然的亲近，他们有强烈的创业激情和冲动，甚至会把创业作为一种生活方式。在创业过程中，他们会调动自身的一切潜能，投入绝大部分的时间和精力去努力、拼搏，不管遇到什么艰难险阻，都会一如既往地坚持下去。这种精神状态是成功的创业者必备的创业素质之一。因此可以说，兴趣是创业起步的重要动力源泉之一。

3. 积累需求型

个体存在生存的需要、相互关系的需要和成长发展的需要。创业者随着自身的不断成长，对于相互关系和成长发展的需要会逐渐变强。创业者为了给自己今后的发展或实现某一目标打下基础，往往会通过创业来提升自己的实践经验，增加自己的社会阅历，为自己在经济上、经验上做好准备。这种类型的创业者一般具有较强的失败承受能力。

4. 就业需求型

高校毕业生就业问题涉及人数众多，关乎经济升级、民生改善和社会稳定，无疑是稳就业的重点。在这种情况下，随着就业压力的增大，各种鼓励创业，尤其是鼓励大学毕业生创业的政策纷纷出台，大力推动“双创”上水平，以创业带动就业，促进新兴产业发展，拓展就业新空间。在这一时代背景下，就业需求成为推动更多的人走上创业道路的一个重要因素。

5. 自我实现需求型

人的需求分为五个层次，像阶梯一样从低到高，按层次逐级递升，分别为生理需求、安全需求、情感和归属需求、尊重的需求、自我实现的需求。作为最高层次的需求，自我实现的需求是指实现个人理想、抱负，最大限度发挥个人的能力，达到自我实现境界的人，是接受自己也接受他人、解决问题能力增强、自觉性提高、善于独立处事、要求不受打扰地独处、完成与自己的能力相称的一切事情的需要。也就是说，人必须干称职的工作，这样才会感受到最大的快乐。为满足自我实现的需求所采取的途径是因人而异的。思维活跃、创新意识强烈的创业者，是创新、创造最为活跃的群体，他们通常更容易接触一些新的知识、科技发明和科研成果，或者他们中的一部分人本身就拥有自主知识产权的科研成果。为了能早日实现自己成功的目标，再加之在当前“大众创业、万众创新”的时代大背景下，一部分人改变了自己的就业观念，转而走上创业的道路；通过自主创业这一途径来证明自己的能力，挑战自我，实现自我价值，达到自我实现的需求。

（三）创业动机的驱动因素

动机的产生受内、外两种因素的共同影响，个体内在的某种需要是动机产生的根本原因，而外在的环境则作为诱因，引导个体趋向于特定目标。创业者的创业动机受到内外诸多因素的影响。

1. 内部因素

根据马斯洛需求理论，创业者对于任何一个层次的需要都会构成其产生创业动机的内部因素，如维持生存、发财致富、实现个人理想、获得更高的社会地位以及实现个人价值等。

2. 外部因素

同时创业动机也受到外部因素的影响，如社会导向性、家庭背景以及受教育程度等。

（1）社会导向性

社会对于创业的鼓励程度和对创业失败的宽容程度，都决定着产生创业动机的推动力大小。

（2）家庭背景

父母的职业、家庭的经济情况、家庭的社会关系、与父母的关系，都对创业动机的产生起着重要的影响作用。

（3）受教育程度

值得注意的是，这里所说的受教育程度并不完全等同于学历，而更偏向于人们知识储备，解决问题的能力。受教育程度并不是创业活动的必要条件，但教育对创业活动的作用是正向的，尤其是创业者受到的教育和创业的领域有关系时，受教育程度对创业能否成功有着至关重要的影响。

在创业过程中，创业者应充分认识到创业动机的重要性，充分发挥主观能动性，遇到问题勤于思考，注重自我提升，努力将个人创业目标升华为对社会有益的创业理想。

第二节　创业者的素质和能力

一、创业者的素质

素质指的是一个人在社会生活中思想与行为的具体表现，是思想、文化和身体的综合体现。创业者素质泛指构成创业者的品德、知识、技能、经验和身体等要素在特定时间和环境内的综合状态，是具有内在的、本质的及相对稳定的身心要素的整体系统，对创业活动的效率以及成功与否有着巨大的影响。创业者的个性千差万别，成功的方法和途径也不尽相同。综合来看，创业者素质主要包括以下十个方面。

（一）良好的心理素质

创业是一个风险很大的行为，创业者需要拥有良好的心理素质才有可能获得成功。成功的创业者大多可以做到不以物喜、不以己悲，在成功的时候，不会忘乎所以，依然能够保持清醒的头脑，清楚地看到不足之处；在失败的时候，拥有承担后果的勇气和魄力，不断总结、改进，寻找机会东山再起。

（二）独立自主

创业者要有独立自主的个性品质，在创业的过程中，面对困难和危机时，往往只能靠创业者自身努力才有可能渡过难关，所以创业者应注重独立自主品质的培养，对创业目标、创业行为要有自己的主张和见解。

（三）善于交流、合作

有效的交流、合作对于企业发展尤其是创业阶段起着至关重要的作用，创业者通过语言、文字等形式与企业内部员工、客户、公众媒体以及同行打交道，与周围的人进行有效的交流与沟通，为彼此间的合作铺平道路。在创业的道路上，学会合作才能达到资源的最优配置，才能够排除障碍、化解矛盾、增强信任，提高办事效率，为事业成功打下良好的基础。

（四）敢于冒险

在市场经济大潮中，机会与风险并存。在创业过程中，机会往往都会伴随着风险，随着事业范围和规模的不断扩大，所取得的成就以及伴随的风险也就越大。在行动前进行风险评估，并制定相应的应对策略，才能够为成功提供保障。

（五）克服盲目冲动

创业者在创业过程中要学会控制和调节自己的情绪，善于克制自己的冲动，使自己的活动不会因为一时的冲动而偏离正确的轨道，始终保持理智、清醒的头脑。

（六）坚持不懈的意志

创业的路途不可能是一帆风顺的，创业者需要有坚持不懈的毅力和意志。在遇到困难和挫折时，不会轻言放弃，不断地在困难中寻找机会，以求突破，哪怕是失败也不能被其击倒。创业者会根据市场的变化和需求，确定正确的目标，不断拼搏，摆脱逆境，实现目标。

（七）丰富的文化知识

创业活动对创业者的综合知识储备要求很高，创业者不仅需要掌握专业知识，还要了解管理、营销、财务、法律等方方面面的知识；在企业发展的过程中还要注重企业文化的塑造。以上种种都需要创业者有丰富的文化知识作为支撑。

（八）诚实守信的品质

诚实守信是中华民族的传统美德，是为人之本、从业之要。对于创业者来说，诚实守信是最为重要的品质。诚实守信既是一种道德品质和信念，也是一种道德责任，更是一种崇高的人格力量。对企业来说，它是一种形象、一种品牌、一种信誉、一个使企业兴旺发达的基础。

（九）良好的身体素质

身体是工作的本钱，创业者只有拥有健康的体魄才可以应对创业这项时间长、压力大、内容繁杂的工作。创业者应注重日常锻炼，保持积极乐观的心态，确保自己身体健康、体力充沛、精力旺盛、思路敏捷，时刻以最好的身体状态投入创业活动。

（十）树立危机意识

古语云："人无远虑，必有近忧。"创业者如果没有危机意识，那么在面对一些突如其来的变化时往往会显得手足无措，无法从容应对。而企业如果没有危机意识，对市场中的风险没有足够的敏感度和警惕性，则终将被市场所淘汰。所以创业者应时刻保持危机意识，制订危机应对方案，并为之做好组织、人员、措施、经费上的准备，在危机到来之前做好所有的准备预案和保障措施。

二、创业者的能力

创业能力是影响创业活动的效率和创业成功的关键，它涉及的面很广。创新是人类特有的认识能力和实践能力，是人类主观能动性的高级表现，是以现有的思维模式提出有别于常规或常人思路的见解为导向，利用现有的知识和物质，在特定的环境中，本着理想化需要或为满足社会需求，而改进或创造新的事物、方法、元素、路径、环境，并能获得一定有益效果的行为。

创新是知识经济的主旋律，是企业赖以生存的基本保障，是市场竞争的不败法则。无论是管理创新、技术创新还是知识创新都离不开人，人是创新的主体，只有创业者持续不断地创新，才能使得企业不断地发展。所以，作为一个创业者，必须具备管理、技术、市场的创新能力。

（一）经营管理能力

经营管理能力是一项综合能力，通过对人、财、物、时间以及空间的合理组合，为人类生存发展提供良好的条件。优良的经营管理能力是成功的创业者必备条件之一，它主要包括战略决策能力、资源整合能力、沟通协调能力和亲和力等方面。

1. 战略决策能力

企业战略可以帮助企业指引长远发展方向，明确发展目标，指明发展要点，并确定企业需要的发展能力。战略的真正目的就是要解决企业的发展问题，实现企业快速、健康、持续发展。企业战略关系到企业能否获得可持续竞争优势，它既是企业的生命线，又是企业腾飞的跳板。一个及时、英明的战略决策可以使企业发展实现质的飞跃，而一个错误的战略决策则可能令一个企业走向覆灭。

创业环境中各种政治、经济、文化要素相互联系、错综复杂，在这种情况下很难做出一个完美的方案，这就需要创业者拥有良好的战略决策能力，能够从经济的发展规律、市场的发展变化以及国家的政策法规等方面综合考虑，正确地对创业机会和创业方案进行评估。战略决策能力是经营管理的核心能力。

2. 资源整合能力

资源整合是指企业对来源、层次、结构、内容等方面各异的资源进行识别、选择、汲取并进行有机融合，使其具有较强的条理性、系统性和价值性，以此创造出新的资源的动态复杂过程。

创业需要资金、场地、技术、人脉等条件，但要想创业成功并不是将这些条件简单地叠加就可以了。在创业过程中，要随着企业发展、市场变化等因素不断地对现有资源进行整合，获得整体的最优化。良好的资源整合能力能够巧妙地把各种创业资源整合到一起，创造性地解决各种问题，最大限度地发挥资源的价值。

3. 沟通协调能力

沟通协调是每个人都需要的，一般的沟通是指社会中的个人与组织基于一定的需要，通过语言、文字、图片、行为等方式，交流思想、观念、意见、情感等信息的行为。良好的沟通协调能力有利于信息的交流，一方面可以促进团队成员之间关系融洽、相互支持，在工作上协调配合，确保各项工作有序开展，提高工作效率；另一方面可以帮助创业者与竞争者以及客户之间减少摩擦、化解矛盾、融洽关系、增加合作意向，为彼此间的合作打下良好的基础。

4. 亲和力

亲和力是人与人之间信息沟通、情感交流的一种能力，源于人对人的认同和尊重。良好的亲和力能拉近创业者与同事、朋友以及客户之间的心理距离，进而产生最大化的管理效能和经济效益，这也是企业的最终目的。

抛开某种先天性的东西，从本质上来说，亲和力更多的是自身综合气质的体现，它往往体现在良好的文化素养、优雅的谈吐和大方的举止等方面。在很大程度上，亲和力是可以通过后天的学习来获得的，创业者在创业过程中，要有意识地提升自己的亲和力。

（二）专业技术能力

专业技术能力是指运用专业知识进行专业生产的能力。专业技术能力的形成是以专业知识为基础，通过实践不断提高和完善的。创业者要重视创业过程中知识和技能的积累，通过积极探索、认真分析、不断总结，最终形成具有自己经验的特殊专业技术能力。

（三）人际交往能力

人际交往能力是衡量一个人能否适应现代社会需求的标准之一。创业者应该懂得各种场合的礼仪、礼节，善于待人接物，善于处理各类复杂的人际关系。一般情况下，人际交往能力包括以下五个方面。

1. 人际感受能力

人际感受能力是指对他人的思想、情感、动机、需求等内心状态的感知能力，以及对他人受自己言行影响程度的感受能力。

2. 人事记忆力

人事记忆力是指与人交往过程中，对交往对象个体特征、交往情景以及交往内容等相关信息记忆的能力。

3. 人际理解力

人际理解力即对他人的思想、感情与行为的理解能力，通过他人的语言、语态、动作等信息来理解他人的观点，抓住他人未表达的疑惑与情感，把握他人的需求，并采取恰如其分的语言帮助自己向他人表达情感。人际理解力是现代企业管理中重要的工作技巧。

4. 人际想象力

人际想象力即从对方的地位、处境、立场出发，设身处地为他人着想的能力。

5. 风度和表达力

风度和表达力是人际交往的一种外在表现，是指与人交际过程中的举止、谈吐、做派以及真挚、友善、富于感染力的情感表达，是人际交往能力较高层次的表现。

作为创业者拥有良好的人际交往能力对创业活动有着事半功倍的作用，在与客户交往过程中能够迅速、准确地了解对方的想法、意图和需求，也可以准确、充分地将自己的观点、企业产品情况等信息传达给对方，有利于与客户达成合作；在与团队成员交往的过程中能够及时地掌握大家的感受，并使大家可以充分地领悟新创企业的目标、面临的环境和要采取的对策，让大家更加有效地为实现共同的目标而努力。

（四）商务谈判能力

商务谈判是买卖双方为了促成交易或是为了解决争端，并取得各自的经济利益而进行的活动，是在商品经济条件下产生和发展起来的，它已经成为现代社会经济生活必不可少的组成部分。商务谈判活动应遵循以下原则。

1. 共赢原则

在进行商务谈判时应更多地强调共同赢利和利益一致性，谈判各方应努力挖掘利益共同部分，通过共同努力，使各方都能获得利益最大化，达到共同赢利的目的。共赢原则可以极大地减少对抗，达成合作，使各方的商业活动利益最大化。

2. 平等原则

平等原则即谈判各方无论组织规模大小、经济实力强弱，大家的地位都是平等的，各方对交易项目及交易条件都拥有相同的选择权。平等是商务谈判的基础，是衡量谈判是否成功的基本标准。

3. 合法原则

经济活动必须是合法的行为，因此谈判及其合同的签订也必须接受法律的约束，主要体现在谈判主体必须合法、交易项目必须合法、谈判过程中的行为必须合法、签订的合同必须合法四个方面。

4. 时效性原则

商务谈判应提高效率，降低成本，如果谈判陷入僵局，或进行拉锯式谈判，那么对谈判各方来说都是不利的。只有守时、高效的谈判才能给企业带来更大的利润价值。

5. 确定目标原则

在谈判前应当进行充分的准备，对己方的优势和劣势进行客观分析，并为谈判活动制定出各层次的目标，包括最低目标、可接受目标、最高目标。在谈判过程中充分利用己方有利条件，确保最低目标，争取可接受目标，力争达成最高目标。

（五）学习能力

学习能力是指学习的方法与技巧，是所有能力的基础。学习能力往往决定了一个人竞争力的高低。在知识经济时代，每个人都应该树立终身学习的理念，时刻保持学习能力。

对于企业来说，只有比竞争对手学习得更多、更快，才有可能在未来的竞争中获得持久的优势。真正持久的优势就是怎样去学习，就是怎样使得自己的企业能够学习得比对手更快。

（六）时间管理能力

时间管理是指通过事先规划和运用一定的技巧、方法与工具实现对时间的灵活有效运用，从而实现个人或组织既定目标的过程。EMBA、MBA 等主流商业管理教育均将时间管理能力作为一项对企业管理者的基本要求。创业者提高时间管理能力可以从以下五个方面着手。

1. 设定目标

时间管理的目的是能在最短的时间内实现更多的目标，创业者可以将自己短期内想要实现的目标列出来，并从中找出一个核心目标，然后按照重要性依次排列，最后根据目标制订一个详细的计划，并按照计划执行。

2. 严格规定完成期限

你有多少时间完成工作，工作就会自动变成需要那么多时间。如果你有一整天的时间可以用来做某项工作，你就会用一天的时间去完成它。而如果你只有一小时可以做这项工作，那么你就会快速有效地在一小时内完成这项工作。

在进行工作规划时，对每一项工作都限定完成期限，并在计划时间内完成，将会有助于提高时间利用效率。

3. 做好时间日志

学会把每天所做的事以及花费的时间记录下来，这样就可以清楚地知道每件事所花费的时间，也可清晰地知道每天浪费了多少时间以及浪费在哪里。这样将有助于你做出改变，减少时间浪费。

4. 学会列清单

做事之前要将所要做的事情详细地罗列出来，并注明事情的轻重缓急，这样能更好地安排工作时间，不必担心工作的时候不知道要做什么，或者直到要下班的时候才想到有很多事情没有做，然后开始手忙脚乱地处理手头积压的工作。不要轻信自己可以用脑子把每件事情都记住，而且当看到长长的清单时，也会产生紧迫感。

5. 一次只解决一件事情

做事时最忌讳的就是一心两用甚至一心多用，这样会导致每件事情完成的效率和质量都很低，只有将注意力全部集中到一件事情上来，才能在较短的时间内高质量地完成工作。

值得注意的是，创业成功者并不能具备所有的关键性素质、能力，他们和其他人一样有着自己的不足，但他们的某种关键性素质一定是异常突出的，这突出的优点压过不足之处就足以让人成事。所以，人不怕有缺点，就怕没优点，创业成功的关键是如何把自己的优势发挥出来。同时，创业者的关键性素质、能力是可以通过学习和实践来培养的，创业过程也是完善个人创业素质、提升创业能力的过程。

第三节　创业团队的组建和管理

一、创业团队的概述

（一）创业团队的内涵

创业团队是为进行创业而形成的集体，它存在于企业之中，成员之间彼此联合，在行为上彼此交互、相互影响，在心理上彼此认同、相互间有归属感，为了共同的目标相互协作、共同奋斗。狭义的创业团队是指有着共同目的、共享创业收益、共担创业风险的一群创建企业的人；广义的创业团队则不仅包括狭义的创业团队，还包括与创业活动有关的各种利益相关者，如风险投资家、专家顾问等。

（二）创业团队的组成要素

一般而言，创业团队主要包括目标、人员、定位、权限、计划五个重要的组成要素。

1. 目标

目标是创业活动的预期目的，为创业活动指明方向，具有维系创业团队各个方面关系构成的核心作用。从本质上来说，创业团队的根本目标在于创造新价值。

2. 人员

人是组成创业团队的最核心要素。任何计划的实施、目标的实现最终都是要由不同的成员通过分工来共同完成的。而且人作为知识的载体，所拥有的知识对创业团队的贡献程度将决定企业在市场中的命运。

3. 定位

团队定位和团队目标是紧密相连的。团队目标决定了团队的定位，只有明确了团队目标，才能确定团队在企业中所处的位置，才能解决团队对谁负责的问题。

4. 权限

创业团队需根据每个成员的特长来进行分工，并且根据分工，来确定每个人的权限。一般来说，创业团队中的主导人物在创业初期阶段一般会拥有相对集中的权力，但随着创业活动的开展以及创业团队的日渐成熟，其所拥有的权限也会相应减少。

5. 计划

计划是实现创业目标的根本保障，是为了达到创业目标的具体工作程序，团队只有按照计划完成每一项工作程序，才能确保创业团队的逐步成长、创业目标的最终实现。

（三）创业团队的类型

一般来说，创业团队可以分为星状创业团队、网状创业团队和虚拟星状创业团队三种主要类型。

1. 星状创业团队

星状创业团队中有一个核心人物作为团队领导者，一般来说，在团队组建之前核心人物就已经有了自己的创业理念和想法，根据创业的需要寻找合适的成员来组建一个以自己为核心的团队。这些新加入的成员可能是核心人物熟悉的，也可能是核心人物不认识的，他们主要为团队提供支持并执行具体任务。

2. 网状创业团队

网状创业团队一般是团队成员由于共同的兴趣爱好、相同的志向而组成的。一般来说，网状创业团队的成员在创业之前就有比较密切的关系，可能是同学、亲友、同事、朋友等。在过去的交往过程中，有共同认知并确认某个创业想法，同时就创业行为和活动达成了共识以后，开始共同创业。网状创业团队在组建时，一般没有明确的核心人物，团队的每位成员都是协作者或者伙伴角色。

3. 虚拟星状创业团队

虚拟星状创业团队是由网状创业团队演化而来的，团队成员通过协商，确定一个核心人物，核心人物是整个团队的代言人，而不是主导型人物，其在团队中的行为、决策必须充分考虑其他团队成员的意见，并不具备星状创业团队中核心人物那样的绝对权威。

（四）创业团队的优势

相比独立创业而言，团队形式的创业具有一定的明显优势：一是创业不是一件容易的事情，尤其在创业初期更是困难重重，在资金匮乏、资源短缺、能力欠缺的情况下，组建创业团队显得尤为重要；二是创业团队在资源获取、认知共享、科学决策、风险抵御以及社会网络密度等方面比个体创业有着显著的优势，成功的概率也高于后者；三是创业团队的凝聚力、合作精神，共同目标、奉献精神能够帮助企业度过危机，快速成长；四是团队成员之间的合作、协调、互补和努力，可以帮助企业降低管理风险、提高管理水平，团队成员间紧密和有效的工作关系对于任何企业来说都是一笔非常珍贵的财富。

（五）创业团队的潜在风险

创业团队是由人构成的，每个人都有着自己的个性、想法以及行为习惯。在创业初期，大家在创业激情的驱动下，可以暂时抛开个人得失，齐心协力发展企业。但随着企业的逐步发展，团队成员之间很容易出现裂痕，进而导致创业团队解散，甚至导致企业破产清算。导致创业团队破裂的原因主要有以下三个方面。

1. 利益分配产生分歧

很多创业团队在创业初期由于种种原因并没有明确地提出未来的利益分配方案，等到企业发展壮大时，就开始为利益的分配而产生争执。所以在创业初期就应该把最基本的责、权、利说清楚，包括增资、扩股、融资、撤资、人事安排、解散等，尤其股权、利益分配更要说清楚。

2. 团队核心成员个性不相容

创业团队的核心成员一般都拥有较强的个性，如果彼此间在团队组建的磨合期没有能够进行很好的磨合，那么在创业过程中很容易由于个性的差异而产生分歧，成为制约企业发展的因素。而如果团队核心成员的个性都比较强势又不相容的话，就很容易导致团队的解散。

3. 经营理念或价值观不一致

创业初期，团队的经营理念往往并不十分清晰，但随着企业的发展、外部环境的变化，企业会逐渐调整经营理念。在这个过程中，如果团队成员之间没有进行很好的交流沟通，则很容易产生较大的分歧，甚至会出现成员对公司经营理念、目标以及发展战略的不认可，在价值观层面发生冲突，那么团队将会面临解散的风险。

二、创业团队的组建

组建一支优秀的创业团队是每个创业者的梦想，但如何组建创业团队并没有固定的标准答案，团队成员之间的个体差异，使得团队组建的过程变得十分复杂。一般来说，创业团队组建原则和组建程序如下。

（一）创业团队组建原则

1. 目标明确合理

只有团队的目标明确了，才能使团队成员清楚地了解共同的奋斗方向。同时，目标也必须是合理的、可实现的，这样才能真正起到激励的效果。

2. 共同的价值观

创业团队的目标、经营理念、发展战略等应该得到每一位成员的认可，这样才能够形成团队的凝聚力，克服障碍，推动企业不断向前发展。而这些方面达成一致的基础是团队成员拥有共同的价值观。

3. 优势互补

创业者组建创业团队的目的是弥补自身能力与创业目标之间的差距。只有创业团队成员在性格、能力、资金等方面形成互补时，彼此间才能真切地感受到对方对于团队的重要性，才会更加珍惜相互间的合作机会，才有可能真正实现优势互补，发挥团队成员的最大潜能。

4. 精简高效

为了降低创业初期的运营成本，提升成果回报率，创业团队成员的选择应在确保企业能高效运作的前提下尽量精简。

5. 权责明晰

为了避免团队成员在日后会因为利益分配不均而出现矛盾，在创业之初就应以法律文本的形式将大家的责、权、利明确下来，包括增资、扩资、融资、股权、扩股、解散等与成员利益相关的内容。其中股权的配置或投资比例是最为核心的内容，因为它关系到团队成员今后在企业中的地位以及利益分配等实质性的问题。所以，在创业之初就应签订好合作协议，把彼此间的责任和权益明确下来，才能确保今后大家不会因为利益分配而产生分歧。

6. 动态开放

创业团队的稳定性对于创业活动来说有着非常重要的作用，但稳定不代表团队的人员一成不变。在创业初期，团队的组建有一定的偶然性，随着创业活动的开展，团队成员之间可能会暴露出种种问题，如性格不合、价值观不同、能力重复、经营理念无法跟上企业的发展等。因此，创业者对于创业团队的建设应持有动态发展的理念，一方面不断吸收符合企业发展的新鲜血液加入；另一方面，建立好团队成员的退出机制，即使退出的是企业紧缺的人才，也不应该勉强地留下，这样即便留下来了，通常也是“身在曹营心在汉”，会阻碍企业的进一步发展。因此，在创业团队组建的过程中，应注意保持团队的动态开放性，不断吸纳能真正完美匹配的人员到团队中来。

（二）创业团队组建程序

创业团队的组建并不是一份简单的工作，也没有标准的流程可以遵循，根据创业项目的不同，其团队组建程序也是截然不同的。

1. 明确创业愿景

一般而言，创业愿景应具有前瞻性或开创性的目标，作为创业活动的指引方针。创业愿景能够清晰地描绘出创业未来的理想状况，使创业的未来更加具体化。也就是说，愿景能够为创业指明前进方向，同时能够帮助团队成员清楚地认识到每个人应该做的事情。一个共同的创业愿景可以把团队成员紧紧地团结在一起，并为之共同奋斗，淡化彼此间的利益冲突，形成一种强大的凝聚力。

2. 制订创业计划

“凡事预则立，不预则废”，创业也是一样的，在创业愿景（目标）确定后就要着手研究如何实现这些愿景（目标）。所以，制订一份详细的创业计划就显得尤为重要。创业计划是在对创业目标进行细化分解的基础上，以团队为整体制订的计划。它确定了创业过程中每个阶段需要完成的子目标，通过这些子目标的逐步实现，最终达到创业总目标的实现。

3. 招募团队成员

团队成员的招募是创业团队组建中最关键的一步。在进行团队成员招募时，应充分遵循以下两个方面的原则：一是要遵循优势互补的原则，团队成员彼此间应在能力、技术或性格等方面形成互补，每位成员在团队中发挥着不同的作用，大家都是创业团队“拼图”中不可或缺的一块。优势互补既可以强化成员间的互相协作，又能够保证团队的稳定性，能更好地发挥团队的作用。二是要遵循精简高效的原则，团队成员太少可能无法实现优势互补，而太多的话，一方面会造成创业初期资金的压力，另一方面可能会产生沟通障碍，从而分化成多个小团体，弱化团队的凝聚力，进而导致团队的分裂。

4. 划分职权

为了确保创业过程中各项工作能够顺利、高效地开展，应提前对团队成员的职权进行划分。职权的划分应根据创业计划的需要，在充分考虑成员的能力、技术以及出资等因素的基础上，对团队成员应承担的责任和相应享有的权益进行明确，既要避免职权重叠、交错，也要避免因工作无人承担而造成的损失。创业是一个复杂的动态过程，随着企业的发展，不断会有新问题出现，团队成员也会因各种因素而出现变更，因此团队成员的职权应根据实际情况及时进行调整。

5. 建立制度体系

制度体系可以对团队成员起到约束和激励的作用，包含约束制度和奖励制度。一方面，通过制定组织、纪律、财务、保密等方面的制约制度，避免团队成员做出不利于团队发展的行为，确保团队工作有序发展；另一方面，还应制定利益分配、激励措施、考核标准等奖励政策，保证付出与回报成正比，以此鼓励成员为团队的发展多做贡献，充分调动成员的主观能动性，将每一位成员的作用都发挥到最大限度。值得注意的是，制度一旦建立，就必须严格执行，避免制度流于形式而造成团队管理的混乱。

6. 团队的调整融合

优秀创业团队的建立并非一蹴而就，而是在企业成长过程中不断调整融合而来的。当企业发展到一定阶段，随着最初的创业激情逐渐退去，团队成员在经营理念、价值观、创业目标、利益分配等方面的矛盾会逐渐显现出来，如果这些矛盾不能得到很好的解决，将会对团队的凝聚力产生巨大的影响，进而影企业的生存和发展。所以，在企业发展的过程中，应根据企业状况、市场环境、团队成员心态等方面的因素及时对团队做出调整，这一过程从团队诞生的那一刻起就一直存在，是一个动态可持续的发展过程。在进行团队调整融合时，最重要的是要保证团队成员间的有效沟通与协调，培养团队精神，提升团队士气。

值得注意的是，以上所介绍的创业团队组建程序并非一个完全严格的顺序过程，很多创业团队在组建时并没有明确的步骤划分界限，如建立制度体系、团队的调整融合可能贯穿于企业发展的整个过程，创业者在组建创业团队时应在上述基本原则和程序的指导下，根据实际情况加以灵活运用。

三、创业团队的管理

创业活动基于创业者的梦想和激情，创业之初大家怀着对未来的憧憬，满腔的热情和高度负责的责任感投入创业活动，这个阶段团队靠成员的自我管理基本就可以实现良好的运作。但随着时间的推移、企业的不断发展，当最初的热情逐渐退去，成员间单凭自我管理已经无法保证团队的运行，这时，团队的有效管理就显得尤为重要了。

在进行创业团队管理时，要充分考虑一些潜在的风险因素，有效管理一般主要从股权管理、冲突管理、激励管理以及团队企业家精神建设等方面来开展。

（一）股权管理

股权分配问题是创业企业必须要面对的问题，这很可能是创业团队成员之间、创业团队与投资人之间的第一场涉及利益的博弈。股权分配需要讲究策略和方法，分配得好，既可以提高创业团队的凝聚力和稳定性，又可以为后续吸引关键人才和投资人的进入打下基础；反之，则可能让团队成员之间心生嫌隙，导致团队分裂，也不利于留住和吸引核心员工，并且会影响投资人的投资信心。

在对股权进行管理时，一般主要从创业团队股权分配、员工股权激励、股权退出机制、融资股权比例、保持公司控制权等方面进行考虑。

1. 创业团队股权分配

创业团队进行股权分配时，一方面要从股权架构上形成决策者，当企业发展到一定阶段时，团队成员在经营理念、企业发展战略等方面难免会出现分歧，而这时就需要有一位决策者能拥有对相关事务起到拍板决定的权力。现行的企业为了确保企业决策者的权力，一般会采取以下三种方式来进行股权架构。

（1）决策者绝对控股

这种架构一般出现在决策者在团队中具有绝对领导地位的情况，团队其他成员的个人股权比例不是太高，决策者拥有几乎可以决策公司全部事务的权力。

（2）决策者相对控股

这种情况通常适用于决策者具有相对领导地位的团队。同时，团队内会有其他一些比较重要的成员，他们拥有相对多一些的股权，并会参与到公司部分重大事务决策中来，除此以外绝大部分事情都可以由决策者个人做出决定。

（3）决策者不控股

出现这种情况的团队，一般来说，团队成员能力都比较强，决策者只是创业团队达成共识而推举出来的管理者，其可能拥有否决权和公司日常经营的部分决策权，但公司大部分事务仍然需要通过集体商讨来进行决策。同时，在决策者被证实不足以承担企业领导责任时，其他成员有将其更换掉的权力。

同时，还要注意股权分配应该与贡献程度相匹配，也就是说，投入的要素贡献度越高，所获得的收益也应该越高。这里所说的贡献要素不仅包括资金和实物资产等硬指标，还应包括投入的时间、精力、技术等软指标。在进行股权分配时，需要对每一位成员所贡献的要素进行市值估算，然后按照比例折算成每位成员之间的股权（股份）比例。

2. 员工股权激励

给核心员工以股权激励，这是初创企业常用的一种激励方式。一方面，它可以实现员工报酬多样化，能够起到减轻企业员工劳动报酬现金支付压力的作用，把劳动报酬的发放时间往后移，以使企业能有更加充足的资金进行发展壮大；另一方面，它还可以强化企业与员工个人之间的利益关系。它将员工的努力和贡献与企业的长期发展联系起来，提高员工的积极性，减少员工流动给企业发展带来的不必要损失。

对于员工的股权激励，初创企业可以采用期权的方式来进行，随着员工的成长与价值的体现，股权激励逐步兑现。但是这一部分的比例不应过大，一般来说 5% ～ 15% 比较合适。

3. 股权退出机制

企业在发展过程中，很可能面临拥有股权（期权）的核心员工甚至创业团队成员因为各种原因而退出的情况。为了避免出现人已经离开企业，但由于其仍持有企业股份而能继续享受企业发展带来红利的这一现象，在创业之初，必须要提前对退出股权的处置做好规定，避免出现不必要的纠纷。

4. 融资股权比例

是资本雇佣企业家，还是企业家雇佣资本？这是企业在进行融资之前需要明确的问题。企业的发展壮大离不开资本，但企业又不能够完全被资本所支配，应该做到企业家雇佣资本，所以在进行融资时应遵循一个原则：投资人投大钱，占小股，用真金白银买股权；创业者投小钱，占大股，通过长期全职为企业服务赚取股权。

5. 保持公司控制权

随着企业多轮投资的引入，创业团队成员甚至整个创业团队都可能成为企业的小股东。这时创业团队可以通过如投票权委托、一致行动人、有限合伙人等途径，保持创业团队对企业的控制权。

（二）冲突管理

在创业过程中，团队成员之间发生冲突是十分常见的，产生冲突的原因有很多种，例如员工个性差异、利益分配不均、企业经营理念不一致等。但总的来说，创业团队成员间的冲突可以分成两种：认知性冲突和情感性冲突。认知性冲突是论事不论人的冲突，适当的认知性冲突有助于提高团队决策的质量和组织绩效，可以促进决策本身在团队成员中的接受程度；情感性冲突是论人不论事的冲突，会阻碍人们参与影响团队有效性的关键性活动，从而降低了团队绩效。因此，对冲突进行科学有效的管理是十分必要的。一般可以采用以下五种方式来对冲突进行管理。

1. 合作

合作即冲突各方乐于进行信息共享，发现彼此间的共同点，通过积极地解决问题来寻求互惠和共赢。通常，合作是处理冲突的首选方式。

2. 回避

回避即通过逃避问题的方式来平息冲突。这是一种相对比较消极的冲突处理方式，但此法在面对不太紧要的问题时比较有效，在面对一些需要冷处理的问题时亦可作为权宜之计，以防止冲突进一步激化。但是回避往往无法从根本上解决问题。

3. 斗争

斗争是指试图以牺牲他人利益为代价来换取自身的利益。这是一种极端不合作的冲突处理方式，通常并不是解决冲突的最佳方式。但是，当分歧需要在短时间内解决，并且确信自己正确的时候，斗争是最为合适的处理方式。

4. 迁就

迁就是指完全屈从于他人的愿望，而忽略自身的利益。当对方权力相当大或问题对于自身并不是太重要时，迁就是比较有效的处理方式。但这容易导致对方得寸进尺，从长远看，迁就并不利于冲突的解决。

5. 妥协

妥协是指冲突各方都做出一定的利益让步。这种方法比较适合当双方势均力敌时，且解决分歧的时间期限比较紧迫。但由于忽略双方的共同利益，因此妥协往往难以让冲突各方都非常满意。

（三）激励管理

激励机制对于创业团队以及企业的成长起着至关重要的作用，创业者应该建立团队激励机制，以此来调动团队积极性，并贯穿于团队建立、企业发展的全过程。

激励一般分为物质激励和精神激励。物质激励是指运用物质的手段使受激励者得到物质上的满足，从而进一步调动其积极性、主动性和创造性，主要有资金激励、奖品激励、股权激励等。精神激励是指精神方面的无形激励，是一项深入细致、复杂多变、应用广泛、影响深远的工作。精神激励包括向员工授权，对员工的工作绩效的认可，公平公开的晋升制度，为员工提供学习和发展的机会等。在对团队进行激励管理时应掌握以下四个原则。

1. 因人而异

满足员工的需要才能最大化发挥激励作用，但员工的需求因人而异、因时而异，因此在制定和实施激励政策时，应深入调查每位员工的真正需求，并将这些需求进行整理分类，然后制定出相应的激励政策，帮助员工满足这些需求。

2. 正、负激励相结合

所谓正激励就是奖励，所谓负激励就是惩罚。正负激励都是必要而有效的，不仅作用于当事人，而且会对周围其他人起到间接的影响。值得注意的是，奖励和惩罚都要掌握适度的原则。奖励过重可能会使员工缺乏进一步提高自己的欲望；奖励过轻则会让员工感觉不被重视，不仅达不到激励效果，甚至会适得其反。惩罚过重会让员工觉得不公平，从而导致其产生一些消极情绪；惩罚过轻则不能让员工充分认识到错误的严重性，无法起到警示作用。

3. 激励的公平性

在进行激励管理时，一定要秉着公平公正的理念，不应掺杂任何的个人偏见和喜好。

4. 激励的时效性

无论是正激励还是负激励，都必须要讲究时效性。及时的正激励有助于将人们的激情推向高潮，促进其创造力连续有效地发挥出来。及时的负激励能够帮助人们更加深刻地认识到错误的后果和严重性，有利于其及时改正。等待的时间越长，激励的效果可能越打折扣。

（四）团队企业家精神建设

创业团队在建设团队企业家精神时，要将整个团队看成集体意义上的企业家，将团队的每一位成员看成这个集体意义上企业家的有机组成部分。团队成员通过彼此间分享认知、相互协作的方式，为整个创业团队识别、开发和利用创业机会提供强有力的保障，从而达到创办新企业和促进企业发展的最终目的。创业团队的企业家精神可以从以下四个方面进行衡量。

1. 集体创新

创新是企业家精神最核心的部分。集体创新意识可以促使创业团队成员积极地参与到创业机会分析、创业资源获取、企业成长危机化解等方面的探讨和研究中来，为企业发展提出创造性的方案，帮助企业实现快速成长。

2. 分享认知

团队成员通过分享认知可以起到相互提高的作用，可以为企业的发展发现更多的机会。

3. 共担风险

创业是一项极具风险的活动，尤其是高收益往往伴随着高风险。创业团队成员无须像个体创业者那样独自面对各种风险，大家可以共同面对风险，减轻风险所带来的精神压力和经济损失压力。

4. 协作进取

创业团队成员需要做到彼此间相互信任，既能在一定范围内坚持自治，又能采用相互协作的方式为实现共同目标而奋斗，进而更好地实现自我价值。这样的团队也才能够称得上真正具备创业团队企业家精神。

第四章 创业机会与创业风险

第一节 创业机会的识别

一、创业机会的概念和类型

（一）创业机会的概念

创业机会是指在市场经济条件下，在社会经济活动过程中，形成和产生的一种有利于企业经营成功的因素，是一种带有偶然性并能被经营者认识和利用的契机。

综合来看，创业机会主要是指具有较强吸引力、较为持久的有利于创业的商业机会。创业机会并不是一般意义上的商业机会，它属于广义的商业机会范畴，借助价值创造过程中的“目的—手段”关系，可以更好地理解创业机会的独特性。创业机会一般具有以下特征。

1. 普遍性

创业机会普遍存在于各种经营活动过程中，任何有市场或经营的地方，都存在着创业机会。

2. 真实性

创业机会是社会、市场或者用户的真实需求，而不是伪需求。

3. 偶然性

所有创业机会的产生都有“意外”因素，识别和捕捉创业机会都具有偶然性和不确定性。

4. 消逝性

创业机会存在于特定的时间和空间范围内，往往随着产生创业机会客观条件的变化，创业机会就会随之消逝。

准确识别市场需求、有效获取并整合资源以及合理的决策是创业成功的基本保证。只有全面细致地了解创业机会的特征，才能掌握识别创业机会的方法。随着人们对创业机会的深入探索，创业机会才会不断地被捕捉到，从而产生更多的创业活动，产生更多的新技术、新产品和新服务，最终改变人类生活。

（二）创业机会的类型

一个好的创业机会必然具有其特定的市场定位，专注于满足消费者的需求，同时能为消费者带来增值的效果。创业需要机会，而获得创业机会要靠发现。一般来说，创业机会根据性质不同，可以分为以下四种主要类型。

1. 创新型机会

创新型机会是创业者利用市场的不完善，开发全新市场，通过技术创新变革，向市场提供全新的产品或服务的一种可能性。机会在需求中找到，根据需求变革技术或模式。

2. 模仿型机会

模仿型机会是创业者在未饱和的市场中，通过模仿别人的技术进行很小程度的创新，优化现有产品或服务，从而满足市场需求，实现创业利润的一种情形。

3. 发现型机会

发现型机会是创业者将新技术应用到不同领域，与其他行业进行深度融合所产生的一类机会。一旦机会得到开发，成功的概率也较高。

4. 识别型机会

识别型机会是创业者通过将已有技术和已知需求进行组合，以实现新的用途和价值而获得的创业机会。

二、创业机会的来源

一般来说，创业机会来源于市场需求和变化。产业结构的变动、消费结构的升级、人们思想观念的转变、人口结构的变化等都会带来创业机会。同时，创业者可通过对环境的分析，认清宏观的、微观的、行业的环境因素及其发展趋势，从新技术、新问题和竞争中都可以寻找到创业机会。创业机会的来源主要有以下途径。

（一）新市场的需求

发现新的市场需求需要对已有市场进行细分，找到适合自身发展的“缝隙市场”。出色的创业者擅长利用市场“缝隙”创建成功的“缝隙企业”。

（二）新技术及新知识的出现

新技术和新知识有助于创业者创造出消费者需要的新产品或新服务。随着互联网的普及，各种 APP、二维码等技术逐步成熟，人们遇到的许多问题都可以通过专门的 APP 和二维码等来了解和解决。

（三）新利益的创造

新利益的出现能够让产品功能更加完善，让产品或服务性价比得到有效提升，并有可能创造多方共赢的局面。

（四）政策、法规的变化

国家政策、法规的出现或者变化，往往也会让人的行为规则发生变化，从而产生诸多创业机会。随着居民环保意识的提高，国家及各地市出台了诸多关于燃烧秸秆的政策法规，对燃烧秸秆的管理特别严格，在我国许多农村地区，经常会发现“焚烧秸秆可耻，利用秸秆光荣”等横幅标语，但是对于农民来说，秸秆无处安放，也找不到好的方法利用，最好的去除方法就是燃烧。对此，创业团队开发了新型物联网智能生物燃烧器，对秸秆进行综合回收和利用，取得了很好的效果，既解决了环保问题，又解决了很多农民的现实问题。

（五）社会和人口结构的变化

社会和人口结构的变化改变了人们对产品和服务的需求，需求的变化就产生了新事物、新技术和新服务的创业机会。中国人口老龄化的速度越来越快，在未来中国可能成为较早进入老龄化社会的发展中国家之一。因为中国“百善孝为先”的传统，且老年人的数量不断增加，所以产生了很多创业机会。因为许多老年人牙口不好，咀嚼食物不方便，创业团队与各养老机构和医院合作，专门为老年人开发了便于咀嚼和消化的食物，把各种菜和主食做成果冻状或糊状，既做到营养均衡，又外观好看，还便于消化吸收，项目获得了较好的商业价值。

三、创业机会的识别过程

（一）创业机会的识别过程概述

创业机会的识别过程是思考和探索的互相反复，并将创意、创新进行转变的过程。在这一过程中，机会的潜在预期价值和创业者的自身能力得到反复的权衡，创业者对创业机会的战略定位也越来越明确。一般来说，创业机会的识别过程分为机会搜寻阶段、机会筛选阶段和机会评价阶段。

1. 机会搜寻阶段

机会搜寻阶段主要是创业者对市场需求中可能存在的创意进行搜索，如果创业者意识到某一创意可能是潜在的商业机会，具有潜在的发展价值，就将进入机会识别阶段。创业者在这一阶段需要从各种途径尽可能搜寻更多的创业点子和想法，先不去急于评价点子的优劣，只需把所有的想法都记录下来。

2. 机会筛选阶段

机会筛选阶段主要是从创意中筛选合适的机会，包括两个步骤：一是通过对整体的市场环境和一般的行业进行分析，判断该机会在广泛意义上是否属于有利的商业机会，即标准化的机会筛选阶段；二是对于特定的创业者和投资者来说，这一机会是否与创业者的资源和能力相吻合，是否与投资者的兴趣点和价值期望相一致，即个性化的机会筛选阶段。

3. 机会评价阶段

机会评价阶段主要是创业者根据各项财务指标、创业团队构成和创业资源整合等情况对创业机会的可行性进行考核，通过这一过程来决定是否正式组建企业。通常机会筛选和机会评价是共同存在的，创业者在对创业机会进行筛选时也在有意无意地进行评价。

另外，在机会识别的初始阶段，创业者可以非正式地进行市场需求调查和确定所需资源，直到决定这个机会是否值得考虑或进一步深入开发。在机会评价阶段主要集中考察这些资源的特定组合能否创造出足够的商业价值。

（二）影响创业机会识别的因素

创业机会的识别是一个不断调整、反复均衡的过程。不同创业者关注的创业机会往往是不同的，同一个创业机会对于不同的创业者来说，对其评价也会不同。因此，创业机会识别过程要受创业者的个人特性、创业机会的本身属性和所在的外界环境等多种因素影响。创业机会识别的影响因素主要有以下四种。

1. 先前经验

创业者的认知能力在很大程度上是由个人的先前经验所决定的。如果创业者在某一特定的领域中有相关先前经验，则这一经验有助于创业者识别出该领域的创业机会，这被称为“走廊原理”。走廊原理是指创业者一旦在某一领域中创建企业，便开始了一段创业之旅，在这段旅程中，通向创业机会的“走廊”将变得清晰可见。通常而言，创业者一旦投身于某个领域创业，那么他比该领域外其他观察者更容易看到领域内的创业机会。

2. 认知因素

创业机会识别可能是创业者一项先天性的技能。创业者在识别创业机会过程中有“第六感”，这“第六感”使他们能看到别人看不到的创业机会，对此，警觉性是一种“习得性”的技能。如果创业者在某个领域拥有更多知识，那么他在该领域内对创业机会比别人更警觉。

3. 社会关系网络

创业者社会关系网络能给其创业带来有价值的创业机会和信息。创业者社会关系网络带来的信息是其识别创业机会的主要来源，创业者社会关系网络的深度和广度影响着其识别创业机会的能力。往往社会关系网越深、越广，则越利于创业机会的识别。

4. 创造性

人的创造性是产生新奇想法或新创意的过程。创业机会识别过程是一个创造新价值的过程，即通过反复不断的创造性思维，并将其付诸行动，最终形成新产品、新服务、新原材料以及新组织形式的过程。

四、创业机会的识别方法和技巧

创业机会的识别方法和技巧是创业过程中基本的创业技能，也是获得创业成功的基本保障。

（一）创业机会的识别方法

一般来说，常用的创业机会识别方法主要有四种：市场调研法、系统分析法、问题导向法和创造革新法。

1. 市场调研法

创业者通过与顾客、供应商、销售商之间的交谈，或在他们之间开展问卷调查，了解市场正在发生和将要发生的情况，从而获得自己所需要的第一手信息。也可通过阅读相关专家撰写的书籍，查阅包含所需信息的报纸、杂志等文献作品，或利用网络搜索相关信息等方法来发现可能的创业机会。

2. 系统分析法

一般而言，通过系统分析，绝大多数的创业机会都可以被发现。创业者通过系统分析，可以从社会的宏观环境和行业微观环境的变化中发现创业机会。

3. 问题导向法

创业者找出某个群体、某个组织或某个行业的需求和需解决的问题，针对这些问题能用一个有效且有回报的方法解决，这是识别机会的基础。问题导向法需要创业者全面了解顾客的真实需求，以及可能用来满足这些需求的方法。

4. 创造革新法

创造革新法在新技术行业创业中较为常见。它可能始于明确要满足某个市场的特定需求，从而开始积极探索相应的新技术和新知识；也可能始于一项新技术发明，进而积极探索这项新技术的商业价值。通过创造革新获得的创业机会比其他任何方式的难度更大、风险更高，但如果能够成功，其回报也更大。

（二）创业机会的识别技巧

创业机会识别受到很多因素影响，这就需要一些识别技巧便于发现创业机会。其实，创业机会都是各类细分市场中的商机，创业者应该从关注的各类细分市场中去寻找商机。因此，最常见的识别技巧就是从细分市场中寻找创业机会，从国民经济行业分类的四级分类中寻找商机是最为规范、最为重要的一种技巧。

1. 国民经济四级分类

假如创业者选择在A011谷物种植类中进行创业，A011中又分为A0111稻谷种植到A0119其他谷物种植等四级分类，那么创业者需要查看这些四级细分行业中，哪个更适合自己创业。

2. 选择细分行业中的市场需求和目标客户

假如创业者选定了在A0111稻谷种植中创业，那么创业者则需要整合自己团队能提供的资源，同时，在可能的目标客户中开展广泛的市场调研，调研内容根据年龄、性别、职业、收入等人口基本特征，最终确定目标客户。确定了某个社会群体可能是创业团队的潜在目标客户后，接下来需要分析他们的消费特征有哪些，购买特征是什么，市场需求规模和结构怎样，以及目标客户中哪些是优先客户。在此基础上，还需要调研分析相应市场需求可持续的时长，市场起始需求规模可能有多大，市场饱和时需求规模可能有多大。只有持续时间够长、产品需求增长速度够快、未来产品需求规模不断增大，才是有价值、有潜力的商机。

3. 进行全面匹配分析和风险收益分析

发现了有价值的细分市场创业机会之后，接下来就需要分析细分市场的商机、创业者的创意、创业团队的能力、创业者可得到的资源等四者的匹配程度。首先，分析细分市场商机与创业者创意之间的匹配程度，只有两者匹配，创业者开发的产品或者服务才能得到市场的认可和青睐。其次，分析创业团队的能力与创业者可得到资源的匹配程度，只有在能力和资源能够保障创业有效实施时，创意和商机的匹配才能落到实处，创业者才有可能为市场提供有价值的产品或者服务。最后，创业者还需要对可能发生的创业风险进行风险和收益的分析。

第二节　创业机会的评估

一、创业机会的评估原则

对创业机会进行评估，一般主要从项目盈利时间、资金需求、投资收益、成本结构、进入障碍、控制程度、退出机制、致命缺陷等原则进行综合把握。

（一）盈利时间

有价值的创业机会一般使创业项目能够在两年内盈利或者达到盈亏平衡。如果创业项目运行三年及以上才能盈利，那么对于创业者来说，这种创业机会一般不具有很强的吸引力，因为大多数创业者支撑不了这么长的时间，同时创业合作伙伴也没有足够的耐心等待。因此，创业机会盈利时间越短则越具有价值。

（二）资金需求

往往项目的资金需要量越小则越具有优势。如果一个创业项目需要的资金量很大，那么这个创业机会往往就不会被创业者看好；资金需要量较少或中等的创业机会更容易受创业者的欢迎。一般而言，大多数有较大潜力的创业机会需要相当大的资金来启动。创业者应根据自身的资金实力或可动用的资源情况来对创业机会进行评估，对资金需求量超出自己资金能力范围外的创业机会尽可能地排除。

（三）投资收益

项目的投资收益越高，对创业者吸引力则越强。创业的最终目的就是获取收益，所以有价值的创业机会需要有较高的盈利能力，需具备较高的毛利率或市场增长率。毛利率高说明创业项目的获利能力比较强，市场增长率高则说明市场的发展潜力较大，能使投资的回报增加。

（四）成本结构

创业项目的竞争优势之一是项目成本。成本越低，往往会给创业企业带来的竞争优势就越大，那么这个创业机会的价值就越高。通过项目技术和工艺的改进、管理的优化、扩大规模等方法都可以产生低成本优势。如果创业机会产生的创业成本较低，那么对于创业者来说是非常有利的。

（五）进入障碍

项目进入市场障碍包括资源的限制、政策的限制、市场的准入控制等多方面。市场进入障碍能削弱创业机会价值，如果创业机会面临着进入市场障碍，那么就不是一个有价值的创业机会。同时，也要辩证地看待进入市场障碍，因为进入障碍的大小是针对创业者本身情况而言的。如果创业者进入市场以后，不能够有效地阻止其他企业进入市场，这也不能算是一个好的创业机会。

（六）控制程度

有价值的创业机会一般能够对渠道、成本或价格有较强的控制。如果在市场上不存在强有力的竞争对手，创业者对项目的控制程度就比较大。但如果在市场中竞争对手已掌握了原材料来源、独占了销售渠道、取得了较大市场份额、对于价格有较大决定权等，对市场具有较强的控制能力，那么对于初创企业来说发展空间就很小。如果市场的容量足够大、竞争对手损害客户较大的利益或创新精神不足，那么初创企业还是有发展空间的。

（七）退出机制

有价值的创业机会应该有较好的退出机制，这样才能便于创业者和投资者获取资金和实现收益。没有退出机制或退出机制不完善的创业机会是不具有吸引力的。

（八）致命缺陷

具有价值的创业机会不应存在致命的缺陷；相反，如果存在一个或多个致命缺陷的创业机会则是没有价值的创业机会。

二、创业机会的评估要素

对创业机会的评估一般包含市场情况、项目效益、创业团队和竞争优势四个方面的要素评估。

（一）市场情况

市场情况主要包括市场基础、市场结构、市场规模、市场渗透力和市场占有率五个方面的评估要素。

1. 市场基础

创业项目需要具有专注于满足潜在客户需求的特定市场基础，在满足顾客需求的同时，能为顾客带来增值的效果。一般能为顾客带来增值的效果越好，则创业机会的成功率就越高。

2. 市场结构

可以从进入障碍、上游厂商、顾客、渠道商的谈判力量、替代性竞争产品的威胁以及市场内部的竞争激烈程度六个方面进行市场结构分析，从而得知创业项目未来在市场中的地位。

3. 市场规模

一般创业项目市场规模越大，则进入障碍越低，但市场竞争会增加，成长性不足，利润空间也相对较小；反之，项目处于正在成长的市场，则充满商机，但是准入门槛较高。

4. 市场渗透力

市场渗透力是一项非常重要的影响因素。一般创业者在推出产品或者服务前要充分做好准备和铺垫，选择最佳时机进入市场，渗透力也将会增强。

5. 市场占有率

市场占有率是体现项目市场竞争力的关键指标。市场占有率越高则越有投资的价值，越被顾客认可。

（二）项目效益

项目效益主要包括税后净利润、投资回报率、资本需求、毛利率四个方面的评估要素。

1. 税后净利润

一般来说，具有吸引力的创业项目，至少需要 15% 的税后净利润，低于 5% 的税后净利润往往不是好的创业机会。

2. 投资回报率

一般而言，合理的投资回报率应该在 25% 以上，低于 15% 的投资回报率的项目将不是一个值得考虑的创业机会。

3. 资本需求

往往资本需求低的创业项目比较受欢迎。越是知识密集的创业项目，资金的需求越低，投资回报率越高。

4. 毛利率

一般而言，毛利率高的创业项目相对风险较低，也越容易达到盈亏平衡。理想毛利率在 40% 以上，低于 20% 的毛利率不是重点考虑的创业项目。

（三）创业团队

创业团队主要包括经验和专业背景、品德人格、团队目标三个方面的评估要素。

1. 经验和专业背景

创业团队核心成员具有一定的创业经验，专业能力方面能够形成互补，则项目成功概率较高。

2. 品德人格

重视诚信、正直、公平、公正等品德，遵守基本做人原则的创业者，则项目越容易成功。

3. 团队目标

一般而言，创业机会与团队目标契合程度越高，则创业者投入的精力和风险承担意愿也就越大，项目也就越容易成功。

（四）竞争优势

竞争优势主要包括成本竞争、市场控制力、进入障碍三个方面的评估要素。

1. 成本竞争

创业项目能够对物料成本、制造成本、管理成本、销售成本等越拥有掌控与持续降低成本的能力，则越具有竞争优势，并且是一个具有吸引力的创业机会。

2. 市场控制力

创业项目对关键的材料来源、经销渠道和产品价格等方面越具有控制力，能够摆脱对手的控制，创业越容易成功。

3. 进入障碍

创业者面临的难以克服的障碍，这些障碍可以限制其他竞争者进入市场，从而增加创业项目的竞争优势。

三、创业机会的评估方法

对创业者而言，尤为关键的是如何能够从众多机会中捕获到真正有价值的创业机会，并采取快速行动来把握机会。怎样对创业机会进行合理的评估和选择？目前，对创业机会的评估主要有定性和定量两种评估方法，可以对创业机会价值潜力进行基本判断。

（一）定性评估方法

在创业机会定性评估方法中，需要重点考虑以下五个方面的问题：第一，机会的大小、存在的时间跨度和随时间成长的速度；第二，潜在的利润是否足够弥补资本、时间和机会成本的投资，能否带来令人满意的收益；第三，机会是否开辟了额外的扩张、多样化或综合的商业机会选择；第四，在可能的障碍面前，收益是否会持久；第五，产品或服务是否真正满足目标市场的真实需求。评估创业机会的五项基本标准：一是产品有明确界定的市场需求，推出时机恰当；二是投资的项目必须能够维持持久的竞争优势；三是投资必须具有一定程度的高回报，从而允许一些投资中的失误；四是创业者和机会之间必须相互适合；五是机会中不存在致命的缺陷。

总而言之，在创业机会定性分析上需要着重考虑以下四个方面：首先，确定该市场机会所需的成功条件；其次，分析自身在该市场机会上所拥有的优势；再次，创业者所拥有的竞争优势；最后，与期望的发展方向和目标是否一致。

（二）定量评估方法

一般主要有标准打分矩阵法、温斯丁豪斯法、贝蒂的选择因素法和泊泰申米特法四种方法。

1. 标准打分矩阵法

标准打分矩阵法首先是通过挑选对创业机会成功有重要影响的因素，然后由专家小组对每一个因素按照最好（按 3 分计算）、好（按 2 分计算）、一般（按 1 分计算）三个等级进行打分，最后求出对于每个因素在各个创业机会下的加权平均分，从而通过分值对不同的创业机会进行比较。一般会列出投资回报率、市场容量大小、市场接受性等 10 项主要的评价因素，在实际使用过程中可以根据具体情况选择其中的全部或部分因素进行评估。

2. 温斯丁豪斯法

温斯丁豪斯法主要是根据技术成功率、商业成功率、产品净销售价格、单位产品成本、投资生命周期收入、总成本等方面来计算和比较各个创业机会的优先级。其计算公式如下：

$$机会优先级=\frac{技术成功率\times商业成功率\times(价格-成本)\times投资生命周期收入}{总成本}$$

式中，技术成功率和商业成功率是以百分比表示；成本以单位产品成本计算；总成本是指研究、设计、制造和营销等环节的成本之和；投资生命周期收入是指可以预期的所有收入。对于不同的创业机会，应将具体数值代入公式计算，有价值的创业机会数字越高，其优先级就越高，则该机会越有可能成功。

3. 贝蒂的选择因素法

贝蒂的选择因素法主要是通过对 11 个选择因素的设定来对创业机会进行判断，如果某个创业机会只符合其中的 6 个或更少，则该创业机会的成功机会较小；相反，如果这个创业机会符合其中的 7 个或更多，那么该创业机会将大有希望。

4. 泊泰申米特法

泊泰申米特法主要是通过让创业者填写针对不同因素的不同情况来计算创业机会的价值潜力指标。对于每个评估因素来说，不同选项的得分可以从 -2 分到 +2 分，通过对所有因素得分进行相加得到最后的总分，总分越高说明创业机会成功的潜力越高。只有那些总分高于 15 分的创业机会才值得创业者进行下一步的策划，低于 15 分的都应被淘汰。

第三节　大学生常见的创业风险及防范措施

一、创业风险的概念和来源

（一）创业风险的概念

创业风险是指在创业过程中，由于创业环境的不确定性，创业机会与创业企业的复杂性，创业者、创业团队与创业投资者的实力和能力的有限性等情况，从而导致创业活动偏离预期目标的可能性和后果。在创业过程中，创业者要投入大量的人力、物力和财力，要采用各种新的生产要素和市场资源，要建立或者对现有的组织结构、管理体制、业务流程、工作方法进行变革。在这一过程中，必然会遇到各种意想不到的情况和困难，从而有可能使结果偏离创业的预期目标。

一般按照创业风险影响范围分为系统性风险和非系统性风险。系统性创业风险是指源于创业者或企业之外的，由创业环境变化带来的风险，如产品市场风险、资本市场风险等，创业者或企业无法对其进行控制或施加影响。非系统性创业风险是指源于创业者或企业本身而引发的风险，如团队风险、技术风险、财务风险等，创业者或企业可以通过一定的手段进行预防和分散。

（二）创业风险的来源

由于创业的过程往往是将某一技术或构想转化为具体的产品或服务的过程，而在这一过程中，存在着几个基本的、相互联系的缺口，它们是创业环境不确定性、创业机会复杂性和创业者能力与实力有限性的主要来源。也就是说，创业风险在给定的宏观条件下，往往就直接来源于这些缺口。在创业过程中，常见的有资金缺口、资源缺口、管理缺口、产品和市场缺口等方面。

1. 资金缺口

资金缺口包括两种：一种是融资缺口，创业者通常可以证明其构想的可行性，但往往没有足够的资金将其实现商品化，从而给创业带来一定的风险，一般只有极少数基金愿意鼓励创业者跨越这个缺口，如天使风险投资和政府资助计划等；另一种是财务缺口，创业之初进行科学合理的财务预算和管理、编制可操作性强的财务报表等都是影响创业者创业和融资成功的因素。

2. 资源缺口

资源与创业者之间的关系就如同颜料、画笔和画家之间的关系。没有了颜料和画笔，画家即使有了构思也无从实现。创业也是如此，没有所需的资源，创业者将一筹莫展，创业也就无从谈起。在多数情况下，创业者不一定也不可能拥有所需的全部资源，这就形成了资源缺口。如果创业者没有能力弥补相应的资源缺口，创业可能无法起步，或者在创业中受制于人，从而在创业过程中遭遇巨大的风险。

3. 管理缺口

管理缺口主要包括管理者综合素质缺口、创业团队稳定性缺口和决策缺口。管理者综合素质缺口是指创业者不一定具备出色的管理才能，特别是大学生创业者，由于经验、知识等方面的不足，虽然可能是技术方面的专业人才，但是不一定具备专业的管理才能，从而形成了管理缺口。创业团队稳定性在创业活动中也非常关键，创业初期往往非常艰难，如果团队成员的创业信念不坚定、不统一，那么创业团队很容易分崩离析。团队决策如果过于轻率和随意，则会导致企业的方向性错误，给创业活动造成风险。

4. 产品和市场缺口

一般来说，创业企业会选择新市场、新产品或新服务进行开发，因此在创业初期市场风险很大，如果不能很好地了解市场需求、不能预知商业模式的可持续性、不能很好地把握产品的销量和利润，就会造成一定的风险。

二、大学生常见的创业风险

由于大学生本身的主观因素以及外界市场环境的客观因素存在，大学生在创业过程中可能会出现较多的不可控风险。一般来说，常见的大学生创业风险主要有以下八个方面。

（一）财务风险

财务风险是指创业者或创业企业在财务管理中存在的风险。对创业所需资金估计不足，难以及时筹措创业资金，企业财务结构不合理，融资不当，以及现金流管理不力等可能形成财务风险。创业资金是大学生创业者创业成功的关键所在，不管是启动资金短缺，还是企业经营资金短缺，都能影响企业的生存和发展。在实际中，许多大学生不仅缺乏财务知识、风险意识淡薄，而且无资金来源、没有融资渠道或者渠道单一。

（二）项目风险

项目风险是指在开展各种创业活动中可能会发生的不确定性风险，主要存在于初始项目的选择、产品市场的定位、项目进度安排、宏观判断等关键点上。选择了一个好的项目就意味着创业成功了一半。但大多数大学生创业者创业风险意识较弱，风险评估能力较差，在选择创业项目时，往往只是凭主观想象，没有认真地去开展市场调研，没有对宏观环境进行分析，仅凭自己“一时激动”草草选择创业项目。因此，相比其他社会创业者来说，大学生创业者选择的创业项目风险更大。

（三）社会资源风险

社会资源风险是指创业者对社会资源的掌握不足和运用不够，或社会资源本身匮乏，使得企业面临损失的可能性。因为社会资源具有稀缺性的特征，所以在创业过程中获取比竞争对手更多的社会资源是创业者创业成败的关键。在校大学生或刚毕业的大学生对社会的认知度不高，人际关系一般较为缺乏，往往仅局限于校园的同学老师或者家庭的亲戚朋友。与社会创业者相比，大学生创业者获取社会创业资源的能力相对较弱。

（四）技术风险

技术风险是指由于项目技术不成熟或技术变革，而导致创业企业遭受损失的可能性。技术前景、技术寿命、技术效果、技术成果转化的不确定性等，都会带来技术风险。在技术风险方面，大学生创业者都经过一定的专业学习，具备基本的专业技能，有的申请了技术专利，有的借助老师的技术，但是真正把技术设想转化为产品或产业，或者应用到市场中还存在较大的困难。

（五）团队风险

团队风险是指由于个人或者团队的因素对创业活动产生不良影响的可能性。团队风险的主要诱因包括创业者自身能力和素质有限、创业团队成员的知识和技能水平不高、创业管理过程中用人不当等因素。由于大学生在创业动因、专业素养等方面各不相同，另外在选择和组合创业团队成员时也有较大的随意性和偶然性，所以当创业团队在创业过程中需要做出重大决策时，成员之间往往不能达成一致意见，最终导致团队散伙。

（六）市场风险

市场风险是指由于产品或资本市场的不确定性而导致创业者或企业损失的可能性。市场风险包括产品市场风险和资本市场风险两部分。市场供给和需求变化、市场价格变化、市场战略变化等因素都会在创业过程中带来市场风险。大学生在创业过程中一般容易“重技术”而“轻市场”，面对瞬息万变的市场，往往不懂得市场调查和分析，仅凭自己主观判断做决策，在很大程度上加大了创业的风险。

（七）管理风险

管理风险是指企业在管理运作过程中因管理不善、决策失误等而形成的风险。管理者素质低下、缺乏诚信，企业权力分配不合理、不规范管理和决策失误等都是管理风险的诱因。大学生在校期间往往重视理论教育，普遍缺乏实践管理经验，创业者最初很多凭哥们儿义气聚在一起，凭自觉而工作。随着企业发展，管理制度不完善，往往是人管人，不是制度管人，很容易造成创业风险。

（八）环境风险

环境风险是指企业在生产经营过程中因为所处社会、文化、经济、政治、法律环境的变化或意外灾害的发生而带来的风险。大学生创业者初入社会，社会阅历不足、社会经验不丰富、对社会环境变化不敏捷、对瞬息万变的社会环境缺乏随机应变能力等因素致使他们做出的决策不够完善成熟，容易造成创业失败的可能性。

另外，大学生在创业过程中遇到的各种创业风险的具体表现形式和状态，也会随着大学生个人条件和面对外部环境的不同而有所不同。

三、创业风险的识别和防范

创业风险虽然难以预测且不可避免，但是可以通过科学方法进行识别，针对不同风险特点制定不同的防范措施，可以把各种风险可能给创业带来的损失降到最低点，甚至化风险为机遇。

（一）创业风险的识别

识别创业风险是应对一切风险的基础，只有识别了风险才可能化险为夷。一般常用的创业风险识别的方法有以下四种。

1. 业务流程法

创业者可通过业务流程图将企业从原材料采购直至被加工成商品送到消费者手中的全部业务经营过程划分为若干环节，对每个环节配以详尽的作业流程图，从而根据作业流程图确定每个环节需要进行重点预防和处置的地方。

2. 咨询法

创业者可以用一定的代价委托咨询公司或保险代理人进行风险调查和识别，并提出风险管理方案，供经营决策参考。

3. 现场观察法

创业者可通过直接观察企业的各种生产经营设施和具体业务活动来了解和掌握企业面临的风险。

4. 财务报表法

创业者可通过分析资产负债表、损益表和现金流量表等报表中的每个会计科目，确定企业在何种情况下会有什么样的潜在损失及造成损失的原因。由于企业的经营活动最终要涉及商品和资金，因而这种方法比较直观、客观和准确。

（二）创业风险的防范

由于系统风险和非系统风险各自特点不同，相应的各种防范措施也不一样，具体有如下应对措施。

1. 系统风险的防范

在系统风险的防范方面，由于系统风险很多是客观因素造成的，创业者或创业企业本身控制不了，或无法施加影响，难以采取有效措施予以消除。对于系统风险可以从以下两方面做好防范。

（1）正确预测

创业风险有些是可以预测的，有些是不可预测的。创业者应尽可能运用所学知识和所掌握的资源，采用科学的方法，对那些能够预测的风险进行深入分析，尽量对创业的系统风险做到心中有数，以便制定相应的应对策略。

（2）谨慎分析

创业者应对创业环境有正确的认识和合理的评估，通过层层细化、逐级分析来熟悉创业的宏观和微观环境，以求准确深入地预测创业过程中可能遇到的系统风险。

创业者只有通过正确预测和谨慎分析来制定合理的应对措施，巧妙规避，才能尽可能地降低系统风险对创业者自身或创业企业带来的不利影响。

2. 非系统风险的防范

在非系统风险的防范方面，因为非系统风险是由特定创业者或创业企业自身因素引起的，只对该创业者或创业企业产生影响。因此，创业者或创业企业可以在某种程度上进行控制，并通过一定的手段予以预防和分散。一般来说，主要包括财务、团队、技术、市场、管理和法律六个方面风险的防范。

（1）财务风险的防范

建立一套有效的财务预警机制，运用财务安全指标来预测企业财务危机，可有效防范财务风险。常用的财务分析方法有：第一，资金周转表分析法，是在全面预算下，以三个月为周期，建立滚动式现金流量预算；第二，杜邦财务分析法，是利用若干相互关联的指标对营运能力、偿债能力以及盈利能力等进行综合分析和评价；第三，“成本—销量—利润”分析法，在产销量不变的情况下，根据成本、销量、利润三者之间的关系进行预测和决策。

（2）团队风险的防范

创业团队是创业的重要资源，由此产生的风险对创业来说是致命的。团队风险的防范措施有：第一，创业者和团队应不断充实自己，持续提高个人和团队素质，使知识和能力与创业活动相匹配；第二，通过多种手段有效管理团队，科学合理地对成员进行绩效评价。

（3）技术风险的防范

防范技术风险是提高创业成功率的重要方法。技术风险的防范措施有：第一，风险回避，避开高风险的开发项目，或高技术开发中的某些高风险因素；第二，风险转移，把高技术开发的风险进行分解、分散，让更多的主体来共同承担；第三，风险削减，对所遇到的既不可回避又不可控制的风险因素，应尽量设法减少风险带来的损失。

（4）市场风险的防范

市场风险是创业失败的最主要因素之一。市场风险的防范措施有：第一，加强营销队伍建设，缩短市场对产品的接受时间；第二，强化市场战略，增强企业竞争力；第三，以市场为导向，注重产品的生产、销售与资金回收等环节。

（5）管理风险的防范

通过提高管理者的素质，改变管理和决策方式，可以有效应对创业企业的管理风险。管理风险的防范措施有：第一，提高核心成员素质，搞好领导层自身建设，建立能够适应企业不同发展阶段的组织机构；第二，民主决策与集权管理相统一，合理分配企业执行权，避免家族式管理；第三，明确决策目标，完善决策机制，减少决策失误。

（6）法律风险的防范

法律风险的防范也是大学生创业者需要注意的，因为大学生创业，初涉商场，知识面单一，对相关法律不了解，在创业过程中很容易带来法律风险。法律风险的防范措施有：一是注重对相关法律知识的学习和积累；二是聘请专业的法律顾问，提供专业的指导建议。

第五章 大学生创新能力及创新方法的提升

第一节 大学生创新能力的开发

一、自我创新能力的开发

社会创新文化、创新环境、创新机制十分重要，但作为社会中的成员，更重要的是提高独立自主开发的意识，把个人的创新潜能转化为创新能力。

（一）自我开发创新能力的两个方面

1. 自我表象

自我表象，又称心理表象，这个概念的确认和运用，是20世纪心理学对人类做出的最杰出的贡献之一。自我表象是指一个人采取关于自身的信念系统和它所产生的对等的思维形象。全部的思维，都产生于自我概念，而反过来又形成所谓的自我心理表象。

人人都有提升自我表象的能力，这种能力来自人的本性，但是由于很多人没有认识到这一点，他的创新能力就不可能发挥出来。

自我表象是大脑细胞的核心，是个人的自我思想和自我概念，如果一个新的想法与系统中已经存在的想法一致，而且与个人的自我概念一致，它就会很容易被接纳和吸收。如果它看起来不一致，它就会遇到抵制，并可能被拒绝。

自我表象的另一面是对“理想自我”的思考。我们希望成为什么样的人，具有什么样的品质和能力，它通常是我们成长过程中知道的某个人，即我们最崇拜的人的组合。

大脑中自我的位置和形象是开发自己潜能的决定性因素。优质的自我表象不管创新者的出身、现状如何都会引爆出巨大的能量。反之，劣质的自我表象，创新者的条件再好、学历再高，也不会有什么作为。

2. 自我精进

自我精进是管理者进行创新的一个基本素质。当一个人面对问题时，若无法有效地理清问题产生的原因，或是对解决问题束手无策时，内心就会产生压力，因此管理者必须具备保持冷静思考的能力，让自己的心境可以得到舒解并保持平静，才能避免让自己陷入窘境。

（二）创新能力的自我开发步骤

1. 克服思维定式

思维定式是随着人的知识、经验的积累，形成的固定的思考问题、解决问题的方式。思维定式对解决一般问题、老问题是有效的，但对新的问题而言，往往就成了障碍。突破思维定式的主要途径与方法有以下几点。

（1）要有创新意识

创新意识表现为绝不满足于现有的东西，哪怕它在目前看来还很完美，而应该对现有的东西不断加以改进，探索创造出更新的东西。与那种小胜则喜、故步自封、保守自大的观念截然相反，创新意识是一种强烈进取的意识，积极主动寻求变革，对新事物、新技术、新理论怀有浓厚的兴趣和敏锐的嗅觉，善于吸取并接受最新的技术和方法。

（2）大胆质疑

打开一切科学的钥匙都毫无疑问的是个问号；我们大部分地发现，都应归功于“如何”。而生活的智能大概就在于逢事都不得不问个“为什么”。独立自主的思维，而不是心怀依赖，依赖心理只有靠独立自主的思维去根除。

（3）立体思维

人类生活在宇宙中的一个星球——地球上，所以正常的思维应有宇宙观、环球观、宏观、中观、微观、渺观。无论大和小，它存在的方式是立体的，而不是以点、线、面这种形式存在的。具有本应属于我们的立体思维，可以充分发挥我们的空间想象力。

（4）建立自己的原则

以解决问题为目的，不要拘泥于任何条条框框，建立自己的处事原则就可化难为易。

（5）多角度思考

同一事物从不同角度去观察思考就会有不同的认识，或能发现问题，或能启迪思路。

（6）模棱两可思考法

在创新活动中，答案的模糊性、非唯一性可以给思维留下更多回旋余地与可能性。

（7）求异思维

有意识进行非常规思维的思考，如从逆向、侧向进行与众不同的思考。

以上几个方面有助于我们破除思维定式，使自己的思维具有创新性。

2. 贯穿创新精神

创新精神就是一种强烈进取的思维，人生定律就是不进则退，这表现在以下六个方面。

（1）首创精神

首创是创新的重要本质特征。首创就是要有敢为天下先的理念，有这样的精神就有了创新之魂，否则再好的方法也无济于事。

（2）进取精神

强烈的、永不休止的进取精神就是勇于接受严峻的挑战。成功最大的动力是要有野心。野心，反映了人们对准目标采取进攻的态势、不达目的誓不罢休的心态。进取精神通常包含四种意识：强烈的革新意识、强烈的成就意识、强烈的开拓意识、强烈的竞争意识。

（3）探索精神

人们的探索欲望，常常表现为强烈的好奇心，表现为对真理执着的追求。为此，也会产生强烈的求知欲。而强烈的求知欲，就要靠顽强的毅力、拼搏精神才能得到满足。

（4）顽强精神

没有百折不挠的毅力，以及不怕困难、不怕失败、不畏风险和抵抗压力的精神，就不可能获取创新的成果。在科学上没有平坦的大道，只有不畏劳苦沿着陡峭山路攀登的人，才有希望到达光辉的顶点。

（5）献身精神

每个人都有一定的理想，这种理想决定着人们努力和判断的方向。杰出的成功者不是天生的，他们是后天成就的。关键的因素是心理表象和核心信念。观察所有杰出的成功者，无一例外都拥有崇高的理想和献身精神。我们任何人都拥有与杰出成功者一样的潜能、一样的时间和一样的机会，问题在于心理表象的不同，即在开发潜能、利用时间、对待机会等一系列问题上均表现出了不同心态。

（6）求实精神

实事求是就是科学精神。我们提倡的创造精神，既不同于墨守成规，又不同于乱撞乱碰。人们越是能够实事求是，思想行动越是合乎实际情况和客观规律，他们就越能够发挥创造精神。有了实事求是精神，就可排除一切干扰，向着既定的目标，奋然而行。

3. 培养自我的创新品格

培养自我的创新品格，可以从以下几个方面着眼、着手。

（1）自信心的培养

第一，利用心理暗示，提升心理素质。利用心理暗示，提升心理素质有一个比较简单的方法，就是经常默念简洁的、明确的、正面的、充满自信的口号。没有任何一个简单的口号可以在一夜之间改变人的人格，不能指望一次就改变所有的东西，但问题的关键是有多少人天天坚持这样的自我暗示。

第二，改变自己、分析自己。改变自己是最难的事，创新者改变自己就改变了创新者外部的世界。改变自己当然要靠自己。一是看创新者读什么书，读成功人物的传记和成功自励的书可以帮助人们找到信心、勇气和力量。许多成功人士也有信心不足、迷茫、挫败、失望甚至绝望的经历。二是看创新者接触什么人，接触成功人士，拜成功人士为师就会使自己获得自信，更加相信自己。

第三，树立必胜的信念。创新者的核心信念是指杰出的创新者所持有的信念。如果创新者拥有了这些信念并把它作为创新者生活中思考的内容，创新者就会有积极的、健康的思维方式。核心信念将促进创新者具有优质的自我表象，这是创新者必须具有的自我表象。

（2）强化培养兴趣的主观意识

每门学科、每项技术都有其特有的魅力，都值得品味，体验到其中的乐趣和内在的美，就会培养出浓厚的兴趣。人对越感兴趣的东西，就越觉得有吸引力，自然就会对接触的事物产生兴趣，形成创新的思想基础。

（3）经常保持好奇心

好奇心是创新能力开发的一个重要因素。好奇心可以使人产生兴趣并驱动创新和创造。但是在一般情况下，人们的好奇心容易被激发，却难以保持。所以培养兴趣的一个重要方面是经常保持已有的好奇心。追求创新有三个层次：第一层次，掌握知识；第二层次，发展能力；第三层次，形成良好的人格品质。好奇心对形成良好的人格品质具有极为重要的作用。培养好奇心的方法主要包括以下五种。

第一，选择适宜的环境刺激。人类周围的环境刺激是丰富多彩的。在学习中选择适宜的环境刺激主要是学习观念转变的问题。问题是好奇的“心”，只要可以激发好奇心，选择适宜的环境刺激的空间是巨大的。

第二，要学会自己寻找答案。对周围事物和现象感到新奇，要有意识地启发他们积极思考，寻找答案。积极参加各种可以引起好奇心的探索活动。

第三，可以充分运用各种感官，自己观察，自己动手操作，体验自我成就感。

第四，培养好问的习惯。有了好奇，就会提出新问题，或者从新的角度去思考老问题，往往能得到新的发现与突破。“问题”产生于“好奇”与“质疑”，要形成一个真正具有科学价值的问题，则还需要多种条件和多方面的努力。

第五，培养好奇心的新理念，不仅要“释疑、解惑”，而且要启思、设疑，引而不发。“释疑、解惑”并非将疑惑全部“冰释”，而是在明了旧疑的基础上，要思考新的、更深层次的问题，有时甚至要“设疑”，还要绝不掩饰自己在某些问题上的失察甚至无知。创新人才的产生，需要十分自由、宽松地探究问题的环境，不能让问题（思考）止于自己。

创新、创造和发明具有无限的魅力。有志于开发自己创新能力的人，及早地进入新境界，让创新完善和充实自己的人生才是无愧无悔的人生。创新可以使创新者拥有快乐的人生，通过开发创新的活动，创新者会具有创新思维，并逐步提升自己的创新能力，当创新者获得了发明和创造成果的时候，创新者的价值观、人生观、世界观就会发生根本性的变革。

4. 意志品质的培养

意志是人们在社会实践中坚持不懈，长期保持的一种毅力，是创新者最可贵的品质，是创新者勇往直前、顽强克服困难、险阻的心理品格。顽强的毅力可以征服世界上任何一座高峰。意志是创新者不可缺少的心理素质。创新者要培养意志品质，可以从以下五个方面着眼、着手。

第一，树立远大有为的奋斗目标。

第二，在创新活动实践中获得意志品质的锻炼和体验。

第三，针对自己意志品质的特点，有目的地加强自我锻炼。

第四，依靠纪律的约束力来加强自律，以规范自己的行为。

第五，多参加有助于磨炼意志的体育活动，如长跑、攀岩、登山、游泳等，在锻炼身体的同时，培养自己的意志品质。

5. 质疑精神的培养

创新的智慧源于问题的提出，也就是质疑，提出“为什么”。正是“为什么”，才能激发创新欲望，想象出一种较有创新性的行为，培育出创新能力。杰出的创新成功者，敢于疑人所不疑，善于想人所未想，干别人所不干的事。成功的经验表明，通过质疑，才会培养具有独立思维的品格。质疑精神的自我培养可以从以下几个方面进行着眼、着手。

第一，可以与信心的培养相结合。有了自信，有一个良好的心情，才会独立思考，质疑精神就会自然产生。不自信就会盲目顺从、迷信权威、甘于平庸。

第二，保持注意力。注意力是人智力的有机组成部分，有意记忆的效果比无意记忆的效果好，保持注意力的高度集中是有效分析问题、解决问题的必要条件。

第三，遇到问题，坚持从多方面、多角度设问。

第四，理智地控制自我，在未发现自己错误之前，要坚持己见而不随波逐流。

（三）培养创新能力的途径

能力是靠教育、培养、训练、磨炼和激励出来的，创新能力更是如此。根据以往的摸索、实践和总结，可以用四个字予以概括，即“学、练、干、恒”。

1. 学

学习创新的基本知识，提高自我表象，增强责任感，强化创新动机。

天才、伟人、科学家、发明家、革新家之所以获得成就，是因为他们都有独特的思维方式，与常人的差别仅仅在于一个是创新的思维，一个是复制性和常规性的思维。创新的思维是完全可以学习到的。开展思维的训练，学会在工作、学习和生活中运用创新的思维方式，把创新的思维方式转化为自己的思维方式。

学习并掌握常用的个体创新技法和群体创新技法。“方法就是世界”，采用了什么样的思维方式和方法就决定了创新者有什么样的结果。从某种意义上讲，社会的发展取决于方法的进步，而个体与群体的创新技法是创新思维转化的工具。在什么情况下，面对什么样的问题，选用什么样的创新技法会决定创新活动的速度和获取创新成果的频率。

2. 练

学了就要练，学练结合。要成为一个具有创新能力的人，日常的训练是十分必要的。头脑通过不断的运作，才会更加灵活并富有弹性。

练什么？练习想象力，练习思维的扩散能力、联想能力和变通能力，练习创新的构想，要做到“量”中求“质”，先是“量”后是“质”。因为具有创新性的构想往往是从众多的构想中产生的。

3. 干

干就是实践，就是用创新的思维、创新的技法，通过创新活动，创造性地解决各类问题。

4. 恒

恒就是经常化、制度化。把开展创新活动、迅速提升人的创新能力作为一项长期的战略任务来抓。无论对于企业界还是教育界，生存和发展都是硬道理。如何发展？唯有创新，不创新就死亡，也是硬道理。

二、预测决策能力的开发

预测决策能力，是现代管理者进行创新所必备的核心能力。

（一）预测能力

预测能力是指对未来做出估计的能力。预测是创新决策的前提，要做出正确的创新决策，必须有科学的预测。预测技术是指对事物的发展方向、进程和可能导致的结果进行推断或测算的技术。预测技术是在调查研究事物历史和现状的基础上，通过各种主观和客观的途径及其相应的方法，预测事物的未来，并为最优决策提供科学依据。

超前和预见意识的本质就是创新。谁的超前意识强，科学的预见能力强，谁的创新性就强，就能在社会的激烈竞争中争取主动，获得成功。

1. 预测方法

预测方法分为定性方法和定量方法两类。定性预测大都侧重于质变方面，回答事件发生的可能性。定量预测侧重于量变方面，回答事件发展的可能程度。主观预测大多属于定性预测。在实际应用中，一般多采用定性和定量相结合的方法。定性预测方法主要有专家调查法（特尔斐法）、想定情景法、主观概率法、相互影响分析法和对比法等。定量预测的方法主要有对比法、趋势法、因素相关分析法（如回归法、弹性系数法）、机理模型法和平滑法等。

2. 预测实施步骤

第一，明确预测任务或目标；第二，确定预测的时间界限；第三，掌握事物的发展规律和有关的数据、资料等信息，分析历史上发生的偶然事件，预估未来偶然事件发生的可能性；第四，选择适当的预测途径和方法；第五，建立相应的预测模型，如概念性的、结构性的或系统性的；第六，分析模型的内部因素及其相互关系；第七，分析模型的外部因素及其想定情景；第八，进行预测；第九，对预测结果进行灵敏度分析；第十，对多种方案预测结果进行分析评价，最终为有关部门提供预测和分析结果。

（二）决策能力

决策是指为最优化达到目标，对若干个准备行动的方案进行的选择。就创新决策的重要程度而言，可划分为战略决策和战术决策。管理者要进行创新实践，尤其需要具有做出战略决策的胆识、气魄和能力。这种决策正确与否，决定着创新工程成功与否，直接影响着管理效益。因此，战略决策是管理者进行创新实践的首要职责。

决策包含决策工作和决策行动两个阶段。决策工作是指从确定目标到拟订备选方案的整个过程，一般是由领导者委托咨询机构的专家们进行的。决策行动是指领导者根据咨询机构提出的方案进行选择，纯属领导者的任务。决策是领导者的基本职能，无论行政管理、科技管理，还是企业的经营管理活动，都贯穿着一系列的决策。科学地进行决策（简称科学决策）是保证社会、政治、经济、文化、科技、教育、卫生等各项工作顺利开展的重要条件，也是一个人创新水平的重要标志、决策能力的标志。

（三）科学决策程序

科学决策程序一般可分为八个阶段：发现问题；确定目标；价值标准（评价指标）；拟订方案；分析评估；方案选优；试验验证；普遍实施。科学决策程序中的各项工作并不是都需要管理者亲自去做，大部分工作可委托咨询机构的专家们去完成。管理者的职责是严格遵循科学决策程序和充分发挥专家们的作用，其中，发现问题、确定目标、价值标准和方案选优则是管理者必须亲自过问的。

（四）开发创新决策能力的途径

1. 开拓创新，慎重果断

只有具有开拓创新的意识，有改革现状的迫切性，才能敏锐地发现和提出问题，面对复杂情况，拟订各种方案，深思熟虑，谨慎选择。但在创新关头，要“当机立断”。在实施中，要坚定不移，不要轻易放弃原先的创新理念。

2. 谦虚博学

实事求是、知识渊博并巧于运用，使自己在创新时足智多谋。

3. 善于深入实际，汲取群众的智慧

支持群众的首创精神，广泛征求各种意见，包括听取反面意见，集思广益，发挥创新决策组织的作用。一旦发现失误，应敢于否定原先的决策，具有一定应变能力。

4. 按科学程序进行创新

这是科学决策的重要保证，一般要经过调查研究、确定决策目标、制订方案、方案选优、方案实施、信息反馈、休整调整等阶段，防止个人独断专行。

5. 注意采用先进的科学决策方法

科学决策常常采用定量分析与定性分析相结合的方法。常用的科学决策方法包括调查研究、咨询技术、预测技术、环境分析、系统分析、决策分析、可行性分析、可靠性分析、灵敏度分析、风险分析、心理分析、效用理论等。决策者在选择最优方案时，情况非常复杂，最后选定的方案不一定每一个指标都是最优的，这就要求决策者运用自己的知识、经验和智慧，做出正确的决策。

6. 追踪决策

追踪决策实质上是对原来的问题重新进行一次决策。追踪决策要改变原有决策，易使人们产生感情冲动，失去公正、客观的评价。

三、应变能力的开发

在现代化大生产和科学技术进步的条件下，决策的综合性、复杂性和动态性更加明显，这些特征决定了管理者担任的管理工作基本都是创新性的活动，必须有创新能力。例如，在经营管理方法，要不断树立新的经营意识和经营观念，引进新的生产方式，开拓新的市场，控制新的原料来源，改进新的组织与管理。

管理者在管理实践中不断创新，积极进取，应该注意开发创新应变能力，其具体的开发方法如下。

（一）培养敏锐的观察力

优秀的管理者富于理想，兴趣广泛，能深刻了解社会现象和管理现状，能敏锐地发现问题，并预见不解决这些问题可能会对管理和创新带来的影响和后果，能掌握管理对象心理和要求，激励自己去思考、探索和解决问题的方法和途径。

（二）形成立体思维和辩证的能力

只有善于学习，知识丰富，思想流畅，才能开发潜在意识，培养丰富的想象力，才能在遇到问题时，善于举一反三，触类旁通，出点子，想办法，切实提出解决问题的最佳方案。

（三）学会独立思考、巧于变通

对自己充满信心，在各种议论面前，能独立思考，绝不盲从，并善于运用综合、移植、转化等创新技法，排忧解难。

（四）要脚踏实地、敢作敢为

绝不优柔寡断，思前虑后。面对复杂环境，能迅速提出意见，并把它变成计划，付诸行动。还要敢于负责，工作踏实，不达目的，决不罢休。中国人常说，“计划不如变化快”，好的执行力还需好的应变力来配合，即在工作中不断地修正，以保证计划得以实现。应变力的属性和水的属性相似，遇弯则弯，遇直则直。

（五）随机应变，因势利导

随机应变的战略是必要的。组织内外形势和条件是变化的，要适应变化，就必须适时调整政策和战略，审时度势，随机应变。根据情况和形势的变化科学地调整己方的策略方法。

随机应变要注意发现问题所在。创新的内涵是指反映于创新概念中对象的本质属性的总和。创新内涵包括对事物的全面认识、对旧事物进行批判、创造新事物和开拓新领域等。从其扩展意义上看，创新内涵则包括了创新意识、创新精神、创新机遇、创新工程和创新模式等。

四、处理信息能力的开发

信息，是现代管理的一种特殊的“无形资源”，是管理活动不可缺少的要素，也是创新和发展的基础。处理信息能力是管理者进行创新活动，如管理控制、协调关系的关键，也是进行创新决策的前提。一个管理者吸收、消化和处理信息的能力大小，将直接影响到创新工程的发展程度。开发管理者处理信息能力的途径包括以下五个方面。

（一）搜集信息

派谁搜集、搜集哪些信息和怎样搜集信息，必须有明确的安排。布置信息的收集工作，应有完整的计划，计划包括确定问题或目标、决定所需信息的种类，确定信息来源，选择搜集的手段和方式，明确信息方式与结论。

（二）分析信息

分析信息的首要环节是分类，把繁杂的信息加以科学分类，也是应具备的能力。信息的分析过程，往往是管理者做出创新决策的酝酿与准备过程。

（三）分配信息

信息经过分析和分类，必须及时、准确地分发给有关工作部门，否则就失去信息的效益，甚至造成失误。分配信息是处理信息能力的一个重要标志。

（四）检查监督

工作中将信息分发给有关部门后，必须检查各部门对信息的消化、运用情况。

（五）沟通

信息是决策的基础，而沟通则有利于信息流动和共享。沟通的主要因素包括信息发送者、信息传递渠道和信息接收者。

1. 沟通的作用

沟通是统一组织活动的手段。组织内部上、下级及成员之间的沟通是组织员工、联络成员以实现共同目标的必要手段。沟通是联结组织与外部环境的桥梁。

2. 沟通的方式

在现代组织系统中，信息的流动速度要比过去任何时候都更迅速。要成为一个有效的管理者，就需要以一定的信息作基础，去履行管理职能，开展管理活动。获取信息、传递信息的过程就是沟通，领导者在管理中，主要采用的沟通方式有以下两种。

（1）从信息流向的角度来划分

从信息流向的角度来划分，可以把沟通分为向下的沟通、向上的沟通和平行沟通三种类型。

向下的沟通是指，在传统管理中，管理者主要从事一种向下的单向沟通，信息表现为指令，从高层组织层发出，逐级向下流动。

向上的沟通是指员工向管理者请示、汇报工作。

平行沟通是指同级员工之间工作上的互相交流与学习。

（2）以信息传递的媒介来划分

以信息传递的媒介来划分，可以把沟通分为书面沟通、口头沟通和非语言沟通三种类型。

书面沟通具有提供记录、参考、重复阅读等优点。

口头沟通是由说和听构成的，既可传递信息，亦可联络情感。

非语言沟通是通过非语言符号来传递信息、交流思想情感的方式。非语言符号包括辅助语言、体态、表情、空间运用等。

3. 有效沟通的基本要求

要实现有效的沟通，首先要认清沟通中的各种障碍并予以排除，这是沟通的基础。

（1）沟通过程中的障碍及其克服方法

沟通障碍主要来自五个方面，要排除障碍也必须从这五个方面努力。

第一，由信息发送者造成的障碍。由于发送者对信息传送的目的未经思索，对发送的内容未经计划、整理就发表意见，这就容易出现沟通障碍。

第二，传递信息中的障碍。信息从一方传到另一方的过程中，由于损失、遗忘、误解等带来信息的失真。

第三，由接收者造成的障碍。由于每个人的兴趣不同，心理准备相异，他们往往有选择地接收信息，即只接收自己喜欢听或喜欢看的信息，这就造成信息的大量遗失。

第四，人际关系对信息沟通的影响。信息沟通是发送者和接收者之间的“给”与“受”的过程，这是个双向互动过程。

第五，过量的信息造成的障碍。信息量过大且来不及处理会导致有用的信息拥塞，丧失有效性。

（2）沟通的要求

首先，沟通双方所使用的符号应当是彼此熟悉的，这是有效沟通的前提。其次，沟通过程中不可唱独角戏，应注意协商、交流，以获得支持。再次，传递对接收者有所帮助或有意义的信息。最后，通过沟通，实现相互理解。

五、控制协调能力的开发

（一）开发控制能力

控制就是用组织要求对照员工的操作实际，据此做出相应的调控，以保证组织目标圆满实现的管理过程。关于这个定义可以从两个方面来理解：控制是主体向对象有目的地施加的主动影响；控制的实质是使对象状态符合组织要求。

1. 控制的要素

控制系统由以下三个要素组成。

（1）控制主体

控制主体由施行控制的管理人员组成。他们负责制定控制标准、决定控制目标、向受控者发出指令。控制主体在控制系统中处于主动地位，起主导和支配作用。

（2）控制客体

控制客体是由人、财、物、时空、信息、组织等构成的，受控系统必须执行控制主体的指令，将一定的物质、能量和信息进行合理的配置，创造出合乎控制主体要求的业绩。控制客体在控制系统中处于被支配地位，并反作用于控制主体。

（3）监控系统

监控系统由专门负责监测员工操作实际的专业人员和机器、机构组成。其职责不仅要检查控制客体的作业结果和作业过程，而且将其监测结果反馈到控制主体，作为调整组织运行的依据，使整个组织行为不断趋近并达到预定目标。它在控制系统中处于辅助地位，是监测和调整控制主体与控制客体相互作用的中间环节。

2. 控制的前提

（1）控制必须以计划为依据

计划越清晰、越完整，控制就越有效。

（2）控制以明确的组织结构为保障

控制是通过人起作用的，若组织责任不明确，我们就不确定偏离计划的责任由哪个部门、由什么人承担，也就不能采取相应的调控措施。

（3）控制必须客观

控制是以反馈信息为基础的，这里的信息主要是指管理人员对员工工作业绩的评价情况。

（4）控制应该灵活机动

组织内部环境是不断变化的，外界条件也在不断发展，组织为迎接这两方面的挑战，就有必要修订计划，完善控制标准，调整控制方式。因而控制系统应该具有足够的灵活性以适应变化着的内外条件。

（5）控制应该经济有效

要提高组织的效益，需有两个条件作为保障：一是决策正确，二是效率提高。

（6）控制必须及时

一般来说，发现工作失误是比较容易的，将控制标准与员工的工作实绩进行比较，就可以及时发现问题。

（7）控制应放眼于全局

组织是由各相对独立且彼此关联的子系统构成的。

3. 控制的类型

控制一般分为事先控制、现场控制和事后控制三种类型。

（1）事先控制

事先控制又称前馈控制，是指为事先预计可能出现的问题采取的预防性控制。例如，某企业的销售量预计将下降到比原计划更低，企业的主管人员就制订新的广告计划、推销计划，以改善预计的销售状况。事先控制位于运行过程的初始阶段，投入与运行过程的交接点是控制活动的关键点。

（2）现场控制

现场控制是指管理人员在工作现场指导、监督下属工作，以保证计划目标的完成。现场控制，就是正在运行过程中的活动的控制。

（3）事后控制

事后控制又称反馈控制，是指根据已取得运行结果的信息，对下一步运行过程做出进一步纠正的控制。

4. 控制方法应用步骤

（1）确定标准

标准是工作成果的规范，是对工作成果进行计量的关键点。

（2）衡量成效

衡量、对照及测定实际工作与标准的差异。

（3）采取措施

根据标准，纠正偏差。

（二）开发协调能力

协调，就是处理各种关系，解决各方面的矛盾，实现理想配合。协调关系，就是处理企业内部和企业外部的各种关系，共同和谐发展。

1. 抓住机会来协调

企业外部环境和内部环境条件都在动态之中，经常会出现。“内外”的不平衡，也经常会有“良机”出现。管理者的任务就是善于捕捉这些良机，不断开发内部关系，开垦外部环境，建立新的“内外”平衡。

2. 对工作职责的协调

企业应当明确各职能部门、各管理人员分工和职责。当出现职能不明、互相扯皮时，管理者要果断裁定，不要含糊。让每个人都了解自己的工作目标和担负的责任，协调地开展工作。

3. 对人力、财力、物力的协调

人力、财力、物力的来源和分配上出现问题，往往会影响纵向的贯通和横向的配合。管理者应当严格按计划办事，合理分配，积极平衡。

4. 协调各方面关系

要协调企业的物质文明建设与精神文明建设的关系、长远目标与近期任务的关系、发展速度与效益的关系。对涉及面广的重大问题，可指定专门部门或专业人员去协调。

5. 倡导相互支持

各部门领导之间在强调自己工作的地位和作用时，不能贬低其他部门的地位和作用。工作的配合与支持不能仅是单向的企求，还应成为双向的给予。

6. 促进合理竞争

要求部门之间形成一种正常的竞争关系，求同存异，互相支持，密切合作，最大限度地发挥积极性和创造性，努力实现组织系统的整体目标。

六、思维能力的开发

（一）突破思维障碍

思维是一种复杂的心理现象，是人的大脑的一种能力。思维是人脑对客观事物的概括的、间接的反映。从字面上考察，“思”就是思考，“维”就是方向或次序，因此思维也可以理解为沿着一定方向、按照一定次序的思考。思维障碍阻碍了我们创造性地解决问题，对于创新是非常不利的。我们要进行创新思维，首先必须突破思维障碍。具体来说，必须做到以下几点：第一，对问题提出多种设计，产生多种多样的联想，以求获得多种不同的结论，筛选择优；第二，思维要根据各种不同客观情况灵活变化，及时纠正自己的思维偏差；第三，要特别注意克服思维过程中的直线式思维方法；第四，要注意思路的拓展，当思维之路受阻时，要及时调整，有时可进行必要的反向思维。

（二）扩展思维视角的方法

1. 改变“万事顺着想”的思路

从古至今，大多数人对于问题的思考，都是按照常情、常理、常规去想或者按照事物发生的时间、空间顺序去想，这就是所谓的“万事顺着想”。

（1）变顺着想为倒着想

在顺着想不能很好地解决问题时，倒着想是一种创新的选择。

（2）从事物的对立面出发去想

新的思路，能取得意想不到的新结果，在解决实际问题时遇到了困难，不是在原来的思考点上转圈子，而是敢于跳到对面去，在事物的对立面上重新找切入点，这是扩展思维视角、实现创新思维的重要途径。

（3）改变自己的位置

如果创新者思考的是社会问题，创新者就可以把自己换到其他人的位置上，特别是创新者考察对象的位置上。如果创新者研究的是科学技术问题，创新者就可以更换观察的位置，从前后、左右、上下等各个方向去分析问题。

改变位置，就是使原来构成事物的排列顺序变了，或者在新的位置上思考，采取变革，就可以产生新的结果。其实，这也就使创新者有更多的机会来引导事物向有利于自己的方向发展变化。

2. 转换问题获得新视角

（1）把复杂的问题转化为简单的问题

聪明人可以把复杂的问题越搞越简单，不聪明的人可以把简单的问题越搞越复杂。事实上，在解决复杂问题时能够化繁为简就体现了一种新的视角。

（2）把自己生疏的问题转换成自己熟悉的问题

对于从未接触过的生疏的问题，可能一时无从下手，找不到切入点，但不要望而却步，试着把它转换成自己熟悉的问题，可能就会有新的视角，也许还会有出色的成果诞生。

3. 把直接变为间接

（1）以退为进

这在军事上是很重要的一种策略。好的军事家，是不会在条件不具备时和敌人硬拼的。消灭敌人，是军事家的目的，可是，这个目的不是简单可以达到的，尤其在敌强我弱的情况下，必须有巧妙的策略。

在解决其他问题时，“退一步海阔天空”的道理同样有效。如果遇到了困难，暂时退一步，等待时机，就可能使情况朝着有利的方向转化，这时再前进，问题的解决就要容易得多。退，绝不是逃避，而是积极地转移，是以最小的代价去取得最大的胜利。

（2）迂回前进

退一步是为了前进。有时，为了前进，也可以转弯、兜圈子，这在军事上叫作“迂回前进”。实际上在各个领域，为了克服困难，解决问题，都需要从迂回前进的角度去改变思路。

（3）先做铺垫，创造条件

在面对一个不易解决的问题时，有时要先设置一个新的问题，作为铺垫，为解决问题创造条件，这也是采取的变直接为间接的新视角。

一切事物都是互相联系的，而任何问题的解决也都是有条件的，解决一个小问题，就可能为解决下一个大问题创造条件。在创新者动手解决问题之前，可以先想一想，是否有创造解决这个问题的条件，寻找这种条件，就是扩展视角的过程。只要有扩展视角的意识，掌握了扩展视角的方法，我们解决问题的办法就会多起来。

（三）实施创新能力开发系统工程

创新是一项艰巨的系统工程，也可以说是人的创造工程。人，是创新工程的主角，具有创新素质的人，才能实施创新事业。一个人要想进行创新，必须具备以下条件。

1. 克服心理阻力

人的创新心理品质是创新活动的前提，看一个人是否能进行创新活动，在很大程度上是看这个人是否具有创新心理品质。

历史上不少有建树的人都是思维活跃、敢于标新立异的人。伟大的科学家爱因斯坦所取得的巨大成就，就在于他敢于对现成的理论质疑和突破，不迷信权威，不盲目从众，不受条条框框的束缚，他自称是“最彻底的怀疑主义者”。正是由于他对传统的、绝对时空观的“同时性概念”产生怀疑，才有“狭义相对论”的成果。因此，要克服不敢变通的思维习惯，不断地拓展自己的思路。

2. 建立创新机制

建立创新机制是实施创新的重要条件之一。这一点主要针对组织者而言。对创新者来说，创新没有进行合理的评价和鼓励，是阻碍创新思维能力提高的另一重要因素。创新能力的发挥既有赖于个人的主观因素，也与其所处的环境有很大的关系。人的智慧、想象力、创新力的充分组合，也需要合理的评价机制和激励机制。组织和领导体制中缺少一种对创新者政绩的促进机制，没有形成一种创新的氛围，人的创新能力就很难发挥。因此，在组织创新活动时，要注意建立创新机制。

3. 打好知识基础

丰富的知识是创新的基础，每个人都要重视知识的积累。有的人提出，在现代社会，需要的是善于交际，猎取信息，而不是知识。“宁做开拓型，不做知识型”，这种看法犯了一个致命的错误：把能力和知识割裂开来，以为创新是一种信手拈来，不需要条件的东西。殊不知，人的一个基本要求就是知识素质，而素质的一个重要内容是知识修养。

4. 善于提出问题

创新力的一个重要素质就是善于提出问题。要开创工作新局面，就必须不断开阔眼界并且不断探索，善于发现问题、提出问题、创造性地解决问题。

第二节　大学生创新方法的培养

一、创新方法概述

众所周知，任何人做任何事情，如果方法得当，则事半功倍，点石成金；如果方法不当，则事倍功半，得不偿失。方法是任何事物所不能抗拒的、最高的、无限的力量。有句慧语：人们往往将一个人拥有的东西称为财富，其实他真正的财富是获得这些东西的方法。

（一）利用开拓方法进行创新

人类的实践活动，根据是否具有探索性和首创性的特点，可分为开拓性实践和应用性实践两种方式。开拓性实践是人类在未知领域中进行的探索性和首创性的实践活动。科学实验领域的发现和发明，生产领域中具有独创性的技术改进和技术革新活动，社会领域中的各种改革试点和革新活动都属于开拓性的实践活动。由于开拓性实践是探索性的，因此，探索性实践活动可能会成功，也可能会失败。

（二）对方法的辩证认识

创新与创新技法可拓展思路，更好地开发智力、智能，实现创新。但应该指出的是，一方面，“法无定法”。在创新过程中，生搬硬套某种技法并非良策。应视不同对象，根据自己的特点灵活选用并综合应用各种技法、手段，不拘一格地进行探索创新。另一方面，任何方法给人们提供的都是一些要遵循的基本原则，指出必要步骤，介绍一些可供参考的途径与技巧，而绝非包治百病的灵药。创新是创新精神与创新能力的综合成果。如果将创新技法喻为“梯子”，那么，其一端应指向登攀的目标，另一端则须支撑于坚实的地面。

二、模例学导法

（一）技法含义

模例学导法是由上海通用创新发明学校创立，是应用思路的提示法，它引导学员发明多功能台式打火机等新产品。这种通过发明创造塑造、提高人的创新力和素质的方法称为“模、例、学、导”法。

1. 模——知识（方法、工技）模块

借用计算机编程语言中模块的概念，在这里是指应用创新发明及相关学科揭示的规律、原理、方法、技巧，根据创新力开发的需要而编制的创新知识单元。模块分层次、系列、硬件和软件编写，可大、可小、可伸缩。

大型模块，其信息容量大，涉及内容广。例如，创新性思维模块、产品开发模块、创新美学模块和课题发现、资料检索、创新性设计、成果表述、公关艺术、外贸语言技巧以及创新德育、创新智育、创新体育模块等。大型模块也可结合专业技术来编制，如农业创新模块、建筑创新模块、机电液一体化技术模块等。又如，技术原理、功能材料、物理效应、机构电路、设计技巧、工艺技术、研制方法模块等。

中型模块是把大型模块细分成若干块。例如，把创新技法分成列举法模块、组合法模块、联想法模块；把创新素质模块分成智能模块和非智能模块等。

小型模块是对中型模块进行再分解，划分成更小的单元。例如，将列举法分解成缺点列举、希望列举、特性列举、对应列举等。

2. 例——示例、例子

例是描述发明创新过程、方法和工艺的典型事例的简称，既有成功的经验，也有失败的教训。案例编写要有针对性，做到通俗易懂、生动有趣，并进行分类编码。

案例与模块既有联系，又有区别。模块是案例的“升华”，案例是模块的“基石”。模块反映创新规律的共性，突出科学性、系统性；案例反映创新规律的个性，讲究趣味性和实用性。平时要注意收集、创作和积累案例及模块，以便开发时灵活调用。

3. 学——教学员学习如何搞创新发明

教学员接受创新性思维的训练，学习研究解题方法，让学员预习教材纲要并调研生产经营或工作、生活中的问题，使学员带着有准备的头脑参与开发活动。该方法强调把学员作为开发活动的主体。

4. 导——具有激发、提示、解疑、引导等含义

通过导，剖析案例，做出演示，激发学员的创新精神。通过导，转化创新意识，启迪创新灵感，提高创新素质，帮助学员走创新之路。应用设问、质疑、引导、演示和反思等教艺，把学员的意识行为引导到生产经营或事业目标的轨道上来。

（二）技法模式

1. 开发设计

开发设计是指对整个创新力开发活动进行策划，并制订开发计划和措施。策划前要进行调研诊断，并且还要进行创新讨论评估，征询开发需求，调研创新文化，诊断开发状态，从中发现创新障碍，然后根据这些“状态参数”制订开发计划和选编学员模例。

2. 模例选择

模例选择关系到开发效果，因此要慎重选择。在选用原则上，既要适合开发目标和需要，又要切合开发对象的知识基础、专业特长、认知水平、心理需求和创新能力。

3. 创新测评

创新测评是指对学员的创新意识、创新人格、创新心理和创新能力等创新素质进行测量与评价。通过测评，发现解题需要，解决心理障碍，以方便选择模例和学导方法。

4. 动力激发

动力是指创新热情、积极性和兴趣等身心能量。激发是指把潜在的心理调动起来，为提高素质服务。有人把激发动力称为“热身”，它是创新力开始的前奏，它贯穿于创新力开发的全过程，用于强化开始效果。

5. 转化意识，树立志向

通过宣读中外科技发明创新史，进行创新力开发“形势教育”，对创新者“晓之以理”，懂得创新是人的天性、创新人人都可参与、创新有规律可循的道理。弄清创新力需要培养，明白开发创新力具有重要的作用和意义。通过扮演角色、创设情境，使创新者“动之以情”，转化意识，树立创新意向。通过物质奖励、精神表彰，使创新者产生“爱我文明古国、创我美好中华”的内在动力。

6. 传授知识，培育技能，训练思维，导向行为

这是创新力开发的重点，通常需要安排较多的时间。在这一阶段，为充分调动创新者的身心能量，需要从心智和生理等各个角度来开发人的创新力。

创新导向是指把创新者的创新积极性和行为目标，引导到需要发挥的领域及正确方向，把群体创新力汇聚到所要解决的问题上。导向是多方位的，从理论上讲需要什么就导向什么，但实际上往往难以做到。这就需要从行为目标（课题）、创新意识、创新思维、创新技法等方面给予启迪。创新导向包括智力因素与非智力因素，实践表明，在创新成果生产过程中都不同程度地应用了这两种素质。

7. 择机发挥

创新力、创新成果是资源，是活力，是财富，也只有通过使用，并用在能发挥作用的地方，才能显示出它的价值。创新力需要设置机会来发挥，并且需要有亮相的擂台和释放能量的“场气”。

8. 扶植推进

创新是一项从无到有，将知识、经验和智能转化为财富、效益的活动，涉及的因素很多，在进行过程中会遇到许多困难和障碍，因此需要扶植、互相推进。

新事物刚出现的时候，总是比较幼弱、粗糙、简陋而易被抑制、扼杀。新创意、新构想首先掌握在少数人手里，常因与众不同而遭受偏见，受到习惯势力的冲击、束缚而被淹没或扼杀。因此需要“伯乐”加以保护，从物质、资金、组织、法律、技术贸易和物化等方面给予资助。扶植推进，就是帮助创新发明者排忧解难，克服各种障碍。

9. 优化环境

优化是指创造一个有利于发挥创新性的宽松、开放和充满生机的环境。某国企业为充分发挥科技人员的创新力，采取各种措施为他们创造良好的工作环境，为他们增加服务设施，使科技人员的知识、精力、体能和创新热情处于最佳状态。例如，安排出国旅游，开辟“杂谈室”、保健房、网球场、蒸汽浴室、娱乐室、图书馆、饮茶室等。

三、切割重组法

切割重组法是指通过改变（切割、分解）物（群）体构成，然后将分割元素重新组合，借以创造新的事物，从而提高群体创新力的方法。

本法受七巧板启示，故也叫七巧板法。七巧板是中国古代的一项发明，拿破仑用它训练想象力。将一个普通的正方形板块切割成七块，然后用它重新组合，就能拼出上千种形态各异的图案。

切割有分解、离开的意思，广义可理解为去掉、选取、排出等。从重组素材的来源分，可分为同系事物切割和异域事物切割。目前企业普遍开展的优化组合、调整产品与产业结构，就其本质而言，就是“切割重组”。又如，从办公室、工会、生产技术科、产品销售科各抽调一名员工，并请一名创新学者当顾问，组建一个创新力开发机构，也是“切割重组”的产物。一个群体由于知识雷同、思维和组织行为定式会逐渐丧失创新力。若把群体切割重组，则可使群体复原或增强创新力。

切割重组是一种提高群体创新力的方法，也是一种生产创新性成果的方法。

例如，论文可说是参考文献与实验结果的“切割重组”；电视剧是人、景镜头、故事情节和艺术风格的“切割重组”；工业产品是机械组件、机构、功能材料、电子组件、电路和功能材料等的“切割重组”。

四、设问检查法

设问检查法是指提供一张提问的单子，针对所需解决的问题，逐项对照检查，以期从各个角度较为系统周密地进行思考，探求较好的创新方案的方法。目前，创新学家已经总结出了许多各具特色的设问检查法。经验证明，能发现问题与提出问题就取得了成功的一半。巧妙的设问可以启发想象、开阔思路、导引创新。在此主要介绍奥斯本检核表法与 5W1H 法，重点掌握其设问的思路与技巧。

（一）设问检查法的特点

设问检查法是对拟改进创新的事物进行分析、展开、综合，以明确问题的性质、程度、范围、目的、理由、场所、责任等各项内容，从而使问题具体化。设问检查法不仅可用于技术上的产品开发，还可应用于改善管理等范畴。例如 5W1H 法，是从客体的本质（What）、主体的本质（Who）、物质运动的最基本形式——时间（When）和空间（Where）、事情发生的原因（Why）和方式（How）这几个角度来提问的，这些问题属于事物存在的根本条件。这样抓住一个事物的制约条件来分析问题，就会发现问题的症结与原因。又如，奥斯本的检核表法，是抓住声音、颜色、气味、形状、材料、大小、轻重、粗细、上下、左右、前后等事物的基本属性来大做文章，因而有普遍的适用性。

（二）设问检查法的适用范围

设问检查法对于群众性的合理化建议、活动技术上的小发明、小变革是非常适合的，也可以与智力激励法等其他技法联合运用。如果要解决的问题较大，借助本技法也可使问题明确化，从而缩小目标，找到问题的关键，有针对性地解决。

具体应用时，如用于管理方面，则要注意明确问题的性质、程度、范围、目的、理由、场所、责任等；用于技术问题方面，则要注意明确产品的材料、结构、功能、工艺过程等，即要根据不同的工作性质将此法作适当的调整。

设问检查法也有一定的局限，它比较强调创新发明主体心理素质的改变，借助克服心理障碍，产生更多的思路，而忽略对技术对象的客观规律性的认识。所以，在使用此技法解决较复杂的技术发明的问题时，仅能提供一个大概的思路，还需进一步与技术方法结合才能完成有实际价值的发明。

五、组合创新法

组合是大千世界中十分普遍的现象。从浩瀚无垠的宇宙到分子、原子，从简单的数字排列到复杂的人体结构，从庞大的国家机器到家庭，到处都存在组合现象。

组合现象极为奇妙复杂。同样是碳原子，以不同的晶格构造便可形成性质迥异的物质，如坚硬的绝缘体金刚石和柔软的导体石墨。而在人与人、物与物、人与物的组合中，更是千变万化，各不相同。

（一）组合创新法的特点与适用范围

1. 创新性

所谓组合法，是指按照一定的技术原理或功能目的，将现有的科学技术原理或方法、现象、物品作适当的组合或重新安排，从而获得具有统一整体功能的新技术、新产品、新形象的创新技法。创新组合有以下三个要点。

第一，由多个特征组合在一起。

第二，所有特征都为同一目的共同起作用，它们相互支持、促进及补充。

第三，产生一个新的效果，就如系统论中所描述的那样，系统的效果必须大于系统内各元素单独效果之和，亦即达到 1+1 ＞ 2 的飞跃。

2. 广泛性

由于组合是宇宙间十分普遍的现象，所以组合创新技法广泛适用于各个领域。

（1）范围广泛

几千年的人类文明史，在我们的周围积累了不可胜数的发明创新产物。技术的普遍存在给人们提供了无限广阔的组合基础，从简单的日用品组合到诸如宇宙开发等尖端技术，从普通的变革到新学科、新理论的创建，从单纯的编辑到传世的艺术创作等，都可以根据不同情况进行不同层次的组合创新。

（2）易于普及

就技术上的创新发明而言，由于此法是按照一定的功能需要去选择若干成熟的技术加以组合，因而不像原理突破型的创新要求具备专深的理论基础，故便于广大群众进行学习与应用。

（3）形式多样

组合的形式可以是近亲结合，如用于同一场合或目的的不同物品的组合，橡皮 + 铅笔 = 橡皮头铅笔，裤子 + 袜子 = 连裤袜；也可以是远缘杂交，空气 + 煤炭 = 尼龙；还可以是跨越时空的联姻，如中西合璧、古为今用等。现在有不少疗效奇特的电子装置其实就是传统中医与现代技术相结合的产物。还可以是技术上的组合，如不同的组件或物品的组合，或者是艺术上的组合。

（4）方法灵活

组合的方式可以是二元组合、多元组合、附加式组合、辐射式组合、综合性组合等，它们可随不同需要灵活选用。如以推广新技术为目标者，可用辐射式组合，即以该技术为中心，同多种传统技术进行组合，形成技术辐射。若以改进已有的特定技术对象为目标，则可用附加式组合，通过移植或插入新技术使产品革新。而乱点鸳鸯谱式的组合，可突破习惯思维的障碍，获得新奇的设想。

3. 时代性

发明创新有两大类别：一种是原理突破型——由于发现了新的自然规律，探索出新的技术原理而完成的发明，其突破在于找到了以科学原理化为技术方法而完成的发明。另一种是组合型——它不在于原理的突破，而是利用已有的成熟技术，通过适当的组合而成的。

（二）运用时应注意的几个问题

第一，选择组合要素的量要适度，要素越多，组合可能的情况就越全面，但相应耗费的精力时间也会越大。

第二，组合可以使产品具有不同的功能，成为多功能、通用型的产品，但过分追求“万能”也不足取，会出现增加成本、制造困难、功能多余等弊端。例如，有人开发了一套组合式的女式套装，可以像魔方一样变换组合出 144 套不同的式样。只要买一套这样的服装，就相当于买进 48 套套装、24 件长袖外衣、36 条披肩、36 条灯笼裙，然而至今未见上市畅销。变换功能太多一则麻烦，再则为了顾及通用性而牺牲了时装的个性魅力，更有可能的是还未来得及换这么多式样，其常用部位便已磨损破旧了。

第三，参与组合的各要素越是风马牛不相及，由“远缘杂交”形成的新产品其创新性越强。例如，空气与煤炭的组合开发出了尼龙这一新产品；科技电脑与小朋友的游戏相结合发明了电子游戏机，这些组合创新给许多企业带来了巨额利润。

六、想象思维法

想象思维法是指人脑通过形象化的概括作用对脑内已有的记忆表象进行加工、改造或重组的思维活动的方法。

想象思维可以说是形象思维的具体化，是人脑借助表象进行加工操作最主要的形式。所以，历来备受创新学家的重视。想象力是否丰富，也就是想象思维的能力是强还是弱，也成为判断一个人创新能力的重要依据。

（一）想象思维的特征

想象思维的特征有以下三方面。

1. 形象性

想象思维的操作活动的基本单元是表象，是一些画面，静止的画面如照片，活动的画面如电影。画面可能是模糊的，也可能是清晰的，还可能是开始模糊，逐渐变得清晰的。如果画面由模糊变得十分清晰了，一般来说，离产生创新性结果也就不远了。例如，看小说时，我们可以想象出人物的音容笑貌；看图纸时，我们可以想象出立体的物体。

2. 概括性

想象思维实质上是一种思维的并行操作，即一方面反映已有的记忆表象，同时把已有的表象变换、组合成新的图像，达到对外部时间的整体把握，所以概括性很强。例如，把地球想象成鸡蛋，蛋壳就是地壳，蛋白就是地幔，蛋黄就是地核。又如，有的科学家把原子结构想象为太阳系，太阳是原子核，核外电子就像行星，围绕着原子核转动。这些想象都是非常有概括性的。

3. 超越性

想象的最宝贵特性是可以超越已有的记忆表象的范围而产生许多新的表象，这正是人脑创新活动最重要的表现。这方面的例子有很多，特别是一些重大的发明创新，都离不开超越性的想象。例如，爱因斯坦想象自己以光速运动；魏格纳在地图面前想象几个大陆板块分裂后慢慢地漂移。

（二）想象思维的类型

根据心理学中的方法，可以把想象思维分为以下两种类型。

1. 无意想象

无意想象是不受意识主体支配的想象。在这种思维活动中，思维主体没有特定的目的性，可以让思维的翅膀任意飞翔，达到一种非常自由的状态。无意想象的价值在于，可以让潜意识活跃起来，这样就有可能导致灵感的产生，再进一步，就可能通向创新的结果。但真正说来，无意想象不能直接产生创新性成果，必须有主体意识、有目的系统的参与，才能把想象转换为具体的方案。但我们也不可轻视无意想象，它能激活思维，往往是创新的先导。

2. 有意想象

有意想象是受主体意识支配的思维活动。在这种状态下，思维总是在创新者的目的需要系统的支配下进行的。对绝大多数的新活动来说，有意想象是一种经常起作用的思维形式，应当受到特别的重视。

（三）想象思维的作用

1. 想象在创新思维中的主干作用

创新思维要产生具有新颖性的结果，但这一结果并不是凭空产生的，要在已有的记忆表象的基础上，加工、改组或改造。表象是人脑认知结构的最基本构件，只要涉及表象的活动，都离不开想象。许多创新性思维形式都是在想象思维的基础上进一步深化和发展起来的。例如，在创新性思维中处于重要地位的发散性思维，实际上也就是发散式的想象思维。发散，是由点向四面八方不受拘束地展开，但也不是漫无边际、模糊不清的。想象思维有高度的概括性，从整体上捕捉到一个个完整的画面，而不受其他画面的影响。

在创新活动中经常出现的灵感或顿悟，也离不开想象思维。正是由于有了丰富的想象，在某一时刻，捕捉到一个最有价值的画面，进而和创新目标联系起来，才成为灵感。可见，想象思维在创新思维中，起着主干的、基础的作用。

2. 想象思维在人的精神文化生活中的灵魂作用

人的精神文化生活丰富多彩，主要靠的是想象思维。作家、艺术家创作出优秀的作品，需要发挥想象力，读者、观众欣赏作品，也需要借助想象力。如果作者和读者、观众的想象过程与结果吻合，产生了共鸣，就达到了理想的艺术效果。

3. 想象思维在发明创新中的主导作用

想象力是一个创新性的认识功能，它能从真实的自然界中创造一个相似的自然界。在无数发明创新中，我们都可以看到想象思维的主导作用。发明一件新的产品、设备，一般都要在头脑中想象出新的功能、外形，而这些新的功能或外形，都是人的头脑调动已有的记忆表象，加以扩展或改造而来的。

七、逆向转换法

逆向思维又名反向思维、乘负法、反面求索法，通俗地讲就是反过来想一想的意思。这就是为了达到某一目标，人们将通常思考问题的思路反转过来，以悖逆常规、常理或常识的方式去寻找解决问题的新途径、新方法。

逆向思维可以挑战习惯性思维，克服“心理定式”，这无论在理论创新还是技术、产品创新上都有出奇的作用。

相传北宋大臣、史学家司马光，在儿童时代就聪明过人。一次，许多孩子在一起玩耍，有个小孩不慎跌进了大水缸，孩子们人小力弱无法将他拉出水缸，急得手足无措、哇哇大叫。这时司马光举起石头，砸破水缸，让水流走，救出了溺水的小孩。司马光不用将孩子拉出来而让水流走的做法就属于逆向思维。

针对产品，就其原理、市场、需求、结构、功能等从相反方向进行思考探索，将思路从固有观念中分离而获得崭新的启迪。例如，人走路都是要迈动双脚才能逐步前移的，那么想象成双脚不动而让路面移动，人们由此发明了自动扶梯、电梯、传输带等。

（一）逆向转换法的基本原理

根据辩证法的基本原理，任何事物都包括对立的两个方面，这两个方面既相互依存又相互排斥，存在于一个统一的整体中。人们在认识事物的过程中，实质是同时与其正反两方面打交道，只是由于日常生活中人们往往采用一种习惯性思维方式，所以只看到其中的一面。比如，英雄模范、先进人物必然完美无缺，什么都好；罪犯则一定什么都坏，丑恶无比。其结果，按正向思路去思考问题成了习惯，所形成的认识、设想也越来越普遍平庸，且无法全面认识事物。可见，要想创新性地解决问题，采用辩证思考的方式，转换一下正常的思路，从反面换个角度想想，很可能会产生突破常规的创新思路。

由于对立统一的形式多种多样，相对于一种对立统一形式就有一种反向思考的角度。归纳起来，反向思考有如下形式。

1. 性质上对立两极的转换

如软与硬、高速与低速、优点与缺点等。

2. 结构、位置上的互换、颠倒

如上与下、左与右、内与外、前与后等。

3. 功能或过程上的逆转

如电转为磁与磁转为电；做功与蓄功；气态变液态与液态变气态等。

4. 缺点逆用

有意识地开发利用事物的缺点，变短处为长处、变缺陷为优势、变废为宝等。

5. 破坏

创新的实质是破与立，有意突破看似权威、典范的事物，以质疑的眼光寻找创新契机。

（二）逆向转换法的主要特点

1. 普遍性

对立面在现实世界中可以说是无处不在、极为普遍。只是对立面往往处于背景之中，人们不易察觉，或缺乏鲜明的认识。要想创新，就必须将对立面从背景中拉出来，将其推向前台，使之鲜明突出，一目了然。

2. 批判性

反向思考是与正向思考相对而言的，正向就是指常规的、常识性的、公认或习惯的想法与做法。反向思考当然就是对传统、习惯、常识、常理的挑战，其显而易见的好处是可以克服思维定式，破除由经验和习惯造成的僵化的认识模式。

3. 新奇性

循规蹈矩地按传统习惯方式去解决问题，虽然轻车熟路，简单易行，但容易思路僵化，陷入思维定式的桎梏，所得的结果也是预料之中，难以突破。反向思考既然是从人们熟悉的反面去思索，其结果显然也会是人们不易想到的，能出人意料，使人耳目一新。

八、分析列举法

分析列举法是指通过对事物的分析而列举出其各方面的特性，从而进行创新发明的技法。列举法中最基本的一种是特性列举法，在它的基础上又发展为缺点列举法、亮点列举法、成对列举法等。

（一）分析列举法的基本特点

列举法是通过列举有关项目来促进全面考虑问题，防止遗漏，从而形成多种构想方案的方法。几种列举法各有千秋，但又有些共同特点。

1. 强制性分析

列举法的本质是一种分析方法。分析就是把整体分解为部分，把复杂的事物分解为简单要素，再分别加以研究的一种思维方法。客观事物的整体功能是由相互联结的各个部分有机构成的，有时为了改变它的整体功能，需要从部分着手去考虑问题，把被考察的部分与其他部分暂时割裂开，从整体中抽出来，这就是分析方法的基本特点。和一般分析方法不同的是，列举法带有一种强制性，必须分析罗列所有的因素。日常使用分析方法时，一般只抓住主要方面或特殊点，忽略一些次要因素或普通点，因为后者对于问题的作用不大，因而可能抛弃了某些重要的线索或途径。为此，特性列举法突出了思维中的强制性方面，制定规则，要求将事物各个特性所包含的每一个子因素全部列举出来，然后逐个分析，以促使人们全面考虑问题。

2. 一览表式展开

人们常用一览表帮助记忆、安排工作。为了寻找创新的设想，借助于列举的方式将问题展开，以一览表的形式帮助思考。每个列举法都是一览表，是带有比较性的一览表，从中可以发现问题、明确目标、解决矛盾。特性列举法使用的是特性一览表，对事物的特性逐步分析，潜藏的创新可能性就会显现出来。缺点列举法使用的是缺点一览表，分析缺点，找出改进的方法。亮点列举法使用的是亮点一览表，对此判断，发现最大的现实可能性，并设法实施。成对列举法使用的是物质组合一览表，促使突破传统的新奇设想大量涌现，有力地促进新产品的开发。

（二）分析列举法的作用与局限性

列举法有助于克服心理障碍，改善思维方式，在创新发明活动中有实际的作用。

1. 有助于克服感知觉不敏锐的障碍，把思维解放出来

感知觉不敏锐，是因为感知觉处于饱和状态。有人想创新，但又无从下手，这便是习惯的惰性在阻碍创新思维。列举法的首要贡献就是克服这些障碍，以全面搜索、不断挑战、大胆想象的思路发现创新发明的目标。

2. 促使人们全面感知事物，防止遗漏

每个人的思维方式是不相同的，其感知方式也各具特色。在认识事物时，有人注重视觉，有人则善用听觉、触觉、味觉、嗅觉；有人惯用左脑，有人则偏爱右脑。由此造成的结果是，或者只注意外形，不注意色彩；或者只迷信于广告介绍，不重视实际的适用性。因而，一旦要求对某种产品作改进时，头脑中便无法调出全面的信息，也就限制了对问题的分析。借助于列举法，可深入到事物的方方面面，如应用特性列举法时，就要求将事物所有属性全部列出，不许遗漏，这样就必然利于全面分析，产生较多的设想。

3. 有利于克服感情障碍

判断是指在一个问题有几种答案时，从中选择一种答案的方法。判断对于解决问题是必要的，但一般人的通病是善于做判断而不善于产生新观念，这对创新力是个克星。与智力激励法的大胆设想、推迟判断原则相类似，列举法首先强调的是尽量全面地列举，避免过早地评论。

4. 是改进老产品、开发新产品的非常实用的方法

列举法易于掌握、应用范围广，人们常用特性列举法和缺点列举法进行老产品的改进，用希望点列举法和成对列举法开发新产品。列举法对于创新的有效性不只是由于使用了分析列举，还因为运用了组合、替代、综合等方式。成功地使用列举法，需要思维流畅、精确、灵活、独特。特性列举法主要提供从何入手改良产品的着眼点，亮点列举法则可把旧事物的缺点乃至整个旧事物看成是亮点，设想一种新颖的产品加以创新。

5. 适用性及局限性

一般来说，列举法因其分析问题要求全面、精细甚至比较烦琐，所以较适应于小的、简单的问题。同时此法不能最终解决问题，它基本上只是一个提供思路的方法，进一步的实施还需要借助其他技法与手段。

九、类比法

类比法是指通过两个（两类）对象之间某些方面的相同或相似性推出其他方面的相

同或相似性的方法。事物间的联系是普遍存在的，正是这种联系使我们的思维得以从已知引向未知，变陌生为熟悉。我们大脑中发生的联想和类比过程可以看作事物普遍联系在思维中的一种体现。

（一）类比法的特点与作用

类比是指利用不同事物或现象在一定关系上的部分相同或相似性进行比较、分析、综合。类比法在科学研究、技术创新和各种创新活动中均有用。

类比是人们在探索未知世界的过程中，将陌生的对象与熟悉的对象、将未知与已知相对比。推而广之，许多在质上虽不同，但只要它们相似，就往往可以运用类比法来研究。这样，由此物及于彼物、由此类及于彼类，可以启发思路、提供线索、触类旁通。选作类比的对象与原问题的差异越大越好，这样获得的创新性设想更富新颖性。

（二）四种基本的类比方式

1. 拟人类比

拟人类比又称感情移入、角色扮演。在创新发明活动中，发明者把自己设想为创新对象的某个因素，并由此出发，设身处地进行想象。

在机械设计中，“拟人化”的构思常会收到满意的效果。例如，挖土机可以用模拟人体手臂的动作来进行设计，它的主臂如同人的上下臂，可以左右上下弯曲，挖斗似人的手掌，可以插入土中，将土抓起。机器人的设计也主要是从模拟人体动作入手的。

2. 直接类比

从自然界或已有的成果中寻找与创新对象相类似的东西进行比较的方法为直接类比。例如，古代巧匠鲁班发明锯子就是从草割破手指而得到的启发；要设计一种水上汽艇的控制系统，人们可以将它同汽车类比，汽车上的车灯、喇叭、制动器等控制方式皆可经适当改革后用于汽艇；武器设计师通过分析鱼鳍启闭的动作，设计成枪的自动机构；农机师看了机枪连射发明了机枪式播种机。

3. 象征类比

象征类比是借助具体的事物形象和象征符号来比喻某种抽象的概念或思想感情的类比方法。象征类比是直觉感知的，通过无意的联想形成一个完整的形象。针对待解决的问题，用具体形象的事物作类比描述，使问题形象化、立体化，为创新开拓思路。

4. 幻想类比

幻想类比亦称空想类比或狂想类比，它是变已知为未知的主要机制，但无明确定义。

在上述四种类比中，直接类比是基础，其他三种类比是由此发展而成的。这四种类比各有特点与侧重，它们在创新活动中相互补充、渗透、转化，都有着不可或缺的作用。

十、智力激励法

智力激励法又名头脑风暴法、畅谈会法、群议法等，是指以一定的会议形式给予会者创造的一种能积极思考、启发联想、大胆创新的良好环境，充分激发个人的才智，为解决问题提供大量的新颖方法。

智力激励法的英语含义为“头脑起风暴”，即Brain Storming，原是用来描述精神病人的胡言乱语。奥斯本借用这个词来形容会议者敞开思想，畅所欲言。

一项技术革新或科技发明，大都先有一个创新性设想。一般来说，创新性思维越多，发明的方法也越多，成功的可能性也越大。俗话说：“三个臭皮匠，赛过诸葛亮”，“不高明的射手，枪打多了也会有打中的时候”。此法就是让一组人员运用开会的方式，通过相互启发、相互激励、相互补充，在短时间内极大地调动各人的创新力，引起连锁反应（共振效应），从而产生尽可能多的创新性设想。

（一）智力激励法的基本原则

1. 自由畅想原则

要求与会者敞开思想，不受任何已知条件、熟知的常识和已知真理、规律的束缚，从多种角度或反面去考虑问题。要坚持开放性的独立思考，畅所欲言，敢于提出看似荒唐可笑的看法。

2. 延迟批评原则

这是一条十分重要的原则。在讨论问题的过程中，过早地进行批评、下结论，就等于把许多新观念拒之门外，这是极为有害的。一方面，开始形成的新观念是不完全的、脆弱的，要留给它足够的时间使之逐步完善。另一方面，一种观念还可引出另外的设想，不让“母亲”存在，其子孙也就不复存在了。

3. 以量求质原则

这是显而易见的重要原则。在设想问题上，越是增加设想的数量，就越有可能获得有价值的创新。

4. 综合改善原则

综合就是创新。最有意思的组合大概是设想的组合。会议鼓励与会者借题发挥，对别人的设想补充完善成新的设想，会后还要对所有设想做综合改善的工作。

5. 限时限人原则

会议通常限定时间为30～60分钟，人数10人左右。时间太长容易疲劳、松弛，人数太多则不易集中，有些人发言机会少。反之，则信息激励、联想反应不充分，难以获得大量的设想。

（二）智力激励法的实施步骤

1. 准备阶段

包括产生问题、组建小组、通知与会者会议的内容、时间、地点。

在会议举行之前两三天，会议主持人在发出邀请通知的时候，应同时附上一张备忘录，上面注明会议的主题和开会讨论的具体内容，并列出几个希望与会者进行畅想的例子。

2. 热身活动

目的是让与会者尽快进入“角色”，尽量减少会议中僵局冷场的时间。热身活动内容多种多样，在美国有“动物游戏”，互相介绍、讲幽默故事，或出一道简单的练习题目。例如，“请说出茶杯的其他用途”，“要是机器人具有了人类的智能，那世界将会怎么样”？热身活动也可以是体力的，只要能使与会者很快地忘掉自己的工作和私事，形成热烈、轻松的气氛即可。

3. 明确问题

通过与会者对问题的分析陈述，使与会者全面了解问题，打开解题思路。

（1）介绍问题

由主持人向与会者简明扼要地介绍所要解决的问题，之后可让与会者简单讨论一下。

介绍问题时，主持人必须掌握简明扼要的原则，只提供与问题有关的必要信息，切忌将背景材料介绍得过多，尤其不能把自己的初步设想全盘托出。这样不仅无助于启发他人的思维，反而容易形成条条框框，束缚他人思路。对于外行来说，所需要的只是对问题实质深入浅出的通俗解释。

（2）重新叙述问题

这是指用不同的方式来表述问题，目的是加深对问题实质的理解，使问题的重要方面不致被遗漏。同时，启发多种解题思路，为提出设想做准备。在此要鼓励与会者从多方面、多角度去审视问题，然后对每一方面都用“怎样……”的语句来表述。

所有这些新的提问方式都要由记录员记下，依顺序编号，置于醒目的地方，让与会者随时从中获得启发，全面考虑。

执行此步骤时应注意两点：一是不要急于提出具体的设想，二是鼓励与会者尽可能多地对问题提出重叙。

（3）选择最富启发性的重新叙述形式

重新叙述问题之后，通常就可以围绕其进行畅谈。但有时为了使会议效果更好，可优先考虑问题的最重要方面，需对重新叙述的问题作分析选择。选择可以由主持人或问题提出者决定，也可由与会者全体择定。

4. 自由畅谈

按照会议原则，针对上述确定的问题进行自由畅谈。

5. 加工整理

会上提出的设想大都是未经仔细斟酌和认真评论的，加工完善之后才有实用价值。

（1）增加设想

在畅谈会的第二天，由主持人或秘书以电话或面谈方式收集与会人员在会后产生的联想。这是不可忽视的一步，因为通过会后的休息，思路往往会有新的转换或发展，可能提出有价值的设想。

（2）评价和发展

评价设想和发展设想是相互联系的两个方面，既要做筛选判断，又要做综合改善。为了便于评价，最好先拟定一些评价指标。例如，这一设想是否可行？结构是否简单？工艺能否实施？做法是否合理？费用能否节省？等等。具体拟定哪些指标，要视问题性质及对解决问题方案的要求而定。

以上是运用智力激励法的一般步骤，具体实施时可依不同情况而有所变化。例如，有人在畅谈阶段采用“间断式”方式，即用 3 分钟提设想，然后用 5 分钟进行考虑，如此反复循环，不断提出设想和进行思考。

第六章 高校创新创业人才培养激励机制

第一节 高校创新创业人才培养激励理论分析

一、创新人才的培养目标与内涵

从发展的观点来看，创新就是能够使事物前进、上升。创新是指以现有的思维模式提出有别于常规或常人思路的不同见解与导向，利用现有的知识和物质，在特定的环境中，本着理想化需要或满足社会需求，而改进或创造出新的事物、方法、元素、路径、环境，做前人未做过的新事物，并能获得一定效益的行为。在现实生活中，检验一个人的工作能力与业务水平的高低，不是根据其年龄、资历、职务、职称，而是通过其刻苦钻研，勤奋努力，大胆创新，创造出有益于社会的新观点、新事物来衡量的。因此，要树立创新观念，营造创新氛围。创新也是国家强盛并不断发展的动力。对于个人来说，只有创新、创造出有益的能够推动社会前进的新观点、新技术、新事物，才不虚度年华，实现自己的人生价值，最终受到社会与人们的普遍关注和敬重。但是由于国内高校在区域与水平上的差异，对于创新人才培养的目标也不尽相同。虽然目标不同，但是创新人才培养的内涵是相同的，就是培养具有创新意识、创新精神、创新能力，并能够取得创新成果的人才。

二、高校创新人才培养的途径

（一）创新人才培养的方式

不同的培养目标，决定了不同的培养方式。应该切合实际地对培养目标进行合理定位，才能为人才培养方式制订具体的方案。不同层次高校在理论研究与实践技能方面各有偏重，体现在教学理念、教学组织设计、教学运行管理等方面各不相同，各高校要根据自己学校的具体情况和专业特色有的放矢地确定创新人才培养的方式。

（二）创新的氛围与环境

创新不是只靠主观意志来完成的，还需要适宜生长的土壤。良好的创新氛围和环境能够促进创新人才的发展。社会、学校、家庭要构建创新的氛围，鼓励创新，不给新思想、新方法泼冷水，从各个方面调动大学生的创新积极性。

（三）调动人的主观能动性

人是一种具有思想和感情的动物，主动工作和被动工作的区别不言而喻。调动人的主观能动性，将一件事情变成主动想、主动做、主动做好，在效率和结果上是显著不同的。所以通过外界与自身的激励，最终激发人的主观能动性和创造性。特别要发挥、注重青年人敢想、敢干的优势。人才的起用应该本着不拘资历、人人平等的竞争原则。青年人要有初生牛犊不怕虎的精神，这对于创新有着极其重要的意义。

三、激励的定义

“激励”一词来源于心理学，它是人类的一种心态，所有的动作都是被一些激励动机引起的，具有促进和加强的激励作用。激励是从心理层面不断激发人们动机的过程。在人力资源管理中，激励就是指管理者采取某种有计划、有目的的措施，激发、鼓励工作人员的动机以有效实现组织目标的活动过程。激励包括激发和约束两个方面的含义，奖励和惩罚是两种最基本的激励措施。激励的本质主要有以下四个要点。

第一，激励是一个满足人的需求的过程。

第二，用动机激发人的积极性。

第三，引导人们行为与设定目标的一致。

第四，减少做事中的困难，增加了办事行为的过程。

总结来讲，激励就是帮助开发人的潜力，调动人的能动性，使人得到创造性的发展。

四、激励理论

激励理论是行为科学中用于处理需要、动机、目标和行为四者之间关系的核心理论，是关于如何满足人的各种需要、调动人的积极性的原则和方法的概括总结。现代西方激励理论最早是西方在激励机制的活动中总结出来的，其内容可分为内容型激励理论、行为改造激励理论、过程激励理论和综合激励理论。

（一）内容型激励理论

内容型激励理论是指针对激励的理由与起激励功能的具体要素方法进行研究的理论。这种理论的主要任务是满足人们的需求，即为了激发人的做事动机，人们需要什么就去满足什么。其主要有以下四种理论。

1. 赫兹伯格的双因素理论

理论前提是满意和不满意，激励因素和保健因素在激励中发挥了不一样的作用，保健因素是外在因素，如与领导关系、工作环境、领导的管理力，如果没有这些因素，员工会感到不满，提高这些因素可能会阻止或消除员工的不满。激励因素就是内容因素或是内在要素，如岗位职责、个人前途、岗位难度等因素，可以增强人的满意感，激励功能比较大。

2. 马斯洛的需求层次理论

需求的五个层次，即生理需求、安全需求、社交需要、尊重的需要、自我实现的需要。这五个层次，从低到高，如果满足了较低层次的需要，人就会追求较高层次的需要。这五种需要不是都能被满足的，越高的需求越难满足。人可以在同一时期的多种需求同时存在，需求决定了人的行动，并且每个时期每个人都有不同的需求，而没有满足的需求是在人生阶段里占主要位置的。

3. 奥尔德弗的 ERG 理论

奥尔德弗把需求分为以下三类：第一，生存需要。是最基本的物质生存需要，如衣、食、住、行。工作的酬劳，也是为了该需要。这个需要和马斯洛的生理和安全层次对应。第二，关系需要。指的是男女之间的关系以及社会关系的需要。这个需要与马斯洛的社会需要和尊重需要相符合。第三，发展需要。是指要求内部改善和发展，需要一个人充分发挥其潜力，并有所作为和成就，还需要发展新的技能。这个需要相对于马斯洛的需要层次和自我实现的需要。

4. 麦克利兰的激励需要理论

当人的生理和安全需求得到满足后，人对成就感的欲望，提出了一种新的理论。有的人对成就感欲望很大，对成功欲望很强，但是，他们也害怕失败。他们渴望接受挑战，往往用一定的难度来设定自己的目标，但这并非空中楼阁。他们敢于承担风险，但对问题的评估良好。他们愿意为自己的工作负责，也希望有对工作的清晰的反馈。

（二）行为改造激励理论

行为改造激励理论是指外部对人的行为有着重要的影响，激励的目的是改善和发展人的做事方式。环境对人的行为的影响起着关键作用，利用行为改造理论的基本原则，可以转换管理的角度，提高效率。该理论不仅适用于对积极行动的激励维持和发扬，更适用于消极行动的减少和消除。

1. 归因理论

不同的归因会影响人们的态度和动机，影响行为和接下来的表现，对成功或失败原因的总结，会影响未来的思想和行为。它是揭示人们行为的因果关系的理论，认为失败的原因解释和失败转向成功之间关系很密切，把失败的情况归咎于不稳定的原因，有利于克服自卑，仍旧保持强大的动力和干劲，保持自信心，百折不挠，依然向前。

2. 强化理论

强化理论是在增强学习的基础上，来理解人类行为和修正行为的一种理论。强化，即在其最基本的形式上，指的是正面或负面的后果（奖励或处罚）的行为，至少在一定程度上，决定这样的行为是否会再次上演。强化有正强化和负强化之分。正强化就是鼓励这些行为，加强这种行为；负强化是谴责这些行动与组织不一致，削弱这种行为。正强化包括赞扬、酬金、提拔等方式。负强化的方法包括扣钱、开除等。

（三）过程激励理论

过程激励理论关注的是动机的发生和从产生动机到去行动的内在心理过程，企图揭示解释激励行为的一个过程。因为这种类型的研究是在激发过程，而非激励的具体方法，所以可以很好地推广到不同的领域。

1. 公平理论

公平理论主要用来解决报酬发放的公平对员工产生好的影响。在这个理论中，当一个人认为别人取得的成就受到了奖励，他不仅在意工资的量，而且关心他们的工资的比较量。因此，他必须给予各种比较，以确定其得到的工资是否合理，比较的结果将大大影响以后工作的动力。横向比较，就是将自己获得的“奖励”和“投资”等的能量损失和其他同事进行比较，只有相等的比例时，是合适的。另一个比较是自己的劳动与得到的报酬，与他过去相比，当两者相当时，才认为是相等的公平回报。

2. 期望理论

人们的期望是人类行为的推动力，以实现目标。人们能够从事一份工作并实现目标，因为他们的工作与组织目标将有助于实现目标，并满足个人的需求。如果一个人相信试着努力能达到目标，他很可能要付出更多的汗水。假如好的工作业绩能得到单位的认可和回报，人们愿意付出更多。如果一个奖赏对某个人很重要，个人的付出也会更积极。假如他不想要这个回报，员工便不会愿意付出。

（四）综合激励理论

综合激励理论是在前面三种激励理论基础上发展而来的，是它们的综合。任何激励理论在复杂的实际生活中不能够满足人们的需要，便需要综合来使用。这种模式的内容是，人在取得一定的成果后，得到两种类型的奖励。一种是外在的奖励，包括薪金、晋升、认可等。根据马斯洛的需求层次理论，外在奖励往往是满足一些低层次的需要。因为一个人的成就难以量化，得到的这些奖励考虑许多因素，并非完全取决于个人。另一种报酬是内部奖励。这是因为工作绩效好而给予的回报，如他们觉得对社会有价值、理解和能力、自我肯定等存在，对应的高层次需求的数量得到满足。但是并不是内外回报就能满足他们，注定要依靠“公正回报”来解决。换句话说，一个人会比较应得回报和已经得到的回报。如果相等，他会感到高兴和鼓舞，他后面的工作也会做得更好。如果不是“公平的回报”，即使得到得多，他也不会觉得高兴，从而影响他未来的工作。

五、高校创新人才培养激励机制

（一）国家政策方面的激励

高校培养的各种技术人才最终要服务于社会、服务于国家。资源和创新人才是国家发展的关键要素。而创新人才也是一种特殊的资源，是创造价值、改造社会的动力源泉。离开了创新人才的发展，其他发展也无从谈起。国家对创新人才培养的关注程度也决定了人才培养的方向和目标。国家的发展依靠人才，人才的发展也需要国家政策的支持。在目前注重科技与人才的大环境下，国家出台的一系列扶持创新与创业的政策，在很大程度上激励了创新人才的培养、使用。

教育部和各省市举办的各种高水平大学生竞赛为创新人才提供了发展平台；政府提供无息贷款、减免税收和舒适的创业环境、知识产权保护、技术支持等优惠政策，也为创新人才的发展解决了后顾之忧，提供了保障，使之更有希望、更有信心去创新、创业。国家行政、企事业单位应制定创新人才的优先录用政策，以增加大学生的学习与研究的主动性、能动性，激发其创新热情。

（二）高校政策方面的激励

学校是创新人才培养的实施机构，在完成基本教学任务的基础上，对具有创新精神和能力的团体和个人进行专项资金上的扶持，以激励、调动中青年教师和大学生创新的积极性。因此，可以根据各院校的实际情况设立创新学院、创新基地班、创新实验班，建立大学生创业孵化园，引进具有创新能力的教师，兼顾效率与公平，建立多元化的评价体系，开展学术交流与培训，通过各种专业竞赛和大学生创新项目发掘、引导具有新思路、新方法的大学生，建立奖励制度，改善实验环境，开放科研资源，设立研究性的实验，进行工程训练，在毕业设计环节鼓励有创新的成果和论文，简化创新项目申报与运行程序，对有创新的项目与发明专利进行保护，并给予学分奖励、评奖评优、考研留校优先等鼓励政策。

（三）教师对学生的正确引导与激励

教师是人才培养的参与者、引导者、推动者，是具体实施者，在教学过程中处于主导作用。教师直接面对学生，教师的鼓励和激励能够极大地提高学生学习的积极性和主动性，在教学过程中潜移默化地传输创新的理念和方法，将理论知识和当前的科技发展等实践成果结合起来，特别是针对大一、大二的学生培养其创新意识，积累专业知识，厚积薄发，举一反三，才能在后期的学习中有所作为。总体来说，创新人才所占的比例不高，教师要善于发现和引导这部分学生，做“伯乐”，强调学生知识、能力、素质三者之间的协调发展和综合提高。邀请杰出校友及创客进行座谈、讲座，对学生进行激励。当然，教师自身也要加强学习和研究，发现新问题，不断提高自身素质以及专业能力，培养自身的创新能力。

（四）学生自我激励

学生是人才培养的目标群体，不单是知识的被动接受者，而是主动学习者、自主建构者、积极发现者和执着探索者，是各项措施实施的关键所在。现代高校学生受到社会风气的影响，普遍表现为学习主动性下降、对未来就业比较迷茫，所以在教育的各个环节中使学生意识到学习与创新的重要性，特别是在学生中形成一种你追我赶的求知上进氛围。通过组建创新团队、参加竞赛、考研深造、兼职创业等方式进行自我激励。各种创新也是学生超越自我，实现自我价值的一种体现。高校各学科针对专业特点进行创新，理工科专业应注重设计方法和产品的创新、文史科专业注重思维和理念的创新、艺术类专业注重文艺表现形式和内容的创新等。

（五）企业的扶持与激励

高校学生在几年的学习结束后最终要进入到相关企事业单位工作，为了做好高校和就业单位之间的衔接，需要在大学生毕业之前了解就业单位的具体需求，在毕业设计环节确定适合从业单位工作需要的设计题目，做好创新的准备工作。对于有创业意愿的学生开展 SYB（START YOUR BUSINESS，意为创办你的企业）创业项目培训，将创新与创业结合起来，要了解企业规模建立、研究方向、财务管理、人事管理、成本计算、营销策略等方面的知识。学校和企业之间建立合作机制，合作培养专门人才，就业单位提供实习场地和实习岗位，并给予实习学生一定的生活补助，使学生对工作充满热情和向往。在学生实习期间，对有创新的优秀人才，实习单位可优先聘用，从而激励学生的创新活动的开展，实现学校、学生、就业单位三方共赢。

（六）家庭与社会的激励

作为经济未独立的成年人，大学生在求学阶段存在着学习与经济、感情方面的矛盾，这就需要家长、亲属、朋友做好坚实的后盾。良好的家庭氛围与教育观念对学生求学有着巨大的帮助，所以家庭方面的因素不容忽视。这就要求学校在了解到学生的思想和学习程度的前提下，与学生家长进行联系沟通，让家长及亲朋支持、鼓励学生确定学习与创新的信心，在经济和感情方面提供双重支持。各种社会团体也要对学生的创新活动给予机会、资金、场地、社会声誉等方面的支持，确保全方位激励有价值、有意义的创新。

第二节　高校创新创业人才培养激励机制的实施对策

一、高校实行大学生创新创业激励机制的主要内容

由于激励的重大功能，激励机制在高校的学生管理工作中得到很大的推广。为了激励大学生开展创新创业活动，高校应该形成以精神、物质为主要形式的激励机制，主要包括开设激励课程、实践激励、奖学金、学分制、奖状、公开表扬、就业推荐等。随着经济的发展，人才越来越多，竞争力越来越大，大学生对于奖励越来越重视，这就包括物质激励机制和精神激励机制两部分，基于西方的综合激励理论，设计的机制以具有实际操作性为主。

二、当今大学生创新创业激励机制改进的对策

（一）外部激励与内部激励相结合

激励分为外部激励和内部激励，需要两者结合进行。外部激励包括工资、地位、提升、安全感等。按照需求层次理论，外在奖励往往满足的是一些低层次的需要。由于一个人的成绩，特别是非定量化的成绩往往难于精确衡量，而工资、地位、提升等报酬的取得也包含多种因素的考虑，不完全取决于个人成绩，二者并非直接的、必然的因果关系。内部激励，即一个人由于工作成绩良好而给予自己的报酬，如感到对社会做出了贡献，对自我存在意义及能力的肯定等。它对应的是一些高层次的需要的满足，而且与成绩是

直接相关的。鉴于内外部激励的优点，需要采取外部激励和内部激励相结合的激励机制，这样才能更好地促进大学生创新创业。

1. **大量开设指导大学生创新创业的课程**

开设指导大学生创新创业的课程，包括必修课和选修课，每个院系都要开设创新创业课程，但对不同专业的大学生要因材施教。高校在开设课程的时候应该针对不同院系和专业，必修课和选修课都要开设，上课时不仅要普及创业的意义、创业的准备、如何创业等普遍性常识，引起他们的兴趣，培养创业意识和精神，而且要教授相关案例，并结合所学专业如何运用自己的专业知识，在自己熟悉的专业领域创新创业，成功率更大，其中对企业的创建和管理内容应该重点讲解，这样更能引起大学生们浓厚的兴趣和提升他们创新创业的自信心。这是必修课。选修课方面可以根据大学生的兴趣选择，当大学生创新创业的兴趣不在自己的专业领域时，可以再选修这方面的课程，在选修课中会教授不同领域的创业准备、创业素质、创业过程和创业方法等，这是在校外很难学到的知识，需要高校开发一些创业类教材，包括对创业者个人性格和素质的评估、开发和训练；管理别人即策划、经营、市场评估等。当然，这些课程的学分需要提高，以激发大学生去学习。

2. **多给大学生创新创业实践的机会，方便他们有实际操作接触的机会**

在高校中，大学生缺乏动手实践机会，光听、光看是不足以引发大学生兴趣的，不足以渲染校园创新创业气氛的，还需要大学生实际动手操作。兴趣需要在实践中慢慢产生，大学生自身的耐挫力、人际交往能力和心理素质都需在实践中得到锻炼和提升，当大学生在实践中发现自己的素质得到了提高，会更加肯定自己，更积极地参加实践，这是一个良性循环，体现了外部激励和内部激励的融合。让大学生参与到高校的日常事务和管理中去，激发他们的工作激情。大学生们对高校的工作有参与的欲望，愿意为同学们贡献出自己的一份力量；安排任务工作时需要考虑到每个学生的兴趣和特长，以自愿为原则；工作需要在大学生的能力范围之内，但是又要有一定的挑战性；在选择大学生担任高校重要职位之前要根据他们的创新创业成果来选拔，这样就更增加了大学生的创新创业积极性。参与也是一种乐趣，是一种给自己受到赞赏的机会，它能满足人的归属和自我存在感的需要。从选拔来看，这就给大学生传达一种信息，那就是老师和领导对他们的信任和肯定。这既起到了精神上的激励作用，又激发大学生去实践，以增强责任感。从高校起培养管理的创新创业人员。高校内设立“创业区”，大学生可以把大学当作一个“小社会”，高校鼓励大学生在这个区域内开放自己的思维，张扬个性。在创业区，大学生可以运用自己的聪明才智和创造力，创立各种小企业、小公司，从事经商的工作。同时，创设机会让大学生们可以与真实的社会接触联系，通过高校内建立的大学生创新创业社团、创业校友联合会、创业咨询机构和高校各院系或校级的项目与校外的企业、公司和社会组织建立合作，大学生可以到这些组织中去学习、实习和服务。这些都可以在大学生的课余时间和假期期间进行，不会耽误课程任务的完成，而且这些工作也是大学学习任务很重要的一部分。大学生在实践中得到的成绩可以获得高校学分、奖学金和奖状的奖励，也会得到企业和社会的认可。从这些活动中，大学生们认识到自身的潜力与价值，从而更加积极地看待自己、肯定自己，为自己今后的就业打下了坚实的基础，大学生就业难的心态也会随之减轻。适应现在的就业单位，不只看大学生的学历，更注重工作经历，这些就是他们的简历，更有分量的简历。只有适者才能生存，高校应该顺应时代的发展，阔步向前。

3. 高校设立创新创业专项奖学金，其次是校企合作的奖学金和资金

根据实际情况，高校设立“大学生创新创业”奖学金，对于大学生在大学期间创新创业的实践成果给予物质激励。大学生创新创业本来就需要大量的资金，资金不足是他们创新创业的主要障碍，但是他们自身无法积累那么多资金，当取得了一点成果时，高校就奖励资金，对他们来说就像是黑暗里的一抹阳光，激励着他们不放弃，开创更好的创业目标。由不同院系、专业的大学生在网上申请符合自己条件的奖学金，对于创业方面的奖学金可多设立几项，比如“实体经营”奖学金、“创新创业科研学术”奖学金、“创新创业计划”奖学金等不同类型，让他们发挥自己的特长申请。申请的报告书理由要充分、真实、详细，需要符合制定的相应条件。高校应该打破传统，有创新创业的成果就应该鼓励，给予他们奖学金，激励他们进一步创新创业。

4. 要运用赞赏和晋升等手段激发大学生参与创新创业活动的积极性

在内部激励措施方面，在大学生组织学校活动时，让他们自己做主，发挥新时代人才的聪明智慧和潜力，运用宽领域的创造性去开展创新创业活动。对于举办顺利和成功者，院系、学校老师和领导应给予充分的支持和鼓励，让他们对自我的价值产生认同，从而更加努力地举办创新创业活动。在这个过程中，大学生既在组织中体会到管理的创新，也懂得了创新创业活动的内涵和乐趣。

（二）宏观激励与微观激励相结合

高校应该实行适当的政策措施，为激励创业提供必要的资源，促进从事创业的大学生的实践行为，给予他们支持。这样可以让从事创业的大学生们骄傲和自信，消除他们的内心障碍，不断地创新该激励机制。高校是个庞大的系统，只有宏观激励与微观激励相结合，才能吸引大学生的注意力和激发他们的热情，才会有更多的潜在的创新创业才能者被发掘。

1. 营造浓厚的创业大学校园氛围

在宏观上，良好的创新创业校园文化思想氛围是引发大学生注意力、产生创业意识的催化剂，是提升大学生创造力、创业成功的助推器，是高校新式教育成功的基础。创新创业专注于把大学生被动择业转变为主动创业，应该将“强调个人的努力、机会平等”的平等思想与每个大学生创业相联系，形成一个可以激励创业、包容失败的氛围。很多成功人士都是发挥了自己创新创业的特长与潜能，勇于打破常规，运用创新思维。我国的高校应该努力营造这样一个价值观氛围。高校可以通过校报、校园广播、校园网、海报和宣传板等载体向大学生们宣传国家、各地方和高校对大学生创业的优惠政策，当地或本校大学生创新创业成功案例和成功企业家的创业史。开展学术交流会、学术报告会和讲座等，尤其是邀请社会上成功的企业家来校指导，拓展大学生的视野，传授创新创业的相关理论和实践知识，让大学生开始接触到创新创业这一全新的领域，在渐渐了解中萌发兴趣。要建立创业教育的新理念，与传统的职业观念不同的一种新的教育理念和模式。在大学里的创新创业激励，与社会上直接创业是不同的。应该把造就最有创新性和创造性的一代新人作为高校的主导思想。这种新型的高校是一种面向新时代的对于人才的创新变革。针对大学生的激励高校应该建立一种新的价值取向，创建一个新的概念。首先，培养自我发现意识、创新能力和想象力、开拓冒险性，为创业者充分做好内心精神准备。其次，利用高校的优势激励大学生创新创业，落实到高校的每个角落。将创新创业的思想渗透到大学生中去。最后，把这种激励机制的实施作为高校的责任和教育精神。

2. 针对创新创业课程中有优异研究成果的大学生，设立“创业学分”

在具体的微观措施方面，对于在课堂上积极发言、积极表现，产生新想法、新点子的大学生，可以增加学分。课程教授不必局限于有科研的教授，可以聘请社会上的成功创业者、企业家、从高校走出去创业成功的人来校园内定期讲课，高校可以与这些有实践经验的“老师”签订合同，长期合作。这就弥补了高校编制内教授擅长科研和学术理论研究，但没有创业的实践经验，无法教授大学生创业的实践知识的不足。起用企业家“老师”，可以启发大学生的创业思路，拓宽创新创业视野。

3. 建立校内校外创新创业专项经费和贷款

对于大学生而言，无论是基于专业开展创业实践还是从事创新实践，无论是企业初创期还是企业成长期，充足的资金支持都至关重要。从创新创业教育发展的经验来看，创新创业人才培养资金的来源总体上有几个模式。第一，高校创业基金模式。第二，创业贷款模式。创业贷款形式有三种：直接贷款、协调贷款和担保贷款，这为大学生创业提供了有利的金融市场。第三，市场主导的资金投入模式。高校争取私人企业等的支持，私人企业对学校的基金支持力度比较大。

中国市场经济正处于发展阶段，如何引领高校与企业相结合，让企业资金投向高校市场，互惠互利，还需要一个可靠可行的机制运行。高校为推动创新创业教育实施和创业活动开展，可以从两方面筹集资金：一方面，由高校拿出一部分专项资金作为创业基金，如大学生创新创业项目基金、大学生创业种子基金、创新创业竞赛支持资金、大学生创业基地建设资金、个性化指导资金等，激励大学生创新创业实践；另一方面，由成功的创业大学生共同出资成立大学生创业基金，帮助在校生或毕业生参与创新项目研发、创新成果转化、创业企业运营。高校应该积极采取一些措施，争取国家和社会的捐款。在高校内，应积极激励大学生创新创业，接受国家和与高校有产学研合作的企业捐赠的同时，也有一些定向的合同为前提，当他们拿着这些资金取得了一些成绩的时候，应该回报国家和企业。可以采取贷款或者合作的形式，向国家和企业贷款，在几年的创业期限之后需要连本带息一起还给国家、企业；如果是合作，就是当大学生在几年期限之后取得了创新创业成果，向国家的创业基金会投资，或是与之前赞助的企业联合经营，帮助企业发展。以此良性循环，大学生和企业互惠互利，企业更愿意到高校帮助大学生，提供创新创业的经费，高校的创新创业激励机制可以向着良性健康长久的方向发展。

4. 高校建立利于大学生们创新创业实践锻炼的激励机制

理论与实践相结合是促进高校创新创业激励机制完善的重要组成部分。在我国高校中，对大学生的创新创业激励和帮助往往是有限的，还仅停留在知识的教授上，从而使知识和实践脱节。高校应该引导大学生挖掘自身的潜力、创新性和积极性，建立完善机制不断激励他们积极主动地进入创新创业实践活动中去，为大学生们提供模拟基地。这是一个针对整个高校的宏观的大工程。

（三）奖励与惩罚相结合的激励机制

1. 给予大学生物质奖励，提供创新创业援助资金

高校内设立的奖学金，是否也能考虑到创新创业成果的大学生，而不仅仅是因为学业成绩的高低等其他因素。如果一个大学生学业成绩并不高，但是却有很好的创新创业成果，不给予奖学金，就很难达到激励的效果。比如“国家奖学金”数额巨大，但是条件是发表多少论文、学业成绩名列前茅、家庭贫困。奖学金是要奖励优秀的大学生，但是什么是优秀，不是只有学习好才是优秀，优秀体现在很多方面，创新创业做得好也是优秀；奖学金的发放前提精神是平等、公平，而不能搞特殊化，不能把家庭贫困放在优先位置，这就打击了很多家庭条件好但是很优秀的大学生，应当在满足得到奖学金的同等条件下，优先发放给贫困学生。对于创新创业优秀的大学生要和其他优秀大学生一样平等对待，国家奖学金也属于他们。还可以与社会上的公司设立大学生创业专项奖学金，实行校企合作机制，探讨合作机会，以利用企业的资源促进大学生创新创业。为了指导大学生们钻研问题，独立主动解决问题，自强不息，提高自己的综合能力，牢固创新创业意识，积累实践知识，努力创新发展，提高项目的生命力和市场竞争力。在校企合作中，优秀的大学生可以得到校企合作的专项奖学金。

2. 全校公开表扬鼓励有创新创业成果的大学生，给予人格上的尊重

大学生们在创新创业活动中取得的成绩，需要在院系、学校中宣传，比如展示在院报、校刊、院校的宣传栏，陈列在宣传周的栏板上，在校园网上表扬，在课上公开鼓励等，这都是很有效的激励方法。因为大学生们有时候更看重的是自己那个小群体，也就是班级、院系和学校的赞同、肯定，他们都渴望融入周围的群体中，成为榜样，有着被他们认同的强烈欲望。这是运用也是印证麦格雷戈的理论，人类并不是天性懒惰，在激励下他们会主动行动和工作。这也运用了激励模型，强调激励分为内激励和外激励两种。外激励包括社会、心理特征的因素，比如认可、人际关系等。这是对人有效的激励。因此人格尊重非常重要，在高校激励创新创业的过程中，需要尊重每一个热爱创新创业的

学生，不论家庭、学业的好坏，都需要得到同等的待遇。在创新创业的路上肯定会有挫折和曲折，教师要尽量保护每个学生的尊严，特别对表现不好的同学，更应该鼓励他们，保护他们的自尊心，不然他们很可能半途而废，自暴自弃。高校的教师与大学生是一种平等的师生关系，教师应把大学生当成朋友，增加沟通，这会让大学生们心里充满很多正能量和温暖，信任教师和学校，这也是一种隐性的创新创业激励机制。激励机制的前提都是大学生是自愿的，没有硬性的管理，只有柔软的管理。这也是高校管理的一大突破。

3. **处罚不完成创新创业任务和在创新创业活动中犯错误的大学生**

该机制主要是发挥管理中的负强化效应，即通过对在创新创业活动中，不积极完成任务，敷衍了事，或者犯了错误的大学生实施的否定、限制以及严肃的处罚来扭转、改变、引导这种行为的发生，从反面激发大学生主动创新创业的一种机制。需要仔细分析每个违纪大学生的思想以及心理变化，只是为了满足自己的某种错误需要而使错误思想和行为占据了上风，经过由小到大、由浅入深而犯错误的过程。在大学生创新创业活动中，对于不认真参与活动和犯错误的大学生实行的惩罚包括一般批评、纪律处分、通报批评和违纪处罚等处罚方式。通过惩罚不积极创新创业、犯错误和在创新创业上落后的大学生，增加大学生的危机感，激励他们主动实施创新创业，从而提高他们的创新创业实践能力。惩罚的具体方式可以是扣除创新创业课程学分、不发放创新创业奖学金、不提供或少提供创业资金、校内公开批评教育甚至是延迟毕业等措施，都可以使大学生意识到自己没有做好创新创业的严重后果，以促进他们开发创新思维。在精神上也达到了惩罚的目的，受到处罚的大学生感到自我价值受到否定，会寻求周围的肯定，激励的效果也会凸显。处罚机制使大学生们无路可退，这种压力使惰性没有滋生的土壤，在该机制的面前，大学生要么好好地进行创新创业，要么被惩罚。

（四）优化激励要素的配置

建立与完善高校大学生创新创业激励机制并不简单，其关键是要对各参与主体进行动机激励，动机受参与主体自身观念体系、个人素质及情感因素等的影响，而参与主体，主要是教师和学生的个人素质状况又受到学校管理水平、校园文化氛围、硬件设施建设等的影响。因而，在创新创业教育过程中，首先要发挥情感教育的动机激发功能，引发学生自身的学习和创造激情；其次，要通过学校内部的各种奖惩机制构建与优化课程改革与学分设置等来激发教师及学生之间的创新创业互动和行为。最后，在发挥显性课程激励作用的同时，还要特别注意发挥校园文化等隐性课程的育人功能，建立课堂内外的创新创业动机激励机制。

1. **创新学分具有激励、评鉴的功能**

创新创业活动要科学化、规范化，那么，高校在实施创新学分的过程中就要注意以下两点：一是明确规定创新学分的内容及范围，使学生对它有一个清晰的概念；二是对创新学分的评定标准进行细化，对其研究成果能取得的学分做明确规定，如学生取得的创新学分可以冲抵教学计划总学分中的哪部分等。另外，规范化的创新学分运作制度，可以对大学生创新创业活动产生明显的激励效果。

2. 加强学校的硬件设施建设，建立创新创业基地

在资金许可的条件下，加强学校的硬件设施建设，建立创新创业基地，激励更多的创新创业活动。欢迎公司企业、社会基金进高校，建立创新实践基地、创业孵化基地，建立校内外相结合的课题组，指导学生开发研制新产品，创办新企业。

（五）注重物质与精神激励并举

有效的激励，必须通过适当的激励方式与手段来实现。在实施创新创业活动过程中，应该针对不同的对象给予不同的激励。传统的激励手段有物质激励和精神激励两种。任何物质奖励都体现了一定的物质利益，但现在学生激励机制运行中仍然存在着过去那种“只有象征意义而无实在利益的虚奖”，不利于学生的激励。那些学生必须经过激烈角逐，才能获得竞赛一等奖，但得到的只是一个虚荣，大大削弱了奖励的作用。

创新科研经费是最基本的物质保证，学校若只是表面鼓励学生参加科研活动，却没有提供相应的科研经费，很容易使学生陷入艰难的境地。因此，高校应强化相应的物质奖励。与此同时，在整个奖励过程中，还需要把物质奖励和精神鼓励有机结合起来，评出真正的优秀者，给予一定的褒扬，这样就会起到更大的激励作用。这种实行公开、隆重的奖励有它自身的两大好处：其一，便于监督，从而抑制奖励过程中的不公正现象，增强奖励的公正性和合理性；其二，使奖励的榜样具有更好、更广泛的示范效应，把对“点”的激励扩大为对“面”的激励。针对在校大学生创新创业，高校不但要在政策上给予一定的支持，还要在创业启动资金以及相关的设施和场地上给予一定的支持，这样才能切实减少大学生创新创业的压力和困难，更加坚定他们创新创业的信心。在大学生创新创业活动中，要认真深入地对学生主体的需要类型、动机及追求特点等进行准确分析，然后综合有效地运用各种激励方法，有针对性地采取激励手段，使创新创业教育工作更加有效。

（六）保持激励过程的及时性、持续性

站在心理学的视角，在激励过程中，一个良好的信息沟通渠道非常重要，激励信息要及时、明确、连续地传送到需要获得者的手里。“及时”即操作和强化之间时间段的最小化。换句话说，也就是值得表扬事迹的发生时间与表扬的时间差距越大则表扬的激励效果越小。在平时的活动中，学生参加创新创业活动所取得的成果，应获得相应的创新创业学分，而学校对此学分的认定程序应该流畅，而且应该及时，只有这样才能有效激励学生。所谓的“持续”，则是指激励信息保持合理的频率。对人们良好行为的及时激励很重要，能使人们迅速产生积极的心理反应，并且对自己获奖行为记忆深刻。由此，在经过多次重复激励中，可以使人产生积极的心理动力定型，进而养成优秀的心理品质。从这个角度来说，增强激励的持续性，能更有效地发挥激励的效果。

三、建立创新创业激励机制的原则

（一）面向全体大学生

面向全体大学生是高校对大学生创新创业激励机制的基本原则，应该切实明确全体大学生是创新创业实践的自觉主体；创新创业人才培养不是针对少数大学生的激励机制，而是面向全校大学生展开的广泛而系统的激励机制。面向全体是指高校在实施激励机制时对全校的所有学生同等对待，不论他们的年龄、性别、文化背景、家庭出身如何，按照计划开展各项创新创业激励活动，实现创新创业的目标。尊重每一个学生的人格，应尊重每一个学生，关注每一位大学生的个体差异和大学生创新创业需要，满足不同大学生的创业需求，创设能引导学生主动参与的创新创业环境，激发他们的创业兴趣，提高他们的创新思维和创业能力，使他们通过实践积累经验，都能在从无到有水平上提升，取得创新创业的好成绩。高校要客观公正评价每一位大学生，在评价过程中，应保证所有大学生都有机会参与创新创业理论和实践活动，要从全方位、多层次、多角度客观公正评价每一个大学生。但是评价不是要把他们分成三六九等，也不要故意抬高部分大学生、故意批评另一些大学生，而是为了更好地激励、反馈与调整。另外，还可以采用让大学生自我评价、班级互评、学院互评等多种方法。高校的评价与大学生的评价相结合，更重视大学生的自评和内部互评，更多地关注大学生创新创业现状，以便进一步地激励大学生自主创新创业和提高创新创业水平。

（二）基于大学生专业教育

基于专业教育是高校创新创业激励机制的知识根基，切实明确专业基础知识与基本理论、落实实践锻炼是实现大学生创新创业的深层动力，在大学生不同专业学习中培养他们善于创新、善于发现机会、善于参与创新创业实践的能力。基于本学科专业的激励，就是旨在引领不同专业的大学生掌握本学科专业的基础知识和理论，掌握与本专业相关联的创新创业知识和技能，致力于运用自己的专业发现新问题、探索新事物、寻求新领域新点子，走向与之相关的创新创业的新道路。这是一条阳光大道，是结合大学生自己的创新思维和熟练运用专业知识和技能的大道，更能激发大学生的创新创业积极性。因为这是一个熟悉的领域，学好专业和创新创业互相促进，共同进步。高等教育是以对大学生专业为主的准职业教育。中国有句俗话说“隔行如隔山”，大学生创业如能结合自己大学时所学的专业进行，更有利于自己进行创业实践。对于高校而言，如何根据学生的专业，有针对性地进行创业方面的激励和指导，是高校做好大学生创新创业激励需要重点思考和解决的问题之一。创业能够带来的丰厚回报很令人激动，但创业的风险也同样应引起大学生的重视。要创业必须对准备踏入的专业行业有足够的认识和充分的了解。

（三）实施分类培养

实施分类培养是高校创新创业激励机制的个性化原则，切实明确个性化指导是创新创业人才培养的基本精神。创新创业激励不仅促进学生社会责任感的生成，创新精神、创业意识与创业能力及综合素质的全面发展，而且强调因材施教，促进学生个性发展。在保证全体大学生都受到同样激励的基础上，要注意挖掘每个大学生的个性和特长，使创新创业的总体目标与每个大学生的具体实际结合起来，从而让大学生得到百花齐放的个性张扬。高校应从每个大学生的实际情况出发，为大学生创造更多的自学、观察、操作、思考、表达、交流、表现的机会。鼓励大学生创造性学习，不求一致的行为和答案，努力为大学生创设宽容、理解、和谐、平等的气氛，尊重大学生们富有个性的思维而不是让大学生人云亦云，使不同类型的大学生都能找到自己创新创业的道路，使每个大学生都能体验到成功的成就感和喜悦。还要在创新创业激励过程中注意张扬每个大学生的个性，培养学生分析和解决问题的能力、人际交往和团队协作的能力。高校在激励过程中要善于对大学生启迪和帮助，要从大学生的个人实际出发，给他们创设机会参加创新创业实践锻炼，培养学生不断探索、勇于创新的科学精神和创业的魄力，要大学生们学会利用周围同学不同的特长共同合作创业。

（四）强化实践环节

强化实践环节是创新创业激励机制的一个重要部分，切实明确创新创业训练是专业实践激励的重要延伸与补充。创新创业激励在注重大学生知识事业拓展的同时，更加强调大学生创新训练、创业训练、创业实践等实践操作能力的提高与专业知识的学以致用。创新创业实践是提高大学生创业意识和获得实践经验的最好方法。现在大多数的大学生最缺乏的不是理论知识而是实践锻炼。强化实践的原因就是高校一直忽视大学生的实践，创新创业实践更是极少。在创业实践过程中，大学生们将遇到各种不可预见的新情况、新问题，应对这些新的问题就是得到创业成长的最好办法。大学生参与创新创业实践有助于把想象的情况和真实实际的社会对接，促使专业知识与实践相结合。大学生实践活动较少，对创业的辛苦没有很多认识，平时都是在课堂中学习，缺乏实践挫折和创业的问题体验，缺少耐挫力和面对解决问题的能力。很多大学生通过参加校内校外的创新创业实践活动，增强自己的耐挫力和心理素质，提高自身的创业能力。创业实践是必须强化的重大环节，只会理论是无法创业成功的，高校对大学生在实践中多激励，建立创新创业实践基地，多激励大学生走出校园参与到企业的管理实践中去，才能造就一批创新创业人才。实践使大学生在学年内积累经验，第一，高校要多举办校内创业实践活动，比如大学生商业计划书大赛、大学生创新创业展示大赛等。第二，高校还应鼓励大学生们参加社团组织活动、创业见习、职业见习、兼职打工、求职体验、市场和社会调查等活动来接触社会，了解市场，并磨炼自己的心志，提高自己的综合素质。第三，创业实践活动无处不在，高校应建议大学生平时要经常与有创业经验的亲人和好友交谈学习，甚至可通过电邮和电话认识自己喜欢的创业家。高校可提供一些企业家的联系方式，这些成功者的经验远远比书本上的知识更丰富、更实用。这种交往，能够得到第一手创业经验，使大学生们学到更多，成长更快。第四，高校应激励大学生们从事真正的商业行为，主要鼓励即将毕业的大三、大四学生，让他们在毕业前就可进入创业的初始阶段，可与同学合作承包一个店铺，或加工、修理，或销售、服务等。在实干中体验创新创业，这是毕业生们进入社会前的一大学习，为将来创办企业打下了坚实的基础，培养了他们分析问题和解决问题的能力、组织协调能力、管理能力、应变能力、语言表达能力，更好地做好毕业后的创业准备，顺利走向社会，成就自己。

（五）创新创业激励机制应贯穿高校人才培养的全过程

贯穿人才培养全过程是高校对大学生创新创业激励机制的落实程度所在，切实明确把创新创业激励融入人才培养目标中，并在培养创新创业人才、促进大学生就业与自主创业过程中的不可替代作用，引领大学生们拥有进入社会之后实现岗位就业、岗位立业、开拓事业和创办企业的基本价值判断力、自主学习力、实践操作力、开拓创新力与国际竞争力。首先，高校应尽快转变对大学生人才培养的指导思想，去除传统的模式。毕业生就业难的问题，原因之一是高校的人才培养“以就业为导向”引起的。一直以来，中国的高等教育追求的是为了就业而做的人才培养，属于研究型和应用型，不注重创新创业精神的培养。传统的高校人才培养观念就是，让大学生能够读好书，考高分，拿到学位，找到好工作。因此，高校应该转变观念，把这种观念贯穿到全校大学生中去，贯穿到整个培养系统中去，这样才不至于“三天打鱼，两天晒网”，才能全方位长久地把创新创业激励机制不断完善和实行落实下去。只有调整从找工作的目标到创业目标，才能积极推进创新与创业相结合、创造与创新相结合的人才培养进程。在高校内所有的专业学科、学院成立创新创业教师队伍。要激励大学生创新创业，必须要有一群极有创新创业精神和水平的指导老师。高校应制定一个独特的组合，整合专业与非专业、校内与校外、学校与企业的创业指导队伍，帮助指导老师们提高理论和实践指导水平，这是促进大学生创新和创业的一项关键措施。教师首先要有创新创业精神，学会标新立异，敢于创造和发现新的东西，不断地改革创新创业激励方法，以大学生为中心，积极运用不同的引导方式，如研讨会和活泼的实践教学，调动大学生创新创业的积极性，激发兴趣和创造潜力。要想贯穿高校人才培养的全过程，还需要注重以下三个方面：第一，高校要从大一开始就对全校大学生进行创新人格、个性的熏陶，贯穿整个大学生活。完整的人格，包括知、情、意、行四个方面，培养创新人格，就必须在大学生打牢科学文化知识的基础上，调整大学生的心理构造，重视认知的培养，建立科学的人生观、世界观，形成健康的个性；增强大学生意志力，形成不畏困难、不怕挫折的勇往直前的精神；增强自我认识，使大学生学会自我学习和进步。创新人格主要指的是建立科学意识为内容的正确的人生观和世界观，创新的时间活动是长期的、艰辛的、创造的，创造者必须有创新的最初的动力，那就是内心的力量。第二，培养创新的思维方式。创新的思维方式是相对于传统的思维方式而言的，是打破常规，拓展思维，产生一些新的想法和做事方式。拥有创新的思维理念是所有创新实践的关键，决定创新的实力。高校应多注重引导大学生用全新的视角，结合所学的专业知识，思考问题，让大学生们不要墨守成规，大胆假设和思考，高校应该具有包容力和鼓励的激情，使大学生的创新思维能力得以开发与运用。第三，高校应注意培养大学生的创新创业意识，这是创新创业激励机制的重要组成部分，没有创新创业意识，大学生们就不会往这方面努力和学习，大学生一旦有了创新创业意识，就等于创新创业激励机制成功了一半。高校高质量的完善的创新创业激励机制必须能够让大学生们内心深处有强烈的想要创业的奋斗目标。确立开阔的毕业就业观，这是变外激励为自我激励，变被动为主动，激励机制才能真正地起作用，大学生们将以创新创业发展的视野一步一步地走上创业道路，寻求创业发展的自立之路。实施创新创业激励机制绝不是纸上谈兵与一时兴起的事情，而是贯穿高校全体学生的人才培养中的实际操作。

第七章 高校创新创业教育协同机制

第一节 高校创新创业教育协同机制的设计

一、设计原则及思路

（一）创新创业教育体系的设计原则

经济发展、综合国力增强、社会进步、国民素质提升都必须依赖于教育系统所提供的不竭动力。通过调研掌握就业供给与需求的基本状况，以研究为导向的高校要根据自身条件，整合所拥有的渠道和资源，结合不同理念，为创新创业教育的思路和方式选择合适的实践路径。

1. 与传统教育体系相融合

普通教育和职业教育是传统教育模式中最重要的两个部分。普通教育通常注重身体素质和心理素质的锻炼和培养，即德、智、体、美、劳等全面发展。职业教育则是立足于前者，以所学专业为核心，加强对专业技能和素质的培养，以满足社会经济发展的要求。由于教育需求逐渐向多样化和专业化方向发展，普通教育和职业教育也随之细分，各有其不同的教育理念和模式，在教育体系中发挥着不同的功能和作用。在传统教育中，虽然会无意识地涉及关于创新创业教育的内容，并在一定程度上进行实践，但是传统教育中所涉及的创新创业教育处于零碎且不固定的状态。相比于传统的教育模式，创新创业教育增添了更加符合经济社会发展需求的内容，包括创业精神和创新能力。职业教育与传统教育的发展是相辅相成的。因此，在构建创新创业教育体系的过程中，要充分发挥普通教育和职业教育的基础性作用。普通教育为创新创业教育提供基本的发现问题的能力、知识储备以及创新创业所需的开拓进取、敢于担当的责任感。职业教育为创新创业教育提供相关的专业技能和规范。创新创业教育的实践过程是循序渐进的，有着不同于普通教育和职业教育的教学模式和体系，能够满足学生多样化教育需求。学校作为教育主体应整合不同资源和路径，以普通教育和职业教育为基础，扎实推进创新创业教育相关工作。

2. 创新性与实践性相融合

社会的发展、国家的繁荣、民族的进步都离不开创新创业教育的发展。当今世界各国竞争激烈，谁具备创新精神，谁就能在竞争中占领先机，所以敢于创新、积极进取的高素质人才就成为国家发展不可或缺的因素。相对于注重自由发展的自由型高校以及重视学术能力、聚焦学术研究领域的研究型高校，以社会服务为导向的高校则在建设创新创业教育体系的过程中，强化社会服务的理念，注重创新创业教育实践。在此基础上，以社会服务为导向的高校以创新创业为核心，配合学校在教学、管理、科研等领域的改革，对教育方式、人才培养方面进行革新。创新创业教育是面向全社会的，教育理念、教学模式、学习方法是重要的创新内容。学生能够在学习中获得开创性、多元化的思维能力，这是创新创业教育的目的。想要实现这个目标，需要整合多方面的渠道和资源，构建能够满足不同需求的创新创业教育体系。实践能力是在创新能力之外又一不可或缺的条件。与传统教育模式相比，创新的思维方式、创业的行动能力、开拓进取、勇于担当的品质是创新创业教育的核心内容。创新创业教育模式的探索是困难和艰巨的，因为它是对普通教育和职业教育的进一步深化，所以实践能力就成为影响学生创新创业的关键因素。实践能力包括身体和心理两个方面，可以通过学校的教学活动和社会生产相结合的方式来培养。

3. 一致性与差异性相融合

培育具有创新思维和实践能力的专业型人才一直是高等教育的主要目标。创新教育是在创业教育的过程中实现的，不能将二者分离，要将创新教育和创业教育相融合，为学生构建创新创业教育机制，协同不同主体，重点培养学生的创新能力、创新思维、创新意识以及敢于开拓、主动承担的精神品质，这是高校创新创业教育的落脚点。因此，创新创业思维要始终落实在学生的培养过程中，它符合高校专业培养的要求，是培养人才的路径。学术研究是以研究为导向高校的关注重点，但是不同高校受不同因素影响，都会选择符合自身条件的发展方向，所以各个高校在创新创业教育机制的构建上不尽相同。一方面，地理因素决定社会环境，处在不同地域的高校有着不同的社会条件，高校在构建创新创业教育机制的过程中可利用的社会资源存在差异，这直接影响高校对创新创业教育实践模式、教育方式的选择。另一方面，发展导向存在差异的高校在人才教育的目标定位上也是不同的。高校应充分了解不同专业的学生的需求，以专业类型为基础，针对性地对学生的创新创业教育制定个性化的教学内容和目标，照搬其他高校的教育模式是不可取的。

4. 主体性与互动性相融合

创新创业教育的目的是培养具有创新意识和创业精神的人才，所以在教学过程中要将主体性与互动性充分融合。老师和学生在创新创业教育中发挥着重要作用，在以研究为导向的高校中，师资力量充足，科研水平较高，老师既可以开展教学工作，也能推动高校科研水平的发展。通过教育让学生获得知识和技能，并将其运用到实践中以满足社会多样化的需求，这是高校培育学生的根本目标。因此，在教学过程中要帮助学生制定符合自身条件的目标，注重培养学生的个人品质，让学生在学习过程中学到知识和技能的同时，又能感受到人文关怀。师生之间的互动在创新创业教育中发挥着重要作用。避免单向的灌输式的教学模式，丰富教学内容，创新教学方式，在教学过程中重视与学生的沟通与互动，增强师生之间的了解。老师要及时掌握学生的反馈，通过多样的沟通渠道帮助学生提高发现问题、解决问题的能力，发掘学生的创新意识和创业精神。人们常常片面认为创新创业教育仅仅是为了培育新的企业开创者和提高就业率，对其更深层次的作用缺乏了解和认识，在这种思想的影响下容易使创新创业教育成为成功者的宣传平台，在教育理念和模式上偏向功利，与创新创业教育的初衷渐行渐远。

（二）创新创业教育体系的设计思路

创新创业教育机制的建立对高校来说是一项艰巨的任务，需要协调多方力量参与其中，与传统教学聚焦学科建设相比，创新创业教育在提高知识水平和技能的基础上，更强调学生与社会的匹配。所以，高校应整合多方资源，协调各方力量参与到教学过程中，构建创新创业教育机制，为学生提供细致全面的创新创业的指导。高校创新创业教育将创新作为最根本的教育理念，这是与传统教育思路和模式最大的不同。创新创业教育机制的构建要根据社会和学生的需求制定新的培育标准和目标，高校应将创新意识和创业精神贯彻到教学活动中，并与学校的长期发展目标相结合。高校既要让学生们学到基本的知识和技能，又要通过创新创业教育引导学生对知识和财富的开拓，培养学生发现问题、解决问题的能力，树立创新创业的思维和意识，以及敢于担当、勇于探索的个人品质，促进学生的全面发展。具体来说，高校可以建立合理的奖励制度，例如针对学生的创新创业制定激励标准，对有意愿创业的学生提供知识、物质以及政策上的支持。如果创业顺利，学校应给予积极肯定；如果创业遇到挫折或失败，学校不能置之不顾，应帮助学生发现问题并给予支持。通过合理的激励制度，帮助学生加深对创业精神的理解，使学生将创业作为步入社会的重要选择之一，让学生在知识储备、专业技能和心理素质上做好准备。

高校在创新创业教育机制的构建过程中，应将教育目标和理念作为出发点，在教育过程中始终贯彻创新创业的目标和理念，把创新创业的思维方式深入到教师队伍的建设和学生的培育中。通过对学生知识储备、专业技能、心理素质和个人品质等方面进行全面培养，将创新创业的理念和思维方式与人才培养机制相融合，在学生学习的过程中就能培养创新思维和创业精神。在具体课程内容的选择上，学校应将创新创业的理念融合其中，为学生创业提供扎实的专业技能和心理素质基础。在教学方式上，除传统的学校教学之外，还应注重对学生实践能力的培养，丰富实践课程内容，例如举办创新比赛、建设创业基地等方式，让学生能够将自己的思考转化为实践，积极锻炼学生主动发现问题、解决问题的能力，通过此过程将学生的创新意识和创业精神激发出来，为学生创业奠定基础。高校在构建创新创业教育体系的过程中，还应注意传统教育内容与前沿的教育理念的结合，只有在传统教育的基础上吸收应用好新的教育理论，才能更加高效地构建创新创业教育体系，并真正发挥创新创业教育作用。

综上所述，社会发展日新月异，对人才的需求也在不断变化，高校在建设创新创业教育时应在发挥传统教育模式优势的基础上顺应社会发展需求，重视教育的社会服务功能，协调和调动多元主体参与到创新创业教育中来，以学校为主体，整合多方资源，构建完善的创新创业教育机制。

二、“校企”教育协同

（一）校企协同人才培养的目标定位

1. 校企协同人才培养的宗旨

满足区域和不同行业经济发展需求，培育符合社会要求的专业型人才，匹配高等教育改革和发展的要求，把学生作为教育的核心，培养专业技能；高校与企业建立多样的合作关系，包括技术研发、学术研究、人才培育以及社会服务等，将学校的教学资源和企业的社会资源相结合，推动校企的协同发展，这是校企协同教育的基本目标。

2. 校企协同人才培养的功能定位

高校身处教育改革的一线，应提高为经济发展服务和满足社会发展需求的能力。对此，高校应充分整合资源和渠道，以区域经济为基础，构建完善的校企协同机制。处在市场竞争环境中的企业对人才的需求是多样的，高校要重视对学生创新创业教育的投入，为学生提供社会服务的平台，帮助学生更好地与社会需求相匹配，既能充分发挥人才对社会经济发展的推动作用，又能提高学校创新创业教育平台建设水平，促进学校综合实力的提升。

3. 校企协同制定人才培养目标

高校和企业作为校企协同创新创业的主体都应参与人才培育目标的制定。企业想要获得符合自身长期发展需求的人才，需要将企业的长远发展目标与人才培育相结合，对人才精准定位和培养。国际竞争日趋激烈，创新越来越成为提高综合国力的关键因素，国家和社会的发展对具备创新素质的人才需求增大。高校是培育人才的最重要主体，以研究为导向的高校应承担起培养创新型人才的责任，和企业共同构建创新创业人才培养平台。所以，以教学为主的高校应与企业协作制定符合社会经济和企业发展需求、能够提高实践能力的人才培养机制。因此，具有良好学习能力、应用能力、实践能力和创新能力的人才是以教学研究为导向大学的培养目标。

（二）校企共建教学体系

培养目标的实现必须以完善的教学体系建设为基础。课程内容不能及时跟上社会经济发展的变化，教学方式上缺乏与学生的沟通和互动，不能为学生提供充足的实践机会，不符合社会发展的实际要求，这些都是传统教育存在的问题。所以，学校和企业应在教学体系建设方面相互协作，共同制定符合学校和企业需求的教育体系。

1. 理论课程体系建设

在理论课程体系建设方面，专业课程和专业基础课程是国内高校专业课程最重要的两个部分。专业基础课程分为理论教学和理论实习、实践的教学环节，主要目的是培养学生的基本知识和基本理论基础，提高学生的基本知识和技能。达到专业培养要求的工程基础类课程、专业基础类课程和专业课程所占学分比例应占到三分之一。工程基础类的课程与专业基础类的课程都应发挥数理学科和自然学科在提高学生应用能力方面的作用，这些都应在课程的制定过程中予以体现。专业类课程在设计中则应该注重培养学生的实践能力。高校的课程设计不应仅局限于本校，还要为学生提供多领域、跨专业以及其他学校的选修课程。社会经济各领域联系日趋紧密，每一个领域和专业都不可能独立发展，都需要加强和其他领域的联系与交流，以此来推动自身领域的发展。国家之间的交流与合作也是同样的道理，国家的发展也越来越需要具备综合素质能力的人才。所以，选修课程在设置上应注重多元化。学生通过基础课程的学习达到课程要求后，学校应引导学生选修对自己专业有帮助的跨领域学科课程。既能通过理工学科提高实践能力，又可以通过人文学科培养逻辑思维的能力，多学科课程的学习有利于提高学生的综合能力，为培养创新思维奠定基础。具体来说，文科学生选修符合自身发展需求的理工科课程，可以锻炼自身的实践能力。理工科学生选修适当的文科课程，增加社会科学的知识储备，可以提高自身的文学水平。除此之外，学校还要引导学生选修其他学校的课程，不仅能增加学生获取知识的渠道，也能提高各学校教育资源利用效率。当今社会各行各业都处在不断发展变化之中，高校要围绕社会发展需求开设相关课程，也要随时根据行业变化更新课程内容，以符合社会的发展要求。当前大部分高校与企业的沟通仅仅局限于管理人员层面，使得校企协同的主要参与者缺乏交流与沟通，造成学校对企业的需求了解不足，在课程制定上容易与企业的发展产生偏差。因此，学校与企业的沟通层面下移，让双方能够清楚彼此的想法和需求，这样可以减少课程设置的误差。此外，学校要对所开课程相关领域保持高度的关注，时刻掌握行业的变化动态，及时对课程方向进行调整，既让学生学到最前沿的行业知识，也积极满足社会发展的变化需求。

2. 实践课程体系建设

为了提高学生的实践能力和创造能力，学校与企业应积极协作，在课程设置上为学生提供能够把学习到的理论知识转化为实践的平台。从企业的角度来讲，让学生参与与企业发展相关的研究项目和课题，在学校老师和企业相关人员的指导下对项目或课题进行研究，在这个过程中，学生的专业技能能够快速提升。在与企业项目有关的课程设置上，学校应制定合理的学分标准，提高学生参与积极性。此外，学校还要注重培养学生的实践能力，通过设置相关以社会服务为导向的课程，帮助学生所学专业与社会需求相匹配。

3. 开设第三学期

通过设置第三学期的课程形式指导学生实习，让学生有机会将学到的理论知识转化为实践。开设第三学期是在国内高校采用“3+1”“3+2”教学方式的基础上开创的新的教学模式。当前国内只有少数民办高校设置有第三学期，公立高校对开设第三学期投入不足。第三学期的设置不影响第一、第二学期的课程计划，它是在前两个学期课程周期不受较大影响的基础上，将第一、第二学期的部分课时整合为第三学期。第三学期的课程有别于第一、第二学期，包括课程设计、综合实验以及专业实习等实践内容。学生通过第三学期的学习，能够将前两个学期所学理论知识转化为实践，并在实践中总结之前学习过程中存在的问题，并在接下来的学习过程中积极解决，发挥第三学期的过渡作用。经济社会发展需求变化较快，因此第三课程的设置也要不断更新，更需建立与第一、第二学期的教学联动机制。规范的课程设置和充足的资金支持是第三学期正常开展的重要条件。在课程上主要有实习地点、实习内容、考核标准等设置。首先，指导老师在第三学期的教学过程中发挥着重要作用，老师的教学时间和教学难度增加，所以应合理增加教师的收入水平。其次，实践课程是第三学期的主要内容，学校的设备损耗增加，为了确保课程任务的顺利进行，学校应加大对设备维护的投入力度。再次，和学生学习生活相关的图书馆、专业教室、宿舍、食堂工作时间也要根据学生的课程活动进行合理规划。最后，学校对于学生在实习过程中的安全问题都要做好全面、细致的管理。由于不同于第一、第二学期的教学模式，学校需要科学制定第三学期的考评体系。每个学校都有各自不同的特点，因此第三学期的开设没有统一标准，学校应根据条件的不同制定符合自身发展的运行模式。

4. 实施双师型教学

加强高校与企业之间的人员交流是增进双方了解、提高合作水平的重要途径。部分学校和企业建立研究所，学校教师应在研究所的课题研究人员中占一定比例，聘任专家要对学校和企业有足够的了解，搭建教师、专家和企业人员沟通交流平台，发挥各方长处，提高工作效率。教师在研究所中能够接触到社会经济发展的前沿问题，可以将最新的知识教授给学生，拓宽课堂内容的来源渠道，让学生所学理论更好地与应用相结合。学生在对前沿问题的了解和学习的过程中，锻炼了发现问题、解决问题的能力，最重要的是学生的创新意识也大大增强。

（三）校企共同实施培养过程

1. 订单式培养

订单式培养是指高校和企业签订用人合同，以高校教学资源和企业社会资源为基础，双方共同参与人才培养计划的制订以及人才培养落实的过程，学生通过考核达到培养标准，企业按照合同规定安排学生就业的协作办学模式。订单式培养的最大优点在于高校、学生、企业之间的关系是平等的，三方都能在人才培养中发挥各自的主体作用。企业应把握好行业发展的方向，根据企业发展的需求制定培养标准和数量，以订单形式交由学校对学生进行培养管理。在培养人才的过程中，学校和企业应加强沟通，把握企业和社会发展的需要，协同制订培养方案和目标。企业将行业最新的动向提供给高校，高校则以校企协同制订培养方案对学生进行定向培养，学生达到考核标准，毕业后由委培单位安排就业。“一班一单”和“一班多单”是订单式培养的两种形式。“一班一单”是指一个企业的职位需求都为同一个专业，而且企业对该职位的需求数量能够组建一个班级。而“一班多单”指的是企业缺少某一领域的专业人才，但是对该类人才的需求量不足以组建班级，为了提高人才培养的效率，多个企业共同下订单，高校则将职能相近的岗位整合在一起，培养学生的职业岗位能力，即一个班级和专业与多个企业订单相对应。为了保证订单式人才培养的质量，学生可自愿报名，通过初审的学生组建班级，并在企业的实训基地接受培训，通过严格规范的考核提高学生的专业技能，满足企业的需求，使学生素质更好地与企业发展相匹配。学校和企业之间良好的互动交流是订单式人才培养顺利开展的重要条件，包括招生、专业设置、岗位要求、教学内容与企业生产经营相匹配等问题，这些都需要双方在确定订单前达成一致。企业应将长期发展规划和需求明确向学校传达，避免培养过程出现偏差，提高培养效率，降低培养成本。

2. 校企教育资源共享

校企协同的培养模式还在不断发展中，学校和企业应同心协力，探索构建校企的沟通交流机制，双方应整合共享人才培养资源，提高人才培养的资源利用效率。企业竞争力的增强、高校科研水平的提升以及创新创业机制的构建都有赖于校企协同及教育资源的共享。实习平台由企业搭建，高校则给予企业技术研发支持，以人才协同培养机制为基础为企业输送专业人才，形成合作共赢的良性互动机制。整合高校的教育资源和企业的社会资源，为学生的培养提供优质资源，不仅有利于创新创业协同机制的建设，也有利于为社会发展提供所需人才。企业的创新能力、人才队伍的建设都能从校企教育资源共享中受益。学校和企业共同建立实验室是资源共享的另一种形式。实验及实习所需的设备由企业提供，学校则提供教学设施和师资力量，通过资源的整合与共享，提高资源利用效率。将人才的培养和员工的培训相融合是协作共建实验室的特点，能够实现校企的优势互补，降低培训成本。实验室的建设要以教学内容和学生能力为基础，建设满足多样化需求的实验室，包括基础实验室、综合应用实验室以及创新研究实验室。基础实验室主要为大一新生设立，将课程教学与实验相结合，培养学生的基础知识和实验技能。综合应用实验室则面向大二以上的学生，通过创新型和开放型创新实验内容提升学生对知识的实践应用能力。创新研究实验室则为理论知识掌握牢固、实践能力出众的学生提供科研和创新实践的平台。创新研究实验室的实验环境和设备水平较高，在企业项目的引导下，有利于学生创新意识的培养。实验室及实践基地的硬件条件对学生的培训发挥着至关重要的作用，但是设备的维护与更新需要较大投入，仅仅依靠高校自身的力量难以满足教学发展的速度，导致人才培养达不到企业的要求。建立完善的实验、实践基地对于大多数高校来说还较为困难，实训设备若跟不上教学内容的变化，会造成学生的实践能力与企业的需求不相匹配。因此，借助企业力量有利于减轻高校负担。具体来说，高校向企业提供技术服务和有偿服务，企业则给予高校实验设备资源，这对双方来说是互利共赢的。技术是企业发展的核心要素，高水平的员工培训既能够减少设备养护的成本，又能帮助企业提高生产效率，降低生产成本。所以，设备维护与员工培训等问题通过与高校合作，用实训设备置换技术支持和员工培训能够得到有效解决。

3. 学校冠名企业

除了与企业合作的模式，高校还可以通过企业冠名的方式培养人才，这样有利于减少学生将理论知识转化为实践过程中的约束，提高学生的实践能力和创造能力。在挑选冠名企业的过程中，高校应注意企业的生产经营活动是否与学校的专业方向相符，企业的技术是否成熟，这些都会影响冠名后人才培养的成效。确定冠名企业后，高校应给予企业科研和资金支持，使其成为学校发展的一部分。准确合理定位冠名企业的地位是发挥校企协作建立教学基地最大效用的前提。合作机构的确定也是高校冠名企业发挥作用的重要条件。由企业、行业协会、劳动局、教育局、高校等选派代表组成培训委员会。此外，制定合理的教学标准，在实训基地设置教学经理岗位，理论教师和实训教师的配备应与学生、实验设备的数量相匹配。理论教师和实训教师应注重沟通协作，加强双师型教师教育模式的建设。若学生人数充足，则需设置教学经理助手岗位。通过精细化的管理模式，要积极推动校企实践基地的教学内容、标准与企业发展相适应。将企业真实的生产环境与教学环境相融合是高校冠名企业最重要的特点。实训基地整合了高校和企业资源，为学生提供了真实的生产环境平台，也是构建创新创业教育校企协同机制的载体。实践基地既将教学内容带进了工厂，也让学生在企业环境中得到了锻炼。企业通过实训工厂提高了生产效率，降低了生产成本，学校通过实训工厂为企业培养实用型人才，实现了教育目标。

（四）建立校企双方有效协同的机制

1. 建立校企协同的引导机制

高校和企业应共同参与到校企协同引导机制的构建中。校企协同工作委员会是首先要建立起来的，成员包括企业、行业以及高校的管理人员。委员会的主要工作任务是审议培养模式、培养目标、师资队伍建设以及招生就业等问题，此外还应随时掌握行业发展变化，及时对人才培养课程设置和校企协同发展方向作出科学调整。技术合作开发委员会也是校企协同引导机制的重要组成部分。该委员会主要由学校骨干教师和企业技术人员构成，主要职责是根据市场需求的变动，对企业生产升级换代提供科研支持以及高校的理论成果应用到实际生产。为了保证校企人员的研究方向始终符合社会发展需求，委员会还应承担起校企人员培训以及传达行业动态的职责。

2. 建立校企协同的管理与反馈机制

校企协同的管理机制包括统筹规划、相互协调、自主发展等内容，这些都需要以协调理论为基础建立。通过协同管理机制，有效加强校企的合作关系，提高资源的整合度，形成互惠互利的合作基础，充分提升校企资源的利用效率，保障人才质量符合企业生产经营需求。校企协同反馈机制的建立需要与管理机制相结合，管理过程中出现的问题要及时通过反馈机制向校企双方反映并予以解决，维护协同机制的运转秩序。

（五）转变校企双方传统的观念与文化

1. 转变校企双方的传统观念

当前高校和企业对校企协同机制的看法存在差别，企业常常对校企协同漠不关心，而高校则对校企协同展现出积极的态度。造成这种差别的原因并不复杂。众所周知，获得更多的利润是企业始终追求的目标，但是由于企业对校企协同缺乏认识和了解，认为高校是培育人才的主体，校企协同会增加企业的生产成本，不利于企业生产规模的扩大。在这种认识的影响下，企业不愿主动参加校企协同机制的构建。高校虽然态度积极，但是仍然受到固有观念的影响，认为传统课堂式教学是培养人才的最重要途径。受限于校企双方的传统观念，企业在机制构建中处于被动，高校的教学模式也缺乏创新。高校和企业虽然承担着不同的社会责任，但是从功能和作用上看，双方也有着良好的合作基础。高校为社会经济发展输送人才，企业作为经济活动的参与主体，直接受益于学校的人才培养，企业通过人才提高生产效率，获得更多的利润，为社会创造出更多的价值。可以看出，高校和企业都承担了服务社会的责任。因此，企业在生产经营活动中理应与高校协作培养人才。企业应认识到校企协同不仅仅能够培养人才，还能在高校的支持下获得科研支持。高校也要更新观念，依靠社会力量拓宽人才培养的渠道。在校企协作中，高校应依托科研资源为企业发展提供技术研发支持。企业将高校提供的理论转化为生产实践，也有利于高校科研水平的提升。高校为企业提供人才培养和技术支持，企业为高校提供设备支持，既能降低培养成本，又能提高学生的专业技能。所以，校企双方都应更新传统观念，积极参与协同机制的建设。

2. **融合校企文化**

高校发展不仅要有良好的硬件条件，还需培养具有自身特点、被社会广泛认同的高校文化。优秀的高校文化不仅能够培养出优秀的人才，还能极大地提升学校综合实力，高校文化越来越成为学校发展的核心推动力。作为社会文化的一部分，企业文化与高校文化有着相同的文化属性，两者既存在联系，也有各自发展的独特性。企业是市场竞争的参与主体，所以企业文化建设服务于企业生产经营活动。优秀的企业文化能够影响员工的思想和行为，帮助员工解决工作中遇到的问题，为企业发展提供文化动力。高校文化和企业文化在内涵上存在联系，不少企业文化的内容都能从高校文化中找到相同的部分。企业发展和行业的变化对高校文化的影响也十分明显，特别是与社会服务联系紧密的应用型专业和学科。随着社会竞争日趋激烈，终身学习已经被人们普遍接受。学生在学校接受专业知识和技能的培训，进入企业后并不意味着学习生涯的结束，仍然需要学习掌握在企业环境中所必备的能力。因此，将高校文化与企业文化相融合，让学生在校学习期间感受到企业文化，引导学生找出高校文化与企业文化的契合点，帮助学生在认同高校文化的基础上更好地接受企业文化，适应企业的竞争环境，提高自身的抗压能力，促进从校园学生到企业人才的定位转换，锻炼学生的职业能力和社会适应能力。

（六）校企协同人才培养的评价标准

校企协同人才培养的评价包括三个方面，即知识、素质和能力。评价标准要科学合理，最重要的是要与人才发展的规律相适应，高校和企业加强沟通协作，共同参与评价标准的制定。学生是人才培养的主体，高校和企业还应共同承担人才培养的评价责任。

1. **知识方面的评价标准**

知识方面的评价包括基础知识和专业知识两个部分。首先，在基础知识上，要掌握本专业涉及的自然科学和经济管理类知识。其次，在专业知识方面，要具备良好的理论应用基础和工程实训基础，了解专业和行业的发展变化，熟练应用与专业相关的法律法规政策以及行业技术标准。

2. **能力方面的评价标准**

能力方面的评价主要包括学习能力、发现并解决问题的能力、创新能力和实践能力。学习能力包含学习的方法与技巧，方法指的是获得知识的能力，技巧指的是对新知识的探究与应用能力。发现并解决问题的能力是以所学理论知识为基础发现解决问题的方式和途径。创新能力是指具备创新思维以及研发新产品的科研能力。实践能力是指将掌握的理论知识转化为生产实践，并在实践中发现问题、表述问题的能力。

3. **素质方面的评价标准**

良好的职业道德素养，对所在行业充满热情，敢为人先，吃苦耐劳，始终保持学习的态度，具备优秀的个人品质，敢于承担责任，善于沟通，能够与他人建立良好的合作关系，注重工作质量和安全，保持良好的职业习惯和态度，以上都是素质评价所应具备的标准。

第二节　高校创新创业教育协同机制的运行

一、管理决策机制

高校创新创业教育是一种全新的教育类型，其实践过程并不成熟，需要根据运行实施的具体情况而定，并且要对运行过程中所涉及的各个方面进行不断完善与调整，因此其运行过程与其他较为成熟的教育相比，会面临更多的选择，相应地产生更多决策。为了保证创新创业教育的实施与推广始终围绕共同的总体目标，确保运行保障、育人内容等各方面始终适应实效育人这一标准，必须建立高效的创新创业管理决策机制，这是高校创新创业教育运行的核心与关键。

（一）管理决策主体关系分析

高校创新创业教育管理决策机制的主体包括高校创新创业教育工作领导机构以及创新创业教育专家委员会，前者多由高校的行政管理者构成，而后者多由创新创业教育研究以及教学专家构成。如何定位领导机构与专家委员会，以及如何分配高校创新创业教育工作领导机构与创新创业教育专家委员会的决策权力，都是管理决策机制构建的重点。

高校创新创业教育工作领导机构与创新创业教育专家委员会作为高校创新创业教育管理决策机制的两个主体，两者间分工不同且相对独立。创新创业教育的发展方向由领导机构把控，负责对高校创新创业教育的总体规划，全方位把握着创业资源及经费等，其主要决策范围包括整体的规划发展、经费的投入使用以及资源的整合分配等；而专家委员会则是创新创业教育研究的整体管理者，不仅负责教学内容与方法的制定，还负责科研教学及师资培训等任务。总体而言，领导机构侧重于创新创业教育的发展规划与资源供给等宏观决策，而专家委员会则更侧重于创新创业教育的理论研究与课程培训等微观决策。

高校创新创业教育工作领导机构与创新创业教育专家委员会虽然分工有所侧重、职能相对独立，但是两者间更有着紧密联系与持续作用：领导机构为专家委员会确定教研与理论的研究方向，提供支持作用，而专家委员会根据高校创新创业教育的理论教学研究为领导机构提供策略建议；领导机构通过对高校创新创业教育的整体规划管理会提高专家委员会的科研教学成效，而专家委员会则会通过研究方向的决策与教学课程的设计将领导机构的思路设想实现到位。要想确保高校创新创业教育工作领导机构的决策更具有效性、合理性及专业性，就离不开专家委员会的科学建议与理论支撑；同样，要想使得专家委员会找准正确的决策方向，也离不开领导机构的认同与支持。

高校创新创业教育决策过程中包含了党委行政与学术教学决策，明晰两个主体间各自的决策对象、范围、程序及权力边界可以促进高校创新创业教育管理决策机制的建立。要确保领导机构能够承担起全局把控者的角色，可以在整体规划与运行方向中提供正确的策略建议，同时也要确保专家委员会能够在教学、学术等具体事务的整体规划中承担起建议咨询者的角色。在决策的过程中，以制度化的方式达到两个主体合理分工、协同推进的效果。

（二）管理决策机制的运行程序

高校创新创业教育管理决策机制必须具有规范的运行程序与步骤才能确保工作的高效性。领导机构与专家委员会作为高校创新创业教育管理决策机制的两个主体，其管理决策的运行程序也是构成管理决策机制的重要因素。

对于领导机构而言，其管理决策的运行程序应当是富有条理与逻辑性的。针对高校创新创业教育现有规划和资源分配等问题，领导机构会进行分析，从而明确其完善发展的目标。领导机构将提供至少一种决策方案，由民主程序确定最终方案，最后推动方案的实施。当然，在此过程中，领导机构需要根据具体运行的情况进行结果反馈，从而对决策方案进行评估，来确定是否继续执行该方案或是调整改进。在领导机构的管理决策运行过程中，专家委员会主要承担着调研及提供对策建议的工作，两者的相互配合才能促使运行达到高效的目的。

对于专家委员会而言，其管理决策运行的第一步骤便是对高校创新创业教育实际运行实施过程中存在的问题进行分析，明确完善发展的目标。在一定的科学研究理论基础上，提出至少一种决策方案，对于拟采用的决策方案由民主程序确定并向领导机构请示备案，最终推动决策方案的实施。当然，专家委员会也应根据实际决策运行的情况进行反馈评估，从而确定是否继续执行或是调整该方案。在专家委员会决策运行程序的各个环节，领导机构都可进行总体规划与方向的把控，它在管理决策的过程中承担着整体把控的角色，并对专家委员会的决策范围进行管理调控，这便可以将学校党政对高校创新创业教育的整体规划精神在教学管理与学术研究的过程中贯彻到位、落到实处。

总体而言，加强高校创新创业教育工作领导机构的管理决策，在宏观上可以确保高校创新创业的教育内容与发展方向符合学生自由全面的发展需求、符合学校总体规划的发展需求、符合政府社会的高度需求；而加强专家委员会的管理决策则在微观层面更易形成合理的教学内容、方法与体系，从而确保高校创新创业教育的有效实施及科学发展。

（三）管理决策机制构建的基本原则

为了更好地服务创新创业教育的运行、实施与推广，以及推动创新创业教育的科学发展，构建高校创新创业教育的管理决策机制是必不可少的举措。由于创新创业教育的实施运行与教育发展都有着明确的特定目标，因此两者间必然有着相适应的特定价值内涵，对于高校创新创业教育的构建来说，必须遵循特定的价值规律与基本原则。高校创新创业教育的宏观目标：结合国家的政治、经济与文化的发展，联系中国特色社会主义教育实际情况与高校学生全面自由发展的需要，通过教育的实践帮助学生了解创业过程，培养其创业意识及创业能力，这不仅可以让学生以正确的目标导向与价值取向参与到各个领域的创业中，并且将会更好地服务于中国特色社会主义教育事业的科学发展。而从微观层面角度考虑，其发展目标是树立正确的创新创业价值理念、明晰创业主体意识、完善创业能力结构以及提升创新创业的实践水平。

二、激励动力机制

推动事物发展的作用力称为“动力”，因此高校创新创业教育动力可以概括为推动高校创新创业教育发展的作用力。在我国，高校开展的创新创业教育多为政府驱动，但是在教学环节的设置及企业参与的内在利益诉求方面，市场也发挥着重要作用。因此，高校创新创业教育既源于政府的驱动，更需要市场导向的延伸。

高校的角色在创新创业教育系统中的作用也尤为重要，它具有显著的教学科研资源及人才优势，不仅传授学生知识，更承担着全面育人的责任。高校可以培养学生的思想品行，树立社会责任与担当意识，同时还能够提升其分析解决问题与创新创业的能力，这些都是学生群体适应社会需求所必备的综合素质。因此，对于高校创新创业教育而言，其动力既有内生也有外生。高校创新创业教育激励动力机制可以看作推动高校创新创业教育良性运行与实施推广的各内外要素间相互联系与作用的互动机理。

从宏观角度考虑，高校的内生动力是追求自由全面的育人理念；而外生动力则是政府对于经济转型升级的需求及创新创业机会的识别，政府可以将有效的政治、经济资源合理地调配给高校创新创业教育领域，从而推动理论教学课程及科研实践。从微观角度考虑，以教师和学生的内生动力而言，教师参与到创新创业领域中，既是对职业发展的需要，也是对理想事业的追求；而学生参与创新创业教育既是对自我未来职业生涯的规划，也是自身全面发展的追求。以教师和学生的外生动力而言，政府和社会作为高等教育的外部推动力，可以使参与到创新创业教育领域的师生获取充分的资源与成就感。内外动力的作用与性质虽然不同，但是两者相互影响、互为支持，对高校创新创业教育的发展与价值取向有着共同的决定作用。

（一）激励动力机制的运作机理

从宏观角度而言，高校创新创业教育在外部受到政府与社会机构的共同作用。政府由于社会转型升级及经济持续发展的迫切要求会进行全面改革，而在这一阶段势必会加大政府对创新创业活动的需求，在此深化改革的背景条件下，政府会对创新创业教育的研究与培养提出更高的要求，需要通过资源调配供给以及适当的政策引导推进高校创新创业教育的发展，扩大人才的供给。而对于社会机构而言，由于处在发展中国家，新兴领域及亟待转型的成熟领域为社会机构提供了充足的创业机会，在社会责任及自身经济利益的驱动下，社会机构会更加富有创业意愿，因此，创新创业领域的人才需求就越发强烈，这便加强了社会机构与高校教育领域的合作。在这种合作方式下，一方面可以通过资源的供给推动高校开展创新创业教育工作，另一方面可以通过旺盛的人才招聘需求调整高校的育人导向，可谓一举两得。在内部，高校创新创业领域中全面自由发展的教育理念得到广泛的认同，高校将培养全面发展及提升综合素质的社会主义接班人作为育人的至高目标，而创新创业教育是独立于高校专业知识教育之外的一种功能，它是以学生的全面自由发展为核心任务的教育，有助于提升学生在价值重塑、人际关系及权力把握控制等方面的能力，从内生角度推动高校创新创业教育的实施发展。

从微观角度而言，高校创新创业教育的运行实施离不开教师与学生这两个主体，因此分析教师与学生参与创新创业教育的内外生动力对于从微观层面研究高校创新创业教育激励动力机制有着至关重要的作用。教师是创新创业教育的传授者，高校对于其工作量的约束及工作表现的激励举措都将会推动其从事创新创业的教学研究工作。从教师自身角度而言，他们对于创新创业教育的理论教授兴趣及目标认同都将由内而外地促进创新创业的教育研究。同时，良好的校园文化氛围对于提升创新创业的认识与兴趣以及教职工的行为心理都有一定的促进作用。对于学生而言，他们作为创新创业的受教育者，高校可以利用其学分约束与激励举措推动其参与创新创业活动，同时他们自身的兴趣及周围群体的良好影响也将促使他们提升对创新创业教育课程的接受训练与感知认同。高校创新创业教育微观层面的两个重要主体间互为动力支持：学生参与的创新创业需求将推动教师的教学研究，而教师的科研理论研究也会影响着学生积极参与创新创业教育课程的训练，两者互为支持，共同促进高校创新创业教育的运行发展。

高校创新创业教育的有效推动离不开激励机制的作用，它可以激发教师的创新创业教学科研激情与积极性，进而鼓励学生创新创业的行为。高校为了提升教师的教研积极性，可以将创新创业教学的实践指导考核指标划入绩效考评之中，将考核结果与教师职称晋升评定联系在一起，同时对指导学生开展创新创业实践项目活动取得一定成绩的导师进行奖励，从而调动其教学积极性。另外，高校还应注重对学生的创新创业激励，有关部门应当优化政策，建立良性的自主创业政策环境。高校应改革学籍管理决策制度，推行弹性学分制，让学生可以在较大弹性的学籍时间内安排学习与创业项目活动，实现学工交替，分阶段完成课程学业。同时要发挥学生创新创业的主观能动性，给予其自主发展的机会，对于那些在创新创业竞赛中获奖的学生进行一定的奖励补贴。

政策激励的协同是激励动力机制中的一部分，它注重创新创业政策的可操作性及各政策间的关联性作用。推动高校创新创业教育需要调动各方积极性，在政策方面给予有力支持。同时，各级政府部门应当通过构建经济、教育及文化等多部门协同的工作机制，对现有的政策进行梳理总结，做到信息的及时反馈，为保障创新创业教育提供强有力的政策支持。高校应出台相应的协同政策，如构建激励机制，加强创新创业师资队伍的建设，组织参与创新创业竞赛；鼓励师生协作创业，将校内校外的创新创业资源进行整合汇聚，从而为创新创业教育工作的开展提供政策支持。创新创业政策在高校毕业生的创新创业指导服务中具有重要的激励引导与制度保障的功能，政策激励的协同包含了不同主体间的政策协同及政策先后协同，通过协同可以充分实现政策的有效作用。另外，政府在制定政策时应充分考虑高校毕业生与其他社会群体间的创业行为差异，要针对性地为其提供指导建议。

企业在激励机制的作用下，会根据自身需求融入高校的创新创业活动项目中。它将利用自身的技术、资金及渠道参与高校人才方案的规划制订中，在高校内为学生举办创新创业分享交流会，为即将进行创业的大学生进行思想上的宣传引导，以确保创新创业教育能够朝着合理科学的方向发展。企业或许还能为热爱创业的学生提供岗位实习的机会，从而为其创新创业打下坚实的基础，也为其创业梦想的完成提供更多的动力支持。

（二）激励动力机制构建的基本原则

高校创新创业教育的动力来源是多元化的，受到师生、高校及政府等多方的综合影响。因此，在构建激励动力机制时应遵循一定的原则，确保各方管理决策主体可以相互配合、方向一致，将高校创新创业教育的力量发挥到极致。从高校创新创业教育的内涵及要素特点入手，高校创新创业激励动力机制构建包括以下三个基本原则。

1. 维护各方动力的动态平衡

其中包含了两个层面：一是各方对于推动创新创业教育程度的相互适应，二是推动的方向要相互一致。原因在于，推动高校创新创业教育的动力相比较之下会有强弱，若要从高校创新创业的最优角度出发，并非越强越有效果。在宏观方面，如果政府和社会对于创新创业教育的动力大于高校时，其社会经济发展的作用会被盲目夸大，而政府和社会对创新创业教育则会过分强调，它们将会利用资源渠道与行政压力使高校迫不得已改变原有的教育规划，不利于自身的教育发展，同时也会影响其他教学课程的进行；当政府和社会对高校创新创业教育的动力远小于高校时，其经济作用将会被低估，政府和社会对于创新创业教育的关注度会递减，高校在资源备置方面也将面临困境。在微观方面，倘若高校师生的内外动力发展不匹配，则会造成动力失衡，对创新创业教育的运行实施造成障碍困扰。从第二个层面研究来看，如果仅是各方动力强弱相适应，但是发展方向不一致甚至是相反，那么将会阻碍创新创业教育的实施运行。从宏观角度而言，若政府和社会机构过分强调实践性的创新创业教学，而高校更为注重理论性的教学，两者对于发展导向的不一致将会使得高校的实际资源无法得到合理配置，社会也无法获取高素质的人才。从微观角度考虑，若高校注重教学水平与质量的提升，而教师则注重理论教学科研水平的提高，高校会对教师匹配的资源提出考核标准，如果教师的理论规划与高校相违背，那么，创新创业教育水平的质量与理论研究水平都无法得到可靠的保障。若高校注重激发创新创业的理念认同，而学生注重自身综合素质的培养及创业能力的提升，高校提供的课程训练将不能满足学生需求，会导致教学资源的配合失衡，收效甚微。总而言之，遵循高校创新创业教育的发展规律，走科学发展的道路是维持创新创业教育过程中各方动力动态平衡的重要保障。无论是宏观角度还是微观角度，师生、高校及政府间都应形成一种良性协调的关系，纵使各方主体的出发点、关注点有所不同，但是只要确保各方能够在推动创新创业教育的力量与方向上适度并保持一致，便可达到一种动态平衡的理想状态。

2. 协调各方动力间的培育转化

高校创新创业教育的运行离不开各方的共同努力，各方动力的重视发展离不开精心的培育与转化。从宏观角度来说，培养学生全面发展的路径有很多，但是若想使得以政府转型升级为导向的动力融入高校创新创业教育中，就必须对其进行政策引导与资源的合理配置。而从微观角度而言，学生针对自身综合素质的提升和能力开发的方式有很多，若要使得高校推动创新创业教育的动力通过特定途径转化为学生自身的动力因素，则必须开发培育出合适的动力载体，这种动力载体既有显性也有隐性。对于高校创新创业教育来说，显性的动力载体有政府的鼓励政策、高校的奖惩规定及政府与社会机构提供的经费物质支持等；隐性的动力载体包括大众对创新创业行为的认同与尊重以及鼓励学生参与创新创业的校内文化活动等。只要能够注重各方动力有层次地与各层面主体参与到创新创业教育工作中，对其动力进行合理的引导、强化与推进，便可使高校创新创业教育的运行实施达到最优的状态。

3. 防止各方动力的异化发展

高校创新创业教育的动力一旦调控不准确，或者力度与方向把控不稳定，极易产生异化现象，动力异化主要表现在教育的工具化与应试化方面。政府及社会机构在推动创新创业教育的过程中，将其看作社会转型升级与创业机会的工具，过度强调短期成果而忽略教育自身的价值规律，这便是工具化的体现。高校在这种错误化的引导下，会局限地关注学生的理论支持培养而忽略创新理念的迸发，同时也违背了全面自由的育人观念。而应试化则是高校通过传统的考试方式对学生参与创新创业活动情况进行局限的考核，无法从真正意义上体现学生的真实创业认知和综合素质，同时在一定程度上会打击学生的积极主动性。因此，高校在坚定创新创业教育发展目标时，要始终牢记自由全面育人的教育理念，在此基础上形成特色的课程理论教学与科研方式培养。高校还可结合各方动力主体的建议策略，进行沟通交流，深刻总结认识创新创业教育的发展规律及本质特点。

（三）激励动力机制的完善策略

在高校创新创业教育协同机制的运行过程中，其决策主体可以制订科学合理的管理规划、明确自身的工作任务，以此确保各参与主体可以共同协作，拥有高度统一的思想意识与发展目标，从整体利益最大化的角度出发，发挥最大效能。同时，还应制定相应的行为规范与工作流程，要求各方严格按照规章准则进行工作任务的开展推行，在所制定的标准体系内高效率地完成工作，并且还应制定奖励机制，此机制应以协作参与、信息透明共享作为行动准则，以此更好地协调各方代表高效完成项目决策，增加彼此之间的沟通、交流与了解，培养各方代表间的合作默契能力，确保运行过程的公平。公正与公开，通过奖励机制可以有效地提高促进各方的竞争协同意识，从而提高高校创新创业教育机制整体的协同工作效率。

提升高校创新创业教育协同作用的关键在于完善利益分配制度，激励企业及行业单位参与高校创新创业合作教育，就应完善利益分配与实施机制。首先，高校应当建立创新创业教育专项资金，用于支持校企协调培养机制，提高高校教学条件及设施建设。其次，高校还应对协同培养的企业及导师付出的指导工作进行激励补偿，以提高参与创新创业教育协同培养学生的兴趣与积极性。再次，高校要优化校企合作教育指导教师的考评标准，切实有效地对其教学质量与工作量进行评价，建立高效的晋升机制，以此激励指导教师重视学生能力的培养。最后，在分配利益时，要明确高校、企业等主体间的责任，建立健全责任追究机制，以此激励高校创新创业教育的协同发展。

高校创新创业教育激励动力机制的高效运行离不开政府、企业及高校等的共同努力。

1. 政府方面的策略

营造良好的创业环境需要国家和政府在资金与政策方面给予全方位支持与扶持。政府在高校创新创业教育协同机制中发挥着主导作用，可以从以下三个方面完善高校创新创业教育激励动力机制。

第一，从国家层面角度制定高校各项创新创业协同运行的新政策。政府主导着制订计划及政策资源，可以积极引导企业和高校参与到创新创业教育活动中。以政府为主导，制定多维协同的创新创业教育模式的激励制度，在多维协同创新创业教育的运行过程中，高校是实现创新路径的主体，而政府则是创新制度的主体，制度的创新可以推动路径的创新。政府作为资源的调配者，应制定有利于学生创新创业发展的激励政策，以此减少创业风险，提供一定的资金保障。例如，政府可以制定多维协同的育人制度，促进人才培养体系的开展建立，也可以设计规划创新创业课程，调动各方主体参与创新创业的积极性。同时，政府还应重视通过管理及资源配置等手段，积极协调处理好高校、企业和政府三方主体间的关系，促使创新创业教育合作的顺利进行。

第二，建立健全创新创业的法律法规及政策，鼓励高校毕业生自主创业。政府可以协助高校创办创业竞赛，为学生提供沟通交流的平台，为一些优秀的创业项目提供资金支持，以完善社会创业环境。政府可以设立创新创业项目资金。创新创业教育的运行过程离不开外部环境的支持，因此政府需要优化创业环境，设立创业基金，利用财力、技术等资源优势助力高校人才的创业培养，拓宽创业渠道，扶持高校毕业生创新创业企业的健康成长。从国家层面角度考虑，要重点对学生创业项目进行扶持，设立创新创业专项基金作为创业活动的启动资金，同时也可设置学生创业培训资金补贴。

第三，加大对创新创业知识产权的保护力度，保障创业学生群体的合法权益。在创新创业的实践活动中，由于缺乏对无形资产专业评估的中介机构，学生的创业成果往往被低估忽视，因此在发生产权纠纷时会损害创新创业学生的权利，使其处于弱势地位，所以政府对于高校创新创业法治环境的优化迫在眉睫。

2. 企业方面的策略

对于企业而言，可以让企业导师进入高校为创新创业的学生提供指导性意见，将产业部门的人才需求反馈到教学科研的规划中，有针对性地对高校创新创业人才进行培养。高校应当与企业积极合作，完善校企协同人才培养的模式。在前期产学研结合的基础上，推进全面协同育人工作，将服务于经济社会发展作为培养的目标方向。同时，校企联合培养的创新创业人才可以充分利用高校与企业的教学资源与环境，发挥各方优势，加强高校与社会、政府间的沟通联系，激发产学研合作教育的主体动力机制。企业与高校合作的最直接外部动力便是市场需求及通过产学研产生的合作收益。由于创新创业与产学研合作会给企业带来相应收益，从而刺激了企业对其合作的意愿，进而增加了合作经费、人力及物力成本的投入。通过产学研合作教育可以培养具有实践能力的高素质型创业人才；科学有效的教学课程规划也促使了高质量师资队伍的产生；在产学研的合作教育下，师生们都得到了宝贵的实践机会与经验。强化高校学科与产业发展协同机制。高校的学科建设与产业的协同发展不仅是单一学科和企业的对接，更是跨区域学科集合的对接联动。这种合作形式在一定程度上可以促进产业的转型升级，有利于提高高校集群服务的能力水平。发展实体型的产学研教育合作创新模式。产学研结合是企业与高校共同构建的联合创新实体，它是一种由松散到紧密发展的创新模式。高校通过此创新模式的合作途径，不仅可以充分利用智力资源，而且可以提高解决问题的能力，为科研创新开发团队提供强有力的载体。企业在高校创新创业教育协同机制中也发挥着支撑作用。企业是技术的应用者、追求利益的最大化者及创新成果转化的推动者。企业可以通过发挥创新创业教育的作用，达到获取人才、财力及技术的目的，从而降低了成本，增加了企业的收益成效。企业可以配合高校开展参与创新创业项目，形成主次分明的特点。同时，企业也可通过高校资助人才培养体系计划，以高收益回报的形式反馈参与信息。企业责任具体表现为市场技术的拓展、科研成果的转化及技术供给的需要等。

3. 高校方面的策略

对于高校而言，可以从以下四个方面完善高校创新创业教育激励动力机制。

首先，健全创新创业教育课程体系，使课程更加体系化与系统化。高校学生的创业素质与意识的培养离不开创新创业课程的指导，因此高校应当健全创新创业教育课程体系，使课程更加体系化与系统化。通过对教学环节及方式的提升，有助于学生创新意识和创业技能的培养。为了解决创新创业教育超越专业教育界限这一问题，高校要对教学理念进行调整改革，注重基础性的教育培养，将创新创业教育的基础性教育与学科专业教育紧密联系起来。高校要积极开展教学科研实践研究活动，制定教学进度与步骤，通过创业导师的经验传授，让创新创业的学生能够增强自身创业的决心与信念。同时，可以为学生创造良好的创新创业环境，激发学生的创业潜能，产生一定的创业动机，并投入到创新创业的实践活动中。

其次，将创新创业教育纳入人才培养计划中。创新创业的人才培养是一项系统复杂的工作。其构建需要政府、企业及中介机构多方协同配合，其合理高效的运行不仅有利于大学生创业知识及技能的提高，而且有助于创新创业教育的深化发展，更有利于提升大学生创业的核心竞争力，对于创新型人才的培养也起到一定的促进作用，为国家“一带一路”的发展战略提供了人力与智力资源支持，有助于推进社会主义和谐社会的发展进程。

再次，构建科学合理的组织机构。构建科学合理的组织机构是高校创新创业教育的组织保障。该组织机构应遵循全面覆盖、统一指挥的原则。校级应当设置高校创新创业调控中心，统筹创新创业教育的指挥工作，同时负责全校创新创业师资力量的培训、分配与调度，实现各方主体间的合理有效沟通；在二级学院设立创新创业办公室，作为师生与高校间的联络中转站，在其下属机构设立创新创业发展中心及实践部，强化创业实践能力，加强专业实验室与训练中心的设施建设，通过多形式的教学活动激发学生的创业激情，提升自我的认识水平。

最后，培养高质量的创新创业师资队伍。创新创业教育的推广与过硬的师资队伍建设密不可分，创新创业课程应当作为一种指导服务，为行动提供导向。高质量的师资队伍建设需要引进创新创业教育方面的人才，加强师资队伍的创新能力培训，在条件成熟的情况下聘请校外创新创业教育专家开设教学课程，构建一支专职与兼职相结合的高质量创新创业师资队伍。对于创新创业的学生而言，应当转变就业观念，为创业做好充分准备。创业是一种自我价值的体现，是一种高质量的就业形势。同时，创业的过程充满未知与艰辛，创业学生应当具备较高的管理决策与人际交往能力，对自身拥有充分认识和科学评价，从而激发潜在的创业能力。

第三节　高校创新创业教育协同机制的保障

一、教育队伍保障

老师是创新创业教育知识的传播者和实施者，学生的创新创业理论知识和实践训练离不开专业老师的指引，要完成创新创业教育相关目标离不开老师的教学实践，组建完备的教育队伍保障体系才能保证创新创业教育协同机制的成功运作。优秀的创新创业型教学队伍是高校创业教育的重要力量，促进优秀教师队伍建设是创业教育协同机制的根本保证。老师是促进创新创业教育的中坚力量，对教学方式的采用、教育质量的完成等各方面都发挥着重要作用。教育队伍建设是开展创业教育的关键所在，高质量、优秀的创业型教师队伍，对转化教育观念和形式，对高校学生创新创业能力的提高，发挥着举足轻重的作用。开展创新创业教育需要一批专业化的教师队伍，组建一支钻研创新创业教学、具有足够经验或兼具经验和科研的教育团队是创新创业教育协同机制的重要保障。

关于教育队伍建设，创新创业教育有两方面特征：一方面，创新创业教育由于开展得较晚，该观念和形式在初期推行过程中会出现教师缺乏的情况；另一方面，创新创业教育必须理论联系实际，必须要有理论授课老师和具有丰富创业经验的老师。鉴于这两个特征，创新创业教育队伍保障体系建设应该包括构建一支结构科学合理的专兼职师资队伍、加强创新创业教育师资建设机制。

（一）构建一支结构科学合理的专兼职师资队伍

高水平、高质量的教育团队是顺利开展创新创业教育的关键点，推动优秀的创新创业教育团队建设是发展创新创业教育的前提。老师是促进创新创业教育发展的主要力量，在课程研究、教学方式采用、教学成效等方面起着至关重要的作用。新时代教师必须满足创新创业教育新的要求，参与教学的老师必须掌握一定程度的创新创业理论、经历和能力。通常专职老师的数量是依据专业需求确定的，另外，聘请企业里有丰富创业实践经验并兼有理论知识的专家作为兼职教师，并邀请成功的创业者来学校开展创业讲座。所以，为了推动创新创业教育的发展，要招聘高质量的创新创业教育人才，构建一支与时俱进的专兼职创新创业教育教师团队。在组建一支高水平的专职教师队伍的同时，还需要聘请一些创业实践型教师力量，从国内外企业邀请兼具实践经历和理论认识的全面人才，例如成功的创业者、经管行业专家、投资专家等作为兼职教师，他们通过开展专题讲座等形式，不仅能让本校老师更新其理论知识，还能传授给大学生有用的实践经验，提高学生对创新创业的兴趣和积极性。高校可以和一些国内外企业建立合作联系，合作企业提供一些先进的创业理念和实践项目，利用企业职员讲课、开展讲座、指导实践等形式，培养大学生的创新创业思维能力，提升大学生的创新创业热情，只有这种全面的教师团队才能推动创新创业教育的发展。专职教师主要包括本校专门研究创新创业或与其密切相关的老师；兼职教师主要包括其他学校创新创业专职教师以及有创业经验的企业职员和政府职员等。专职教师和兼职教师中其他学校专职教师主要承担创新创业理论教育方面的职责，兼职教师中有创业经验的企业职员和政府职员主要承担创新创业实践教育方面的事务。

1. 专职教师队伍建设

高校需要一支专门钻研创新创业教育的师资团队，来对教学理论深入研究，探究学校开展创新创业教育的现状、问题以及解决对策，探究大学创新创业教育进展规律和趋势，为高校创新创业教育变革、进展和实施提出科学的、权威的、有效的理论依据。该团队需要分析目前的就业形势和创新创业形势，探究就业规律和创业政策，总结有效的创新创业办法和技巧，从成功案例中总结创业者的必备素质，加快构建创新创业教育理论体系，编写出实用的学科教材，也必须组织负责课程教学的师资团队。

一方面，促进创新创业教育学科发展，构建师资培训平台。创新创业教育的目标、教学内容和形式是独立的，因此专职教师团队培训也是单独的。有创新创业教育研究经验的专家成立创新创业教育学科，不仅可以逐步促进创业教育的发展，提出利于创新创业教育实行的探讨结果，而且可以培养出理论知识渊博的博士和具有创业实践本领的硕士，利用强化创新创业教育研究和培训专门教学人员来组织高水平的创新创业教师队伍。

另一方面，搭建创新创业教育教师进修培训平台。创业所需要的知识包含社会学、政治学、经济学、管理学等多种范畴，大学创新创业教育与社会学、政治学、经济学、管理学等学科以及思想道德教育相互关联。优秀的教师队伍，对大学生创新创业能力的培养起着关键的作用。所以，提升创新创业教育老师质量、组建优秀的教师团队是目前迫切要解决的问题。在开展创新创业教育的初期，可以为教师提供进修培训的机会，让他们参加一定的基础知识理论培训，以充分适应创新创业有关科目的教学要求。为了提高师资研究能力，可以鼓励老师参加国家级的创新创业培训会、地区论坛会、研讨会，选择优秀的老师出国访问学习，感受其教育观念和教育方法与国内的不同点；为了丰富教师的创业经历，实施“产学研一体化”模式，将探究结果带入实际创业过程中，还包括建立校企合作项目，使老师参与到经营治理企业中去。

2. 兼职教师队伍建设

除了组建一支知识广博的专职师资团队外，还需要一支实践经验丰富的兼职教师队伍。兼职教师队伍建设需要具有创新创业能力的教师加入，聘请国内外具备创新创业实践经历和丰富理论知识储备的全能型人才，例如企业家、创业成功者等。他们作为高校创新创业教育的兼职老师主要以开展专题讲座的形式教育和指导学生，提供直接经验，通过交际和协作，让高校同学能够了解到更多有效的经济管理知识和办法，提高学生创新创业的热情能力，让他们未来创业更加顺利。

构建区域创新创业教育教师共享体制，由于本校可能会存在专业教师不足的情况，高校可以联合本区域其他大学建立创新创业教育专业教师资源库，组建师资共享体制，以开放的心态全面机动地运用本地区优秀的教师资源。这不仅可以利用学校之间师资的资源共享来解决教师队伍缺乏的问题，而且可以充分了解到其他高校创新创业的优点和特征，提高大学创新创业教育的水平，多种高校创新创业教育形式的交流讨论和相互影响能提高整个地区创新创业的教育水平。构建创新创业校外老师聘请制度，高校作为带头人，联合本地区政府和企业，建立创新创业教育校外实践基地，聘请有丰富经验的公司及政府职员来担任实践基地教师，他们用自己的经验引导学生，承担传授学生创新创业实践能力的责任，教学生如何将创新创业理论知识与实践相结合。

（二）加强创新创业教育师资建设机制

老师是开展学校创新创业教育的主体之一，担负着培育人才和提升大学生创新创业实践能力和创业积极性的责任。一个国家和地区的教育水平，从根本上取决于教师队伍的整体素质，没有一流的老师，就培养不出一流的人才；没有高水平的师资队伍，就办不好人民满意的教育。从这里可以看出，创新创业教育的教师团队质量会对创新创业教育产生重大影响。组建一支具有创新思维、丰富实践经验和专业理论知识的教师团队是确保创新创业教育教学效果的核心。

1. 设定严格的创新创业教育老师的聘用条件

目前，我国高校还没有专门的创新创业教育专业，所以创新创业教育教师非常稀缺。为了确保创新创业教育的正常开展，主管大学生就业的部门老师和一些经济管理学院的老师来担负创新创业教育的教学工作。其实，大部分老师没有接受过长期的创新创业教育培训，并且几乎没有创新创业经验，教师团队质量普遍较低。所以在组建创新创业教育队伍时，要挑选高水平教师，可以在学历、专业、创新创业经验等方面设立严格的准入条件，既看重创新创业教育理论知识，也看重创新创业实践能力，不仅重点考察老师的创新创业思维能力、教学水平、知识储备和实践能力等方面，还需要考察最基本的思想道德品质方面，提高入选门槛，挑选出一支高质量、优秀的教师团队。

2. 完善创新创业教育教师团队结构

首先，组建高质量的专职师资团队，学校应该建立创新创业教育老师培训制度，组织教师参加国内外培训活动，并鼓励老师去企业挂职获得实践经验，尽力为创新创业老师提供优质的学习环境。其次，充分利用本校各专业教师资源，组建一支拥有不同专业知识的教师队伍来开展教学活动，使创新创业教育师资团队结构更趋于合理化。再次，重视挑选和培养优秀的创新创业教师。依据严格、公平的准入条件，选拔出一支高水平、高质量的优秀年轻教师队伍。最后，组建一支经验丰富的兼职教师队伍，聘请创业成功者、企业职员、风险投资者、经管类专家等来担任高校的兼职教师，以填补高校实践教师的不足，向学生传授创新创业实践经验和技能，给他们提供坚实的支持和帮助。

3. 强化教师培训，构建系统的创新创业教育师资培训制度

优秀的教师团队是创新创业教育的基础，挑选和培训教师是组建高水平师资队伍的

唯一办法，创新创业教育对老师设定了更高的条件，老师需具备创业基础知识、创业经历和创业能力。强化创新创业教育老师培训、提高老师的综合素质是促进创新创业教育深化发展的关键。教师团队需要从目前的知识型、传授型向创新型、多样型转变，需要重点训练老师的创新思维和实践技能，让他们探究出提升学生创新意愿和思维能力的办法。要想培养出具有创业素质的学生，老师就必须要有创业实践经历。为了实现此目的，一方面，要鼓励老师“走出去”。即选拔优秀的老师与企业一同参与创业实践或者独立创业，充分让老师将理论和实践联系起来，提升其教学和实践的综合能力，国外许多高校的教师都亲身体验过创业的全过程，有些老师从事过或者目前仍留在企业，他们更加清楚目前的创业形势、发展趋向和实际创业过程中会遇到的问题。另一方面，要尽力探寻多种创业实践活动，强化国内外创新创业的交流和探讨，组建一支优秀的、高质量的创新创业教育教师团队。老师需要接受专业化的全面培训，具备创新创业知识是基础，另外还需要参加各种研讨交流会、成功案例分析会和创业经验会，提升全方面能力。

二、质量管理保障体系

教育改革的关键任务是提升教学质量，树立以提高教育质量为中心的教育发展观，构建以提高教育质量为方向的管理体制和工作制度。针对高校，教育改革发展的关键任务也是努力提高教育质量。高校可以组织创新创业质量保证领导负责小组和专家小组，利用行政力量和学术权威，协同保证创新创业教育质量。要建立行政和学术体系下的教育质量保障体系，就需要对大学创新创业教育质量进行深入评价和剖析。构建高校创新创业教育质量评估制度，是大学创新创业教育质量管理保障体系的重中之重。教育质量保障不仅包括创新创业教育师资、物资等保障，还包括创新创业教育的教学成效保障。在此基础上，要建立以加强创新创业教育评估为焦点的创新创业教育质量管理保障体系，按期考评高校创新创业教学组织状况与教学成效，随时监测并对其实施情况进行考评，为提高教学质量提供科学依据并充分利用各资源。

（一）创新创业教育教学组织评估

高校创新创业教学组织状况的评价主要集中于考评学校对创新创业教育的重视程度和各方面投入情况，评价学校创新创业教育教学组织情况是完善教育改革和提高教育质量的前提。创新创业教育教学组织情况评价的关键是选择科学的评价指标，一般来说选择考评标准可以参考投入、过程和成果。对投入的考评标准主要涉及创新创业教育的各方面投入状况，包含政策保障、教师队伍投入、资金投入、管理人员投入、基地建设投入等方面；对过程的考评标准主要涉及创新创业教育具体课程安排、教学方式、教学服务保障、组织管理等方面；对成果的考评标准主要涉及学生理论学习成绩、能力状况、实践技能等方面。鉴于对高校创新创业教育组织状况的评估主要考评高校对创新创业教育的重视程度和投入，所以选择以下八个评估指标。

1. 政策保障方面

政策保障不仅表现在高校对创新创业教育的行政支持，例如是否组织由学校领导带头的创新创业教育任务领导小组，及时处理与创新创业教育有关的各项工作；而且还表现在高校对此类教育的学术支持，例如是否构建创新创业教育学术研究的激励制度，是否组建创新创业教育专家小组，为创业教学质量的提高提供坚实的政策基础。

2. 教师队伍投入

教师队伍情况不仅表现在本校创新创业教育专职老师和兼职老师的人数，老师人数的多少可以看出高校开设创新创业课程的多少，而且表现在优秀老师占全部老师的比例。

3. 资金投入

创新创业教育能否顺利开展的核心是资金的投入多少。高校创新创业教育资金投入由两部分组成：一是基础资金投入，即创新创业教育研究资金的投入；二是重点资金投入，即创新创业开展教学活动的资金投入。其中开展教学活动的经费主要包括显性课程和隐性课程管理运行的资金投入，也包含对优秀人才投资的花费，例如补贴优秀学生参加创业实践比赛所需的花费、创业项目研究经费等。

4. 管理人员投入

创新创业教育管理人员范围很广，即创新创业教育体制中除了教学老师以外的所有人员。他们主要从事创业教育的隐性课程的相关工作，对组织管理人员投入情况的考评，例如是否建立专门的创新创业教育管理机构，管理创新创业教育的职员数目等。

5. 基地建设投入

基地建设包括创新创业教育理论研究基地和创新创业教育实践锻炼基地。理论研究基地是建立在校内，学生在这里学习理论知识，是学生研究理论的主要地点。实践锻炼基地是提供给有创业意愿的学生实践锻炼的重要场地，该基地一般在校外，主要由高校结合政府和公司建立。基地建设投入的考评标准包括软件标准和硬件标准，软件标准包含基地配有的理论教学老师和实践引导老师，硬件标准包括创业教育基地的个数和基地能容纳的学生人数等。

6. 教育课程安排方面

高校创新创业教育的显性课程包括大学必修课、选修课或者辅修课，这些课程能让学生获得创新创业教育的基础理论知识。另外，也包含专业课程、思想道德教育、通识课程等课程，有利于提高大学生创新创业的能力。应该制定科学合理的创新创业教育显性课程，课程内容应涉及创新创业理论知识、创业技能要求、目前创业形势等，从传授基础的理论知识到提高大学生创新创业的能力再到让大学生了解创业的价值所在，最后培养创造性思维和激发大学生创新创业的积极性。隐性课程并不是传统的课程规划中的大学课程，它培养学生是借助学校文化和学习环境来产生影响，事关学生综合素质的提升和身心健康的发展。高校创新创业教育隐性课程是在课外开展的，需要大学生从本校学习氛围中学到相关创新创业理论知识。创新创业教育隐性课程不同于显性课程，它具有两个特征：一是形式更加多样。显性课程主要采取传统的教室教学方式，而隐性课程要借助于一些课外活动，参加这些活动能学到有关创新创业的知识和提高创新创业实践能力；隐性课程的形式非常丰富，如创新实践比赛、参与社团组织、课外实践锻炼等。二是学习过程更加轻松、创新创业隐性课程把有用的创新创业知识、实践能力等放到具体场景中，通过活动展现出来，大学生能够在轻松快乐的环境中获得知识，并能提高学生创新创业学习积极性。

7. **教学方式方面**

高校创新创业教育教学方法是指高校为了培养出具备较高创新创业意愿、熟知创新创业理论知识和掌握实践能力的学生，在教学中采用各种办法将教学目标转变为教学成效。创新创业教学应采用传授与启发研究相结合、理论与实践相结合，也可采用实践教学、理论传授法、案例教学法、研究型教学、启发教学法等教学方法。

8. **服务保障方面**

良好的创新创业教育质量离不开完善的创新创业教育服务保障体制。完善创新创业教育服务保障体系需要做到以下三点。第一，创建大学生创新创业引导服务中心。引导服务中心一方面可以向创业实践队伍提供经费、场所和人才等支持，另一方面可以强化大学生与企业之间的联系。所以，各高校应结合本校具体情况，设立专门的创新创业引导服务机构，对创业的学生和创新项目提供一对一帮助服务并给予及时指导，时刻关心他们的未来发展趋势，对于创业失败的学生要帮助他们分析问题并找出对策，鼓励他们继续努力。第二，强调创建创新创业教育实践基地的重要性。高校应该为学生提供一个将想法转为实际的场所，构建完善的、设施齐全的创新创业教育实践基地。建好创新创业教育实践平台后，要充分利用其实践功能，向全校师生宣传，扩大受益群体数量并进一步规范其管理制度。第三，创建创新创业教育信息化服务平台。学校应充分利用好网络和图书馆强大的宣传信息的作用。可以在图书馆设置一个为同学们提供创新创业教育系列书籍的专门书架，书架上面摆放整理好的有关创新创业方面的书籍和期刊，而且实时更新有关创新创业类的文献资源，让师生享受到各方面的信息服务。此外，当前是“互联网 +”的时代，人们获取信息的重要途径也是通过网络，构建网络化的信息服务平台，让高校师生更加方便快捷地获取到更多和更加准确的最新创新创业政策、相关讲座、典型案例、实践企业等资源，充分发挥图书馆和网络的学习功能。

（二）创新创业教育教学效果评估

开展创新创业教育是为了帮助高校学生增强创新创业意识和提高学生创新创业能力，让他们树立正确的价值观并积极主动地尝试多种行业的创新创业，增强学生的创新创业意识、提高学生的创新创业能力是实现教育目的的关键所在。开展的所有教学活动是否达到教育的目的、能达到何种程度，即为大学创新创业教育的教学效果。简单地说，评估教学效果，即判定参加过创新创业教育的学生，他们的创新创业的意识、积极性和能力是否强于未参加培训的学生。所以，大学生创新创业教育教学效果必须和创新创业教育目标相对应。

鉴于直接评估大学生创新创业意识和创新创业能力比较困难，为了更加科学合理地评估大学生的创新创业意识和创新创业能力，这里有创新创业意愿和创新创业自我效能感两个概念。创新创业意愿指的是学生是否有创新创业的想法和主观态度，反映了大学生对创新创业的积极性高低。与目前的高等教育系统中的专业教育不同，高校创新创业教育是帮助学生树立正确的价值观、增强他们创新创业的积极性并让他们有信心参与实践创业活动，是培养大学生创新性、独立自主创业意识的教育。高校创新创业教育在讲授创新创业理论知识的基础上，还要丰富教学形式和更新教学方法，开阔学生的思维，增强大学生创新创业意愿，培养大学生的创新性思维和主动性意识。对每个学生来说，培养他们创新创业独立主动的意识是为了使他们形成独立、创新的思维，帮助大学生明确自己的主体角色，激励他们充分发挥个人主动性和潜力去提升自己的价值，获得显著的进步和发展。

创新创业自我效能感是个人对自己是否可以完成某件事情的估计和判断，对于很多领域都同样适用，不同领域的含义各不相同。创新创业自我效能感是在创新创业领域的运用，它的具体含义是个人对自我是否可以实现创新创业目标的判断，反映了个人对自我创新创业能力的肯定程度。可以设计问卷，可以测量个人创新创业意愿，反映个人对自我创新创业能力肯定程度的创新创业自我效能感，反映大学生的创新创业积极性和创新创业能力，从而可以看出创新创业教育教学的成效。并对参加过创新创业教育有关课程学生的测量结果进行性别、年龄等基本变量的差异分析，探究不同年级、年龄、家庭环境和背景、专业、性别等大学生在创新创业教育课程中的学习状况，根据这些数据分析，针对不同学生制定不同的创新创业教育形式，提高创新创业教学质量。

第八章 研学旅行创新创业教育实践平台的构建

第一节 研学旅行与创新创业教育体系基础

一、研学旅行与修学旅行、营地教育的概念辨析

（一）修学旅行的相关研究概述

“修学旅行”的核心界定主要在于：旅游者通过离开常住地，前往异地旅行的过程，达到拓展知识面，丰富知识结构，提高自身的文化修养和适应社会文化需求的目的。因此，修学旅行是人类高层次的一种文化活动，在世界旅行史和教育史上有着重要的地位。在历史长河中，我国是开展相关修学旅行较早的国家之一，早期的修学旅行大大丰富了旅游的内涵。从旅游文化角度考察，前往异地的认知旅游开拓了旅游与人生的新境界，推动了中华大地大范围的文化交流活动，促进了中国文化的发展。我们从很多历史名人的经历中，认识到外出旅行在开阔眼界、增长见识方面所起的作用。古往今来，伟人名士皆有外出旅行的经历。通过这种求知旅行，使其增加了对异国的风土人情、生活方式以及政体组织等方面的了解，从而开阔了见识。

（二）营地教育相关概述

营地教育起源于 19 世纪，当时主要以治疗性质的教育模式为主，是为了帮助孩子们面对和处理大城市生活带来的压力，所以北美夏令营最初是以一种非正式教育的形式出现，但目前它的重要性已经和正式教育不相上下。营地教育和体验教育在一百多年前就已经在欧美国家开展起来了。工业革命以后，随着人口急剧增长，营地教育更是得到了长足的发展。其活动形式最早为营地露营活动，随后慢慢从一种娱乐消遣的、非正式的教育演变成一个与正规教育密不可分的组织体系，致力于为孩子传授基本的生存和学习技能。营地教育能够促进孩子们各方面能力的提升，具有重要的教育功能。

作为现代旅游业诞生地的英国，一直以来就有崇尚研学旅游的风气，被称为“大陆游学”的 The Grand Tour，实际上就是研学旅游。研学旅行被纳入地方教学大纲中，包括私立学校在内的所有学校都必须开展研学旅行。

在英国，营地教育有不同的类型：一日营活动，学生们探索并享受学习的乐趣，并且学习一些实用的科学；夏令营活动，学生们可以广交朋友；时间较长的营地活动，学生可以进行一些探险项目；时间更长的营地活动，学生们常常去海外进行游学。这些营地教育很多并不是在校园中进行的，而是在户外进行的。这种方式既可以打破学校教学

的限制，又可以将学校课程和营地教育相结合。

在美国，营地教育主要是在美国营地协会的主导下进行，以跨学科、多维度为指导，通过开展户外团队活动，为青少年提供集创造性、娱乐性、教育性、学术性于一体的多维课程，从而在青少年教育中起到不可或缺的作用。美国营地协会是美国最大的营地协会，在全国范围内拥有超过几千个营地，在推进美国营地教育方面做出了诸多贡献。

随着营地教育在全球普及，各国或地区先后成立了营地教育机构或组织，比如俄罗斯营地联盟等。在亚洲地区，最早开展营地教育的是日本。营地教育在我国早期发展过程中，由于中外教育理念的差异，受到了一些冲击。

目前来看，我国营地类型既有旅游产业性质也有教育性质，主要包括三大类别：户外营地、汽车营地和研学教育营地。其中，户外营地一般是指外出宿营和活动的个人或团队提供设施和服务的场所，又分为拓展营地和露营营地。汽车营地，是针对汽车使用者而修建的营地，可以提供活动休息区及车辆补给的场地。两者的发展建设都具有旅游性质，也是目前很多旅游景区在功能区位设置时考虑的新增要素。研学教育营地，是在原有旅游营地基础上发展而来的，是通过将课外综合实践课程引入营地中实施，让营地具有教育属性的新型营地模式。此类营地一般具有欧美营地教育功能，面向青少年开放，以教育为核心开展活动。

现如今，随着营地教育的普及，越来越多的国内学校和家长注重通过营地教育启发青少年的探究式学习。学生可以通过营地丰富多彩的活动，学会“有目的地玩”和“深度探索自己”。营地教育在众多国家的受重视程度充分说明，这种教育模式对于青少年是非常有价值的，可以培养学生独立自主的能力，帮助他们树立信心，迎接未来的挑战。

二、研学旅行综述

研学旅行已由促进旅游业发展的单一角度，上升到全面提高学生综合素质教育的国家战略高度。“两耳不闻窗外事，一心只读圣贤书”的时代已经成为历史，知行合一，注重实践和体验，才是未来教育的发展方向。而且，随着教育理念的不断转变，研学旅行巨大的发展动力使“80 后”、“90 后”家长对孩子的教育观念发生了较大的变化，他们更注重互动教育方式，提倡素质教育，对新的教育产品接受度也普遍提高，80% 以上的家长表现出让孩子参加研学旅游的意愿。经过近几年的发展，研学旅行从小范围的试点到各省市积极开展，新一代的父母教育观念的革新和消费能力的提升，为研学旅游市场带来强劲的发展动力。

（一）研学旅行理论

教育意义是研学旅游的本质特征。旅游是社会教育的重要组成部分，具有德育、智育、体育、美育和环境教育等功能。研学旅游作为个体的学习情境，具有愉悦性、演变性和社会导向等特征。

研学旅行作为一种旅游和教育相结合的新模式，让学习和旅行在此间相辅相成，旅行中的学习，更注重体验和沉浸，还有潜移默化的影响。随着社会的发展，教育改革越来越倾向于拓宽孩子的眼界，书本上的知识要结合实践去理解，才能真正地“吸收”。

（二）研学基地发展研究

研学基地要发挥资源优势，不断完善开发与学校教育内容衔接的研学实践课程，真正实现以研促学的教育目的；积极配合教育部门，规范组织研学实践教育活动，严格执行食宿卫生质量标准，对中小学生研学实践教育活动实行门票减免和食宿优惠，确保规范性、普惠性、公益性原则有效落实；保证课程建设、安全保障、专业队伍、规范实施等方面的指导和监管，积极组织辖区内中小学校开展研学实践教育活动，以实际行动落实立德树人根本任务，提升中小学生综合素质，培养德智体美劳全面发展的社会主义建设者和接班人。

综上所述，研学旅行作为一种新型研究领域，其研究逐渐多元化，研究思维从单一化开始向综合化发展，研究方式也不断增多。但是，针对当前研学旅行研究中存在的问题，需要不断拓宽研究领域，完善研学旅行的基础理论体系。比如，在研究理论上还需要细化研学主体需求特征及学习机制研究、研学旅行中的爱国主义价值观教育研究、研学旅行课程主题分类研究、研学旅行基地和旅行机构产品的可探究性研究以及研学旅行综合效应研究等。

三、研学旅行与创新创业教育体系的设计原则及思路

（一）研学旅行与创新创业教育体系的设计原则

旅游经济的发展、综合国力和民族素质的提高对创新人才培养提出了新的要求。对于学校而言，通过教学资源和教学结构的分析，才能更好地了解企业和市场的需求，构建出合理的研学旅行与创新创业教育体系，按照相应原则来对研学旅行与创新创业教育体系的理念和模式进行分析。

创新创业教育作为新兴发展的教育学科，是在传统教育基础上演化而成的。一般而言，传统教育大体分为通识教育和职业教育两类。通识教育的主要任务是更好地培养出德智体美劳全面发展的人才。无论是身体素质、心理素质还是社会素质和文化素质，都会得到整体提升。职业教育不仅要培养全面的人才，而且强调发展其职业素养和职业技能，要为社会经济发展提供专业技术人才。随着时代的不断发展，这两种教育既独立发展又相互融合。传统的教育体系在发展的过程中包含创新创业教育的元素，但是在实际运用中，创新创业教育的目标、方法还有待改进。

创新创业教育体系在安排结构规划的时候，需要首先突出创新创业教育的特色和优势，同时用通识教育和职业教育中的课程内容、知识构成、教学方法作为基础。有了基础的创业理论知识之后，我们所说的通识教育中的教育规范和制度就能够为社会提供创新思维的人才。职业教育中涉及的职业理论、职业技术能够让创新创业人才掌握丰富的技能。有了两种类别的教育为基础后，创新创业教育就可以根据自身内部体系进行升级更新，通过创新的教学方法去教导各个层次和年龄的学生，并根据高校目前所拥有的资

源和渠道，加快实施创新创业教育体系的构建。

1. 注重创新与实践

知识是无穷的，人类社会是不断前行与发展的，社会的进步和昌盛需要创新，创新才能促使国家富强发展，使人民的生活水平快速提升。因此，人民群众必须具有创新精神，才能努力为祖国的繁荣贡献出自己的力量。一个人只有具备了创新精神，才能取得事业上的成功。一个民族只有具备了创新精神，才是一个有活力的民族。一个国家只有具备了创新精神，才会长盛不衰，兴旺发达。

应用型大学强调社会服务和应用技能。所以我们说应用型大学更注重动手能力和创新活动，无论是办学理念还是课程管理，在创业课程和创业实践方面，都应加强教学和实践的创新。创新创业教育体系与传统教育体系的区别在于更注意锻炼学生的创新创业思维和创新创业能力。创新性也表现在教育模式、教学方法和学生学习模式上。随着创新创业教育的不断发展，必然要通过教学活动和实践活动的贯彻实施，培养学生的创造思维和操作能力。

2. 全面发展和个性化发展

高等教育的基本任务就是培养具有创新精神、实践能力的高级专门人才。因此，高校的创新创业教育需要主动思考并考虑快速创业教育系统，以期提高学生的创造意识、创造精神、创造思维、创造知识以及创造能力。创新创业教育可以利用高校人才培养的手段，更好地培养创新创业人才。每个高校由于地理位置和教育水平不一样，创新创业的资源有所差异。比如沿海地区创新创业教育发展较早，所以在对学生的创业培养方面有各自的需求，不同学科和专业的学生自身的兴趣点不同，有不同的定位，所以在把握学生全面发展的同时也要注重学生的个性化发展。要根据学生自身的需求设定相应的创新创业项目，所以在理论和实践层面所运用的创业方法、创业目标都有所区别。

3. 主体性与联动性的融合

在创新创业教育体系的构建上，我们更多强调主体性与联动性的结合。高校的创新创业教育要更好地开展下去，必然需要师生的共同努力。除了高校内部的专业老师，也要从企业外聘优秀老师，使理论与实践相结合。高校注重把握学生的心理状况，鼓励学生发扬其个性特点，更好地贯彻以人为本的教学理念。所以，师生之间的交流与互动除了在课程上有所体现之外，更多的是通过创业项目和创业活动，通过创业大赛和创业项目的实施来实现主体性与联动性的融合。

（二）研学旅行与创新创业教育体系的设计思路

在研学旅行创新创业教育体系框架中，最开始需要从目标体系出发，将创新观念融入创新创业教育体系的具体细节中。因此，整个教育体系的设计需要考虑高校教师人才的选拔、高素质师资队伍的建设发展以及学生的人格培养等方面，从而将创业理念融会贯通，纳入整个高校人才培养体系之中。

要把创新意识和创业精神真正融入学生的知识学习和能力学习当中去，并加强对高校师生的系统教育和培训；同时，还要将研学旅行和创新创业的思想融合到高校的通识课程当中，突出研学和创新的元素，从而不断规范课程的学习。为了更好地培养大学生的创业创新精神和素质，突破传统课堂教学的局限，可以开展第二课堂，在课程中增加实践活动和动手能力活动，让学生在学习中实践，在实践中学习，发挥学生的创新创业能力，激发学生的学习热情。教师也可以在实践教学中不断积累经验，以便快速地推动教学思维、模式的升级，通过课堂教学、实践基地、实习基地、创业团队、校园文化等多样化形式，帮助学生更好地理解创业，并能够直接在创新创业实践中得到锻炼，为社会输送所需人才。此外，针对应用型大学教育层次的差异性，现有的理论系统需要结合传统科学理论，在传统的理论中添加新元素，并进一步更新和加工，从而促进思想和理念的创新。

总之，在构建创新创业教育体系时，为适应时代的发展、社会变化的客观需要、应用型大学的教育要求，必须调整传统应用型大学教育体系和模式，打破以往传统的保守和制度化教育，融入新科技、新体制、新管理，重新设计一个开放式、多渠道、内外联动的，从创新创业教育到创新创业实践的个性化、系统化、规范化的科学体系。

第二节　研学旅行与创新创业教育体系的内容

一、研学旅行与创新创业教育体系的分类

为了更好地实施研学旅行与创新创业教育，保障教育活动的规范化和系统化、构建系统的框架模型是有必要的。按照系统的设计思路和原则，将研学旅行与创新创业教育的理念融入研学旅行与创新创业教育体系中。研学旅行与创新创业教育体系的框架模型可以从外部环境、内部体系、运行模式以及运作机制入手。

内部体系大体可以分为目标理念体系、环境体系、主体体系、课程内容体系、实践平台体系。其中目标理念体系体现的是创新创业的目标价值和思维理念，这也包括教育理念、教育定位及教育目标体系。因此，目标价值能够起到重要的指导作用。对这个目标价值的整合是重要环节。外部环境更多代表研学旅行与创新创业的氛围引导，在良好环境的支持下，不论是硬件设施还是软件设施，都能对模块产生相互影响。主体体系体现的是参与研学旅行与创新创业教育的主体，这包括高校的教师、外聘的创业导师、校内的创业者，作为创新创业教育的实施者，选拔、培训出优秀的教师团队，为创业者提供好的教学。校内的创业者多半是指对创业感兴趣的学生，他们的能力和条件也是需要重点考虑的。研学旅行与创新创业教育课程既包含研学旅行的课程，也包含创新创业教育的课程。这些课程内容需要不断优化，同时课程建设和课程设置上也需要创新创业教育的优化，如学科建设、教学课程设置等。实践平台体系，主要是给研学旅行与创新创业教育提供实践平台，从而帮助转化创新创业成果。

在创新创业教育体系框架模型中，各个模块之间既相互联系又相互独立，确保研学

旅行与创新创业教育体系的构成，同时促进创新创业教育的发展。

二、研学旅行与创新创业教育的目标体系

政策的实施体现出高校重点关注创新创业教育。高校推崇创新创业教育，目的是培养具有创新思维、创意模式、创业能力的社会人才。有了科学理念的指导，教育教学才能顺利实施。教育教学主要以传授知识为中心，从传统教育精神的培育逐渐转向注重培养学生创新精神和高素质的现代教育理念，这是高校开展创新创业教育的前提条件之一。要实现这样的转变，不能依靠想象去建构一种创新教育，而是在传统教育的基础上进行选择、传承、创新、落实，明确开放的教育思路，进一步突破传统教育模式，形成创新发展的经营理念。引导学生运用所学的知识去有意识地解决问题，处理阶段性的困难，最终可以实现从就业教育到创业教育、从应试教育到素质教育的转变。同时，如果高校重视创新创业的发展，可以将创新精神的培养与创业教育的发展相融合，以培养创新精神和创业素质为核心，以社会需求为向导，加强学校教育与社会实践相结合，促进大学生积极创业，实现学业和事业的快速发展。

作为一种全新的教育观念，首先，创新创业教育要确立一个合理明确的目标。创新创业教育的目标决定了高校创新创业的教育理念、价值取向及教育模式。研学旅行与创业教育体系的构建反映出各种目标。创业的本质就是希望通过高校的力量将大学生培养成对社会有经济价值和社会价值的人。一方面，通过创造就业岗位，缓解大学生就业压力，推动经济发展；另一方面，高校创业教育可以引导大学生在社会领域中寻求创业机会，通过创办公益组织或者在公共部门中创业，解决就业中出现的问题，创造社会的价值与财富。其次，从个体培养的角度看，高校创业教育能够培养大学生的创业意识、创业思维、创业能力，引导大学生在时代的发展中自主创业。

三、研学旅行与创新创业教育的组织环境体系

这里的组织环境体系确切地说是指创新创业教育的内部环境，体现了应用型大学为创新创业教育提供的组织支持和资源投入。其主要包括硬环境和软环境两个方面。前者是指学校在创新创业资金、基础设施等物资方面的各种保障措施，如设立创业中心等。后者是指学校鼓励创新、尊重创业、宽容失败，通过相关政策、制度和措施激发学生创新创业精神和热情，从而为创新创业教育提供学术、氛围和文化保障。

硬环境需要学校更多的物质投入，更容易营造。软环境要通过加强管理和教育来创造。这里主要说软环境，其主要包括以下三个方面。

（一）浓郁的校园创业文化

学生的发展必须依托校园环境，校园中的创业文化能够帮助学生更好地获取创业知识，并激发创业热情。因此，校园的创业文化具有重要的内化作用，它将对高校学生的创新创业活动产生直接的作用。当今高校重视创新创业文化的建设，主要目的是加强以创新创业文化为主题的校园创业文化建设，营造良好的创新创业舆论环境，合理利用各

种宣传工具以及宣传渠道为其服务。当然，高校教师和学生创新精神的培养应注重四个方面：一是以办学理念、校风校训为基础的大学精神文化建设；二是以组织建设和制度建设为载体的大学制度文化建设；三是以领导作风、教风、学风为载体的大学行为文化建设；四是以文化设施和学校标志为载体的大学物质文化建设。

（二）开放的科研学术氛围

高校注重培养大学生创新精神和创业能力，大学生创新创业的学术氛围是值得推崇的。首先，它是自由和开放的学术氛围，也就是说，它允许世界不同的学术和文化思想交融从而提升学生的学习能力和科研能力，允许不同高校有不同的意见，产生思维的自由竞争，师生自由平等地进行学术讨论，创新思想不断涌现。其次，强调原创性和多样性，善于发现学生潜在的创新素质，关心和培养学生的个人兴趣、创新思维和探索精神，鼓励学生充分发挥自己的特长，同时要允许创业失败。再次，要保证承担科研项目的师生具备合理的科研时间，使其有充足的时间进行资料收集、实地调研、走访专家以及撰写报告。最后，要鼓励学生具备冒险精神、自信精神，在人才培养方案的要求下，加强管理能力并和平友好地对待他们，尊重个人奋斗。

（三）系统科学的管理制度

鉴于系统科学的管理制度能够促进高校创新创业教育体系的快速发展。因此，高校应制定鼓励学生创新创业的相关政策、规定和管理制度，构建学生创新创业管理的政策，激发学生创新创业的热情。

因此，有必要在更高层次上设立专门的管理机构，由学校主要领导负责，加强高校创业教育的统一规范管理。创新创业教育中心可根据实际情况进行相应设置。其主要工作包括协调各类教育机构的组织管理，营造浓厚的校园创新创业文化氛围，开展创新创业教育理论研究，参与课程开发、创业实践活动的开展和实施，加强风险投资的评估，建立孵化器、科技园等。以此为中心，在学校提供政策支持、舆论引导、设施保障的条件下，充分发挥功能，形成高校、企业、社会、政府良性互动发展的创业教育生态系统，有效开发和整合社会各种创业资源，培养学生的创业理念和精神。

四、创新创业教育的参与主体

创新创业教育的参与主体是政府、企业、高校，它们在创新创业教育发展的过程中发挥着重要的作用。构建有效的高校创业教育体系需要厘清三者的关系，确定三者的职责。

（一）高校的职责

高校作为建立和开展创业教育项目的重要单位，对于提供创业教育师资、建立创业教育课程、提升创业教育科研水平十分重要。首先，高校能够按照自身的特点和个性去创立创新创业项目，同时，在组织政策、管理制度、基础设施、创业文化等方面提供相应的支持。其次，高校提供良好的创业师资以及师资再教育的基础。高校成立创新创业专家指导小组，承担本校创新创业教育的理论研究、模式探索、资源整合、师资培训、质量评价、综合服务等工作，对大学生创新创业持续帮扶、全程指导，提供一站式服务。加强大学生创业服务平台建设，为创业和有创业意向的学生提供创业项目评估、融资咨询、申办企业手续、项目运行管理、创业项目对接、知识产权交易等服务。有关部门要积极落实高校学生创业培训政策，建立创新创业项目库，推进项目数据共享，加强资源对接，推动信息互联网企业和基础电信企业向创业者开放计算、存储和数据资源。再次，可以制定新的措施，鼓励教师去做创新工作。甚至可以有计划地选择优秀的教师进行创业实践以及企业挂职。最后，要聘请一批成功的创业者、企业领导、技术人员等专门人才从事创新创业活动课程教学工作，或者是采取讲座的形式邀请他们来学校讲授，对高校学生进行创业培训，或者以竞赛指导教师的身份指导学生的创业大赛的实践活动，帮助学生快速提升创业意识和创业能力。

（二）政府的职责

政府为了确保大学生创业教育的发展要制订创业教育计划，提供创业教育和大学生创业基金。各级政府在高校创业教育体系建设中发挥着重要的作用。首先，建立创业教育规划，明确高校创业教育发展目标，为创业教育提供政策支持。其次，有关部门要整合利用发展改革、财政、人力资源社会保障、科技和社会等各方面资金，积极支持高校在校和毕业的大学生开展创新创业活动，支持创新创业示范基地进行大学生创新创业孵化，落实普惠性税收优惠政策和促进高校毕业生创业就业的税收政策。高校要多渠道统筹安排资金，支持创新创业教育教学，资助学生创新创业项目。高校在按规定使用相关科研项目专项资金时，积极支持品学兼优且具有较强科研潜质的在校学生开展创新科研工作。鼓励社会组织、公益团体、企事业单位和个人设立大学生创业风险基金，以多种形式向自主创业的大学生提供资金支持，提高扶持资金的使用效益。鼓励有条件的地方积极探索通过创业券、创新券等方式对创业者和创新企业提供社会培训、管理咨询、检验检测、软件开发、研发设计等服务，建立和规范相关管理制度和运行机制。另外，各地要建立创新创业教育工作督查机制，定期开展督促检查。省教育厅要把创新创业教育质量作为衡量高校办学水平、考核领导班子的重要指标，纳入高校教育教学评估指标体系和学科评估指标体系，指导督促高校做好创新创业教育改革实施方案备案工作。高校要将相关情况列入教学质量年度报告和毕业生就业质量年度报告重点内容，用目标绩效考核的方式推进高校创新创业教育改革，引入第三方评估机构，对创新创业教育质量进行系统的动态评估。

（三）企业的职责

企业是以营利为目的的经济单位或商业组织。企业的利润是通过满足社会需求来实现的。社会需求体现在经济、政治、文化、社会和技术活动方面。其中，技术是企业盈利的必要条件。当企业的发展依赖知识和技术，而在学校教育无法传授企业所需的知识和技术时，企业开始承担起培养人才的教育职能。企业若能积极兴办教育，从事教育活动，充满浓厚的教育氛围，便会成为企业教育的典范。因此，企业的性质、员工对教育的需求、企业发展对知识和技术的依赖，以及其所有者对这种关系的理解与利润愿望相结合，就会使企业成为有效的教育机构。

企业可以参与高校创业教育，通过各种正式和非正式项目提供创新创业实习与实践的机会，或者以创业实践导师的形式为高校创业教育传授创业知识。首先，企业家可以作为兼职创业课程教师、创业计划大赛评委、创业讲座专家、创业实践活动导师等，为高校创业教育提供人力资本和智力支持。其次，企业可以为大学生提供接触现实生活的实习和见习机会，同时在具体的实践过程中提供可靠的指导意见与建议。再次，企业能够通过设置创业基金，给予大学生创业的资金支持与协助。最后，企业还可以成立创业中心、产学研教育基地或是实践基地，在创新创业教育活动层面上给予大力支持。

五、创新创业教育的课程内容

根据创新创业教育的目标，构建合理的课程内容，遵循符合市场经济需求、有利于激发学生创新创业激情和主动性的原则，增强综合创新创业能力。在传授创新创业知识的同时，还要传授管理及综合知识。在传授知识的同时，可以激发学生的创新创业意识，培养创新创业素质，增强创新创业能力，引导学生掌握创业的基本知识、基本理论和基本方法。创业是智慧与能力的较量。它不仅需要扎实的专业知识，而且需要广泛的知识积累，涉及多种跨学科的理论和实践。专业课程是各种学院和大学开设的学科内的课程。除创新创业理论课程、创业实践课程外，还包括企业管理相关课程。创新创业教育在重塑内容后形成创新，在新的创业课程体系中，不仅传授专业知识，而且在理论和实践上相互碰撞。

（一）创新创业通识课程

高校教师应该关注整个创新创业教育的通识教育和实践教育。“创业基础”“创新思维”“创业企业的理论与实践”等课程，能够在教学环节中指导学生学习创业理论和实践内容。教师为了更好地加深学生对创新创业的印象，可以采用案例教学法，借助创新创业案例，通过案例分析让学生清楚地认识到创新创业企业的现状与发展。这种教学方法可以培养学生创新创业思维，让学生了解学术界对创新创业教育的研究，同时明白创新创业的现实出发点，加强创新创业理念和思想的熏陶，对创新创业企业中的企业注册、产权合同、税收财务等知识学习，以解决未来创业中可能会遇到的问题。

（二）企业管理课程

高校应该注重企业管理课程内容的建设。这类课程的综合面更广泛，并且内容更丰富，有经济学、管理学、运筹学等传统课程，同时还有人力资源管理、市场营销、财务管理等专业课程，涉及管理学相关的目标管理法、双因素理论、战略决策等。企业管理课程关注市场化运作的内容，从商业的角度出发告诉学生如何创立企业，如何更好地进行资本运作，在发展的过程中需要采取的竞争战略，等等。通过企业管理课程的学习，学生的运营能力、分析能力、策划能力甚至决策能力以及领导水平都会有所提升。无论是商业思维、商业模式的构建还是企业运维等，都能从理论与实践方面进行融入。

（三）研学旅行课程

研学旅行的理论中应该融入创新创业教育课程。在人才培养方案的要求下，按照育人的目标，将创业课程体系整合融入研学旅行的课程教学中，比如提到研学旅行发展的实际情况，可以将创业者相关的知识提炼到专业知识中去，这样学生在学习的过程中才能更好地了解职业需求。学生在接受老师的知识传授后，能够将知识转化为实践能力，因此学生的专业技术能力与创新创业能力都将快速提升。

研学旅行课程可以丰富学生对研学旅行的理解。因此，研学旅行课程从旅游行业的角度出发，为学生提供旅游专业的知识，同时也提供研学旅行相关的政策。目的是培养具备旅游特色的专业人才，让学生从创新创业教育及提高自身素质的实际需要出发来为其未来的创新创业实践打下坚实的知识基础。

此外，课程教学中将学习成果运用到研学旅行部门构成效益，这样的方式可以让学生更为直观地感受到专业知识在旅游企业运营中的价值，能够激励学生创业，有助于他们更好地开展创业。课程中可以结合企业实践与学习，通过企业的实践让学生体会到创业环境，有助于激励学生的创新意识，并为未来目标而做出相应的努力。

高校更应该注意专创融合理念，但是研学旅行和创新创业教育课程的融合，并不只是理念的碰撞，更多的是要将旅游的专业知识和创业的知识进行构建，需要学生不断地挖掘创新思维及提升创业技能，目的是让学生在掌握专业知识的同时提升自身的创业能力。

六、研学旅行与创新创业实践平台的构建

实践是创新创业教育最重要的组成部分。实训平台旨在授课。实训平台是理论课程应用于实践的环节。只有通过实践平台的测试，理论教学才能更好地创新实践教学方法。实践项目的落地需要实训平台的支撑。目前实训平台主要包括学校内部实验室、创客空间、创业中心、创业孵化园、创业科技生态园，以及当地政府提供的公共场所、工厂、研发部门和商业实验基地、俱乐部以及其他组织具备的场地与设施。

因此，高校应深入实施大学生创新创业训练计划，加大实践教学环节比重，推进以培养能力为导向的创新创业实践教育体系建设。高校要积极建设校外创新创业教育实践基地、创业示范基地、科技创业实习基地、职业院校实训基地，推动创新创业教育与社会实际需求接轨。加大对专业实验室、虚拟仿真实验室、创业实验室和训练中心建设的投入，各类实验教学资源和平台要面向校内外开放共享，开放情况纳入绩效评价和目标考核。

高校既然要设置相关的创新创业实践项目，就希望在资金上有所支持，同时匹配具有专业性和实践性的指导老师，传授学生专业知识和创新创业知识。当学生面临知识的困惑或是资金的短缺时，可通过政策和资金的支持来为实践平台提供相应的保障。同时

鼓励社会力量参与创新创业教育，支持社会力量举办各类科技创新、创意设计、创业计划等大学生竞赛，开展创业沙龙、创业大讲堂、创业训练营等培训活动。加快发展企业管理、财务咨询、市场营销、人力资源、法律顾问、知识产权、检验检测、现代物流等第三方专业化服务，不断丰富和完善创业服务体系。

大学教育不仅要教授学生理论知识，还要加强学生的实践能力，这也是创新创业实践教育的要求。因此，在创新创业教育的现场管理、教学经费支持、师资分配等方面，高校会尽一切努力创造条件，努力在社会上为学生的创新创业教育寻求相应的物质保障，并指导学生开展长期的创业实践。为方便学生进行科技创业活动，高校应在创业基地中提供必要的资源，并在创业实践教学中不断寻求新的有效发展途径，从而为提高学生的创新能力提供必要条件。为此，要不断完善各种创新创业实践活动所需的实践场所，满足学生课程实践和毕业实践的需要。

第三节　研学旅行与创新创业教育体系的机制

一、创新创业教育体系的教育管理机制

高校加强创新创业教育必须提倡创新，因为只有创新才能强化学生的创新创业思维和创新创业能力，加强创新创业教育体系的教育管理机制是高校提升创新创业教育能力不可或缺的要素。

（一）构建完整的创新创业教育模式

在综合分析高校教育现状的基础上，为了全面普及创新创业教育，高校会不断将传统教育模式转化为新的形式。因此，可以以创新创业为教育目标，彻底地将传统教育模式转型为创新的教育模式。专业教育不应该只关注表面的发展，更多的是能够与创业教育相融合，实现通识课程教育的内部渗透以及实践教学的深入发展。同时，结合高校实际发展的情况，教师应该不断积极探索与教育氛围和资源相匹配的培养模式和教学机制。高校能够通过教学将创新创业教育理念融入学生的知识体系中，引导学生形成良好的创新思维和创业能力，为学生的未来发展奠定良好的基础。

将创新创业教育与专业教育相结合，在课程改革的基础上，在专业课教学中嵌入创新创业教育的模块。高校可以加强推行任务驱动、项目导向等一体化教学模式改革。在专业理论与创业实践之间确立相应的关系，可以在专业实践教学中添加创业实践的元素，培养学生创业实践的能力。另外，高校更应该鼓励学院加强课程的创新改革，无论是学院的管理者还是专任教师、创业导师，都应该关注学生专业技能和创业技能的融合性。要实现教材的更新、教学结构的深入挖掘以及精品和一流课程的建设，需要教师关注教学研究和课程研究，推动教学和课程改革，为教学条件的改善以及课程内容的更新做出贡献，不断引入案例教学、互动教学、角色扮演、情景模拟训练等教学方法。

（二）深化高校教育改革

为进一步提升高校大学生的创新创业能力，深化高校教育改革势在必行，这有利于为社会培养具备综合素质的专业人才。由于高校教育的改革不是一蹴而就的，是个循序渐进的过程，因此高校可以先从课程建设和实践活动入手，抓住创新人才这个思路，做好高校教育改革的第一步。

教育部为深化高校创新创业教育改革，实施了一整套政策措施，各专业类创新创业教育的目标要求和课程要求得到了相应的确定，各个高校都在开发创新创业教育课程，各示范院校也开设多门线上线下创新创业教育课程。

在近几年的时间内，全国高校创新创业教育的负责人和专任教师的行动将得到快速的响应。除此之外，国家还组建了全国万名优秀创新创业导师人才库指导创新创业的事业，首批入库的有几千位创业导师。国家在注重创业政策的同时，也全面实施开展弹性学制，协同学校建立创新创业学分积累与转化制度、在线开放课程学习认证和学分认定制度。通过实施这些政策，激发大学生创新创业的兴趣和热情。

（三）加强创新创业教育的学术研究

除了学生实习、创业教育和社会活动外，还应重视创业研究。高校应把握“创业教育要发展，研发要推进”的思路，整合相关学科与专业，并与创新创业基地的专业研究团队联手，聚焦和推动创新创业教育的科学研究和创业发展，同时推出具有高校专业优势和特色的系列高质量研究成果。高校鼓励专任教师开展创新创业教育研究，并积极进行学科申请，发表教改级科研论文。只有将学术科研做到位，才能更好地保障创新创业管理的发展。

（四）提升学生的综合素养

创新是人类文明进步的动力。因此，提高民族创新素质是一项重要而紧迫的任务。教育义不容辞地肩负着培养创新精神、创新能力的责任。因此，在教学中要以德育为基础，提高学生的继续学习和积极发展的能力。要认识学生的差异性，重视学生的个性发展，培养学生的创新精神。

21世纪，世界的竞争是教育的竞争。因此，加强学生的综合素质培养是有力的法宝。为适应素质教育的要求和人才培养目标的变化，学校应贯彻全员育人、全过程育人、全面育人的教育理念，立足教育教学规律和学生身心发展需要，建立“全员育人导师制”。全体教育督导员按照“对学生进行思想引导、学业辅导、生活指导、心理疏导”的总要求，将学生综合素质评价纳入自己的日常教育教学活动中，利用学生的现实记录和相关评价材料，对学生的成长过程进行科学分析和规划，有计划、有步骤地对学生进行综合教育指导。

培养学生综合素质需要考虑的问题很多，方法也多种多样。学生可以参加策划与设计、实验等实践训练，也可以参与一些创新创业项目来锻炼其动手能力。对学生来说，这也是培养综合素质的必要手段。但是，传统教育方式的限制需要被突破，形成新的教育方式。因此，高校教师必须探索新方法、新方式，提升学生的综合素质能力。平时要针对学生的全面性与个性化来对学生的能力进行多方面的培养，同时注重塑造学生的创新精神。

二、创新创业教育体系的教育服务机制

高校创新创业教育体系的教育服务机制，需要学校重视学生的创新创业能力，这种能力主要体现在敢于冒险、不屈不挠、开拓创新。高校在培养学生创新能力的过程中，还应注重学生的个性化发展，通过安排创业实践活动锻炼学生的动手能力、创新意识，促进教育服务机制的全面实施。

（一）积极开展课外实践活动

高校除了在理论课程上进行相关的教学之外，更多的还需要依靠课外实践活动提升学生的创新意识。“行是知之始，知是行之成”，切实增强社会实践活动育人实效。所以课外实践活动虽然不能直接为学生创造创业岗位，但是通过实践教育的方式已经锻炼了学生的实际能力。高校应该结合学校自身的条件和学生现有的经验去挖掘学生的优势，使其能够更好地适应社会实践。

（二）积极挖掘有潜力的创业者

学生的素质往往能体现出教育系统的情况。高校在培养学生的过程中，势必会碰到有潜力的学生创业者。素质较好的创业者，其先天优秀的品质可以让人辨别出来，比如冒险的特质、勇敢的精神、坚韧不拔的毅力以及敏锐的市场感知力等。当然，后天的能力也能让人挖掘，比如领导力、运营能力、决策力、创造力等。其实创业教育的最终目标也是选拔出能够为社会贡献创业价值的创业者。教师除了关注先天品质优良的学生之外，也应该利用自身的知识有针对性地向学生传授创业知识能力，加强对学生后天能力的培养。

（三）依托高校组织的支持

健全组织机构，制定高校的政策制度，加强项目实施过程管理，同时加强研讨交流和成果展示。高校应不断激发学生学习的主动性、积极性和创造性，从而提高学生的科学素质和文化修养，同时不断培养大学生的创新精神、创业精神和实践能力，以此努力营造校园创新文化氛围，确保大学生实践创新训练计划工作的实施质量。每年，学校可提供科研经费给学生用于实践项目或是科研项目。创新意识的培养是学生课外科技项目培养目标的核心内容。学校大多采用学生课外科技活动基金费申报立项，学生自立课题的办法。对于有创造性成果的学生，学校应给予物质奖励，同时给予一定的学分，由此来提高广大学生参与科研活动的积极性，也能为更好地开展创造教育打下广泛的基础。

为加强创新训练计划的实效性，使创新训练计划能够让更多的学生感兴趣，扩大影响面，各专业要重构课程体系和教学设计，着力推动研究性学习方法。在日常实验实训教学、课程设计、专业教学中，选择并推荐有创新创业潜能的学生和值得入市的创业项目，

将其推荐为校级、省级创新训练计划项目。在企业顶岗实习阶段，实习教师以及企业导师可以指导学生学习参与企业技术创新的产品研究与开发。论文导师在学生毕业论文的过程指导中，按照科学性和应用性的原则，加强论文选题、开题报告、中期检查、论文撰稿、毕业答辩、论文评优等环节的管理，保证学生细心努力地完成毕业论文。除此之外，让学生多参与学科竞赛，比如挑战杯、“互联网 +”创新创业大赛等、这些都能够提升学生的创新能力，也能在锻炼的过程中培养学生创新创业的能力。

三、创新创业教育实施的保障体系

科学、灵活、适用的保障机制，不仅能保证创新创业教学活动的顺利开展，还能促进科研和社会服务功能的实现，为创新创业教育体系提供明确的方向和改革途径及方案，使创新创业教育体系能够持续、健康、快速地发展。

（一）政府的支持

各级政府是政策的制定部门。政府部门在制定政策时，需要考虑的因素有很多。首先要从市场经济的角度出发，考虑到要为学生提供良好的创新创业的氛围，必然需要相应的扶持政策。这种扶持要从法律制度入手，在创新创业期间为学生提供政策支持，比如创业审批程序简化、税收减免政策等。这里提到的创新创业教育不应该仅仅局限于就业的角度，更多地需要通过企业提供创业指导、政策咨询、项目论证、项目辅导等相关服务。因此，各级政府应努力加强创新创业教育的投入等，降低企业准入门槛，简化创业流程审批，扩大市场准入的范围，加强创新创业实践的支持。

大学生创业的顾虑之一就是资金问题。创业资金和后续资金的缺乏是制约创新创业活动和职业发展的瓶颈。政府应该设立各种创业基金，加大对创业教育的资金注入，鼓励大学生创业，先投资并提供债务资本，加强对大学生创业的贷款基金支持，扩大贷款辐射范围，有效支持大学生创业。同时，相关科技计划应优先支持各类技术创新和服务平台，如高新技术企业服务中心（技术孵化器）、生产力促进中心、为大学生科技创新创业服务的实验室和技术研究中心。

（二）企业的合作支持

在创业的过程中，学生需要更多的创业者的支持。企业和高校可以为大学生的创新研究和创业实践活动提供方向指导、项目支持、实践岗位、实践场所、实践指导和资金支持。目前，大多数高校在创新创业教育过程中都得到了一些企业的支持。然而，绝大多数是资金帮助，更多的目的是提升企业的宣传效果，而不关心大学生创新创业教育的实际效果。企业不仅能提供资金帮助，还应提供全方位的创新创业支持，这将大大有利于创新创业教育的实施，同时也有利于企业自身的长远发展，达到双赢。

高校应加强与企业的合作，为了给创新创业教育的顺利实施创造更多的机会和外部条件，企业应提供良好的创新研发项目和实践课题，并选派部分具有丰富创新实践和创业经验的人士到学校担任兼职教师。此外，企业还可以弘扬其文化价值观，利用其社会影响力，改变舆论和家庭对大学生创新研究和创业实践的消极或观望态度，使其重新认识和定位创新创业教育给学生、企业和社会带来的价值。

（三）高校的支持

为了更好地促进大学生科技创新创业，高校应提供创新创业教育研究基地，同时开展创新创业教育研究。创业教育课程体系建设需要确立创新型人才培养目标，强调课程内容设计与专业教育和专业知识相结合，注重创业教育的目标、内容，以及学科之间的相互渗透和融合，如使学生了解专业发展前景，认识和把握商机，寻找行业内部的技术创新和创业增长点，准确把握产业转型发展和消费结构升级趋势，推动专业成果转化应用，实现创业教育与专业教育融合共赢。创业教育课程体系的构建注重科技与创业的高度融合，创业体验教育与多专业交叉结合，创业教育与专业教育分离，为科技创业提供跨领域的机会。除了普遍开设创新创业教育课程，鼓励和支持民营企业设立专门的创新创业教育机构，可以独立开展，也可以与高校联合开展。建立支持大学生在企业成立、产品开发、科研成果转化中寻找相关资金与法律、政策支持，搭建沟通平台。

综上所述，我们应当以政府为主导，以高校为重点，社会广泛参与，通过集体的力量，增进全社会对大学生创业的理解和支持，让“大众创业、万众创新”在全社会蔚然成风。

第四节　研学旅行与创新创业教育的发展路径

一、研学旅行与创新创业教育文化的特征与功能

（一）研学旅行与创新创业教育文化的特征

1. 社会性

无论是研学旅行活动还是创业教育活动，都是社会化的实践活动，而在实践活动中形成的文化，是社会创造的。人的本质是一切社会关系的总和，人的社会性价值在社会化的活动中能够凸显自身的价值。对于研学旅行实践基地和创新创业教育基地的学生而言，研学旅行与创新创业教育文化是校园文化的组成元素。高校虽然是教育机构，但同样是一个社会单位，与社会紧密联系，因此注定会融入社会文化。

研学旅行与创新创业教育文化建设需要关注旅游和创业文化的互动关系，为了挖掘社会价值，就要融入社会的大家园，在不断挖掘和开展创业活动的过程中，实现社会价值，也将自己的个人价值一一实现。大家为了共同的目标，将自身的理想投入创业事业中，积淀一定的社会财富，在创业的发展过程中获得个人存在的意义和价值。

创业过程也是一个社会化的过程。任何创业都是在社会大环境中展开的，尤其是在现代化市场经济的背景下，创业者在创业过程中要整合社会中各种有益的资源，通过各要素资源的协调分配，加强社会其他成员的合作与交流，促进创业社会化进程的发展。

2. 创新性

人在社会大生产活动下才得以生存，人的创造性决定了人与动物的区别。

所以我们强调人要不断提升自我，要不断挖掘自己内在的价值，持续地挑战自我，加强自身的学习与创新。研学旅行与创新创业教育文化的融合，强调思想创新。学生所具备的创新思维，一方面，是教师知识的传授；另一方面，也是他们自身的努力探索。对于高等教育工作者来说，教书育人是其教育的重要任务之一。教师将自己的创新理论和技术经验传授给学生，学生在良好的创新创业教育氛围下，接受教师的教导后，思维拓展，激发自身的创新意识和创造能力，在创新创业教育的实践活动中有自己的见解。师生通过研学旅行和创新创业基地的开拓，有了实践基地的源泉，一起努力完成创造性活动，同时也更好地促进创新创业教育文化的推进。所以说，创新创业教育本身就是一个持续不断创新的过程。创业思想和创造力的提升，能够促进创新创业知识的拓展、创新成果的形成，无不体现出创新创业教育文化的融入。

3. 实践性

研学旅行与创新创业教育文化的实质，更多的是开拓创新、积极创造的思维和行动力，这必然要证明人在活动中需要接受挑战，并勇于面对挫折，有积极接受挑战的创造力。创新创业教育文化可以指导实践，鼓励人们积极参与创新创业实践行动，注重社会和市场的融合。高校为了更好地服务于学生，服务于社会，给社会输送更优秀的人才，在创新创业教育的过程中加强推动大学生积极参与创新创业实践活动，并且注重理论学习和实践应用的结合。创新创业教育文化不断激励学生主动探索创新道路，主动学习各类创新创业的基础课程，比如创业学基础、创业管理课程，同时参加学校和社会举办的创新创业比赛。学生在理论与实践中充分获得文化体验，能够真正享受创新创业的趣味性。同时，不断地加强与政府和研学旅行企业之间的联系，促使创新创业教育文化在研学旅行活动中开拓运用。这些无不体现了创新创业文化的实践性，能够加强学生的知识积累和现实实践。

4. 合作性

高校既然要开拓研学旅行和创新创业教育基地，就要加强与政府机构、企事业单位以及科技行业相关机构的合作与联系。因为只有这样才能促使创业教育真正落到实处。

在高校教师的指导下成立创业团队，开展创新创业相关活动，成立创业工作室，鼓励学生参加创新创业大赛，抑或是在众创空间以孵化器的形式完成，甚至在政府政策的支持下，与政府单位和其他企业单位、产业部门等在项目开发、经营管理、创新创业、科研成果转化等方面相互合作。同时，为了更好地提供教育与实践支持，学校可以聘请企业导师给学生进行技术指导和传授商业经验，加强产品部门的投资以及商业化运作，助力将创新成果变成生产力推向市场。

一个人的力量是有限的，但是通过集体的力量就能够完成技术成果转化。研学旅行和创新创业教育文化的合作性更多强调研学旅行部门和创新创业部门之间的合作，既能够立足于高校内部，也能够充分利用高校为创业组织与团队提供各行各业的资源，政府机构、企业单位、产业部门相互联系，合作性大大提升。高校创新创业文化在实践中彰显风采。

5. 开放性

研学旅行与创新创业教育文化本质上是一种开放性文化。研学旅行与创新创业教育文化的沟通与交流在开放性的环境中进行。这种通过外源性发展趋势所呈现出来的本质性，会通过市场化运作和商业化运营进行互动性联系，因此能够更好地将市场的文化精神融入创新创业教育文化。师生之间的交流也会增加创新思维的碰撞。一方面，研学旅行与创新创业教育文化的开放性更多的是社会化的体现，在市场化发展的今天，高校需要培养更多的创新创业人才才能为国家提供智力支持。所以高校需要以开放性的文化去容纳社会的创新创业成果，构建研学旅行与创新创业教育基地也是开放性姿态的体现。另一方面，国内外教育界和学术界文化的交流，促使高校师生有不同的声音传输，因此，必然也会有一些创新创业教育文化融入。在这样的背景下，师生共同接受创新创业教育文化的熏陶，在创业的过程中也会形成创业的思想和观点。同时，将自身创业的精神感悟通过多种渠道传播到社会中，又会影响其他组织成员。这种开放性的文化能够辐射全国。

（二）研学旅行与创新创业教育文化的价值功能

文化作为一种精神力量，能够在人们认识世界、改造世界的过程中转化为物质力量，对社会发展产生深刻的影响。这种影响不仅表现在个人的成长历程中，而且表现在民族和国家的历史中。研学旅行与创新创业教育文化的价值功能具体如下。

1. 导向功能

高校大学生处于思想还未完全定型的阶段，所以高校教师有必要积极引导学生树立正确的人生观、世界观和价值观，这样有助于学生从思想和心理层面以正面积极的人生态度面对社会的需求。当前，创新文化的导向要以文化为动力，囊括所有的科学技术和新发明，引导学生在创新文化的氛围中，朝着自己所期望的目标前进。高校创新创业文化的价值观念导向能够引导学生坚持社会主义核心价值观，同时保持崇高的自我道德，并在此基础上形成创新创业的价值观，努力为社会创造价值。在实现个人价值的同时，也实现集体主义的价值。这种团体的价值观念能够真正促进师生提高自身的能力，共同进步，实现社会的发展。除此之外，高校创新创业文化从行为层面约束学生，也就是说，从规则层面引导学生按照制度、标准进行思维创新，不仅在学习上，甚至在岗位上完成创新行为，如学生积极完成实践活动，参加创新创业沙龙，甚至是为创新创业竞赛做出努力。这种行动表现出学生积极进取、勇敢冒险的精神。

2. 同化功能

创新创业团队里优秀的创业者必定能带动薄弱的一方，让对方能够从薄弱的环节吸取创新元素，不断更新融合，从而同化对方，分享先进的经验。

创新创业文化中也具备这样的功能。规范企业和学校的关系，促进企业与学校之间的良性互动，企业导师、学校教师和大学生之间和谐对话。学生遇到创业的困惑与问题可以向学校教师以及企业导师求教。这种不耻下问的精神是值得发扬的。在创新创业文化建设过程中，学校鼓励师生逐步增加对创新创业价值观和精神的认同，这种认同更多体现在目标的一致性，有了共同的目标，才能更好地完成企业的任务和社会的使命。

3. 约束功能

创新创业文化是一种无形的、非正式的、非强制性的、不成文的行为准则，对员工具有规范性和约束力。在特定的文化氛围中，人们的心理得到了平衡和满足，因为他们符合特定标准的行为得到了认可和赞扬；相反，则会有一种失落感和挫败感。因此，作为组织的一员，人们会自觉地遵守根据全体成员的根本利益所确定的行为准则，从而产生“人从众”行为。这是企业文化规范（制约）作用的基础。因此，高校创新创业文化需要在创新创业的标准之下让学生完成创业实践，并且对符合准则的学生给予相应的奖赏，例如通过开展创新创业竞赛，给予相应的奖励，激励学生努力在创新创业活动中提升自己的能力。学校依托科学的管理体制，协调各部门、各组织之间的利益关系，努力有序地培养创新创业人才。

4. 激励功能

创新创业教育文化能够提供给大家良好的环境和氛围，师生可以在良好的环境和氛围中更好地开展创新创业工作。对于研学旅行与创新创业教育文化而言，研学旅行本身作为旅游的文化，就能够给予师生文化价值和良好的理想信念。在这种文化氛围的熏陶下，师生有着理想的创业目标，能够互相影响，互相感染，不断挖掘自身的潜能，无论在意识层面还是行动层面都能够激励自我为了新的事业而努力奋斗，这种创新创业氛围能够激励高校的师生树立良好的价值观，并为实现理想付诸行动。

二、研学旅行与创新创业教育文化的发展路径

（一）政策保障支持

发挥创业教育在现代化经济建设中的作用，关键是要有适应高等教育改革与发展的创业教育政策。应用型本科更需要关注创新创业教育，因为创新创业教育能够提升学生的综合能力，更能够促进高校的就业，带来社会价值。因此，高校在培养学生的创新能力时，也需要政府政策的支持保障。当然，政府也将创业教育作为降低失业率、提高经济效益的重要手段，并将出台一系列政策推动创业教育发展。对于学生而言，资金是创业关注的重要因素，因此政府需要在资金、税收层面上加大投入，通过提供资金扶持或者税收优惠政策，更好地推进大学生开展创业。因此，创业教育政策的完善可以优化创业环境，创业环境的整体优化可以改善创业活动和创业教育。因此，制定和实施科学合理的政策十分重要。

（二）推动产学研深度融合

产学研深度融合需以市场为导向，使市场在资源配置中起决定性作用。推动产学研深度融合，要遵循市场规律，优化创新资源配置，推动创新要素集聚，提升企业的创新能力和市场竞争力。学校加强与社会各界的合作和对接，形成“校区、社区、园区”三区联动机制。组织学生参加各类创新创业竞赛、创业模拟、创业训练营等实践活动，不断拓展创新创业实训、实践基地，挖掘学生创新创业的潜力，同时提升学生的创新创业能力，为未来创业提供相应的基础。

（三）加强校园文化建设

充分利用校园文化载体，把创业文化纳入校园文化建设范畴，重点开展创业大讲堂、创业论坛、创业人生访谈、网上创业、创业社团等工作，营造积极向上、勇于争先的氛围，充分激发学生的创业热情。建设淘宝协会、大学生职业发展协会等创业社团。做好创业社团的支持服务工作，给予优惠，扩大社团的影响，充分发挥创业社团在创业教育中的一线服务作用。

将成功创业者和优秀企业家的创新创业精神融入创新创业人才培养，形成多元化的人才培养体系。精心打造“创业文化节”“科技节”等校内品牌活动，开展创业教育实践活动、创新创业教育论坛、创业讲座，举办项目路演和对接会。宣传大学生创业典型案例，利用新媒体主动发布创新创业信息，推送优秀校友成功创业案例，围绕创业教育的重要热点课题与师生进行深入交流、探讨。

（四）第一课堂和第二课堂的互补

落实教育部关于创新创业教育课程“面向全体大学生，纳入教学主渠道”的要求。明确创业教育的学科地位，将创新创业教育作为素质教育的基本内容之一，开设创业理论相关课程。对有创业潜力的学生开展精英式创业教育，同时开设创业课程培训班，并设置创业学、创业思维、企业家精神、财务自由等公共选修课。除此之外，还应加强实践课程的设置，加强创业实验室的建立，构建第一课堂与第二课堂互补的教育教学体系。完善学生创业指导服务体系，指导学生社团组织开展创业教育活动。总之，全面优化课程体系，构建知识、能力和素质矩阵图，突出人才培养的内在逻辑，促进知识传授、能力培养和素质养成有机融合。

（五）加强创业型教师的培训

由于创业教育师资力量缺乏，因此对师资要求比较高，既要求具备专业理论知识，也要求拥有相关的创业实践知识。高校需要努力整合社会资源，实施“校企互通、专兼结合”的优秀团队建设工程，加强“双师型”教师队伍建设。对“创新创业”课程教学人员进行培训，鼓励教师持有“职业规划师”“电子商务师”“心理咨询师”“商业策划师”等证书。同时选派骨干教师和青年教师出去学习培训，积累创业知识，确保教师的创业理论与实践达到更高的水平。

建立和不同部门创业者的密切联系，有效解决“课程设计和企业需求”脱节问题。聘请校外管理专家、青年创业英才、创业成功的校友等作为学生创业导师或者实践教授。同时，通过学校、企业、行业之间的人员交流，给学生提供实习机会，用案例研究的公司项目来促进学生的持续职业发展和创新创业能力的提升。

（六）培养学生具备创新意识

学生的创新意识需要教师的培养。创业意识对创业者的创业活动具有重要作用，也是高校大学生应该具有的基本素质。培养学生的创新意识，是现代教学的基本任务，也体现在教与学的过程中。学生自己发现和提出问题是创新的基础；独立思考，学会思考是创新的核心；归纳概括得到猜想和规律，并加以验证，是创新的重要方法。学生要能提出自己的新想法，要愿意思考，并且会思考，在思考的过程中，不断猜想，并加以验证。世界上许多发明创造都源于质疑。质疑，是开启创新之门的钥匙。不满足于已有的结论，不相信唯一正确的解释，不迷信权威的仲裁，不屈服于任何外在的压力，不放弃自己的主张，这是创新人才的人格特征。因此，教师在教学中应当鼓励学生多质疑，让学生善于提出学习中遇到的疑难问题。学生探索知识的思维过程是从问题开始的，又在解决问题中得到发展。学生提出的问题是错的，教师应热情、耐心地予以修正、指导；学生提出的问题是对的，教师要及时表扬、肯定。特别是对一些有开拓性的、价值较高的问题，要积极引导学生解决，获取知识。当然，解决疑难问题时要把独立思考、学生讨论、教师点拨结合起来。

第九章 “互联网 +”背景下的大学生创新创业能力培养

第一节 “互联网 +”背景下的大学生创新创业模式的选择

一、典型互联网商业模式

（一）商业模式及其要素分析

商业模式就是创造和传递客户价值以及公司价值的系统。它包括四个环节：客户价值主张、盈利模式、关键资源和关键流程。通俗地讲，就是：第一，公司能给客户带来什么价值；第二，给客户带来价值之后公司怎么赚钱；第三，公司有什么资源和能力去实现前两点；第四，公司如何实现前两点。

PC 互联网的商业模式是指通过入口级产品获取用户，把控网络流量，最后通过流量变现来盈利。移动互联网的商业模式是在碎片化的时间里，通过极致的产品和服务来快速吸引、获取用户，并随时随地满足用户个性化的需求。这样互动性更强，使企业获得更大优势。

商业包含四个主要方面：客户、服务或产品、基础设施和财务生存能力。为了实现有效地执行和达成预期目标，创业企业需要一个清晰、完整的商业模式，来预测企业的成长并做好未来规划。

为了能更快、更全面地分析一种商业模式，创业者需要使用比固化的、大篇幅且耗时久的商业计划书更简单和更具有弹性的计划来描述并分析自己的创意。从创业者角度出发，为了尽可能地达到“可执行”，相对全面并涵盖风险最大的不确定因素，精益画布非常适合用来进行头脑风暴，帮助创业者思考和讨论可能的商业模式，确定从哪里开始第一步，还可以用来记载持续的学习过程。

（二）六种典型互联网商业模式解析

目前，典型的互联网商业模式有六种，分别是 O2O 商业模式、平台商业模式、“工具 + 社区 + 变现”模式、免费商业模式、长尾型商业模式和跨界商业模式。

1.O2O 商业模式解析

O2O（Online to Offline，在线离线 / 线上到线下），是指将线下实体店与互联网结合，通过 020 平台进行下单付款，然后线下进店消费。通过这种方式，可以将店铺信息和口碑在消费者（特别是年轻消费者）中更快、更远地扩散，可以量化消费数据、追踪交易，同时还能较容易地传递面对面的实体服务与品牌价值。020 是互联网与传统商业模式结合的一个非常好的突破口，是很多传统产业向互联网行业跨界，实现产业互联网的切入点。

020 的两个“0”分别是线上和线下，本质是连接，连接虚拟世界和现实世界。020 的主要特点是把信息流、资金流放在线上进行，而把物流和商流放在线下。020 的优势在于：将线上的价格优势和线下的产品、服务优势集于一身；信息获取更加全面、快捷；销售数据全面量化。由于推广效果可查，每笔交易可跟踪，因此，客户关系管理（CRM）中包含大量的、动态的客户资料和客户消费趋势分析、数学模型的客户管理系统，可以使商家保持着与客户的联系和互动，及时地发掘和满足客户的相关需求。这些都提高了用户的消费体验感。

2. 平台商业模式解析

平台是指将供应商和消费者联系起来，成为连接供给和需求的市场。平台商业模式最核心的功能就是作为市场的中介，将市场中的各方资源整合起来，吸附大量市场信息，快速高效沟通买卖双方的关系，从而促进交易的达成。平台商业模式的组成有三个要素：平台外、供给方（卖家或商家）、需求方（买家或消费者）。

买家和卖家一起构成平台的主要利润来源：平台除了向供给方收取费用，包括广告费、技术服务费、交易抽佣、资源收费、数据方面的客户管理费用、促销管理费用等外，还可以通过巨额的流动资金进行金融变现。在平台上，商家提供产品和服务，通过产品利差实现盈利，而买家是产品和服务的最终买单者。只有迎合了买家喜好的平台商业模式才能实现平台的持续发展。平台演化会导致平台方的盈利方式发生转变，引起平台商业模式的演化。

3. “工具 + 社区 + 变现”模式解析

“工具 + 社区 + 变现”的三位一体化是移动互联网时代催生的新模式。工具、社区和变现三者是“入—留—付”的关系：工具可以作为入口，通过其工具属性、社交属性、价值内容等核心功能来满足用户的痛点需求，从而过滤得到大批目标用户，但它无法有效沉淀粉丝用户，需要通过社交属性培养出自己的社群，之后通过点赞、评论等交互手段，保证用户的活跃度，形成社区，以沉淀和留存用户，然后逐步开始变现业务，如话费充值、电影票、火车票等，实现盈利。

4. 免费商业模式解析

免费商业模式是指企业通过向用户提供免费的服务或者产品功能来积累流量，再以流量为基础来构建自己的盈利模式，从而创造价值的一种商业模式。当运营商还指望靠用户打电话、发短信赚钱的时候，微信已经通过图片、语音、视频等多种免费模式实现了用户之间的关系交互。微信以免费的方式直接把传统通信企业的客户带走，继而转化成流量，然后再利用其他渠道实现盈利。

5. 长尾型商业模式解析

长尾型商业模式描述了媒体行业从面向大量用户销售少数“拳头”产品，到销售庞大数量的利基产品的转变。长尾模式就是为利基市场（Niche Market）提供大量产品，每种产品相对而言卖得都少，但销售总额能与传统面向大量用户销售少数拳头产品的销售模式相当的一种商业模式。

长尾型商业模式突破了传统零售业的物理限制，用极低的资本投入和运营成本销售几近无限的商品种类，这就是该商业模式中所着重强调的多样少量，满足更多用户的需求。

工业时代的商业模式是B2C，它是以商家为核心来推动消费，而长尾模式的一个很重要的特点就是“大规模定制”，即以用户为核心的C2B模式。根据消费者的需求来生产其想要的个性化产品，而定制最大的价值在于消灭存货，因为定制先销后采的特点，所以原则上是没有存货的。企业的生产模式从传统的大规模生产变成大规模定制，最后走向个性化生产，效率越来越高。

有了互联网后，信息同步得以实现，形成了新的产业格局，前端是C2B的新模式，后端是各个方面信息协同的网络。以某服装品牌为例，其凭借迅速的市场反应以及密切的产品销售跟踪，在很短的时间内提供受消费者欢迎的时装，满足消费者的需求。其配送中心遍布全球，这些配送中心运作效率比较高，它们每天都接受来自店铺、设计师以及商业团队的一些反馈。

6. 跨界商业模式解析

互联网模糊了所有行业的界限，使跨界成为一种新常态。跨界思维的核心就是颠覆性创新，而且通常都是源于行业之外的边缘性创新，于是很多互联网企业纷纷在传统行业的领域内大展身手，跨界模式也就应运而生了。互联网对传统行业的颠覆性创新主要体现在以下三个方面。

（1）从侧翼进攻，颠覆性破坏

互联网创新从来都不是从传统行业经营多年的正面优势进攻的，往往是从传统行业所忽视的侧翼进行创新，发起进攻。

（2）以用户为中心，得用户者得天下

百度、腾讯之所以能牢牢坐稳互联网食物链的顶端，分别占据信息端、社交端，就是因为它们都有庞大的用户群，而这庞大的用户群正是两家企业经营多年最牢靠的根基。庞大的用户群这一根基，为它们任何一次成功的跨界举动铺平了道路。

（3）颠覆传统行业的竞争壁垒，借力打力

互联网大大降低了跨界的竞争壁垒。例如，传统银行苦心建立起来的营业网点成为用户把钱存进第三方账户的窗口；微信通过通信录，分分钟秒杀移动、联通的通信铁塔和电信牌照。

二、互联网商业模式创新与设计方法

（一）互联网商业模式创新的意义与优势

1. 互联网商业模式创新的重要意义

（1）创造价值和开辟新空间

改革开放以来，我国经济飞速发展，社会经济进入新阶段，各行各业的发展面临着许多机遇和挑战。人们对于这些行业的需求也在不断提升和分化。但是，新兴产业和传统产业无论如何变化，都面临着产品相似化、运营方式类似化、市场同质化等问题。为了解决这些问题，有一批企业另辟蹊径，通过发展模式的转型升级，逐渐跟上甚至引领消费者的需求，提升自身的发展速度，使其处于领先地位，成为同类企业中的领头羊。可见，在新时代，如果企业仍然一成不变，在产业链前端生产一些低层次产品，无法创造更多的附加值，那么终将会被市场淘汰。只有不断开创新的商业模式，为消费者创造更多价值，才能在市场竞争中处于不败之地。

（2）满足消费者群体的结构变化

如今，消费者越来越年轻，“90后”和“00后”逐渐成为主要角色，这些年轻的消费者时刻跟随时代潮流的发展，将许多新鲜的消费心理、消费习惯、消费渠道和支付手段带进市场消费中，他们更加注重体验式消费，运用互联网技术和移动互联网满足自己的消费需求，形成独特的消费文化。“90后”“00后”作为伴随着互联网一起成长的年轻人，他们长大后走向不同的岗位，扮演不同的角色：或是创业者，或是管理层。作为消费者，他们需要新的商业模式和消费模式：作为员工或者管理者，他们根据自己对互联网时代的了解和预测，结合行业发展，为企业的探索和革新注入新鲜力量。因此可以说，消费者的与时俱进可带动新的创业模式的发展。

（3）适应新一代信息技术的快速渗透

时代的发展和进步使互联网技术越来越成熟。云计算、大数据、移动互联网和物联网等技术广泛运用在人们的生活和工作中，推动着以互联网技术为代表的信息通信技术等相关产业链不断转型升级。除此之外，互联网也给传统行业以及新兴行业带来了巨大的影响，如营销手段、研发方式、供应链、生产模式和价值链等；互联网也推动一批APP涌现，一批全新的产业模式正逐步出现在市场，因此，大数据技术和处理能力成为当下产业发展的重要因素。为每个企业和行业的发展出谋划策，有利于了解目前市场、预测市场未来走向。对企业来说，利用互联网技术进行改革创新成为当下的重中之重，否则容易被市场淘汰。

（4）适应中国新一轮产业革命蓬勃兴起

目前，我国的制造业充分利用新工业概念，推动智能化制造在实践中的应用，一大批智能工厂和企业如雨后春笋般涌现出来，特别是服装、家电和装备等行业。越来越多的互联网技术和智能技术被运用到企业发展和产品制造中，促进了许多新产业和新模式的诞生和发展。这场变革将为企业和行业的发展带来有利影响，但是企业一旦无法把握住机遇，将会被市场甩在后面。

2. 互联网商业模式创新的竞争优势分析

（1）为实现跨行业融合发展奠定稳固基础

与互联网类似，互联网企业具有平等、开放、共享和自由等优势。薄利多销是企业常用的运营模式，用户群是他们竞争的主要目标，谁掌握了更多的用户群体便可在市场中占有更多的份额。因此，为了争夺更多用户资源，企业之间往往需要经历激烈的竞争。可见，在互联网时代，用户群已经成为决定企业市场发展和商业模式的重要基础和因素。与此同时，移动互联网的飞速发展和广泛应用促进了智能终端的普及，特别是手机已经成为人们生活和工作必不可少的工具，人们之间的距离也因此不断拉近，而且，移动互联网的普及将人们工作之余、生活之余零零散散的时间充分利用起来，进一步推动互联网的发展。

当前，网购平台越来越火热，其方便快捷的购物方式、舒心的购物体验、品种多样且优惠的产品，让越来越多的人爱上网上购物，平台的用户注册数据和每日活跃数据都十分可观。另外，网购成为人们依赖的购物工具和渠道，一定程度上增强了用户和平台的黏性。社交平台是人们生活和工作密不可分的工具，社交是人与人交往必不可少的渠道。在互联网的作用下，人们直接利用互联网进行社交，不仅拉近了人们之间的距离，信息的即时性也更强，APP之间的互通性更让人们对网络社交爱不释手，如微信和QQ等，进一步加深了用户和平台之间的黏性。可见，不管是网购平台还是社交平台，用户和平台之间形成了相互依存的密切关系。一方面，平台吸引了更多用户改变生活，为更便捷的生活提供服务；另一方面，用户群体成为平台运营和发展的基础。换句话来说，一方面，互联网正在改变人们的生活；另一方面，互联网产品和技术的广泛应用，也提高了人们对互联网的认知和了解，使得互联网产品和行业得到更广泛的应用和推广。

（2）实现跨行业与部门的长尾效应优势

根据传统的二八定律，约20%的人享有80%的财富。与之类似，行业内80%的收益是由20%的大客户创造的，而80%小客户构成的“长尾”仅能创造20%的收益。与之相适应，传统的商业逻辑就是重点关注20%的大客户。它们忽视80%的小客户最根本的原因是，这些零散小客户的营销、管理、服务等成本异常高，导致交易成本比较高，关注这些小客户往往得不偿失。而互联网技术的出现和互联网用户的激增恰恰大大降低了关注和服务这80%小客户的成本，使得获取这80%小客户也有利可图。例如，大型国企、地方政府等大型企业是银行贷款业务的主要客户，大部分小微企业很难从银行获得贷款，就算获得贷款也要付出更多利息。一方面，小微企业的资金链往往具有小、频、急、短的特点，不同小微企业之间的融资需求也不一样，很难得到满足；另一方面，小微企业的经营风险较大中型企业高，内部也未形成规范的财务系统，难以获得高质量的银行征信，而且大部分小微企业都没有可抵押的资产，导致其信用担保缺乏，风险难以控制。

互联网平台的出现有利于推动这一问题的解决，特别是“互联网+金融”的应用，主要体现在大数据技术的深度应用方面，大大降低了信用评估和额度审批等征信环节的难度和成本。互联网产品固定成本较大且几乎没有边际成本，但我国的互联网用户十分多，经过用户分摊后固定成本也有所降低，在一定程度上避免了小规模经济。此外，利用互联网技术，如大数据技术，可以收集用户的需求，推动产品不断更新升级，使其越来越契合用户的需求。与此同时，互联网技术还能对企业的资金流向、交易情况、经营状况、财务状况等信息进行实时监控，时刻把控风险。

由此可见，在互联网技术的影响下，越来越多的互联网用户被深入挖掘，有利于以往只关注大客户的行业变革和升级，创造出更新的商业模式和商业思维，拓展出一个个新兴产业。可以说，“互联网 +”具有长尾效应的优势。

（3）助力企业创造服务或产品的价值优势

在互联网时代，互联网用户不再被动参与消费，更多的是主动参与消费，而且他们更注重平台和企业为他们提供的服务。因此，对于互联网企业来说，只有充分发挥大数据技术的作用，收集用户的需求，不断更新升级，为客户创造出更多的价值，不断满足用户的需求，用户的黏性才会越来越紧密，企业才能在竞争中处于优势地位。另外，作为企业，也必须深刻认识到，互联网时代消费者在市场中占主体地位，主动参与产品设计、价值创造的过程，引导了生产和消费过程，使多样化、个性化、体验化和定制化的消费成为必然趋势。这也带动了传统的经济循环链从 B2C 到 C2B 甚至是 C2B2B 的转变，促进了以往研发、设计、生产和供应再到销售过程的转变。

互联网产品能够帮助企业针对消费者具体的需求进行个人化的量身定制，让消费者的体验感和使用感满意度最大化。这样，企业才能在市场竞争中占据较大优势。在互联网技术中，大数据技术具有举足轻重的地位。互联网平台收集了海量的数据，这些数据种类多样，涵盖了用户的许多信息。例如，电商平台收集了包括用户的消费支出、资金流动、信用情况等各种详细的信息，将大数据技术与这些平台充分融合起来，可以深入挖掘出消费者的消费能力、消费习惯和消费需求，再根据这些需求对自家产品进行转型升级。例如，在金融贷款平台上，金融企业可以利用大数据技术收集用户的信用数据、交易金额、交易次数等信息并实现动态跟踪，根据这些信息为用户定制还款期限、还款方式和利率水平，还能进一步降低信用评价系统中信息收集和信息审核等环节的成本。

大数据不仅具有海量丰富的特点，还具有多源性的特点，这表示数据的种类多种多样。这个优势有助于帮助企业对用户或消费群体进行精准营销，根据不同用户的消费习惯和消费能力实施不同的营销方案，同时，根据消费者需求的变化及时调整营销方案，不断提升产品的价值。总而言之，对于互联网时代的企业，特别是互联网企业来说，要善于利用大数据技术的优势，为产品创造更多的价值。因为只有不断提升服务，企业才能在市场竞争中处于不败之地。

（4）跨产业、行业与企业的资源整合优势

互联网平台有一个显著的特点，就是跨界。不同的企业、行业、产业可以利用互联网实现跨界合作，对资源进行整合。例如，当下火热的电商平台和社交平台，其业务和产品范围并不仅仅局限于本身固有的功能，二者之间实现跨界融合，包括游戏、娱乐、金融、社交、电子商务和物流配送以及其他的便民服务功能，这些功能相互依存、紧密相连，意味着一个功能相对齐全、完整的产业链和生态系统逐渐形成。在互联网平台的帮助下，各企业、行业之间相互渗透，一个错综复杂、跨界融合的生态系统逐渐出现在人们的视线中，更加方便人们的工作和生活。换句话说，互联网时代，跨界融合是必然趋势，更是新的商机和商业模式。一方面，企业通过资源共享和业务合作，相互渗透，彼此之间的关系越来越紧密，让整个生态系统更加坚固；另一方面，企业通过合作，取长补短，整合资源，创新共赢，不断转型升级，为产品创造更多的附加价值，实现更多创新。

当相互渗透、相互依存的互联网平台之间构成的生态系统逐渐形成，系统中的互联网企业便可以将所有资源整合起来，充分利用优势较大的渠道资源和产品资源，形成更强的综合性优势。另外，企业和企业之间、产业和产业之间的界限越来越模糊，生态系统对所有资源不断进行优化配置。例如，电商平台将平台收集的数据进行整合，便可以运用金融平台对用户的信用情况进行评估，这样不仅降低了评估成本，而且有利于实现资源的充分利用和优化配置。同时，在整个系统中核心企业居于主导地位，它们能帮助企业、行业跨界时实现信息共享，极大地解决信息不畅通和不对称问题，为跨界融合的创新价值和资源优化打下坚实的基础。总而言之，在跨界的作用下，资源配置不断优化，交易成本不断降低，创造出的效益和效率也不断提高。

（二）商业模式设计的原则与方法

1. 商业模式设计的主要原则

商业模式的核心在于其内涵和特点，这是一个成功的商业模式必须具备的属性，对延伸和丰富商业模式的内容有重要意义。一般来说，技术上的突破不一定会带来商业模式的成功，但是对模式中的一个环节进行改造或者重组，抑或改变甚至颠覆规则制度，则势必会带来商业模式的成功。在设计时要注意以下八大原则。

（1）客户价值最大化原则

客户是商业模式的主体，其与商业模式能否盈利、盈利多少有密切的关系。当商业模式能够满足客户的机制并实现客户价值的最大化时，便是一个成功的模式，即使短期内没有盈利，但是从长远来看一定会盈利；当该模式无法满足客户的需求，便是一个失败的模式，就算能盈利也是暂时的，无法持续。因此，客户价值的不断实现和不断满足是企业一直追求的目标。

（2）持续赢利原则

持续赢利原则是考验企业的商业模式成功与否的唯一外在条件，因此，企业设计商业模式时，应该把是否赢利、如何赢利放在重要位置。当然，这个赢利必须是正当的、持续的，短暂的赢利没有太大价值。所谓持续赢利，是指该模式既要实现正当赢利，也要实现可持续发展。如此，企业才能在市场中处于不败之地。

（3）资源整合原则

资源整合便是资源的优化配置，进退有度，取舍有度，实现整体最优发展。从战略思维来说，整合资源的概念属于系统论的思维方式，即企业要通过组织协调的方式将内部所有资源整合起来，特别是将内部一些关系紧密却相互分离的职能结合到一起，再与外部相关的资源相融合，从而形成一个以客户为中心，以“1+1 ＞ 2”为目标，实现企业价值最大化的系统。从企业的持续发展来说，资源整合是企业实现优化配置的最佳决策，市场需求的不断变化刺激企业的发展战略不断更新，以企业的组织制度和管理方式为出发点对内部资源进行重新配置，增强企业在市场中的竞争力，为客户创造更多价值、提供更多服务。

（4）创新原则

创新原则是指企业不断创新商业模式和产品，不仅是技术的创新突破，也可以是环节的改造、模式的重组或者原有规则的改变。在企业经营发展过程中，创新贯穿每一个环节的始终，如研发、销售、市场流通和营销等。可以说，企业在其中的任何一个环节进行创新都是商业模式的突破，有利于企业的赢利和长期发展，创新是企业发展的动力。

（5）融资有效性原则

融资对于企业十分重要，对企业尤其是中小企业的长期发展具有重要意义。一般来说，企业发展需要源源不断的资金，快速发展对资金的需求量更大。许多企业经常因为资金问题受到限制或者遇到瓶颈，企业拥有良好的资金链便能在发展中赢得先机，掌握市场的主动权。从优秀企业的发展史来看，资金是其成功的重要因素。同理，企业的失败也是由于没有形成有效的融资模式，资金缺乏而导致的。总而言之，融资模式是设计商业模式必须考虑的重要环节，甚至可以说，一旦一个企业建立起了良好的融资模式，资金充足，那么这家企业便成功了一半。

（6）组织管理高效率原则

高效率是企业管理追求的最高目标，也是众多企业管理者一直追求的理想境界。从经济学角度来说，效率高低决定着一个国家是富裕还是贫穷，决定着一个企业是否赢利、赢利多少。根据现代管理学的相关理论，企业的效率高低与企业的核心价值观、目标、使命和愿景有密切的关系，也是企业长期生存发展的根本动力。当然，科学的管理系统也是必不可少的，企业管理者利用这套系统解决公司内部组织、分配、合作、计划和约束等问题。此外，有约束就要有奖励，企业还需要建立一套科学合理的奖励机制，让员工合理享受企业成长的硕果，增强员工的凝聚力，与企业紧密相连。只要把控好上述几个环节，企业的管理将不断健全和完善。

（7）风险控制原则

在企业发展中，风险是一定存在的，风险抵御能力是商业模式的根基。企业风险主要包括外部风险和内部风险。外部风险有政策、法律和行业风险；内部风险是资金周转情况、人员变化情况和产品更新情况。无论商业模式多优秀，如果没有良好的风险抵御能力，那么企业便像建在沙丘里的大厦，无法经受狂风暴雨的袭击。

（8）合理避税原则

合理避税是指在目前法律和制度规定的框架内，通过合理使用相关政策，设计出一套合理、合法的方案，帮助企业减少不必要的税费支出，从而增加企业的盈利能力。

2. 商业模式设计的方法

（1）商业模式画布模块划分

商业模式画布是目前最流行，也最受人们认可的商业模式工具。

人们把商业模式涉及的几个关键构造，以模块的方式整合在一个“商业模式画布”中，每个构造块对应画布上的一个空格，通过向这些空格里填充相应的内容，描绘商业模式或设计新的商业模式。

一是客户细分，用来描述一个企业想要接触和服务的不同人群或组织。

二是价值主张，用来描述为特定客户细分创造价值的系列产品和服务。

三是渠道通道，用来描述公司是如何沟通接触其细分的客户而传递其价值主张。

四是客户关系，用来描述公司与特定客户细分群体建立的关系类型。

五是收入来源，用来描述公司从每个客户群体中获取的现金收入（需要从收入中扣除成本）。

六是核心资源，用来描述让商业模式有效运转所必需的最重要的因素。

七是关键业务，用来描述为了确保其商业模式可行，企业必须做的最重要的事情。

八是重要伙伴，让商业模式有效运作所需的供应商与合作伙伴。

九是成本结构，运营一个商业模式所需的所有成本。

（2）商业模式画布的主要优点

商业模式画布只用一张仅占一页的商业模式图来描述清楚如何进行商业模式设计，它具有以下优点。

第一，完整性。它可以确定项目商业模式方方面面的问题，这些问题想清楚了，工作就基本就绪了。完整性不是事无巨细，它是高层次的一种把握，而不是纠缠于细节。如果存在很大的漏洞，同样能够一目了然，清楚知道问题的症结所在。

第二，一致性。可以判断商业模式的各个方面是否一致，如涉及合作伙伴的假设与涉及渠道的假设是否一致等。

第三，便捷性。当项目的策划者畅谈自己的商业设想时，可以画出商业模式图，也可以在讨论或咨询中进行调整。它可以确定员工会议、董事会讨论或投资者演示的焦点。相比一页文字，人们更容易记住一张图，同时对一张图进行修改调整更便捷。

总而言之，将思考形成图形，留在白板上，与大家一起分享。每一位参与者都可以贴上便利贴，提出自己的问题。每次至少和几个人一起来回顾这张图，让头脑风暴激发出好方法。与此同时，对一些细枝末节的事情，不要过于关注和担心，即使是由 9 部分组成的商业模式画布，也只需重点填写 6 ～ 7 部分就可以推进。所有企业或项目的关键活动都是“销售和营销”，无须做到事无巨细，真正需要关注和明确的是价值主张，包括每个细分客户群体、细分的关键资产和关键合作伙伴以及推动经济效益的营收和成本分项。

目前，商业模式图也用在一些高级别的决策上，它是通过应用包括层层关键假定、获得明确的假设以及对假定的检验等环节来进行决策。

第二节 “互联网 +”背景下高校创新创业教育课程体系构建

一、高校设置创新创业教育课程的主要目标

经济和社会都在不断地向前发展，这促进了人们综合素质的不断提升，高校课程中进行创新创业教育将成为一种必然的趋势，其目标也会随着市场需求的变化而变化。创新创业教育不仅要确定基本原则，构建教育课程体系，还要确定创新创业教育内容、选择教学模式等。现在，中国创业教育主要通过课堂教育和实践教育相结合的方式来完成，为培养大量的具有创业技能和创新精神的复合型人才做出巨大的贡献。完善的教学体系是进行创新创业教育的首要条件，这和培训机构开设技能培训课程有很大的区别。创新创业教育课程中技能传授只是很小的部分，其核心在于对学生的创业意识和创新精神进行培养和提升，所以可以从以下两个层面制定高校创新创业教育目标。

第一，要以创业意识的不断强化、创业技能的不断提升以及创业知识的不断丰富来作为创新创业教育的目标。学生在经过创新创业教育后能够更好地认识到创新创业的重要性，有利于提高学生的创新意识和创业能力，帮助学生正确认识中国目前的就业形势。创业素质教育能够鼓励更多的学生进行自主创业，既能解决自己的就业问题，还能提供大量的工作岗位，缓解目前国内严峻的就业形势。学生只有具有强烈的创新精神，才能有效地把握住创业机遇，为以后的创业打好基础。综合来说，创新创业教育的目标就是培训学生的创新意识和创业精神，为学生以后的创业活动提供条件和营造氛围，让学生在创业中体会到满足感和成就感，这对学生创业观念的改变也是非常有意义的，可以促进学生自主创业，提高创业成功率。改革开放为国内的学生提供了大量的机会和机遇，学生应该积极主动地提高自己的能力，增强自己的创业技能，积极进行自主创业，为实现国家富强和体现自身价值而努力奋斗。创新创业教育也有利于创业氛围的营造，让学生具备一定的创业紧迫感和成就感，进而转变就业观念，强化创业意识，抓住机遇提升自己的创业成功率。

第二，开展一些专门的培训活动，为有创业想法和创新潜能的学生提供帮助，培训他们勤学苦练的意志，给予他们创业技能培训，激发他们的创业勇气，从创业技能和创业意识两个方面来激发学生自主创业的意识。学生规划能力、抽象思维能力、管理创新能力以及应变能力等的培养是创新创业教育的主要内容，团队合作精神、沟通技能提升也是创新创业教育必不可少的内容。这样才能使学生具备领导能力和融资能力，向企业

家思想升华，能带好自己的团队，处理突发事件。创业教育目标需要经过长期的、艰苦的奋斗和努力才能达成，而所有目标的实现都离不开实践，任何问题的发现和解决都是在实践中体现的。

（一）高校创新创业教育的共性目标解读

创业基本素质的培养是中国所有学校创新创业教育的共性目标。国内所有高校的创新创业教育的共同目标都是提高学生的创业基本素质。创业基本素质主要由两个方面的含义组成：第一，先天影响因素，即人们常说的创业天赋，这是创业成功的基础和前提，是来自遗传的因素；第二，创业社会环境，它是创业能否成功的后天影响因素。这两个因素在一定程度上具有比较稳定的特点。为了对中国高校创新创业教育的共性目标有更加清楚的认识和了解，就以下四个方面进行具体的说明。

1. 创业意识

在整个创业过程中，创业意识的作用是非常显著的，可以体现出创业者的社会属性。它是创业者在创业活动中的心理素质的体现。它的作用主要体现在创业初期。其中，创业的基本动机、准确分析创业行业、创业企业家或者管理者素质培养以及把握创业机遇等都是创业意识的主要组成内容。

2. 创业知识

创业知识是指创业者具备的创业知识和创业技能的总称，主要内容包括金融相关知识、法律法规相关知识、营销策划活动能力和企业管理知识以及管理能力等。在创业活动中，创业知识的地位是绝对核心的、关键的，也可以说创业知识是创业实践的前提和基础，对创业方式产生直接影响。所以，若想创业实践取得成功，必须具备一定的创业知识。

3. 创业能力

创业能力不等同于创业意识，创业能力多受后天因素影响，具体是指创业者从学习和实践中获得的，对创业活动成功率形成直接影响的不同因素的总称。创业能力是创业者进行创业活动的必备条件。创业能力的内容主要包括创业者的领导和人际交往能力、创业者把握市场商机的能力、创业者的团队合作能力以及决策能力等。

4. 创业品质

创业品质是创业者在创业活动中所表现出来的个人道德品质。创业活动要获得成功并取得可持续发展，就必然要求创业者具备一定的创业品质，这样才能让创业活动符合国家法律法规的要求，不会在创业过程中出现违法乱纪的行为，这是创业实践顺利进行的必要基础。一般来说，创业者的社会道德认知、社会责任感、自我情绪控制能力以及思维行为模式等都是创业品质的表现。

（二）高校创新创业教育的个性目标解读

创业活动的开展是建立在创新创业教育的共性目标基础上的，创业活动的顺利开展离不开系统的创新创业教育，特别是开创性教育对创业的成功有非常大的影响。高校的开创性教育必然需要先建立一个个性化的创业教育目标。创新创业教育的本质就是创造性教育，它也是高校创新创业教育个性化目标的体现。简言之，培养和提高创业者的创业技能和创业知识，充分利用社会环境的影响，使创业者具备一定的创业格局，也是高校创新创业教育的个性化目标。开创性教育的主要内容有以下四个方面。

1. 要有敏锐的洞察力和决策力

创业前瞻性是一个成功的创业者所必备的条件，有利于创业者准确地预测市场变化，把握市场商机和发展机遇，占据一定的市场竞争力。在做出创业决策的过程中，创业者需要具备一定的自主性，并具有决策能力，在强烈的创业意识推动下，合理地对自己的创业能力进行分析和判断。

2. 要有冒险精神和竞争意识

创业者在创业过程中需要具备一定的冒险精神，这样才能及时地抓住市场发展机遇，勇于尝试和实践，不怕失败和挫折。创业者要理性地看待市场竞争，面对市场竞争要奋起直上，不退缩、不害怕，敢于和竞争对手一争高下。

3. 要有坚强的意志和创新能力

创业过程是一个长期的、艰辛的过程，中途难免会遇到挫折、困难，特别是在创业初期和创业瓶颈期。这需要创业者具有坚强的意志力，不怕困难，迎头直上，排除万难，妥善处理问题。创业过程本身就是一种创造性的活动，打破常规是其最主要的特征，因此创业者的创新能力也是必不可少的。

4. 要适应市场的变化，加强沟通

面对着瞬息万变的市场环境，创业者要做好政策制度、地理位置以及虚拟环境随时变化的准备，具备一定的市场应变能力。创业者的领导能力是创业成功的重要影响因素，要对全局进行把握，特别是在创业环境产生变化时，更需要有冷静应对的能力，吸取各方面的建议和长处，及时做出合理科学的决策。而在这个过程中，交流沟通能力也是创业活动能够顺利进行的重要影响因素。良好的沟通交流能最大限度地激发团队力量，为创业成功创造有利的生存环境。

二、“互联网 +”背景下高校创新创业教育课程体系构建策略

创新创业教育是一项实践性很强的教育。高校的创业教育离不开课堂，同时，创业教育与普通的教育又有较大的区别，如何设置高校创业教育的课程也成了不少专家学者探讨的话题。目前，对高校创业教育课程体系的设置有三种思路：第一，按照授课内容的不同分为实践性课程和理论性课程；第二，按照课程表现形式不同分为隐性课程和显性课程；第三，按照授课形式不同划分为学科课程、环境课程、活动课程和创业课程。

（一）设置创新创业教育基础学科课程

创新创业教育基础学科课程是为了奠定创业者开展创业活动基础而设置的，旨在为

创业者构建创业基本理论体系，使其认识创业是什么，创业所需要准备的知识和技能储备有哪些。基于此，可以从创新创业教育基本理论课程、创新创业教育专业理论课程和创新创业教育辅助课程三个方面设置。

1. 设置创新创业教育基本理论课程

创新创业教育基本理论课程设置的目的是使创业学生认识到创业的意义，介绍最基本的创业理论。具体的课程包含创业学概论、创业基础理论、创业辅导等。

2. 设置创新创业教育专业理论课程

创新创业教育专业理论课程设置旨在详细为创业学生讲解创业过程中所需要的各科知识，主要包含创业法律基础、创业案例研究、管理学、市场营销学等。

3. 设置创新创业教育辅助课程

创新创业教育辅助课程是为进一步提升创业学生的创业活动质量而设立的。创业教育辅助课程体系是一类由多学科构成的课程体系，应根据不同创业学生特点来设立，充分考虑创业学生的学科背景、知识基础、兴趣爱好等特征，尽可能地满足不同的需求。创业教育辅助课程体系还应将重点放在激发有创业意愿学生的创业兴趣、培养企业家精神、注重创造性思维的培养、开阔学生视野等方面。

同时，在改变创业教育辅助课程体系时，可以结合学校的师资力量，充分合理地运用现有的师资资源。考虑到中国创业教育专业教师师资严重不足的现状，可以在学校现有师资基础上经过适当的培训来培养创业教育专业教师。例如，外语教师可充分利用他们的语言优势，给学生传授国外先进的创业教育理论及优秀的成功案例；管理学教师则可以为学生们讲解企业家精神、各地管理基本理论等相关知识。创业教育辅助课程体系在全校内以选修课的形式开展，创业学生可以根据自己的爱好选择不同的课程来学习，以期达到提高创业教育质量的目的。

（二）设置创新创业教育活动课程

创新创业教育本身是一门实践性很强的课程，因此，创新创业教育课程改革中活动课程的设置尤为重要。创新创业教育活动课程旨在让创业学生通过具体实践，了解创业活动的整体流程，并在具体创业活动中找到自己感兴趣的方向，能够将自己所掌握的知识、信息、技能和资源具体运用到一项实实在在的创业活动中去，真正实现创业的意愿，并在此过程中能够了解和掌握创业活动的基本细节，为真正开展创业活动奠定坚实基础。创新创业教育活动课程可以从以下四个方面来衡量。

1. 创新创业教育集体活动课程

创新创业教育集体活动课程具有广泛性的特征，该活动课程应根据学校的总体创业教育目标，面向全校创业学生而设置，旨在达到全面认识创业活动，了解企业真正的运作流程和目的。其开展形式可采用报告或讲座，由学校出面，在规定的时间段邀请创业教育专家或成功创业者与创业学生开展面对面的交流，使创业学生能够从他们的亲身创业经历中获取所需的信息，起到培养创业学生创业精神和创业素质的作用。

2. 创新创业教育专题活动课程

创新创业教育专题活动课程是在创新创业教育集体活动课程的基础上，专门针对创业活动中某个环节而开展的创业教育实践活动。创新创业教育专题活动课程所选择的专题环节一般是创业活动中重要的环节，如营销环节、决策环节等。当然，也可根据创业学生的要求，就某一个他们感兴趣的环节或是他们认为困难的环节而展开主题活动。创新创业教育专题活动通常采用商业计划竞赛的形式组织开展，从而培养和锻炼创业学生的团队合作意识、竞争意识等。常见的创新创业教育专题课程有模拟营销大赛、参观企业了解企业文化和企业运作流程等。

3. 创新创业教育项目活动课程

创新创业教育项目活动课程是按照高校开展创业教育的目标，在创业教师的引导下，创业学生在明确自己创业活动的主题下，自行设计创业活动项目，并且在学校的支持下，亲自实践自己的创业活动，最终完成整个创业活动，然后再对自己的创业活动全过程进行自我批评和自我总结，以期来丰富创业学生的创业经验。对创业教育项目的实施可以强化创业学生在创业过程中的独立判断能力、自我管理能力，培养创业学生具备企业家的基本素养，使学生在项目活动过程中得到锻炼。

4. 创新创业教育项目潜在课程

创新创业教育项目潜在课程强调的是在高校里营造一种创业活动氛围，通过这样的创业活动氛围来潜移默化地影响创业学生，以达到培养学生的基本创业品质，提高学校创业教育发展水平和质量的目的。创新创业教育项目潜在课程可通过学校已有的条件激励学生开展创业活动，培养学生的创业精神。

（三）设计创新创业教育实践课程

创新创业教育实践课程有利于提高大学生对企业知识的运用，有利于开阔大学生的视野，培养大学生的创业技能，发挥大学生个人技能。创新创业教育实践课程主要分为模拟创业实验和创业实践两种形式。

1. 模拟创业实验

模拟创业实验过程是一种创新仿真实验，学生可以模拟体现创业者经历的各个阶段，体验从创业决案、创业项目选择、团队组建、管理企业到产品推广的整个创业历程。模拟创业实验还可以通过案例分析形式进行，使学生身临具体案件之中，将自己想象成创业者，并且分析自己在创业过程中出现的问题与各种做法。模拟创业实验要开设沟通技巧与训练、商业营销模式、商务案件分析、商业计划与培训体验等课程。

2. 创业实践

创业实践是为了将创业理论与实践结合。大学生创业实践可以通过两种方式进行：第一，利用校内的专业实习平台，让学生进入学校的后勤、投资等部门体验，使其能够积累丰富的与人交往的经验；第二，开展校企合作方式，通过与企业的沟通和洽谈，让更多学生进入企业实习，能够了解企业的经营与发展模式，积累处理各种问题的经验，为其创业打下坚实的基础。

第三节　“互联网 +”背景下高校创新创业教育教学体系构建

一、高校创新创业教育实践教学体系解析

（一）高校创新创业教育实践教学体系的内涵

1. 实践教学

实践教学是相对于理论教学的各种教学活动的总称，包括实验、实习、实际设计、工程测绘、社会调查等，旨在使学生获得感性知识，掌握技能、技巧，养成理论联系实际的作风和独立工作的能力。这种对实践教学的定义是从其内涵和外延来理解的。

2. 教学体系

按照系统论的思想，教学体系是指为了达到教育目的，而由教学活动相关要素构成的，并以一定稳定结构形式存在的，实现特定教学功能的，相互影响、相互作用的有机整体。教学体系的构成除了学生、教师和教材外，还包括教学目标、教学内容和教学环境。

3. 实践教学体系

实践教学体系是一个有机的整体，其内涵有狭义和广义之分。总体来说，由目标、内容、管理、评估体系等要素构成实践教学体系整体是按照其广义层面来描述的；而狭义的实践教学体系是指实践教学的内容体系。这里以广义的实践教学体系内涵作为参照，但并不局限于其设定的目标、内容、管理和评估四大要素。该体系把实验、实训、实习、毕业论文等环节作为实践教学活动，把体系的管理、评估、条件保障作为实践教学体系的环境资源来加以重新认识。实践教学体系是以实践教学人才培养目标为核心前提，以实践教学活动为主体内容，并以相应环境资源作为支持条件的一个有机联系的整体。

（二）实践教学体系构建理论依据

实践教学是和社会诸多领域有着紧密联系的实践活动，实践教学体系的构建也涉及各种与之相关的要素。在综合考察实践教学内涵的基础上，实践教学与学习论的思想密不可分。它们不仅为实践教学体系设计提供理论指导，也为人们认识教育本质、确立教学目标、选择教学内容等教育问题提供重要的理论依据。

知识、技能不是被动积累的，而是学习者积极实践的结果。知识、技能的建构必须从激发学习者学习动机开始，而传统的教育模式往往是先理论后实践，实践能力弱的学生在社会上缺乏核心竞争力。所以，必须确立实践教学在创新创业人才培养过程中的主体地位，学习者的学习过程要关注知识、技能的连贯性和教学内容的情境性。使用情境教学方法，使学习内容具有真实性任务，使学习行为在与现实情境相似的情境中产生。

实践教学是符合情境教学要求的，使学生通过具体的社会实践、实训、实习等实践环节，在解决具体问题情境中，积极主动地建构自己的理解过程和创造过程。

（三）实践教学体系在创新创业能力培养中的作用

高校通过实践教学，培养的是学生实践动手能力和发现问题、解决问题的能力。在21世纪创新创业人才培养的要求中，学生创新创业能力的核心就是创新，而创业则是在具备一定程度创新的基础上升华得到的。实践能力是创新能力发展的基石，高校构建面向创新创业能力培养的实践教学体系是符合现代教育要求和社会人才需求的。

实践教学体系是连接学生理论知识和实践能力的重要手段。学以致用是人们从古至今都崇尚的知识获取和使用的目标，其实现学以致用目标的过程就是通过实践教学。实践教学培养学生运用知识、创造知识的能力，使学生能真正发挥理论指导实践的作用，为其毕业后进入社会工作创造必要条件。

实践教学体系是高校教学体系的重要组成部分。高校教学的培养目标和专业人才的培养目标的实现，都离不开实践教学这一举足轻重的关键环节。实践教学培养的是学生的实践能力、创新能力和创业潜能，而只有实践教学体系才能更加系统化地实现实践教学的作用，是学生能力发展的必要条件。

实践教学是学生创新能力培养的基石。学生创业潜能的激发离不开创新能力的积累，创新能力的积累离不开实践能力的提升。若没有实践能力，则创新能力是不可能得到发展的。学生在实践中不断积累自己的实践能力，形成良好的创新意识，无形中会使自己的创新能力逐步提升。

实践教学更深远的意义在于学生个体的全面发展。21世纪，国家的发展靠人才，而人才综合素质的提升是一个国家综合国力提升的表现。国家正是靠学生进入社会前的实践教学来逐步培养学生的综合素质，促使其全面发展。

二、高校创新创业教育实践教学体系构建策略

（一）实践教学体系构建原则

实践教学体系的高效运行必须考虑到多种要素间的相互作用。实践教学体系在综合了创新创业人才培养范畴和实践教学体系特征的基础上，提出了在构建实践教学体系过程中需要遵循的一般性原则。

1. 目标性原则

高校实践教学体系的构建必须紧紧围绕培养大学生创新创业能力这一人才培养目标来进行，要把培养既具有扎实的理论基础又具有较高创新素养和较大创业潜能的学生作为实践教学体系的出发点。制定的实践教学体系人才培养目标应该根据高校人才培养规格、专业学科特点及发展规律、社会对人才的需求来进行明确的、有针对性的具体目标设定。

2. 系统性原则

高校实践教学体系的构建，应该根据高等教育的规律、人才培养特点，按照各个实践教学环节的地位、作用及相互之间的内在联系，运用系统科学的方法进行统筹安排。实践教学环节的时间安排要保持连续性，要处理好实践教学与理论教学的关系，合理分配课时比例，保持整个教学过程的系统性。实践教学与理论教学的相互衔接、相互渗透，使体系内的各个环节协调统一，贯穿于高等教育的全过程。

3. 层次性原则

大学生能力的发展是一个循序渐进的过程，遵循这一客观规律，实践教学体系也应分阶段、分层次逐步深化。其实践教学目标要由易到难，实践教学环节由简单到复杂，实践教学方法由单一到综合，分阶段、分层次循序渐进地加以构建。

4. 实践性原则

实践出真知，因此，对实践教学体系的构建要有利于学生实践能力的培养，主要体现在实践教学目标要符合社会发展和人才需求，除培养学生的应用实践能力外，还要注重创新创业能力的培养，以满足学生自主发展的需要。在教学内容上，应突出知识更新的要求，以实践、实训活动为主导，模拟真实的环境来开展实践教学。

（二）面向创新创业能力培养的实践教学体系

1. 实践教学体系结构解析

实践教学体系的构建是以实践教学人才培养目标为核心前提，以实践教学活动为主体内容，并以相应环境资源作为支持条件的一个有机联系的整体，所以在构建面向创新创业能力培养的实践教学体系时，培养大学生创新创业能力作为实践教学人才培养目标与实践教学活动和配套的环境资源构成了体系中的三大要素。这三大要素各有内涵又相互联系、相互促进。

2. 实践教学体系构建目标导向

创新创业人才培养目标是高校实践教学体系构建的目标导向，也是其核心前提。这指的是在实践教学体系的构建中，要把培养学生创新创业能力作为实践教学人才培养目标，把创新创业人才培养目标贯穿实践教学体系的每个环节中，通过实践教学活动培养学生的实践能力、创新素养和创业潜能，使学生解决实际问题的能力和综合素质得到提高，做到德、智、体、美、劳全面发展。

（1）培养学生理论联系实际的能力

实践教学的首要任务就是要求学生能将理论知识与实践动手能力相结合，将课堂教育与社会实践相结合。这样在学生参加工作以后，学会理论联系实际，充分利用理论知识、指导思想，去观察、处理问题，解决实际工作中遇到的现实问题。

（2）培养学生发现问题、解决问题的能力

在用人单位看来，现在的大学生发现问题、解决问题的能力并不理想。由于缺乏实践经验，在工作中很难发挥高学历知识教育的优势，因此要通过实践教学，积极调动学生的观察能力、理解能力和思考能力。

（3）培养学生创新能力，激发学生创业潜能

创新对21世纪人才培养的意义尤为重要。在日新月异的环境中，具备创新能力的人才才能发挥举足轻重的作用，为社会发展做出贡献。创新能力的不断提升不仅可以使学生富有创造力，还可以激发其创业潜能，开辟新的行业和领域。

高校要依据自身的定位，适当调整各学科教学计划，以培养学生创新创业能力教学理念为指导，突出实践教学体系各环节的连贯性和整体性，完善实践教学内容，积极培养学生实践能力，满足新时期学科专业发展对专业人才的需要，力争实现创新创业人才培养目标。

（三）实践教学体系主体内容

按照不同的教学目标，遵循实验内容深度的递进、实践技能层次的递进、综合应用水平的递进原则。实践教学活动主要包括基础实践阶段、专业实践阶段和综合实践阶段三个阶段。通过这三个实践阶段，学生可以合理地、循序渐进地安排实践教学活动，将创新创业人才培养目标和实践教学内容具体落实到各个阶段中，达到学生实践能力、创新能力的培养要求。

1. 基础实践阶段

该阶段是专业能力初步锻炼的阶段，对加深理论知识的理解、弥补课堂教学的不足起着重要作用，是专业实践阶段的前提。基础实践阶段主要包括课程实验、社会调查和参观见习三个部分，重点培养学生基本技能和基础实验能力。

2. 专业实践阶段

该阶段是在经过专业知识的系统学习之后，开始把所学知识运用到科研探索中，强调专业实践的重要性，是对学生科研能力培养的有益尝试。专业实践阶段主要包括三个部分：课程设计、项目实践和专业实训。

3. 综合实践阶段

该阶段主要包括科研竞赛、毕业实习和毕业论文三个部分，重点培养学生综合实践能力和创新能力。

（四）实践教学体系构建的资源环境

实践教学体系的构建必须提供一系列教学硬件和软件，才能保障实践教学的顺利开展。这些软件和硬件构成了实践教学体系的资源环境，主要包括实践教学体系构建的前提条件、环境保障、质量保障等多个方面。

1. 完善实践教学管理机制

适合创新创业型人才培养的实践教学体系必须要有与之相适应的实践教学管理机制作为其前提条件。其管理机制包括以下三个方面。

（1）分级组织管理

高校实践教学管理实行校、院二级管理体制，由学校负责对实践教学制定相应的管理办法和措施，各二级学院作为办学实体负责实践教学的组织和实施。

（2）教学制度管理

目前，大部分高校的学生必须按照专业教学计划，接受相同的教学内容，而不能自主选择个性化的课程，这并不利于大学生创新能力的培养。完善实践教学制度，需要实行“弹性学分制”，保证学生获得学分途径的多样性和灵活性，促进学生创新能力的最大化发展。

（3）运行评价管理

建立起包括学科专业资源、软硬件条件、校内外实训实习基地等实验教学资源有效利用和共享开放的机制，保证实践教学资源得到最大化的利用，为实践教学活动的开展提供可靠的保障。同时，需要对实践教学的各个环节制定相应的评价反馈机制，利用这种机制来促进实践教学质量的提高。通过评价反馈保证实验教学改革的机制，对实验教学资源的有效配置与利用起到良好的监督与指导作用。

2. 建设实践教学基地

实践教学基地建设可分为校内实训基地建设和校外实习基地建设两个方面：校内实训基地主要是面向本校师生，采取校企结合的模式，在校内开设企业培训课程，进行企业模拟实践项目，能体现学校管理和专业特色的实训场所；校外实习基地需要依托企业的老师，按照企业生产实践的真实需求，参与学生的校外实习教学环节的管理和指导工作。良好的实践环境是培养学生实践能力和创新能力的重要基础，所以高校应该确立以校内实训基地发展为核心，扩展校外实习基地，采取校内外共建相结合的思路，为推进实践教学改革提供基本环境保障。

3. 建设高质量的实践教学师资队伍

近年来，很多高校开始认识到，实践教学人员已不再是传统观念中的教辅人员，而是教学活动的主体。实践教师队伍素质的高低，直接关系到学生实践能力、创新能力培养的好坏，因此，高校要加强实践教学师资队伍的建设，以适应新的实践教学体系要求。高校要抓好“双师型”实践教学师资培养工作，通过各种培训、培养途径，使他们既具备扎实的基础理论知识、较高的教学水平，又具有很强的专业实践能力。与此同时，建立完善的考核体系，鼓励教师参加实践教学工作。

三、“互联网 +”背景下高校创新创业支持体系构建

（一）支持体系基本构建思路与原则

在“互联网 +”快速发展的今天，大学生创业面临许多瓶颈，有资金方面的，有政策方面的，有技能方面的，还有服务方面的，等等。虽然一些高校开展了大学生创业培训，但是仅靠这些还不能很好地为大学生的成功创业服务。支持服务高校毕业生创业是一项

系统的工程，需要一个完整、成熟的教育服务支持体系。

（二）大学生创业支持体系的构建策略

建立一个以家庭、社会、国家为基础的，适合中国国情且符合大学生当下要求的，较为全面的创业支持体系，以帮助大学生更好地认识创业的方方面面，帮助大学生克服在创业过程中所遇到的困难，全面支持鼓励大学生充分发挥自己的主观能动性，创新思想，突破自我，积极创业，为展现中国大学生自身的真正价值、促进中国经济快速腾飞而努力。

1. 建立完善的创业政策支持体系

近年来，中国的经济增长速度稳步提升，在这样良好的经济环境中，有着潜在的、巨大的创业机会。然而在中国现行的市场经济体制下，仍然有许多不完善的地方，大学生创业如果一味地靠市场去主导，初出茅庐的大学生企业势必会举步维艰，从而影响大学生再创业和其他大学生创业的信心和积极性。中国政府和社会组织应该从各个方面制定一系列政策和措施来鼓励大学生创业、方便大学生创业、保证大学生创业，使其真正成为中国经济前进的重要力量。

（1）创业鼓励

政府、高校、社会组织在制定各项政策鼓励大学生创业的同时，要尽可能多地让大学生了解和知道这些政策的存在。以前的情况往往是政策虽在，但无人知晓，有些大学生会因此而放弃创业的念头。社会各界应该通过各种媒介深入宣传鼓励大学生创业的基本政策和措施，让广大有潜在创业想法的大学生通过了解这些鼓励政策产生其心灵上的共鸣，从而将创业理念转化成创业现实。同时，要深入报道大学生创业成功的典型案例，树立创业者在大学生心中的典型形象，建立一种十分轻松、友好的创业氛围。社会各界也应该加强合作，开展一些适合大学生创业的社会活动，给予大学生一些创业奖励，增强他们的创业积极性。

（2）税费减免

政府和社会各界要方便大学生创业，就要在税费上下功夫，简化大学生创办企业和企业运营中的各项程序，减免相应的行政管理费用，减轻企业的负担，同时在各项税收中给予企业更高比例的优惠。

（3）技术支持

大学生企业在创办后很可能会遇到一些核心的技术问题而阻碍其进一步发展，这时候政府需要制定相关的法律法规保证大学生企业核心技术的获得，特别是要求国有企业和知名企业在条件允许的范围内尽量和大学生企业进行技术交流，在技术层面给予大学生企业一定的援助。高校的科研力量也可以成为帮助大学生企业改良技术的有力平台。与此同时，大学生企业在产品获利后反哺学校的科研力量，进一步促进高校的科研水平，从而形成一个教学—科研—产出的良性循环。

（4）项目支持

大学生企业在创办之初尽管有好的发展前景、运营模式，但如果没有好的项目，不能盈利，仍然不能使其长久地生存发展。大学生刚刚毕业没有足够的关系网和社会网，市场渠道的不畅会导致大学生创业的失败，政府和社会组织应该正确、合理、积极地引导，分配一定比例的政府采购项目和社会采购项目给大学生企业，帮助其顺利拿到订单。

2. 建立完善的创业教育支持体系

高校作为大学生创业前期理论学习的基地，对于培育大学生相关的专业理论知识和创业基本技能及大学生的艰苦奋斗、持之以恒、敢于创新的企业家冒险精神有着十分重要的作用。创业教育是成功创业的重要因素，有必要大力开展创业教育，为大学生创业奠定理论基础。

（1）纳入学分

高校要把创业教育纳入学分体制，使创业教育成为如同专业课一样的必修课，使尽可能多的大学生接触到高校的创业教育。对创业教育任务的评估也会使高校的创业教育更加灵活丰富，各种创业技能、创业培训、创业活动的开展都将是大学生拿到学分毕业的必要环节。因此，将创业教育纳入学分是高校进行创业教育的有效前提，有利于创业教育的普及。

（2）课程设置

在成功将学生拉到创业课堂后，如何让参加创业相关课程的大学生保持兴趣、积极投入，从而能够真正掌握相关的创业理论、创业想法就成了高校创业课程设置所要关注的问题。课程设置的核心问题：一方面，是在各个高校的各个特色专业和相关专业开设渗透性的创业课程，使类似于化工、机械、生物等理工科的专业和法律、文史、会计等文科性的专业都有可以创业的切入点，并能够有机地结合文理专业，使学生和老师能够充分地交流，释放全面特别的创业理念；另一方面，考虑到在调查问卷中绝大多数大学生更在意的是创业相关课程的内容和形式，可以摒弃传统应试教育老师讲课、学生听课的死板模式，借鉴如 MIT 的创业课程实验、斯坦福的模拟商业谈判等创业课程形式，使学生能够充分地了解和模拟今后的创业流程，并在此过程中结合灌输相关的创业知识，使其在模拟实验中自觉地克服创业困难，培养冒险精神和创业品质。这些措施使高校的创业相关课程更加灵活生动有趣的同时，也起到了培育大学生创业者素质的作用。

3. 建立完善的创业资金支持体系

企业的创建、运营、维系都需要资金的注入，良好的资金链状况对于一个企业正常健康的发展有着相当大的作用。资金困难是大学生创业的第二大难题。只有通过各种渠道有效地引入资金，才能支持大学生将创业构想转化成创业成果。因此，建立和完善以家庭、学校、政府、社会为基础的资金支持体系对于大学生创业有着极其深远和实质性的影响。

（1）家庭支持

很大一部分大学生的创业原始积累来自家庭、亲戚、朋友。一方面，说明在现行的金融市场上，想要通过商业信贷来支持创业还十分困难；另一方面，说明相关的法律法规和大学生创业的优惠资金政策还不完善，亟待出台。家庭资金支持除了包括大学生的自有资金和通过亲戚朋友的帮忙所获得的资金和物资外，还包括家庭对于大学生创业的精神支持。精神支持是指家庭赞同大学生的创业行为，减轻大学生毕业后对其成家立业、赡养父母等的经济负担，能够容忍创业所抛弃的机会成本和创业失败的损失，相当于减轻了大学生创业负债的压力。两方面的结合，对于大学生创业初期生理和心理的压力有极大的缓解作用。

（2）学校支持

高校的资金支持可以有效减轻大学生创业的时间成本，缩短创业周期，使其在高校内专心于理论知识的学习、创业技能和创业品质的培养以及创业计划和创业构想的实施。高校的资金支持可以从以下三个方面实施完成：一是将科研成果进行商业化；二是举办高品质的创业竞赛进行创业奖励；三是直接设立创业种子基金。中国很多大学都相继设立了创业基金，使其成为创业教育和创业支持工作的示范学校，有力地支持了大学生创业。

（3）政府支持

大学生在创业初期遇到困难时最希望得到高校和政府的援助，政府对大学生创业的资金支持可以从以下三个方面入手。

第一，相应的资金政策。除对大学生创业减免相关的税费外，降低大学生创业的门槛，也是一种很好的减轻其创业负担的办法。

第二，银行贷款。政府可以硬性规定国有商业银行设定一定比例的商业贷款给大学生企业，贷款利率在各地做相应的调整。同时，建立适合的担保预约制度，保证大学生可以相对容易地进行融资。

第三，政府设立创业基金。

（4）社会支持

社会的资金支持主要是指通过市场上的一些民间组织及市场力量来帮助大学生企业融资，这是对大学生创业融资的一个补充。整合各方力量，对大学生企业进行融资援助，具体有以下三个方面内容。

第一，中国的民间非营利组织（NPO）可以联合一些专门的机构投资者，对项目较好的大学生企业进行风险投资，在国外这也是比较常见的投资方式。尽管是带有股权性质的投资，但机构投资者会在咨询、财税等各方面对大学生企业进行援助，这也是比较推荐的融资模式，提高了大学生企业的存活率。

第二，中国民间非营利组织可以组织一些企业来投资与其发展方向相关的大学生企业，作为加盟公司、旗下公司、技术联合等，这将对双方的发展起到积极正面双赢的效果。

第三，民间非营利组织直接资金援助或者直接贷款，但是可能由于资金数额低、利率高，导致需要贷款的大学生经常反复斟酌，有一定的局限性。

4. **建立完善的创业服务支持体系**

助力大学生创业获得成功需建立一套完整的服务支持体系，这为大学生创业起到润滑剂的作用。

（1）创业基地

大学生在获得了创业资金、创业项目之后，往往需要一个固定的办公场地进行日常的管理办公、生产办公、科研开发办公等，而创业基地就能够满足大学生这样的需求。这种创业基地往往固定建在大学校园或经济产业园中，开业办公后，需要将自己的创业构想转化为创业产品并在市场上销售，如果做不到，那么大学生创业的失败则不可避免。大学生创业者要在政府、高校、市场的引导下更好地了解自己从事的相关行业信息，确认自己的客户资源，完成市场细分，对自己核心的领域有的放矢，成功创业。

（2）管理服务

创业支持体系不仅要让大学生企业成功地建立，更重要的是如何让大学生企业健康成长，不断壮大。因此，管理服务水平的高低将直接影响大学生企业的后期存活率和发展状况，可以从以下三个方面进行概括。

第一，在创业基地、大学创业园等设立专门的管理服务部门，对大学生企业所遇到的法律、财税、会计等相关的企业基础常识提供咨询与援助，使大学生企业尽量少走弯路。

第二，内部管理。内部管理是要让大学生创业者了解企业的产权结构和现行的企业组织结构，在合理的分配和设计下，能够让企业不至于产生一些不必要的纠纷和问题，从而让企业在创办后能够较为良好地运转。

第三，对大学生企业的相关人员进行再培训。培训的内容不再是创业的相关问题，而是关于行业内的基本问题，包括在企业内任职不同的员工应该承担哪些相应的权利和责任并具备怎样的素质和能力，努力提升企业的核心竞争力，使大学生企业能够尽快做大做强。

创业集群辐射效应使创业的大学生都在这个孵化基地进行创业，相互交流，提高大学生企业的存活率。

第四节 “互联网+”背景下高校创新创业教育师资队伍构建

一、设立分层推进的创新创业教育师资建设框架

（一）形成由企业、专业和创业辅导构成的师资结构

高校创新创业教育指的是高校利用课堂内创业课程和课堂外创业活动，培养学生创业精神和创业技能的教育。“实践性与理论性并存”是创新创业教育区别于普通教育的

典型特征，促进自主创业又是创业教育的结果之一。因此，创业师资选拔与培养必须兼顾创业实践、创业理论、创业指导三方面内容，对应师资为企业师资、专业师资与创业辅导员。

（二）确立实践型、“双师型”和咨询型的师资培养目标

鉴于创新创业教育实践性与理论性的特征，“双师型”教师是能够同时驾驭创业教育理论课和实践课的中坚力量，是师资培养的重点目标。“双师型”教师最早出现于职业教育领域。与职业教育相似，创新创业教育最终要回归创业实践。科学有效的创业技能培育离不开创业实践经验，急需具备创业实践与创业理论的创业师资。具体到三类师资：第一，企业师资以提供创业经验为主，需具备基本的教学技能以满足创新创业教育需求；第二，专业师资需要将专业与创业融合，必须具备理论性与实践性的双重知识能力，即“双师型”教师；第三，创业辅导员则以创业咨询为主要任务，需要对创业法律法规、政策有基本认识，能够为学生提供创业支持。不同类型的师资对应的具体培养目标应有所区别。

二、组建数量充足的高素质师资队伍

（一）建立高校创新创业教育协调机制

加强创新创业教育管理是高校全面推进创新创业教育不可或缺的要素，更是创新创业教育制度化建设的一个重要标准。中国高校创新创业师资缺口大、质量差，存在师资管理混乱现象。扩建创新创业师资队伍，提升创新创业师资质量的首要任务就是完善创新创业教育协调机制。

高校要组建有效的创新创业教育管理委员会等协调机构，统筹全校创新创业教育师资队伍的管理与分配，全面指导全校创业课程、创业教育项目、创业竞赛、创业训练营及各种类型创业活动的开展等。

高校要成立由校内外人员构成的创新创业教育咨询委员会，着力解决创新创业教育实施过程中遇到的师资聘用、师资企业挂职、创业资金运用等实际问题。

（二）制定兼顾理论与实践的师资筛选标准

创新创业教育在本质上是一种素质教育，具有普适性。素质教育包括提升“创新精神”和“实践能力”两大核心，与创新创业教育培养具有首创精神和创业能力的目标是一致的。创新创业教育反映了素质教育的核心与重点。实施创新创业教育的目的不只是帮助学生走上独立创业或自谋生计的道路，更重要的是帮助学生将创业精神和能力应用到各项工作与活动中，以适应瞬息万变的社会。

素质教育理念下的创新创业教育，要以创业理论知识为基础，以创业实践知识为重心，要求教师具备先进的创业教学理念和实践导向的教学素养。在师资选拔上，要避免过去单纯以高学历、高职称作为选择标准，树立以教师素质与创业人才培养相契合的选聘导向，防止将“纯粹知识教学”的教育痼疾带入创新创业教育。

（三）建立灵活有效的师资选聘制度

建立灵活的企业师资选聘制度，提升企业师资的参与力度和质量，对专业需求、教学任务、薪金制度、项目参与需求、企业师资与专业师资合作等做出合理安排。

企业师资选聘应兼顾创业教学的多层次需求。以不同教学时长的教学任务为例，第一个层面是学校层面的创业通识课，应采用以校内辅导员和研工部、学工部等教师为主，以兼职教师为辅的师资组成结构。每门课程选配一位或数位能够担任短期课时的兼职教师，采用讲座、互动、专题讨论的方式开展创业教学，作为创业入门知识的补充。第二个层面是学院层面的创业融合课程，应采用专业教师与兼职教师一对一的协作模式，选聘能够担任半个学期或一个学期时长的校外兼职教师，与专业教师共同授课，结合理论与实践提供系统的创业课程。第三个层面是专业层面的创业课程，应选用兼职教师独立教学的组织方式。根据创业课程人才培养的需要设立专门的创业课，选聘创业学领域的专家，专门开设一门或数门相关的创业课程。

高校要着力完善企业师资选聘制度，根据三个层面课程的不同需求，真正将校外兼职教师融入创业教学中来，改变过去蜻蜓点水式的教学辅助，真正对学生的教学与创业实践进行有效的指导。

三、形成科学合理的师资结构

（一）组建结构科学合理的教师队伍

创业师资由企业师资、专业师资和创业辅导员三部分人员组成。各高校应根据国家规定，以及实际课程的教学需求，建设师资规模与结构合理的教师队伍。

鉴于现阶段创业师资较为匮乏的现状，在实际操作中，一方面，高校要坚守师资选择标准的原则底线，扩大师资选择的范围，从参与培训人员扩大到创新创业教育的实践者和研究者，乃至各专业院系不同专业的专业人才，不拘一格地选拔人才，形成稳定的校内教师队伍；另一方面，还要设立一条或多条优秀师资的绿色通道，广泛吸引海内外创业学专家，建立创业教育。同时，高校还应与当地产业相结合，吸引成功的企业家、风险投资商、律师、政府官员等不同领域的人才系统地参与高校创新创业教育，并根据教学层次的需求建立结构合理的教师队伍。

（二）统筹优化现有高校师资资源

院系壁垒成为阻碍高校内创业师资相互沟通与成长的主要障碍。各高校可以结合现实需要，参照三个层次的创业课程设置，开展不同层次的创新创业教育，打破学院的制约，重新整合师资力量，形成通识教学、融合课程教学、创业学教学三种不同的教学模块。通过课程体系的构建，将创业师资组合成密切联系的教师网络。

根据完成的实际创业过程，形成不同的师资合作模式。第一，组建一主多翼的师资团队。此类型师资团队以一次完整的创业项目或创业活动为依托，能够满足整个创业过程需求，由不同专业的专家构成师资队伍。推举一位贤才作为统筹者，组织相关教学活动的讨论、教学内容的选择，制定阶段性的发展目标。第二，根据创业不同阶段或专业领域的需求组建师资队伍。高校可以将不同领域的专家根据创业不同阶段或专业领域的需求，形成特定的师资队伍。学生可以根据自身能力需求与创业发展需求，选择相应的师资进行咨询。

统筹优化现有的师资资源，形成不同形式的师资团队合作方式，最终目的在于充分发挥每一位成员的优势，更好地为创新创业教育发展服务。

（三）制定科学的高校教师协作教学制度

大量引入高校外部兼职教师是中国创新创业教育发展的现实需求。专业师资主要依赖校内师资，师资队伍稳定；而企业师资主要依赖高校外部的企业人士的引进，流动性大。

随着“全校性创业教育”理念的推广，专业教师的人数大幅度增加，而且不同师资类型、不同课程专业类型、不同课时长度的兼职教师也使得师资管理工作变得更为烦琐。在此情况下，若没有完善的师资衔接制度作为保障，一旦出现教师离职的状况，则必定导致师资链条断裂，使教育教学的整体性被破坏。为此，高校必须在创新创业教育管理部门的统筹规划下，在紧密联系社会、主动挖掘不同领域优秀人才的同时，建立严密的师资衔接制度，做好短期、长期师资聘任规划，与应聘师资保持密切联系。

（四）完善现有创业师资激励机制

忽视“以人为本”的师资管理模式，将会导致选人、用人、育人和留人各环节衔接的断裂。在创业师资管理方面，高校应明确树立“以教师为本”的管理理念，确保教师在创业教学中的主人翁地位，帮助教师树立正确的创新创业教育价值观，认识到创新创业教育对教师自身和学生成长的重要作用，建立能够促进教师个体发展的激励体制和管理体制。

具体到实际操作层面，高校要努力将教师的个人发展目标与创业教学发展目标相统一，引导教师根据学校创新创业教育发展的定位和实践型人才培养需求组织开展教学活动，对教师在科研、教学、实践等不同领域所取得的成绩给予科学的评价和合理的回报，努力实现管理方式从压力的传递向内在激励方式的转变。

成立创业师资发展基金，奖励在创业课程建设、教学方法革新、创业实践及创业研究等领域做出显著成绩的教师。制定符合教师劳动投入的薪酬制度，落实创业师资的工资、福利等各项政策，切实保障创业师资的利益。

四、建立形式多样的高校师资培养体系

（一）加大高校创业学学位体系建设

高质量创业师资短缺已经成为阻碍中国高校创新创业教育发展的主要瓶颈。短期速成的创业师资培训既不能达到较高的质量标准，也无法满足不断增长的创新创业教育师资需求。解决这一问题的根本在于构建系统化的创业学学位体系。高校通过创业学学位

体系培育大批创业教育师资，迅速提高创业师资的素养，达到提升创新创业教育质量的目标。

创业学学科的发展和创业学学位的设立，不仅有利于吸引优秀的企业与管理人才加入创业研究的队伍，提高创业研究的质量与效果，还有助于创业师资的长期发展，形成师资供给的良性循环。近年来，中国在创业学学位体系建设方面已经取得了初步成效。因此，有条件的高校必须加强创业学学位建设，有计划、有步骤地开发创业课程，逐步建立完整的创业学学士、硕士、博士学位培养体系。

（二）加大“双师型”教师培养力度

若要加大“双师型”创业师资培养力度，必须保障充足的培训资金和合理的师资培训平台。各高校应设立专门的创业师资培训基金，吸引资金赞助，以“产学研”为依托，将高校的知识优势与企业的实际操作优势相结合，制订校企合作师资培训计划。培训内容要以企业管理、项目运营、危机处理为核心，强调师资的创业感受与体验，提升师资的创业认知。此外，高校还应逐步制定“双师型”职称认证制度，积极引入具备“双师型”条件的创业人才。

“双师型”创业师资的培养过程还应秉持以下原则：尊重师资职业发展意愿原则；师资专业领域与企业领域相匹配原则；兼顾高校与企业双方利益原则；理论与实践相协调原则。

（三）推进创业师资培训工作

政府可以开展“千人创业师资项目”等培训项目，大力推进创业师资培训工作。高校在经过十多年的创新创业教育发展历程后，已经积累了相当多的师资培训经验，形成了一定数量的优秀创新创业教育团队和创新创业研究团队。未来，高校可以尝试将市场竞争机制引入高校创业师资培训，增强高校在师资培训方面的主动性，提供多样化的培养方案。培训过程要着重采用体验式、活动式的培训方法，在改善教师创业知识结构的同时，更要提升教师的创业能力。

培训渠道要与相关国际机构结合。有条件的高校应当有目的地选拔部分优秀教师参与国际上声誉较好的师资培训项目，学习先进的培训理论和内容，了解国际创新创业教育的前沿动态。除参与创业师资培训外，还鼓励并支持教师参与创新创业教育国际交流活动，与世界顶尖学者充分沟通，吸收先进经验，促进高校创新创业教育理念和方法的发展。

（四）构建创业教育学习平台

建立创业网络学习平台，加强经验交流与资源共享。尝试在区域层面建立统一的创业学习网络虚拟平台，鼓励各高校潜心学习、研究和借鉴各种培养模式，拓宽创新创业教育师资培养渠道。

五、组建适应区域发展的创业师资队伍

（一）适应区域发展的师资培养导向

全球金融危机之后，世界产业格局体现出两大特征：一是国际产业转移向纵深进行；二是新兴产业的重要性日益凸显。区域产业结构变化势必引起经济发展重心的转移，必然需要创业者对社会环境的变化保持高度敏感。创业师资培养，必须考虑到区域未来市场发展需求，基于“三二一”的产业格局，调整“双师型”创业师资的培育重点，尤其要注重结合各地区的重点发展产业带的产业需求。

（二）利用区域企业优势选聘企业师资

在创业定位上，高校创新创业教育主要面向中小企业。各高校要充分利用区域优势，尤其要结合不同区域的企业优势选聘企业师资。

在高校与企业之间建立长期的、制度化的合作机制，力求在师资训练、专业互助、产业转化、资金、创业咨询等方面达成共识。重点强调学术型教师参与挂职，深入高新技术企业体验创业过程，研究创业案例，提高创业能力。

（三）利用产业集群开展师资培训

产业集群是一组在地理上靠近的相互联系的公司关联机构，它们同处于一个特定的产业领域，由于具有共性和互补性而联系在一起。其主要特征表现为两点：第一，相关产业在空间上高度集聚，形成网络化的空间联系；第二，集群内核心产业与辅助产业相互促进、学习、竞争与合作的经济功能相联系。

产业集群的产生为创业师资培育带来了极大便利：一方面，各产业呈块状分布，高校教师可以依据产业分布，划分不同专业的师资培训模块，提升不同专业师资培训的区分度；另一方面，产业集群的集聚标志着相同企业专家的集聚，企业家资源的集聚标志着知识集聚，为同类师资培训提供大量知识与技术支持。

参考文献

[1] 赵杨．创新创业实践与应用型高校人才培养研究 [M]. 北京：中国纺织出版社，2022.

[2] 王娜．高校创新创业人才培养研究 [M]. 北京：北京工业大学出版社，2022.

[3] 吴娟，夏懿娜．高校创新创业与劳动教育 [M]. 上海：上海交通大学出版社，2022.

[4] 蒋笑阳．高校创新创业教育改革与探索 [M]. 北京：九州出版社，2022.

[5] 吴文嘉，张廷元．新时代高校创新创业教育研究 [M]. 成都：西南财经大学出版社，2022.

[6] 郭秀晶．我国高校创新创业教育政策评估研究 [M]. 北京：经济日报出版社，2022.

[7] 宋敬敬，王廷熙．构建高校创新创业教育生态系统的研究与实践 [M]. 中国教育出版传媒集团；高等教育出版社，2022.

[8] 张瑜，范晓慧．大学生创新创业教育理论与实践研究 [M]. 北京：中国书籍出版社，2022.

[9] 王克．高校创新创业探究 [M]. 北京：北京时代华文书局有限公司，2021.

[10] 王东生．新时代高校创新创业教育路径研究 [M]. 长春：吉林出版集团股份有限公司，2021.

[11] 殷华西．互联网视域下高校创新创业教育研究 [M]. 哈尔滨：东北林业大学出版社，2021.

[12] 韦倩青．“互联网 +”背景下高校创业创新人才培养模式 [M]. 北京：知识产权出版社，2021.

[13] 曹望华．高校创新创业教育与人才培养研究 [M]. 北京：北京工业大学出版社，2021.

[14] 李春江． 新工科背景下大学生创新创业教育及其融合递进支持体系的探索与实践 [M]. 北京：中国纺织出版社，2021.

[15] 任立肖，纪巍．高校创新创业教育质量评价研究 [M]. 天津：天津社会科学院出版社，2021.

[16] 黄兆信．中国高校创新创业教育质量评价研究 [M]. 北京：人民出版社，2021.

[17] 孙晓杰，郇彦宁．新时代高校创新创业教育发展研究 [M]. 合肥：黄山书社，2021.

[18] 孙晓杰，陈吉庆．当代高校“互联网 +”创新创业教育研究 [M]. 长春：吉林出版集团股份有限公司，2021.

[19] 罗琳洁．高校大学生创新创业实践与辅导实务 [M]. 北京：中国大百科全书出版社，2021.

[20] 刘常国，王松涛．高校创新创业优质教育资源建设与实践研究 [M]. 北京：北京工业大学出版社，2020.

[21] 孙丽颖．高校创新创业文化的社会生态系统建设研究 [M]. 长春：长春出版社，2020.

[22] 王海燕．高校创新创业教育改革与探索 [M]. 天津：天津科学技术出版社，2020.

[23] 张强，廖成中．新时代高校创新创业教育理论与实践 [M]. 北京：科学出版社，2020.

[24] 谢凌云，解嵘．“立德树人”视域下高校创新创业教育研究 [M]. 北京：九州出版社，2020.

[25] 梅伟惠．高校创业教育的组织模式与运行机制创新研究 [M]. 杭州：浙江大学出版社，2020.

[26] 李常．高校创新创业教育经验借鉴与创新发展 [M]. 北京：北京工业大学出版社，2019.

[27] 高连宏．高校创新创业教育理论与实践 [M]. 北京：现代出版社，2019.

[28] 沈金荣．高校创新教育与创业管理 [M]. 长春：吉林大学出版社，2019.

[29] 石峰．高校学生思想教育与创新创业 [M]. 北京：九州出版社，2019.

[30] 王春晖．高校大学生创新与创业教育研究 [M]. 长春：吉林出版集团股份有限公司，2019.

[31] 张静．高校大学生创新与创业教育研究 [M]. 长春：吉林出版集团股份有限公司，2019.

[32] 潘斌．高校创新创业人才培养模式研究 [M]. 北京：世界图书出版公司，2018.

[33] 裴小倩，严运楼．高校创新创业教育协同机制研究 [M]. 上海：上海交通大学出版社，2018.

[34] 徐侠侠．高校创新创业教育研究 [M]. 西安：陕西人民教育出版社，2018.

[35] 何军．“互联网 +”时代高校创新创业教育 [M]. 北京：北京师范大学出版社，2018.

[36] 蒙志明．“互联网 +”背景下地方高校创新创业教育理论与实践 [M]. 北京：九州出版社，2018.

《汉风》编委页

目　　录

Contents

专访

人生哲学家的古汉语研究之路
——何莫邪教授访谈录

采访人：李京昊

何莫邪（Christoph Harbsmeier），著名汉学家，挪威奥斯陆大学汉学系荣休教授，牛津大学默顿学院汉学系教授，哥本哈根大学汉学系客座教授，世界汉学中心顾问。主要著作包括李约瑟（Joseph Terence Montgomery Needham）主编的《中国科学技术史（第七卷）》（*Science and Civilisation in China*, Vol.7）中的《中国传统语言与逻辑》（*Language and Logic*，1998）、《古汉语语法四论》（*Aspects of Classical Chinese Syntax*，1981）、《威廉·冯·洪堡致雷慕沙书简与古汉语哲学语法》（*Wilhelm von Humoldt's Brief an Abel Rémusat und die philosophische Grammatik des Altchinesischen*，1979）。新近与蒲芳莎（Françoise Bottéro）合著《汉语"心部"字典学：〈说文解字〉"心部"诠注》（*Chinese Lexicography on Matters of the Heart: An Exploratory Commentary on the Heart Radical in Shuowen jiezi*，2016），与黎江柏（John Robert Williams）合著《庄子对照译注（上卷）》（*Zhuangzi, Translation and Commentary*, Vol.1, 2022）。创始主编大型多语言国际分析平台"汉学文典"（Thesaurus Linguae Sericae, http://hxwd.org）。

访：何先生，您好！我们知道您在中国语言、逻辑学、哲学与文化研究方面都卓有成就，但您的早年学习以现代印欧语及古典印欧语为主，而且您最早到牛津大学念书也是准备研究西方哲学。是何种契机使您转向了汉学研究？又是哪几位汉学家在其中起到了重要的作用？

何莫邪：这与我的家庭背景有关。我父亲曾担任哥廷根大学神学系系主任，是革命派神学家鲁道夫·布尔特曼（Rudolf Bultmann）的学生；我的母亲也是神学家，因此我家中的神学气氛很浓厚，但它不属于那种信仰的神学，而是讨论问题的神学。我们讨论的东西很多，经常涉及拉丁文、希腊文文献的本义。我从十六岁开始跟随著名的京特·帕茨希（Günther Patzig）教授学习柏拉图、亚里士多德；在我十七岁时，他说假如你真的要搞逻辑分析哲学，就必须离开德国去牛津，德国没有这个传统。后来在他的安排下，我中学还没有毕业就已经被牛津大学录取了。当时给我面试的面试官是五位牛津大学的教授，他们问我："你还没有中学毕业，可不可以告诉我们为什么你对哲学那么感兴趣？"我用希腊语复述了亚里士多德的话回答他们："要么我们必须学哲学，要么我们不需要学哲学。假如我们必须学哲学，那么就要在逻辑学上下功夫；假如不学哲学，那我们必须用哲学来说明为什么不需要哲学。"这是圣奥古斯丁从西塞罗引用的亚里士多德对话录里摘出来的。可见那时我的大脑中盛满了希腊语的东西，是个很奇怪的小伙子。

进入牛津之前，我先去到了法国跟我祖父的学生用法文学哲学。当时我对法文、俄文的兴趣十分浓厚，对俄文语言学和语言哲学的兴趣尤其大。后来在牛津，我需要找一个不同的角度来看希腊文、拉丁文的传统内容，这就必须要有一个非印欧语的文化作为对比，而且这一文化要有很强的哲学传统，才可以真正地进行对比。阿拉伯文化被我排除了，因为阿拉伯人的哲学思想多出自亚里士多德的流派；印度文化也被我排除了，因为梵语属于印欧语。所以我没有别的选择，世界上只有一个国家的传统文化可以被我用来对比，那就是中国。

当时，牛津的汉学家教授只有一位，就是大卫·霍克思（David Hawkes）。他尤其爱好中国文学，有一颗真正热爱中国的心。他认为作为人类学家，需要将学问深入生活。因此他去了北京大学，和闻一多先生等一批学者交往，深入到那时北京知识分子的生活圈中，并且练就了一口很流利的北京话。他向我引荐了另一位老师葛瑞汉（Angus C. Graham）。这位先生是从伦敦大学来牛津的，他成了我的导师，也是我的恩师。我和他交往三十多年，其间常常一起合作研究。在我心目中，他是欧洲最伟大的汉学家、语言学家、哲学家、思想家。和霍克思教授一样，他也是一位有学术情怀的诗人。但他更多怀有的是对文人的兴趣，而不是纯对学术的兴趣，这一点更接近于中国的文人学者。我也深深受到他们的影响，所以我可以将自己归到这个文人的传统中。在我身上，文人第一，教授第四——第二是美术，而且我还是人生哲学家。

我在葛瑞汉教授的指导下写论文，他常请我到他家里喝酒讨论。每当我有一篇论文写就，都会受到他的严厉批评。他很直白地告诉我："你给我看的都是对你观点有利的例子，这些我知道有很多，也都已经看腻了。相反，你提到的那些反例太少了，这种论述很不科学。你必须多针对那些对你不利的例子进行讨论，讨论你要怎么处理它们。"因而你会发现在我的博士论文中，对我不利的例子很多，我会围绕它们展开论述。这样的学术精神和大学的传统没有关系。引用对自己不利的例子，可能说明自己的论点不行，但是从一个知识分子的角度，或是哲学的、科学的角度来看，这种精神是完全必要的。

后来我去马来西亚理科大学教了三年书，然后就失业了。我失业的时候住在丹麦的菲因岛（Funen），那是安徒生的故乡。那时我已很擅长逻辑分析，但没有受过语言学的系统训练。哥本哈根是全欧洲的语言学中心，那里的叶斯柏森（Otto Jespersen）教授是位难得一遇的出色的语言学家。哥本哈根大学的普通语言学传统相当丰厚，其中有一位叫易家乐（Søren Egerod）的是赵元任先生的学生。赵元任先生对高本汉（Bernhard Karlgren）教授的研究提出了批评，认为他描写的不是古汉语的发音，而是古汉语的音系（phonology），即语音体系。音系虽然很重要，但我们不在现场，古人的发音，比如像莎士比亚的发音，我们是不知全貌的。所以公元前六世纪的古汉语怎么发音，我们无法讨论，讨论的只是音位（phoneme）的对立、音系的差异等，其中一部分古音是构拟（reconstruct）出来的。而易家乐对高本汉教授的批评比赵元任先生更为尖锐。

访：您从《古汉语语法四论》（*Aspects of Classical Chinese Syntax*）开始，就非常关注古汉语中的逻辑与语言的问题，后来还曾负责李约瑟主编的《中国科学技术史》第七卷中"语言与逻辑"部分的编写。以《古汉语语法四论》为例，其主要内容聚焦在上古汉语中与相应逻辑命题有关的四个句法语义范畴：否定范畴、量化范畴、（代词的）指称范畴、条件范畴。直至近年，我们仍能看到您研究古汉语指称范畴的文章或讲座。这个研究角度在今天的现代汉语语法研究里已经比较多了，但在汉语史研究中仍不算常见。请问您为什么始终如此关注古汉语的逻辑问题？您现在对这个问题有什么新的思考？

何莫邪：我认为佛教进入中国前，中国文化原本的基本范畴很重要，必须专门针对它进行研究。我们可以将这一时代的范畴史看作核心，就像要搞好西方的核心概念史，必须先重视希腊、罗马的先基督教文化，再来看希伯来的影响一样。所以我很关注古汉语。

我在牛津大学开始学习《淮南子》，这本书在学术层面很有深度，它受到《庄子》的影响，但从学术方面看，它的分析水平要比《庄子》更系统。当然我也发现了一个研究《淮南子》的障碍，那就是文本的语法底子不行，修辞学底子就更糟糕了。就范畴分析的底子看，它连基本的哲学概念词汇都没有，或者说这些词汇都是模糊的。比如说“天下”这个概念，《汉语大词典》说它是“中国范围内的全部土地；全国”。但它其实不是指“全”国。古代的国家概念是指鲁国、秦国这些国家，早期的中国还未形成一个统一的国家。在《淮南子》里“天下”的用法很多，第一，指天下人；第二，指天下之物，即“cosmos”；第三，指华夏的天下；第四，就是指全球的天下了。而且这个“天”不是“heaven”，而是“sky”，“sublunar”，也就是“月亮下的”“太阳下的”，而不是“老天爷”下面的。但没有人说得像上面的分类一样细，这样模糊指代的例子随处可见。于是我就需要先打好研究的底子。当时汉学界没有关于古汉语逻辑结构的书，我的博士论文便以此为题。对我来说语法有用的部分，就是可以用逻辑弄懂的那一部分。目前，具体点说，我认为也应当重视希腊文、罗马文这种先基督教文化中的逻辑，进而和中国古代的逻辑结构进行对比。

访：您在《古汉语语法四论》导言中提到，最初研究古汉语句法时，您是形式语法理论的坚定信徒。但您后来认为，描述一门语言的语法应当谨慎精确地解释例句，进而对之做巧妙而系统的运用，这也使得研究者的理论阐述几乎是多余的。换言之，就是用语料本身说话。大概这一定程度上代表了您对材料与理论之间关系的看法。一般认为，研究某种语言的历史时，如果此语言拥有丰富的历史文献，那么在方法论的取向上就与语文学（philology）和语言学（linguistics）理论有别。汉语史研究亦然，学者们也一直在思考二者在研究中的轻重关系。比如，梅广先生就提出需要“迎接一个考证学和语言学结合的汉语语法史研究新局面”，汪维辉先生亦倡导汉语词汇史研究要具有“语文学的功底，语言学的眼光”。您近年来也做过一些关于汉语语文学和语文学著作的讲座。在您看来，语文学和语言学是否各有其局限？如何跨越其局限，更好地研究汉语史？

何莫邪：我觉得训诂学考证是更为核心的，当然还需要把训诂考证和逻辑分析综合起来。但语言学的进步或者说变化很快。比如我年轻时编的关于乔姆斯基（Noam Chomsky）语言理论的书，现在就完全过时了。我觉得研究是需要理论的，但应尽可能少利用理论，尽可能多精读好的例句。将来的古汉语研究不再是归纳性的研究，而是要发掘古汉语的特点，挖出本土的语感。更直接一点地说，我觉得梅广先生的研究大部分还是套美国的时髦理论。汉语的语言现象，比如说修辞、语调部分，虽然很重要，但更为重要的是，要找出古汉语中不能轻易归纳入时髦语言学系统里的现象。同时，对我来说，古书的评点注解也很重要，古人怎么评点，以及赋予它怎样的语感，包括古汉语的抒情性、美感，都是很重要的。我觉得古汉语的一个特点是不好懂，这是因为它不合语法（ungrammatical），这便是汉语的特征。对比传统西方语言，汉语的文法看似有些奇怪，然而我喜欢这种文法，因为它与审美有密切的关系。在现代汉语方面，冯胜利写了很多这方面的文章，他可能有些过分强调了某些特征，但无伤大雅，他基本上说的还是核心现象：节奏的美。美就是汉语的核心，而不是可有可无的。

奥卡姆剃刀（*Ockham's Razor*）理论深受逻辑学家、科学家的喜爱。我也是奥卡姆剃刀理论的爱好者，很希望用简单的逻辑说破汉语的特点，我利用的逻辑是近一百年没有改变的，可以运用在认知语法分析上。所以我的语法理论很简单，就是尽可能少用范畴概念，少用发达的方法论，用简单的逻辑来观察。而且这种观察是文法的观察，不是语法的观察。文法看重美，看重语调，看重抒情，看重修辞。我说的语文学（philology）概念，在奥古斯特·伯克（August Böckh）的《语文学百科全书及方法论》（*Encyklopädie und Methodologie der Philologischen Wissenschaften*）里就可以查到。

接受历史也很重要，要注意古注的历史，包括古人是怎么误解的。这很有意思。我想要看南北朝人怎么说，明朝人又是怎样误会前人所说内容的。我好奇的是误会的历史：谁误会了，怎样误会的，为什么不能明白地说清楚？还有句子的说法和表达法，古汉语和拉丁文在这两个方面很不一样，那么中国的表达法为什么会与之不一样呢？

你不能连这个都不讨论，就直接假装汉语和拉丁文、英文是一样的。

访：您在辨析词语同异时，跟中国现在的词汇／训诂学者有一点明显的不同。在同样搜集大量资料、考察用例时代、比勘书证、归纳词义的基础上，您更关心它们的文化意义和文化史流变。比如您考辨“哭”“泣”词义、用法的同时，还从社会心理认同、哭法的制定与品评等角度做了探讨，这是词汇／训诂学者一般不会注意的，您是否在将语言当作研究对象的同时，有意把它作为认识古代思想文化的工具？

何莫邪：这当然是我的一个研究目标，现在可以说是一项计划，它还没有系统地完成。对我来说，语言学是一种工具科学，是帮助别的科学的一种科学。我从小就觉得什么东西如果没有哲学在里面，就不要再搞下去了，我搞的所有研究都是建立在文化哲学（culturology，philosophy of cultures）的前提下的。所以我不需要很发达的、很抽象的语言学，我要具体的、近于原文的、可以精读的文句，一离开原文我就不高兴了。

我希望先把比较简单的基础问题解决。我写了一本 450 页的书，还没有写完出版。这本书是专门搞文化研究的，里面有很多应用与对比希腊文、拉丁文、中文的东西。举个例子，比如插入语，在荷马史诗里没有插入语，汉语直到 1862 年还没有插入语。插入语的文化作用，是对自己正在说的话同时做出批评，是一个复调，好比两首曲子同时演奏，同时出现两个思路，插入语所针对的是刚刚正在说的事情。这类表述法，基于很深的文化根柢，不同文化的思想建筑法区别很大。我在这本书里排列了许多对这种文化现象的观察。我觉得不应该抽象地说，而是必须具体地讨论每个例子，这样才能兼具趣味和可靠。

访：近五十年，以马王堆汉墓帛书的面世为起点和标志，出土了大量地下文献，其中尤以战国秦汉简牍为大宗。出土简牍包含了大量的典籍类材料，以及文书、律令等非典籍类材料，为早期思想文化、语言文字、典章制度的研究提供了许多新资源。您就曾以马王堆汉墓帛书、秦简、郭店楚简为材料研究过秦汉及之前的否定词与哲学概念，请问您认为出土文献能在多大程度上改变或者刷新人们依靠传世文献对先秦及秦汉哲学、语言的认识？它能给学者带来什么样的启示？

何莫邪：我在这方面写过一篇关于郭店简《语丛一》的文章。我对出土文献及其研究有很多想法。第一，出土文献的质量不见得都很高。第二，对出土文献的释读在方法论上也存在较大问题。我们检索白于蓝先生最厚的那本《简帛古书通假字大系》，一个字罗列了 35 种读法。可能在很特别的情况下，有一位学者猜测性地试着这样读，白于蓝先生就都收录进去了。这使得研究的随意度变得很大，比如你可以随意拉出一个对自己有利的偏僻读法来。这很危险，特别是在有那么多可能性的情况下。第三，也有三两学者怀疑出土文献，比如认为上博简的资料是假的。但居然没有人出来对此进行反驳，都漠视之，不予讨论。我相信上博简不是假的资料，但对那些质疑完全置之不理是不科学的。作为一个研究者，应该感谢那些质疑你的人，并继续证明他们是错的，这样研究才得以推进，然而在上博简真伪之辨这件事上并没有人这么做。

出土文献提供的信息不只是新鲜，而且非常重要。特别是在法律、医学、历学等方面，有各种各样的资料。但是为什么它们跟刘向、刘歆在汉代整理文献时所呈现的面貌那么不一样？我们需要批评性地讨论这些东西。又比如出土了那么多法律条文，但关于法律思想的资料为什么那么少？这都需要有人讨论。还有出土文献和传世文献的语法有何不同？现在也缺乏深入与全面的分析。这些都很让人感到好奇，但现在都还没有人从大的方面加以思考。

访：您主编的线上数据库“汉学文典”（TLS: Thesaurus Linguae Sericae）收录了许多古汉语语料，大都有翻译、释义、词性及语法标注，对多义词、同义词、句法和修辞研究很有帮助，已经为国内古汉语研究者熟知。其实“汉学文典”对研究古代思想、文化、概念史同样有用，但国内从事相关研究的学者并不是很熟悉，您能向他们简要介绍一下“汉学文典”及其使用方法吗？

何莫邪：我们放了很多不同版本的翻译本上去对比。比如《淮南子》，有八种版本。一本俄文的，一本法文的，一本英文的，五本中文的，我对比了一下，发现他们的水平很不一样，而且在中文的译本之间水平也有很大的差异。我希望挑选最好的汉译本放进去，跟最好的俄文、英文、法文文本做对比。很多东西是必须翻译成外文才会出现问题的，比如“道德”这个词，翻译成外文就很难处理。

我们的目标是把词语分析的浅出部分写入资料库，深入的这部分则必须要看我们的归因（attributions）和语义分析。浅出的部分，我们希望给使用者一个容易记住的、简单的、可以运用的描写，其中的建议（advice）部分都是蒋绍愚先生跟我一起编的。这一部分会告诉使用者怎样处理这个词，这是我们编写的目的。如果想做细致了解，那可以看王凤阳、洪成玉的著作，我觉得洪成玉先生做得最好，他特别干脆。我们要比他们更简单一点，但是我们给出的词际关系又比他们多。我们给出的第一种是反义词，第二种是近义词，第三、第四、第五……我们会列出十种系统性的词汇关系（systematic word relations）。我们认为懂得一个词的意思就等于懂得了它的系统关系，系统关系有十类，还要再加上一个核心概念的解释。我们的语法理论就是一个词的语义核心等于这个词的系统关系网。我还必须指出，近义词的辨析只是其中的一部分，还有很多其他的如反义词、典型宾语、形容词等需要考虑。所以我们不是要再编写一个汉语同义词词典，而是慢慢地积累一个资料库，可以在里面查到越来越多的系统关系，看到越来越多的典型例子。还有一个核心的问题是范畴史。核心范畴史的研究传统在德国做得很好，有哲学范畴史、审美学范畴史、历史学范畴史等。我们需要做出一种汉语的核心词、核心范畴的发展史，但现在没有人有条件做，一是缺少方法论，二是没有经验。这方面真的是德国人才会有的专长。

关于使用方法最好是当面演示，欢迎大家来问我如何使用。

访：您先后受聘担任全球多所研究机构的客座教授，长期担任《通报》（*T'oung Pao*）、《东亚语言学报》（*Cahiers de Linguistique Asie Orientale*）、《汉语史研究集刊》、《汉语史学报》、“上古汉语研究丛书”等刊物、丛书的顾问或编委，应当非常熟悉世界汉学研究的整体情况。能否请您谈谈欧美汉学家（尤其是古汉语研究专家）的代表成就？比如翁有理（Ulrich Unger）等学者，他们在欧洲学界非常有分量，但中国人却不太了解。我们想知道，您对近年来世界范围内的汉学研究，特别是汉语研究的现状和趋势有什么看法？

何莫邪：现在欧洲古汉语专家们的“头头”，是苏黎世大学的毕鹗（Wolfgang Behr）教授。他是德国人，同时擅长俄文、意大利文、法文、英文。除语言外，他的另一个长处是对日本的汉学有广泛的兴趣，加之，他还是金文专家，又对现代汉语的各种现象下过不少功夫。他主要研究抽象的语言学，能把汉语放在全球语言学的视域下加以分析、归纳，这样的人才很少。还有在 CNRS（法国国家科学研究中心）的罗端（Redouane Djamouri）。罗端是阿拉伯人，也是真正受过训练的语言学家，一位很好的古汉语专家。可惜他写的文章不多。罗端是语法分析家，既研究古代汉语，也研究现代汉语，他的金文很厉害，他的博士论文就是关于金文的。他对现代汉语语际关系，接触语言学（Contact Linguistics）的研究也特别多，能用汉语很流畅地做学术报告。还有一位，贝罗贝（Alain Peyraube），也在 CNRS，他是我的好朋友，我很佩服他。他能力很强，是一个具有超越性的语言学家。中国所有重要的汉语语言学论著，他全都看过，而且还会亲自写批评总结。他创建的一个巨大的资料库有非常强的系统性。如果你问他在中国谁说过什么，他都能告诉你。

然后是在中国台湾清华大学做研究的梅思德（Barbara Meisterernst）。她能吃苦，下的功夫特别大。我认为她最大的贡献是能用很多例子来作证明。她系统地搞佛教入华前的古典语法，出的书很多，大都是德文的。还有蒲芳莎（Françoise Bottéro），也是巴黎 CNRS 的，是位文字学大师。比如她说《说文解字》中的“文”和“字”的差别大家都误会了。她发现“文”和“字”的区别不是独体字和合体字 / 带声符和不带声符的问题，而是：“文”是图画性、视觉性的，“字”代表的是词，两者的关系体现的是文字和语言的关系。与语音相联系的是“字”，不必有发音（注意不是“声符”）的是“文”，所以“文”可以指所有的字。她做了不少这类确定概念的研究。翁有理（Ulrich Unger）先生，我觉得我可能是他最好的朋友，他连洗澡、躺着的时候也会接我的电话。他有三个长处。第一，他不常说抽象的语义学、句法理论，而是把他对具体的观察说清楚。他有关训诂学、传统语言学的研究，很合我的口味。第二，他的“墨水”特别多，熟悉许多文献。第三，他认为例子得有八个以上论点才能成立。而且他很仔细，举出的例子很少会出错。我们说“三个西班牙人会有五种解释法”，因此必须准确地解释句子的意思。但同时他还有两个缺点。第一，他爱在音韵学和构词法上快乐地猜测，但我觉得这浪费了很多时间。从逻辑上看，他的这个方法论是有问题的。第二，翁先生和华人的接触很少。对我来说汉学的快乐等于跟华人吵架、交朋友。他写了一本《古汉语修辞学》（*Rhetorik des klassischen Chinesisch*），这本书完全忽视了中国修辞学传统，所以我写了个书评，大大骂了一通我这位最好的朋友，骂他忽略中国的传统，他倒是说我骂得好。

欧洲的汉学家我就介绍这些，美国汉学家还是要问美国人，我就不要多嘴了。

世界汉学的趋势是信息越来越多，但精读的能力越来越差。大家讨论东西文化喜欢从电脑里找例子，而不是根据自己看过的书。能举出的例子越来越多，但细致的逻辑分析却越来越少。也许我不该说得这么肯定，因为我见闻不够广。但事实上我看到的就是这样。我觉得精读能力，特别是逻辑能力、分析能力越来越退化，这是很有问题的。

访：您从80年代就开始与中国学者交往，接触了好几辈学者：您曾向梁漱溟、吕叔湘等前辈学者请教，跟年岁相仿的蒋绍愚、吴金华等先生有过学术上的合作，学界更是有一批中青年学者如胡敕瑞、王彤伟等老师曾在您的指导下进修学习。另外，您和很多中国作家与漫画家也很熟悉。您能给我们介绍下这些经历吗？这四十年来，中国学者在与国际学界的交往和学术交流上有什么样的变化？

何莫邪：好像有一点儿可笑，我觉得可能我跟中国学者的关系比跟西方学者的给我的印象更深。我觉得作为一个西方人，可以从中国学者那里学到的东西特别多。我从小受到西方学术名人很深的影响。但是后来在这个基础上，对我产生最大影响的还是朱德熙、吕叔湘等先生，特别是吕叔湘。80年代我把博士论文寄给他，他看了请我到他家里，我们聊了四个小时，我很感动。到了告别的时候，他说："那你什么时候再来？"我说："明天！"他很高兴可以同我那么自由地讨论问题。那个时候我是失业者，没有前途、没有成绩，但他还是那么欢迎我。再如朱德熙先生，他曾给我寄过很贵的书。俞敏先生也是我的恩师，他帮我看了我写的《传统中国的语言与逻辑》（*Language and Logic in Traditional China*）的稿子，提供了宝贵的批评意见。后来就是蒋绍愚，我跟他有几十年的密切合作，向他学习了无穷无尽的知识。他和霍克思一样，热爱自己研究的东西，但一点野心都没有，不求什么名气。在马来西亚教书时，当地的华人对我也有许多帮助，他们让我知道了丰子恺，为此我很感激他们。但是没有一位先生，是我不敢批评的，包括梁漱溟先生。针对梁漱溟比较东西文化，我就当面批评过他，我说要评价什么文化，就要讲它的特点，就必须深入它的语言世界中。梁先生拉丁文不行，比较的方法也很粗，他把西方等于英文世界，这样反而增加了新的误解。他不懂得欧洲文化也是极其多样的，它不是一个整一化的欧洲，每个国家都有自己的特点。

我常常邀请中国学者到奥斯陆来，一共来过一百多位中国学者。比如社会科学院哲学研究所的庞朴。我在北大做学术报告的时候，说"哭"并不是哭的意思，但找不到一个对应的例子。郭锡良说这个"哭"就是哭。我就邀请他："我们欢迎你来奥斯陆找一个具体的示例。"还有吴金华先生，我也很佩服他，他崇拜《三国》，是一个精读分子，崇尚英雄。他对研究是很严格且科学的，喜欢考证这样的字对那样的字不对。他有这样的精神，视野完全不狭窄，他会打开一扇窗户跟你介绍很多有趣的东西。

关于学术交流上的变化，我感触最深的是现在缺乏面对面的交流。因为新冠疫情，Zoom 之类的线上平台发挥了很大的作用，那的确很方便。但是对我来说，交流是第二，第一还是交友。交友呢，就很需要面对面接触的机会。线上交流常说些我聪明你也聪明的客套话，不像线下见面时的对话那样有深度，也缺乏当面聊天带来的轻松感。如果你想要有全球性的目光，那我觉得当面对话很重要。西塞罗说思想是与自己的对话，我的看法是无法与别人对话，就很难与自己对话，不跟别的文化交流，就无法跟自己的文化交流。而且思想就是在对话中学来的。

访：在专业领域以外，您的兴趣涉及面也很广。许多人认为您是一位“快乐老头儿”，因为您喜欢丰子恺，喜欢看小人书，喜欢看笑话书。人们看丰子恺的漫画，一般只觉得画面有意思，但没有特别的看法。但读您的《丰子恺——一个有菩萨心肠的现实主义者》，会发现您能在漫画中看出别人想不到的好玩想法，这是为什么呢？丰子恺其人其画什么地方最吸引您？

何莫邪：丰子恺受日本的影响很深，但对我来说他的漫画比日本漫画更有趣味，因为他的漫画是一种画出来的人生哲学，而且有一种近于人情的妙意。日本 20 世纪初的漫画在保留传统的同时也发展出了新的文化，他们可以用传统的美感解释现代的感情。丰子恺则是可以画出人生哲学，画出佛教精神。更重要的是他画出了诗词名句的意境。他的漫画就像是在写一个小句，再在这个基础上发展出一种审美的人生哲学。而且丰子恺的妙是一种微妙，很难模仿。比如他画美女，鼻子都不画出来，脸也看不出来，但读者还是会感动，会爱上她，这是一种艺术。你会佩服日本的艺术家，但是你不一定会被他们感动。丰子恺的漫画，也受限于时代，如果考虑我说的这些妙处，那在 1923 年到 1927 年期间他的好作品最多，后来他就越来越媚俗，丧失了抒情性。40 年代以后，他就只是在模仿自己的作品而已。澳大利亚的白杰明（Geremie Randall Barmé）教授，也写了一本丰子恺评传，竟达四百页，比我写的那本还要厚。他提到我的观点时，还是很赞成的。但他主要讨论丰子恺的政治路线，这就误会了丰子恺重要的地方。当然，时代使然，丰子恺不可避免地要说一些类似的话，我觉得我写的是丰子恺的核心，他的艺术核心、人生哲学的核心。他的这些核心对我影响很深。

我对笑话书有兴趣不只是因为觉得它好笑，是因为我觉得幽默很重要，而且在笑话里可以找到民间的真相，民间的偏见和想法。比如情色笑话的材料就很重要，它能给我们展示出中国的地下文化、私人文化。我收集的笑话书可能是国外最多的，但我并不觉得每个都是宝贝，也不都让人发笑。相比之下，我对小人书的兴趣更大，很爱看，也看了很多。而且我收集的小人书恐怕也是国外最多的，解放以前的小人书我收集得尤其多。美国国会图书馆打了好几次电话要收购我收藏的小人书，我说我不卖，我的孩子需要读这些书。中国小人书文化可能在世界上排得上第一，国外几乎很难找到，没有可比性。将来大家一定会承认这些书很了不起，它的美术感很强，而且在普及的同时含有深意。比如张光宇先生的《西游漫记》，还有曹涵美的《金瓶梅》，都很好。我写过一本书，叫《中国现代图象文学》（*Modern Chinese Image Literature*），写得很厚。其间我收到一位法国先生的信，他说他正在写中国连环画的博士论文，希望我先不出这本书，等他拿到博士学位后我再出版。我说我还有讲“之乎者也”的博士论文，目前不需要出版这本连环画的，让他先出。过了三年，这位年轻的先生去世了，他的书便遗失了，我的书也没出版，这真是太遗憾了，因为到现在也没有写 30 年代连环画写得很好的著作。不过，我这本书在中国有一版内部翻译，那时候我还很为此骄傲，觉得是我的荣耀。

访：我们非常关注您未来的研究与出版计划。您接下来有什么新的研究兴趣，能向我们稍做介绍吗？您有许多论著在中国国内不太容易看到，请问您接下来有在中国出版著作或论文集的打算吗？

何莫邪：我可以介绍两本书，已经写好并在近期就会出版。一本是 1300 页的《韩非子》翻译本。二十七年前我在复旦大学时就已开始做这一工作，封面是陈奇猷先生替我题写的。1998 年我就写好了，但我有一个毛病，什么东西一旦写完就失去兴趣，所以至今还没有出版。后来有人劝我再下点功夫把它写完，在这一过程中，有两位学者——尤锐（Yuri Pines）和裴彦士（Jens Østergaard Petersen）——帮我做编辑。这本书的特点是列出了所有韵脚字的声母、韵部，对过去《韩非子》注解中出现的一些错误做了订正，也讨论了一些细致的哲学问题。另外一本是《庄子内篇汇评诠释》（*The Inner Chapters of the Zhuangzi: With Copious Annotations from the Chinese Commentaries*），这是和美国年轻学者黎江柏（John Robert Williams）一起完成的，书前有一篇写得很详细的长序。我们要给西方人介绍一下庄子的评点，主要是宋、明、清的一些重要的评点。我们不是说应该怎样理解《庄子》，而是要介绍中国的读者是

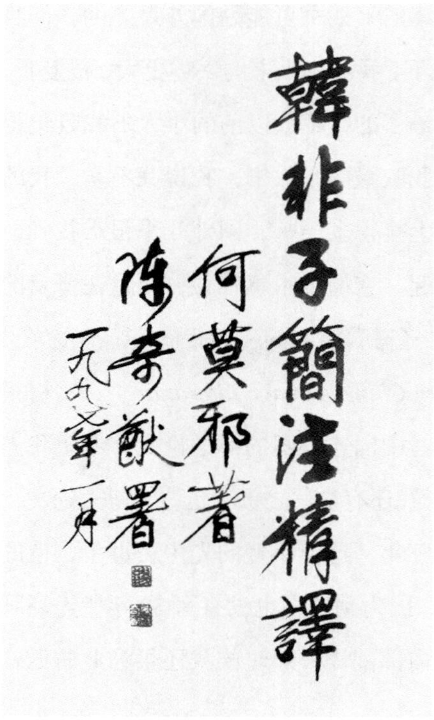

陈奇猷题署

怎样点评《庄子》的，我们想要知道中国最聪明的注者、读者是怎么样讲《庄子》的。经过研究发现，早期的注者如郭象、成玄英，因为对“庄意”、哲理的兴趣不大，因此还不能说他们就完全掌握了《庄子》的精神。从宋朝开始，王安石首先不再纠结《庄子》中的每个字是什么意思，而是问庄周先生在书中赋予的本意是什么。

我在中国国内已经出版的《古汉语语法四论》，是由北大出版社出的。五十年前的这本书，现在还值得出翻译本，我心里很感动，也特别高兴。译者是四位女士，她们下了很大功夫，指正了原书的不少错误，这相当于是修订版了。书的封面印有汉朝的漫画，我很高兴他们能接受这一建议，我想借用这个漫画表示我研究的汉学不是枯燥的、教条主义的，而是一桩很快乐的分析性工作。我这本《四论》的引子值得一读，写作时我还是一名年轻的小伙子，思想很活泼，写得有些调皮。直到现在我仍觉得这是一本很有意思的书，所以没有必要改动了。还有陈国华先生正在翻译的李约瑟邀请我写的《中国传统语言与逻辑》，在这一刊物上登出了部分选译。但这本书的翻译工作量真的很大，我不知道他近期能不能译完。我没有其他具体的出版计划，蒋绍愚先生建议我必须出一个小何自选集，我觉得可以考虑，但是目前还没有纳入计划，我的心态有些懒散，所以没有开始做这件事，或者可以说我没有做这件事的野心。如果要出，最好要有一定的资金，并请聪明的、感兴趣的学者来翻译，我觉得工作量太大，一个人很难做到。我年纪大了，在校订方面已经没有精力，做演讲的效率可能会更高一点。

专　稿

文字书写世界：书写系统与世界文学的形成

［美国］大卫·达姆罗什（David Damrosch） 著 黄霁峦 译

摘要：“文字书写世界”（scriptworld）是哈佛大学教授大卫·达姆罗什提出的一个富有创建性的学术概念，由英文单词“文字书写（script）”和“世界（world）”连缀而成，意指使用某种文字写成的作品所共同形成的“文本圈”。以达姆罗什之见，作为一种与口语相对的跨区域文字系统在楔形文字时代即已出现，并能在世界多个地区发现，通过对其研究与理论上的阐释，能使我们从另一个角度去创建出一种有关“世界文学”的新模式。为此，达姆罗什详细考察了产生于两河流域的楔形文字的跨域传播与移用的情况，并认为以汉字为中心的东亚文化圈也存在类似的现象，而在诸如西里尔文字、冰岛文字、玛雅文字等与拉丁文字融合过程中产生的抵触与变形等，则说明了后生性文字世界的构成往往具有相当的复杂性。凡此，对于我们进一步研究汉字文化圈的历史形成也具重要的启示意义。

关键词：文字书写世界　书写系统　世界文学　全球性文字书写　楔形文字　象形文字　字母系统　《吉尔伽美什史诗》

纵观大多已有文字记载的历史，文学并没有被写进一个完整的全球体系中。“世界文学”在全球不同的地区中有着不同的含义，并且只有极少数作家在真正意义上有着世界范围的受众。至少到十八世纪为止，大部分文学作品都是在相当分散的各领域内部流传，学界通常会用地域术语（如东亚世界）、政治术语（如罗马帝国），或是语言术语（如日耳曼语和罗曼语传统）将其框定。我撰此文的目的是要探索在大多关于地域性和全球性的文学讨论中有所缺失的一个术语，即全球性文字书写（global scripts），以及它的关键作用。[1] 文字书写通常只被认为与人们自己的原初母语或语系有关，但那些能实现全球性影响力的文字却远远超出了它们自身的语言基础，并对广泛意义上的文学与文化产生了深远的影响。拉丁字母和其他沿用至今的文字仍会成为文化身份认同的重要指标，也往往会作为判断文化独立与否的重要根据。一种全球性文字书写会构成一个广泛文学体系的基础——我们姑且称之为“文字书写世界”（scriptworld）——即由使用这种文字而创作的作品所共同构成的世界。

1928 年，穆斯塔法·凯末尔·阿塔图尔克（Kamal Atatürk）将土耳其语由阿拉伯文字改革为罗马派生文字，这是他为重振土耳其，同时帮助这个国家摆脱奥斯曼帝国和其中东身份的旧日阴影，并朝向“欧洲化”的未来所做的尝试的一部分，而这也成为了文字在现代社会扮演着文化政治角色的一个标志性案例。为了将这项改革渲染为土耳其人认同选择这一新身份的爱国式主张，凯末尔亲自出面讲授了全新的土耳其语字母表，在留下的那张照片中，土耳其国旗醒目地悬挂在露天黑板的背后（见图 1）。如今，在许多位于边境的地区，与文字有关的冲突仍在不断上演。车臣在过去的一个世纪里曾两次修改了他们的文字。车臣语长期使用阿拉伯文字书写，但在苏维埃统治时期，他们转为改用西里尔字母，而后在 1997 年车臣独立时又改为了罗马字母。从未取得过独立国家地位的阿尔及利亚与摩洛哥的柏柏尔人——在他们的语言没有彻底受到压制时——曾在历史上的不同时期使用阿拉伯字母和罗马字母。最近，为了避免这种非此即彼的选择，柏柏尔的民族主义者们正在掀起一场与文字有关的运动，旨在复兴早已不再使用的提非纳文（源于埃及象形文字）。

图 1 凯末尔示范这一新字母，1928

文字常常在文化政治中扮演着重要的角色：它对文学的生产和流通已然产生了尤为深远的影响，这一现象不仅仅表现在现如今的全球化世界中，也贯穿于整个文学史。我思考“文字书写”这一问题的出发点是《吉尔伽美什史诗》，它可以说是第一部真正意义上的世界文学作品。《吉尔伽美什史诗》是我们已知的、有着广泛流传的文学文本中最早的一部，它出现的时间远远早于它的巴比伦原文版本。它同时也是我们所发现的最早被翻译为不同语言的文学文本：现已找到其阿卡德语原文的赫梯语和胡里安语的部分翻译版本，而这种“原文”（指阿卡德语）本身就是对早期苏美尔组歌的扩展性改编。实际上，《吉尔伽美什史诗》似乎曾是古代近东地区最受欢迎的文学作品；其文本曾在不少于 14 个地点被找到，这些地点不仅遍及整个美索不达米亚，还远至赫梯（现属土耳其）的首都哈图萨，以及耶路撒冷以北约八十公里左右的美吉多。

令人感到震惊的是，这一最为著名的美索不达米亚文献的流通竟完全受到了楔形文字传播的限制。我们所能找到的所有《吉尔伽美什史诗》的版本，包括四种不同语言和数种方言，都是使用楔形文字写作的。在美吉多发现的残余片段大约可以看作是楔形文字作为日常使用的最远端，其位置在叙利亚城邦乌加里特以南，也是阿卡德语音节楔形文字和使用了本地字母的楔形文字的文化交汇处。尽管这部史诗在创作（于公元前 1600 年左右）后的一千多年中有着极高的知名度，但没有任何证据表明它曾被翻译成任何一部非楔形文字的文本。在这一层面上，《吉尔伽美什史诗》是所有使用楔形文字书写的文学文本的典型，当楔形文字逐渐被弃用时，它们就销声匿迹了。

“吉尔伽美什”的名字也为一些希腊作家所熟知，而荷马时代的诗人们很可能至少以口述形式知晓这部史诗的内容。《吉尔伽美什史诗》与《伊利亚特》和《奥德赛》之间存在的许多惊人的相似之处表明它们有着某种直接的亲缘关系，这也说明了史诗间的传播要么是通过安纳托利亚地区的通道，要么像 M. L. 韦斯特（M. L. West）所说的那样，是通过精通双语的叙利亚和塞浦路斯的商人、侨居者或巡回诗人之口。然而，正是这些相似之处表明，《吉尔伽美什史诗》在希腊语中最多只度过了模糊的半生，并不认识其文字的《荷马史诗》的作者很有可能只是在听完吉尔伽美什的故事演绎后，从中改编了一些故事元素，《荷马史诗》中的任何情节或段落都不能被看作是对《吉尔伽美什史诗》中情节或段落的直接照搬。正如 A. R. 乔治 (A. R. George) 在考证了史诗除楔形文字来源以外的传播链条后总结的那样：“我们所知悉的史诗连同绝大部分没有实用性的、科学的或宗教用途的手抄文献一起，随着楔形书写系统的衰亡而消逝在了没有楔形文字的世界里。”[2]

在处理政治和经济的相关事务时也会运用到楔形文字，哪怕是在它发源地之外的区域。在埃及北部的阿玛纳发现的大量楔形文字文献表明，法老们曾训练抄写员使用阿卡德语、赫梯语和其他楔形文字来阅读和写作。然而，在阿玛纳地区却没有找到以楔形文字创作的文学文本。纵览整个古代近东地区，书面形式的抒情诗、叙事诗，抑或是散文故事似乎都能在它们最初创作时的文字系统中被广泛发现。倘若如此，那么将《吉尔伽美什史诗》的传播看作是在“楔形文字世界”中进行的，而不是在“美索不达米亚世界”这一较小的单位，或者“古代近东”这种过大的单位中进行的，也许会更为合适。

近东地区主要含括三种文学体系，每一种都基于不同的文字或文字族群。除了楔形文字传统以外，还有古埃及象形文字系统，以及地中海东部沿岸的一些族群共用的西闪米特字母系统，包括希伯来语、阿拉姆语、乌加里特语和腓尼基语。这几组文字系统之间的分界并不算严密，抄写员们通常精通一种以上的语言，因为这些语言的字母系统实际上都派生于高度简化过后的楔形文字版本的字母表。然而，即便是相当适度的变化也会让写作呈现出一种明显的异国情调，并使不熟悉这种文字的人望而却步。正如“ ἰφ ἶ σίμπλη τρανσλίτερατε θις φράσε ”这句话，一位英语使用者在阅读时可能会自动忽略这些词，尽管罗马字母是直接来自希腊文的，并且我只是音译了这句话：“如果我只是音译了这句话”（if I simply transliterate this phrase）。一位只学习过二十几个楔形字母符号的读者根本无从阅读六百多个音节楔形文字的符号，后者则正是苏美尔和阿卡德语文学中使用的标准文字。

这几组类别的文学更趋向于维持在它们各自的“文字书写世界”的范畴之中。使用希伯来语、阿拉姆语和乌加里特语的文学作品间有着密切的关联(腓尼基文学没有遗留下来，所以并无他法证明其与他者的联系)，但它们与基于楔形文字的文学之间的关系要疏远得多。埃及文学则以象形文字写作而自成一体，因此，尽管它有过不少同其他文学体系互通的时机，但无一埃及诗歌或传奇故事在象形文字及其派生的僧侣体（hieratic）和世俗体（demotic）的消亡中遗存下来。《雅歌》（*The Song of Songs*）与古埃及爱情诗歌密切相似，而《约瑟的故事》（*Joseph Story*）中波提乏妻子的情节则改编自一段名为“两兄弟的故事”的埃及叙事作品。然而，与《荷马史诗》和《吉尔伽美什史诗》间的关系类似，我们所发现的是两部作品间母题的呼应，而非是对一部外国文本完整的翻译或照搬。

毫无疑问的是，直接的文学翻译有时会横跨近东书写系统来进行，但与我们所发现的有关政治和经济的记载相一致的是，它们无一留存。一些圣经箴言读起来就像是从记录古埃及智慧的文献中所学来的格言的翻译，但《圣经》中却没有留下任何有关这些文献的相关内容。《约伯记》的前身显然是一首名为《巴比伦神正论》（*The Babylonian Theodicy*）的巴比伦诗歌：诗中，一名沮丧的受难者抱怨诸神待他不公，却帮助恶人得利；他的不满与一位试图安抚他，并为神之名进行辩护的朋友所做出的答复在诗中交替出现。然而，这首诗只是为《约伯记》的作者在总体上提供了灵感，《约伯记》并没有直接翻译甚至改写诗中的任何段落，其正规用语也与原诗有着很大的不同。另外，这首巴比伦诗歌由二十七段整齐排列的十一行诗节组成，这名受难者和他朋友的叙述在其中巧妙地穿插呈现，而《约伯记》则使用了一个古老的散体故事作为叙事框架，并通过几位发言者形式自由的长篇演讲来展开其论点。总而言之，似乎每一种类型的书写系统都构成了文学流通的重要边界——当然，在很多情况下这也是一个可被渗透的薄膜，但无论如何这都是一道边界，甚至是一道阻碍。

反之，正如《吉尔伽美什史诗》十分瞩目的传播情况所揭示的那样，一类广泛流行的书写系统可以渗入其他书写类型的边界，使其作品能更轻易地进入一个新的地区，甚至影响一门新的语言。文字同样对书写方式有着微妙而深远的影响，它可能比“语言”更好地阐明了萨丕尔 - 沃尔夫假说，即书写系统深刻地塑造了使用者的思维世界，其原因并非是基于符号系统自身的本体论，而是由于文字从来都不是在真空环境中被人获知的。相对地，书写系统通常是教育和就业活动的核心，并且人们在学习一种文字的过程中，会吸收其背后庞大的文学史中的重要成分，比如它的文献术语、风格习则与诗论思想，这往往会超过任何一种语言或一个国家的文学史所涵盖的成分。

在这方面，楔形文字又是一个有着充分依据的典型案例。它由早期苏美尔移民在美索不达米亚南部发展流传，并很快被有着更多人口、说着阿卡德语的近邻所习得。当苏美尔人开始记录大量除祷告、财政备忘录和简要编年纪以外的文献时，他们在政治和社会层面上的经验也已被阿卡德文化所吸收。不过作为一种文化、宗教和哲学媒介，苏美尔语仍保有较高的威望。在公元前二千年和一千年期间，无论学生们是否乐意，他们都会接受两种语言的训练。正如一位学生在巴比伦学校的课本中用苏美尔语所抱怨的那样：

> 门卫说：“你为何不经我允许就擅自出校？”然后他就打了我。
> 饮水监督员说：“你为何不经我允许就擅自取水？”然后他就打了我。
> 班里的苏美尔班长说：“你说的是阿卡德语！”然后他就打了我。
> 我的老师说：“你的字写得一点也不好！”然后他就打了我。[3]

学习音节楔形文字最大的困难之处在于它有数百个由小型楔形标记组成的字族，这无疑使得抄写员们更疲于广泛地去阅读该文字以外的文献，并也定会使外邦人望而却步——就同现在一样——不会再有人出于兴趣而学习楔形文字。即便是大量使用了表音字符，且更易于浏览的埃及象形文字系统，也仍使人畏葸不前。“你的心比方尖碑还要沉重，”一位埃及讲师向他的学生抱怨道，“尽管我用各式的责罚敲打你，你还是不听……虽说我整天都在和你讲述‘写作’，但它对你就像是灾难。而写作”——

这位老师厉声断言——“是非常愉快的事！”[4]

就像今天的许多非母语人士可能会基于商业目的学习最基本的“商务”英语或日语一样，很多古代抄写员也会掌握足以处理信件或货物提单的楔形文字，但他们永远不会具备阅读和研究复杂楔形文字或象形文字文本所需的技能，更不用说通过文本进入其丰富的文学世界。而那些熬过漫长学徒期的少数人已然具备了弥足珍稀且声誉斐然的知识，似乎对那些使用着字母文字的、社会更加贫穷的小国文学作品兴味索然。虽说字母文字的高度简化是它们最终战胜楔形文字和象形文字的基础，但对于受过教育的埃及或巴比伦抄写员来说，这种简化大概会被视为缺乏文雅和表达能力较弱的标志。楔形文字不仅在文学世界地位显赫，其作为一种精英语言还兼具政治价值：类似于近代早期欧洲的拉丁语只能被受过良好教育和社会地位较高的人使用，其文字的复杂性也天然促成了一道将信息屏除于平民视线所及的“加密”壁障。约在公元前 710 年间，当一名省长向亚述国的萨尔贡二世询问是否能使用更便捷的阿拉姆语时，萨尔贡国王严厉地驳斥他道：“[有关该省长写的内容]：……‘如果国王允许，那就让我用阿拉姆语在羊皮纸上写下我的话并寄给他’——你为什么不用阿卡德语写信给我？我说真的，你的信必须以此来拟文——这是一项不可动摇的规矩！”[5] 巴比伦的抄写员们都是双语者，虽然他们只掌握了一种文字，但他们能任意地在苏美尔语和阿卡德语间进行翻译。随着阿卡德语成为了整个新月沃土的通用语言，该地区各地的抄写员们都开发出了在同一文字的基础上使用多种语言的能力。虽说巴比伦、亚述和赫梯帝国的领导者们时常兵戎相向，基于楔形文字的书写文化依旧在这些帝国之间建立了紧密的联系。因此，尽管美索不达米亚和广阔的新月沃土在各种政权的斗争下走向了政治分裂，但从文学的角度，将他们并称为单一完整的“楔形文字世界”无疑是恰当的。

并非人人都想加入这个世界。随着楔形文字的传播扩张，一些文化选择了以发扬或维护本土文字传统的方式抵制其兼并。这种面对威胁或霸权力量的抵抗性因素也许有助于为下述问题做出解释，即古代近东地区为何很少出现由某一文字书写世界直接翻译为另一种书写文字的事实依据：作家们更倾向于改编、戏仿，甚至是有意地对他们不希望阅读到的文字所写出的文本进行误译。例如，《圣经》的写作者们以一种引发争议的改写，或者说误读的方式改编了巴比伦文本，而不是采用在楔形文字世界内部更为普遍的翻译改写和扩充改写的模式。

《圣经》中大洪水的故事与《吉尔伽美什史诗》第十一章中吉尔伽美什的祖先乌

特纳皮什提姆讲述的有关大洪水的故事十分相似，并且，结合其广泛的流传，希伯来作家完全有可能知晓这部史诗。另外，这两个故事很可能共同源自一部名为《阿特拉哈西斯史诗》（*Atrahasis Epic*）的巴比伦著作。但就如同《吉尔伽美什史诗》在荷马时代的回声一样，《圣经》并非以翻译的方式直接照搬了巴比伦故事的情节，而是从一个完全不同的角度进行了有所突出的重述：前者让有罪的人类身负道德的重担，而后者则把其归咎于善变的神。众神在睡梦中被喧哗的人类吵醒，并冲动地决定把他们从世界上抹去，而当他们意识到自己所带来的灾难时，他们又惊恐万分。让大洪水降临世间的女神贝勒特 - 伊丽（Belet-ili），在痛苦的悔恨中呼喊道：

我怎能在诸神之会上恶言向告，
发起宣战以毁灭我的子民？
是我使他们降生于世，他们也同属于我！
而如今，像鱼一样，它们填满了海洋！（《吉尔伽美什史诗》，第 92 页）

《圣经》摒弃了巴比伦多神教中有关多神教神庭的观念，这是由于神庭成员会受制于人性特有的冲动和错误判断所带来的影响，因此诺亚的故事只能从一个根本上不同的角度去讲述。尽管写作者们显然从更加古老的文献中汲取了大洪水这一故事的框架和种种细节，但他们将叙事颠倒，且采用散文而非韵文的体裁来对故事进行了重述——这种变化进一步淡化了直接翻译文本所带来的相似之处。

《约伯记》的故事也可以追溯至巴比伦文化，有关二者之间联系的说法似乎也并无较大争议。毕竟，《约伯记》远不及《创世纪》那样正统：书中的人物甚至没有被认定为希伯来人，并且他还令人不安地质疑了上帝的公正。然而，它也与其来源《巴比伦神正论》存在着大相径庭之处。巴比伦诗歌以一种恰当的形式被刻写了下来（即一种延展的离合诗），以显示出自身的正统性。全诗共计 27 个诗节，在每个诗节当中，所有的 11 小行都以相同的字符开头（见图 2）。将这全部的 27 个字符拼在一起后，又组成了完整的一句话，其内涵在于表达对宗教和政治秩序的强力支持："我是萨吉 - 基南 - 乌比卜，一位咒语祭司，众神和国王的崇拜者（a-na-ku sa-ag-gi-il-ki-i-nam-ub-bi-ib, ma-aš-ma-šu, ka-ri-bu ša i-li ú ša-ar-ri）。"[6]《约伯记》非但没有照搬其来源，在形式和观念上还都实现了对《巴比伦神正论》的超越；这两部文本放在一起后产生的效果，就如同将贝克特的《等待戈多》和弥尔顿的《哀失明》（*On His Blindness*）相并置，因为他们都有一个历经求索却在具体表现上不尽相同的信念，那就是“它们同样服务于那些只身坚守并苦苦等待的人”。

图 2 《巴比伦神正论》的前三节，它的开头字节拼出了“anaku”（“I”），就像兰伯特在《巴比伦智慧文学》中重新描绘的那样。

这样一来，《圣经》与其阿卡德语来源的普遍关系在最大程度上仍保持了一定的距离，这决定了二者之间定会存在某种根本上的转化和蓄意的错译。例如，在《创世纪》中，耶和华派的作者声称巴比伦这一称呼来自希伯来语“balal”，其意为“混淆”（11: 9）。这是作者们向对希伯来人实施压迫的、推崇多神教的邻国所做出的讽刺，从而刻意地忽视了“巴比伦”一词最为明显的词源，即阿卡德语中的“神之门”（bab-il ī ）。该词意指巴比伦的守护神马尔杜克，其塔庙统治着这座城市。撰写《创世纪》第一章的神职作家相比于耶和华信徒们则更为含蓄，他们同样力求避免在希伯来语和巴比伦文化之间建立明确的直译式关联：在提到神创造的太阳和月亮时，经文并未使用它们普通的希伯来语名字示麦（shemesh）和雅日耶（yareah），而是生硬地将其命名为明亮的光（ma’or gadol）和微弱的光（ma’or katin）（1: 14—18）。以此，神职作家们得以回避了使用巴比伦太阳神沙玛什（Shamash）或神圣之月【阿卡德语“依日呼（irihu）”，与希伯来语“雅日耶（yareah）”同源】的命名。整个巴别塔的故事，看似是一个关于语言的失落和遭到剥夺的悲剧传说，但其可能传达了几乎相反的价值观。实际上，这是一个有关反抗的故事，讲述了阿卡德语因巴比伦人的不虔与自负，从而永久失去了成为世界通用语言权利的故事。

在希伯来抄写员们于巴比伦的长期流亡、以及楔形文字于近东地区更长时间的盛行期间，他们有意选择培育他们自己的文化——不仅仅通过保留自己的语言，希伯来人同时拒绝转而使用在其北部和东部更强大的文化所通行的国际性文字，或者埃及帝国华丽恢弘的象形文字。当诗人唱起希伯来人将他们的竖琴悬于“在巴比伦河畔的”垂柳之上时，无一不会感到悲恸以至于一时凝噎。这一场景不仅仅描绘的是悲哀之情，诗人难以继续吟唱的动作也不单单是源于悲伤，其情感并非像《圣经》中最触人心弦的诗句所表达的那样，相反，其诉说的是希伯来人拒绝为他国君主歌颂的执着与顽强：

杨柳依依，我们将自己的竖琴悬上。
其情何堪，照掳掠者们的要求歌唱。
摧残和折磨我们的人却载笑载言，
“唱一首有关锡安山的歌献予君王！”
属于耶和华的天籁之音，
怎能在外邦的土地上唱响？（Ps.137：2—4）

在全诗达到高潮的一句中（原文：eik nashir et-shir-Adonai al admath nekhar?），“外邦（nekhar）”一词的使用是准确的，因为叙述者是在以巴比伦为背景进行吟诵的：这一词语与阿卡德语中的“敌人（nakarum，也作为‘反叛者’）”词出同源。诗人以向他所憎恨的国家之主进行复仇的强烈呼吁作为结尾：“你的孩子将被人带走并摔在岩石之上，那些人则会拥有幸福与快乐之光！”（Ps.137：9）。虽然这几行诗句的吟诵对象是希伯来的俘虏者们，但诗人当然不想让任何现实中的巴比伦人获得这些信息。这就解释了为何希伯来人不会为巴比伦人唱这样的歌，也解释了他们为何坚持在诗中使用自己低贱的文字，从而进一步屏蔽被他人所窥探的可能。

在《但以理书》中，上帝把对伯沙撒国王（巴比伦最后的国王）的惩罚写在墙上，而这些外邦文字却使邪恶的国王感到困惑。诚然，伯沙撒自己也许并不识字（近东的君主们很少去费心学习），但当他叫来他的哲士们来解释这些文字时，也无一人能够理解。《但以理书》中的这一部分是用阿拉姆语写成的，这是伯沙撒时代的美索不达米亚所普遍使用的一种语言，上帝所使用的阿拉姆术语（如 mene, tekel, parsin）也能在阿卡德语中找到对应的同源词。但对于巴比伦人来说，这些常用词毫无意义，《圣经》作者将他们描绘成在他们预设的文字范围之外的无能之辈。自然，那些哲士们确实无法读出这些文字：“国王的哲士们都走了进来，但他们无法解读这段文字或向国王阐明其含义。于是，伯沙撒国王表现得相当惊慌失措，脸色大变；这让他的臣子们不知所措”（Dan.5: 8-9）。国王在无奈之下传唤了希伯来人中能读懂这些话并为国王解释其命运之人，也就是年轻的希伯来俘虏但以理。带着神的讽刺，上帝用伯沙撒绝对无法读懂的文字留下了使他无法抗拒的信息。

楔形文字和它那些近东“对手”们的早期实例展现了一种模式，其可以在此后更为全面的全球化语言的传播中被发掘：一种全球性语言的前沿地位在于其全球化的文字，这一文字系统的传播速度可以远远超越语言本身。一经采用，一种全球性的文字通常就会同时以两种截然不同的方式发挥其功能。一方面，新的书写技术会在其被采用的地区成为一股强大的文化凝聚力，因为它为那些有着不同文字或根本没有文字的族群提供了共同的识字基础。例如，在新西班牙殖民地采用罗马字母之后，墨西哥人、萨波特克人和玛雅人获得了一种共通的书写系统，相较于他们互不兼容的象形文字系统而言更易学习和使用。他们能够更为轻松地阅读并掌握彼此的语言，而随着时间的推移，这会使得识字能力的覆盖人群远超过仅精通古老象形文字的精英圈层。另一方面，更复杂的文字具备其独特的优势。正如公元前2000年的商朝人，沿着黄河两岸一带发展了象形文字——而中国早期的文化和政治巩固就是由历史上象形文字书写的广泛使用所滋育而成的。汉字基于它的非语音特征，可以被不同语言或互不理解彼此方言的人使用，如南部的广东话和西部的回族穆斯林都能通过文字实现沟通，这种使用范围远远超出了以普通话为基础的语言系统。几个世纪以来，中国一直存在着民族文字，而非民族语言。

有时，当地群落会对强大的外邦文字表示欢迎，但自从希腊化时代开始，土著人民常常有充分的理由提防说着希腊语的希腊人。即便只是对外邦语言所用字母表的接受，而不是这种语言的全面强制性推行，也会伴随着附带的文化条件。当圣西里尔（Saint Cyril）改造希腊字母以创造出在许多斯拉夫国家普遍使用的西里尔字母时，这张新的字母表确实十分适应本地所需的实际用途，但它同样为经文提供了一个强大的传播渠道（这也是西里尔最为关心的问题），并促进了当地与希腊东正教文化建立起更广泛的联系。西里尔字母为斯拉夫语言赋予了可见形式的同时，又将它们限制在了一定的范围内。“当斯拉夫人于公元860年围攻君士坦丁堡时”，塞尔维亚小说家米洛拉德·帕维奇（Milorad Pavic）在《哈扎尔辞典》（*Dictionary of the Khazars*）中写道，西里尔“在小亚细亚奥林匹斯山的修道院牢房中为他们设了个局——他正在创造斯拉夫文字母表的第一个字母。他起初使用的是圆角字母，但这种构字的笔划却无法控制桀骜的斯拉夫语，于是他又使用带条形的字母制作了第二种字母表，并将这种难以驾驭的语言像囚鸟一样关在笼中”。为了把斯拉夫语封入希腊文字系统的囚笼中，西里尔和他的兄弟美多德“将它们掰开揉碎了，再通过西里尔字母的条条框框吸入他们的嘴中，最后用唾液和脚下希腊的沃土把这些分解的碎片重新黏在了一起”。[7] 以此，斯拉夫语先是遭到了限制，又在随后被粘合上了“希腊的土”。

帕维奇十分严肃地将西里尔语描述为暴力的化身。他的小说是在铁托政权衰落期间用西里尔文字出版的，当时人们还在用“塞尔维亚 - 克罗地亚语”称呼这种语言。铁托死后，南斯拉夫解体，塞尔维亚连同其语言一起从克罗地亚独立了出来。塞尔维亚语和克罗地亚语除文字外几乎没有区别(前者用西里尔字母书写，后者通常用罗马字母书写)，但它们如今被宣称为两种不同的语言，帕维奇也借此机会将他的书“翻译”成罗马字母的版本。虽然对于大多书籍来说，这只能算是一种简单的音译，但对于按字母顺序排列的词典而言，新版本的词条有了全新的顺序，因此阅读过程也将发生一定的改变。这样一来，帕维奇写下的西里尔文“Хазарски Речник”就变成了罗马化的“Hazarski Rečnik”，几乎每个单词都与原文一模一样，但几乎每个字母又都有着变化。

就其本身而言，文字所能传达的文化内容相当有限，但它们从来都不是简单地“就其本身”而被人学习掌握的。通常情况下，一种新的文字首先是用以传达经文，然后是传达一整套复杂的价值观、假说和传统，这一过程紧接着又会扩展至对世俗化故事、宗教传说和诗歌的接受。因此，哪怕是用本土语言创作的作品，也处于自身与书写文字产生之后接踵而至的各种宗教和文学传统间的对话之中。

据此，在谈论“中世纪拉丁语”或全球阿拉伯语时，仅仅从语言的角度思考是远远不够的。这些语言存在于与之相伴并超越它们自身的更具全球化文字书写特征的半影之中。通常，一个人若是学习和书写作为舶来文字的“母语”，他们也同样会使用该文字来创作母语作品，就如阿卡德语使用者在接受抄写员教育时会用苏美尔语进行训练，或如中世纪的日本诗人在创作日语诗的同时也会写汉语诗。这类双语诗人在使用当地语言创作文字作品时，很可能会在无意中注入他们同时所使用外语的价值观。但即使是那些只将新文字用于母语创作的作家，也时常会对孕育这种文字的文化表现出深刻的认识，他们有时会挪用其中的故事，有时又会对其进行模仿与比较，或者说这两方面总是兼而有之、相辅相成。

冰岛产出了中世纪欧洲最为丰富的本土文学之一，或许能为上述的复杂关系提供一个良好范例。十一世纪的冰岛人在皈依基督教的同时，放弃了如尼文并转向使用拉丁字母，这为随后三个世纪中有着丰富产出的传奇故事和北欧诗歌（skaldic poetry）的本土创作奠定了基础。冰岛人有时会用拉丁语写作，而这通常是出于宗教目的；有时他们又会将法国的浪漫故事翻译为冰岛语；但更多的时候，他们都是在用冰岛语创作自己的诗歌和故事，使用的是根据当地语言改造后的罗马字母表版本。北欧传奇故事并不是拉丁文学的一份子，但它们却是拉丁文字书写世界中不可或缺的一部分。

在人们可能最意想不到的北欧文献中，如在斯诺里·斯特鲁松（Snorri Sturluson）的《散文埃达》（*Prose Edda*，约1240年）中，可以发现当地传说对基督教和古典传统的微妙而深远的影响。斯诺里说，他将这部中世纪最完整的日耳曼异教神话纲略汇编起来，以作为诗歌典故和修辞的资源。他非常希望年轻的诗人能够了解北欧诗歌中传统上所使用的称谓和隐喻背后的故事，以免古老的诗歌语言消亡。然而，在序言中，斯诺里所做的远不止是将神话作为诗歌剧目来呈现；相反，他大胆地将北方诸神与古典历史联系了起来，将他们视为后来被当作神的传奇英雄，甚至还试图通过“语言分析”将他们同特洛伊联系起来：

> 在靠近世界中心的地方，也就是我们所说的土耳其，有一座在全世界皇宫中最著名的宫廷——世称特洛伊……其中一位国王名叫穆农（Múnón），也叫门农（Mennón）。他娶了普里阿摩斯王的女儿特罗安(Tróán)，并生下了一个儿子特罗尔（Trór）——我们一般称他为索尔。索尔在世界各处旅行，探索了大千世界所有的角落，并独自战胜了所有的狂战士和巨人，还有一条巨龙和诸多野兽。[8]

可见，斯诺里先是设定好了普里阿摩斯的孩子这一形象，并取名特罗安（Tróán，其名可能源于特洛伊地区的特罗阿德），然后又创作出特罗安儿子的形象，并在他的名字字尾加上了代表典型北欧名词词缀的字母“r”，使其更加自然。随后，斯诺里只需用字母“þ”代替名字中的首字母“tr”，就可以将特罗尔（Tror）一名转化为北欧神明索尔（Thór）的名字。斯诺里进一步叙述道，索尔的后裔奥丁（Óðin）后随家人北上，并逐步统治德意志和瑞典：“他在那里按照特洛伊的制度模式当选并任命了首领”。斯诺里甚至声称，北欧诸神的统称阿萨神族（Æsir）之名实则源自于亚洲（Asia），也就是他们真正的故乡。

冰岛选择以一个独立民族国家的身份进入了一个全新的文字书写世界——这为我们提供了十分出色的案例——甚至在当时，这一过程也被清楚地记载了下来。在十二至十三世纪，冰岛学者自由地对字母表进行了试验，使其适应挪威语的语音，并对口语与文字的关系进行了理论化研究。事实上，大部分现存的《散文埃达》手稿都与一篇或多篇有关语法的论文装订在一起；《沃尔姆抄本》（*Codex Wormianus*）中包含不少于四篇语法论文，如今被重新命名为《第一语法论》《第二语法论》《第三语法论》和《第四语法论》。《第二语法论》的作者用音乐来类比他的文字，并邀请读者就像演奏乐器一样在他画的字母表上演奏声音："口舌是字词游乐的场所。在这个场地内，这些字母构成了整个语言，而语言又拨动着其中的一些字母，就像拨动竖琴的琴弦，或者像按下'simphonie'的琴键"（见图 3）。[9]（"simphonie"是近来从法国引进的、一种带有琴键的提琴，用琴键按住琴弦就能发出给定的音符）。这位语法学家将他的元音和辅音表画成了一种类似琴键键盘的形式：

> 在这一页中，横向有 11 个元音，纵向则有 20 个辅音；辅音可以被看作是"simphonie"中的琴键，而元音就是琴弦。前 12 个辅音在拉动琴键和推动琴键时都会发出声音；但后 8 个辅音与前者相比却只能在一半情况下发出声音；有些是在拉动时，而另一些则是推动时。(Raschellà, 73)

《第一语法论》写于 1170 年左右，而它的作者在尝试性研究新引进的字母表时表现出了极大的自主性。虽然冰岛人看起来似乎正逐渐屈从于外来的文字使用方式，但作者断言，北欧字母表并非简单的改编，而是一种全新的创造："由于各种语言都不尽相同，自从它们从同一种语言分离出来或产生分支以后，就有必要在当下使用不同的字母来书写它们，而不是依靠相同字母来书写所有的语言，就好比希腊人不用拉丁字母书写希腊文，拉丁作家也不用希腊字母来写作……而是每个民族都用自己的字母来写下自己的语言。"[10]

这位语法学作者随后描述了他是如何接受了某些拉丁字母，"拒绝"了另一些，并根

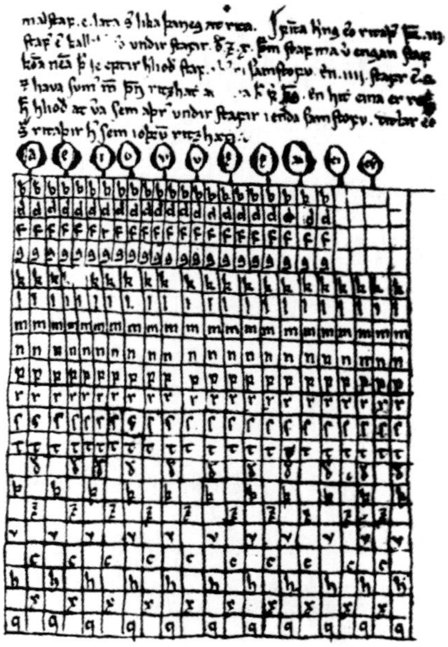

图 3 载于《第二语法论》中的"simphonie"图标，13 世纪晚期，出自《沃尔姆抄本》

据需要来发明新字母的过程，尤其是元音字母，“因为我们的语言有着最多的元音”（Haugen，13）。他还用小体大写字母来表示加长的辅音；否则，他指出，就无法正确地解读北欧诗歌，“在所有涉及书写或语言艺术的问题上，斯堪的纳维亚诗人都是我们的权威，就像工匠在手艺方面和律师在律法方面是权威一样”。当《第一语法论》的作者列出了一个由五十个字母组成的字母表（将那些由变音符号组成的字母算作新字母）之后，在结尾处对读者们提出了鼓励，或者说是挑战：“现在，对任何想要去写作的人……告诉他请珍惜我的付出，原谅我的无知，并请他使用已经写在这里的字母表，直到他找到了自己更喜欢的为止。”。

因此，斯诺里是在诗歌的指导下，通过与从法国引进的乐器进行类比，在一个独立自主进行文法学改编的世界中从事着他的写作。他对古典和基督教文学素材的处理也展现出了类似的自主性。虽然斯诺里是一位虔诚的基督徒，并坚持认为北欧神话中的托尔（Thór）和奥丁（Óðin）是凡人英雄，但他却在《散文埃达》正文的开头处对基督教的三位一体进行了虚拟的戏仿。一位瑞典国王吉尔菲，在他去拜见在当地引起轰动的阿萨神族的途中，被一个在空中同时耍着七把刀的杂耍艺人带进了他们的城堡。这个不祥的杂耍者把他带到阿萨的正殿，吉尔菲在那里看到了“三个依次递升的高背座椅，每个座位上都坐着一个人”。他们的名字分别是哈尔（Hár）、雅芬哈尔（Jafnhár）和崔迪（Thriði）——意为“至高位”“次高位”和“第三位”。然后，这一戏仿的“三位一体”回答了他有关远古时期的问题，重述了伟大的北欧神话，包括创世神话、世界树尤克特拉希尔（尽管有巨龙啃食它的根部，它仍将世界连接在了一起），以及即将到来的世界末日诸神黄昏（或审判）。最后，阿萨神厌倦了所有的问题，结束了这次讨论——他们并没有驱逐吉尔菲，而是直接消失了，并由“至高位”留下了最后的告诫：

> “现在，如果你还有什么想要问的话，我想不出你的问题会是怎样的，因为我从未听过有人能讲出更多关于这个世界的故事。尽你所能地利用它们吧。”
>
> 紧接着，吉尔菲听到四面八方传来巨大的声响，他转过身来环顾四周，发现自己正站在一片空旷的平地中央。他既没有看到门厅，也没有看到城塞。于是他走了，回到了自己的王国并讲述了这段时间的所见所闻。自那以后，这些故事便代代相传。

在冰岛于公元一千年皈依基督教的两个半世纪之后，斯诺里才刚刚开始写作，他在基督教世界中尽其所能地利用异教神话作为素材。因此他所采取的方式，即把古老的素材与古典传统策略性地统筹起来，可以被看作是中世纪拉丁文字书写世界发展中的一个十分后期的阶段。然而，在更接近罗马字母被采用的时期的文本中，我们发现了同样值得注意的改编文本，这些作家的改编工作甚至是在异教习俗仍十分盛行的环境中进行的。十六世纪的墨西哥和危地马拉就是这一生动案例的发源地。在经历了国家被征服后仅仅一代人的时间，那里的玛雅和墨西哥作家就开始用罗马字母来重新拼写他们的母语，并以此写下他们历史上的故事和诗歌。罗马字母的采用对我们现在所能阅读到的诗歌的形成产生了巨大的影响。

首先，罗马字母为当地诗人们提供了一种更为简便、精确的文字记录技术。玛雅人和墨西哥人（阿兹特克人及其邻国）的象形文字系统在传递数学和天文学资料方面十分有效，阿兹特克人——尤其是玛雅人——在这一方面处于世界领先地位。除此之外，这一文字系统主要起到的似乎是对记忆的提示性作用，象形文字非常适合记录与历史年表和历史大事有关的重要史实，但还不足以记录一整套用于描述这些事件的词语。语言学家们仍在破译现存的象形文字文献（许多碑文和书籍已被征服者们烧毁），所以我们对某民族遭到征服前的文字资料所知有限。但我们已知的是，象形文字系统并不适合内容丰富的诗歌或叙事表达。

罗马字母的引进给本土作家们提供了一个机遇，即以一种不依赖文本使用者记忆的形式来记录（或写成）他们的文学作品。然而，这一字母表在实际应用中却被直接强加于中美洲语言内截然不同的多种语音系统之上，且并未依原样做过大量必要的增补和修改，如希腊读者就几乎无法识别西里尔字母文字。无法避免的是，本土作家所能记录下的文字内容普遍向着西班牙语和拉丁语语音不断地“规范化”。不同的拼写方式表明，很多本地词被“曲译”成了作者在新字母表的有限资源内所能找到的最接近的近似词。例如，纳瓦特尔语中的“花”通常拼作“修奇特尔（Xochitl，‘x’在十六世纪的西班牙语中通常念‘sh’）”，但有些手稿中却将其拼作“苏奇特尔（Suchitl）”。很有可能的是，“花”这一词在实际的纳瓦特尔语中是以某个独特的音节开头的，而无论是“修（xo）”或是“苏（su）”的发音都没法完全捕捉到这个音节。从拼法上看，音节“ch”在两种语言中起码是通用的，但它本应如何发音却实是无从考证。随着时间的推移，一些本土词汇开始逐渐被读成西班牙语词汇的发音方式；因此，墨西哥城市“库阿纳沃克（Cuauhnahuac，本意为“雄鹰降落之地”）”变成了“库埃纳瓦卡（Cuernavaca）”，即“奶牛的角”。

根据十六世纪的记载，数以百计的纳瓦特尔语单词与西班牙语或拉丁语单词在读音上都如出一辙：例如，“神（god）”一词被写作“teotl”，与“德乌斯（deus，同deo）”或“帝奥斯（dios）”一词有着亲缘关系。因此多年来偶尔有学者推测，这两个词之间存在着某种直接的传承关系，就如同一位壮志凌云的埃涅阿斯手持字典横渡大西洋一般。然而，“teotl”同“deus”二词间的相似之处更易于用这一事实来加以解释。大多数殖民早期的纳瓦特尔语文本都是由在墨西哥城的圣十字神学院里受过培训的当地信息提供者所撰写的，而该神学院早在成为殖民地的十年后就建成了，他们以拉丁文作为主要的授课语言。当地作家能够在同一个句子中混合使用纳瓦特尔语、拉丁语和西班牙语，诸如一首阿兹特克诗的旁注——在有关莫犹寇亚秦（“一位自己创造了自己的人”，特兹卡特利波卡神的其中一个称谓）的引注旁，作者写道：“这应读作‘神’（Yehuan ya dios glosa）。”[11]

因此，即使纯然地看待某地区遭殖民征服前的文献资料时，于殖民最初期所产生的当地文本也已然受到了拉丁文字书写世界的深刻塑造。这种塑造超越了语言词汇层面，因为这些文本中很少出现真正“纯粹的”遭殖民征服前的资料，尽管注释家们常常一厢情愿地将它们当作这种情况来加以解读。例如，玛雅人的圣书《波波武经》（*Popol Vuh*）常被视为一种永恒神话的叙事。尽管它确实是“古玛雅神话知识与文化知识的无价之宝库”，但它同样也是殖民时代的产物。[12]我们现在所看到的《波波武经》是在十五世纪五十年代中期用罗马字母拼写的基切语创作而成的。而以字母文字写成的《波波武经》的前身则是该书现已失传的象形文字文本；它成书于当地遭殖民征服的30年后并集中讨论了古代神话这一主题，书中已经对圣经传统发起对话，而这一传统则是与文字字母表一同被该书作者们所接受的。

他们在开篇就公然影射了当时的现状：

> 我们将在这里铭刻，我们将在这里镌写“古老的语言”，它是基切（Quiché）之城，也是基切人民一切活动的动力与源泉……现在，我们将在基督教世界里、在上帝的布道旁写下这些。现在，我们将其公开与众，在它们即将埋葬于历史之前……原著典籍和古文字就在那里，但那些阅读和思考的人已然遮住了他们自己的脸。[13]

拉丁字母所赋予的新技术使玛雅作者们得以为他们的象形文字“议事录”提供一种全新的，且更为全面的形式；他们虽宣称这种形式已不复存在，但他们显然在重述玛雅故事时运用了这一技术。从他们引用的参考文献来看，《波波武经》基本上可以算作一部辅助占卜的工具书，主要用于绘制太阳、月亮以及各类行星的天体运行图，并附带注释了有关神灵活动的故事，从而被认为是与天体秩序的起源相关的写本。因此，与象形文字文本的原版相比，后来居上的《波波武经》拉丁字母版更像是一部完整的文学作品。与此同时，作者对文化记忆逐渐丧失的忧惧也深深地烙印在书中，这源于外来字母体系的入侵对本土文化所造成的威胁。

斯诺里的《散文埃达》中也充斥着类似的对记忆丧失的忧虑。斯诺里在序言中以双重角度描述了人类早期的发展，既包括了人类物质的增长，也涵盖了人类记忆的流失：

> 随着世界人口的递增……绝大多数人都向往并追求着金钱与权力，而不再崇敬上帝。这种情况愈演愈烈，以至于他们开始抵制任何与上帝有关的事，如此一来，又怎会有人向他们的子孙讲述上帝所创造的奇迹呢？直到最后，他们连“上帝”之名都将失去，而整个世界上再也没有任何一个人会知道自己造物主的名字。(23)

在名义上，斯诺里谈论的是那些忘记了真正的上帝而堕入异教的古人，但他自己的书却致力于向年轻的诗人们讲述那些如今正遭受基督教抵制的异教诸神所创造的奇迹。《散文埃达》中对文化记忆的焦虑借由主神奥丁的人物形象表现得淋漓尽致：

> 两只乌鸦停在奥丁的肩头，将它们全部的所见所闻告知于他；它们的名字是福金（Hugin，意为思想）和雾尼（Munin，意为记忆）。天刚破晓，他就派这两只乌鸦飞遍世界各地，并于吃早饭时归来；通过这样的方式，奥丁对每天正在发生的事情了如指掌，人们也因而称他为乌鸦之神。正如奥丁所说：
>
> 世界每一处角落，
> 朝夕每一寸光阴，
> 翱翔着福金与雾尼；

我害怕终有一日，
福金会杳无音讯，
但若失去了雾尼，
我将更不寒而栗。(63 — 64)

奥丁对“记忆的回归”的担忧在古代基切诸神中也有体现。《波波武经》的后半部分主要讲述了基切先祖中的神明或半神从尤卡坦半岛东部的图兰移居到危地马拉的新家园的故事。在向西迁徙的过程中，他们对失去家园的事实哀声载道，并首先将其视为语言上的失落：“‘唉！我们抛弃了属于自己的语言。我们怎么会这么做？这也太糊涂了！这究竟是哪里被骗了？当来到图兰时我们只有一种语言，而且我们的发源地也仅有一个。都怪我们自己没有做好。’在树丛和灌木丛下生活的每一个部落都在这样述说。”后来，一支远征队找回了有关他们神明的著作和典籍，基切先民也得以在新的土地上站稳脚跟。

先祖们的这趟旅途不仅受到了本土文化记忆的影响，也建立在圣经的主旋律之上。例如，基切先祖们劈开海水，形成了通往新家园的道路。“目前仍不清楚他们是如何渡海的，他们仿佛越过了一片没有水域的‘海洋’。他们只是淌过了一些堆积在泥沙上的石头，并给这个地方取了两个名字——石排和沙沟——这是他们所穿过的、位于海洋中央的地方。海水从哪处一分为二，他们就从哪处涉水穿行。”这段记载组合了两种渡海方式，一种是通过石桥，而另一种则是将海水分流，人从中间形成的陆地上穿行。石桥很可能是他们原本所采用的方式，正如“石排”（Rock Rows）这一名称所反映的那样，而第二种方式则改编自“摩西分海”的故事。

若非《托托尼卡潘之主的头衔》（*Title of the Lords of Totonicapán*）这本相关著作中明确提及了这段《圣经》中的历史，上述对正典中出处的认定可能会稍显随意，甚至有牵强附会之嫌。这部作品写于 1554 年，其成书时间与拉丁字母版《波波武经》相差无几，而且很有可能出自同一人之手。在《头衔》中，托托尼卡潘的当地贵族将他们的历史记录了下来，以证明他们在西班牙人的侵占行为之下守住了自己的领土。据说，从图兰出发横渡加勒比海的行动正是在他们的民族英雄巴拉姆·基茨（Balam-Quitzé）的领导下进行的：“当他们到达海边时，他用权杖在水上轻轻一点，一条道路旋即出现在了海水中间，但之后又重新合拢。这是出于至高无上的上帝的意愿，因为他们是亚伯拉罕和雅各的子孙。”[14]托托尼卡潘之主显然察觉到了西班牙人的猜想，即中美洲的已被文明化的民族其实来自于失落的以色列支派，于是他用《圣经》中的措辞来构筑他们的历史，为的就是坚称他们的土地所有权是西班牙之神所亲自赐予的。

无论是在古老的“楔形文字世界”中，还是在罗马字母不断扩张所达到的以北或以西的最远端，文字及特定语言的传播都对文学作品的创作产生了同样深远的影响。在过去的两个世纪中，翻译活动的大量增长促使各文字书写世界之间发生了剧烈的运动。即便是现如今，正如帕维奇的例子所揭示的那样，本土文化在将自己与全球性文字相关联，或被强加于某种文字的同时，也会做出相应的重要决策，因此这一范式在今天仍然具有现实意义。

观察早期语言和文字的相互作用，也有助于我们更好地了解现代民族文学的起源。十九世纪二十年代，在欧洲民族主义的鼎盛时期，歌德提出了“世界文学”（Weltliteratur）这一概念。受制于时代影响，他自然地认为世界文学是基于既有民族文学的相互关系而形成的，因而可以说世界文学本身是在后来产生的，甚至能将其视为一种发生于未来的概念。“属于世界文学的时代即将来临，”他向他年轻的弟子埃克曼宣称道，“并且我们每个人都要为促进它的到来而奋斗。”[15]而早期的文字传播则表明，文学的发展轨迹恰恰相反：它存在于既有的区域性世界文学，或我们所谓的全球性世界文学之中，与歌德所述常常是相背的。

能够从根本上独立于其他社会而创造出自己文字和文学的国家并不多见；古代埃及与其说是个常规，不如说是例外。更为典型的则是苏美尔和腓尼基民族，他们首创的文字很快就被周围更强大的族群所采用。大多数文学作品都形成于一个以文字为基础的宏大体系中，而支撑这一体系的关键就是文字跨越时间、空间和语言自身边界的力量。在跨文化语境下产生的地方或民族文学必然同时面对着两重的困境：新的文字可以赋予一个民族的传统以形式，但同时也使当地文化面临着被更宏大的文化环境所吸收的威胁。

《哈扎尔辞典》《波波武经》《散文埃达》这些迥然不同的作品表明，历史上的作家们意识到了这样的问题，并不断地寻找可能的方法来解决这样的矛盾和紧张的关系。诺亚的乌鸦一无所获，但奥丁的两只乌鸦却成果斐然：它们从世界各地带回了正在发生的消息。智慧之神奥丁因这种预知能力而同时受到祝福与诅咒，他明白自己只能在一段时间内使用乌鸦传递的信息。直到诸神的黄昏降临为止，它们就会从记忆中消失：总有一天雾尼不会归来。然而，奥丁也是诗歌之神，也许他早就预见了诗人们终有一天会采纳新的文字来进行创作，虽然这一文字取代了他的特权。为了抵御文化进步所带来的“记忆丧失”危机，这些诗人将会用这种外来文字去歌颂这位他们曾经的守护神及其丰功伟绩，他们的诗歌将使人们永远铭记那只名叫“记忆”的乌鸦。

（作者单位：哈佛大学比较文学系；译者单位：北京大学中文系）

注释：

[1] “Script”一词在英语中既有作为一类书写系统的“文字”之意（如汉文字书写系统、楔形文字书写系统、古埃及文字书写系统等），也有“写本”之意。达姆罗什该文中的“script”则两种意思兼而有之，大部分时候是作为“书写系统（writing system）”的同义词出现，主要指某一类文字，又同时带有“手写”“书写”之意。在汉语中，似乎很难找到与“script”相对应的词语，因此结合这两类含义，本文将其翻译为“文字书写”，在文章中没有必要特意突出“书写”含义之处时则直接译为“文字”。

[2] A. R. George, ed., *The Babylonian Gilgamesh Epic: Introduction, Critical Edition, and Cuneiform Texts*, 2 vols, Oxford: Oxford University Press, 2003, 1, p.70.

[3] Quoted in *The Epic of Gilgamesh: A New Translation*, trans. A. R. George, London: Penguin, 1999, p.xviii.

[4] Papyrus Lansing, in *Ancient Egyptian Literature: A Book of Readings*, trans. Miriam Lichtheim, vol. 2, Berkeley: University of California Press, 1976, pp.168 – 169.

[5] Manfred Dietrich, ed., *The Babylonian Correspondence of Sargon and Sennacherib*, Helsinki: Helsinki University Press, 2003, p.5.

[6] W. G. Lambert, *Babylonian Wisdom Literature*, Oxford: Clarendon, 1960, p.64.

[7] Milorad Pavić, *Dictionary of the Khazars: A Lexicon Novel in 100,000 Words*, trans. Christina Pribićević-Zorić, New York: Knopf, 1988, pp.63 – 64.

[8] *The Prose Edda of Snorri Sturluson: Tales from Norse Mythology*, trans., Jean I. Young, Berkeley: University of California Press, 1966, pp.25 – 26.

[9] Fabrizio D. Raschellà, *The So-Called "Second Grammatical Treatise": An Orthographic Pattern of Late Thirteenth-Century Icelandic*, Florence: Le Monnier, 1982, p.55.

[10] Einar Haugen, "First Grammatical Treatise", *The Earliest Germanic Phonology,* Baltimore: Linguistic Society of America, 1950, p.12.

[11] Angel María Garibay K., ed., *Poesía Náhuatl*, 3 vols., Mexico City: Universidad Nacional Autónoma de México, Instituto de Historia, Seminario de Cultura Náhuatl, 1964 – 1968, 1, p.12.

[12] *The New Encyclopaedia Britannica*, 15th ed., 30 vols., Chicago: Encyclopaedia Britannica, 1976, Micropaedia, 8, p.120.

[13] *Popol Vuh: The Definitive Edition of the Mayan Book of the Dawn of Life and the Glories of Gods and Kings*, ed. and trans. Dennis Tedlock, New York: Simon and Schuster, 1985, p.71.

[14] *The Annals of the Cakchiquels; Title of the Lords of Totonicapán*, trans. Adrián Recinos, Dionisio José Chonay, and Delia Goetz, Norman: University of Oklahoma Press, 1953, p.171.

[15] Johann Wolfgang von Goethe, *Conversations with Eckermann (1823 – 1832)*, trans. John Oxenford, San Francisco: North Point, 1984, p.132.

“变化”在熊十力对“体”和“用”的理解中所起到的作用

[澳大利亚]梅约翰(John Makeham)著 杨风岸 译

摘要：20 世纪 50 年代，熊十力（1885 — 1968）的“体一用”形而上学经历了一些深刻的改变。本文以他 1958 年出版的《体用论》为中心，尝试解释“变化”一概念在阐明熊氏的形而上学核心原则“体用不二”中所起到的作用，进而指出，对变化作用的理解，也是他对佛教所谓两个极端问题（“二见”“二边”）的成熟解决方案，即避免认为事物要么随着时间推移而持续（连续体），要么事物不复存在。

关键词：熊十力 “体用不二” 中观学派 瑜伽行派 常见 断见 “翕（敛缩）与辟（开发）” 黑格尔 《大乘起信论》

一、前提

在熊十力的形而上学中，“体”（他也称作“实体”和“本体”）代表绝对的本体；他也将之看成佛教中“真如”（tathatā）、“实相/实性/法性”（dharmatā）和“涅槃”（nirvāṇa）等概念的同义词。反之，“用”（功用）则关乎现象世界。1950 年之前，熊十力认为“用”取决于“体”，就如同映像取决于镜子的亮度一样。这种依赖关系是单向的。然而，到了 1958 年，熊十力则强调“体”和“用”在本体论层面上不仅是对等的，更是同一的：

> 实体是功用的自身。……若彻悟体用不二，当信离用无体可说。（熊，1958 年，2001 年：第 7 卷，页 6）
>
> 本论上宗《大易》以体用不二为主旨，以为实体变成功用。（同上，页 120）
>
> 譬如众沤，各各以大海水为其自身。（甲沤的自身是大海水，乙沤的自身亦是大海水，乃至无量数的沤皆然，由此可悟即用即体之理。即用即体者，谓功用即是实体，如众沤自身即是大海水也。）（同上，页 96）
>
> “体”或“实体”是现象世界的本体基础，但又与现象世界（“用”）不异，就像大海造成了海沤，但又与海沤不异一样。

二、问题

“中观学派”（Madhyamaka）和“瑜伽行派”（Yogācāra）佛教思想传统——熊氏沿袭唐代佛教学述者（doxographers）的说法，分别称之为“空宗”[1]和“有宗”——在熊十力的思想发展中都极为重要。《体用论》的开头几页清晰地说明了这种重要性：

> 余之思想确受空有二宗启发之益。倘不由二宗入手，将不知自用思，何从悟入《变经》乎？（同上，页7）

熊氏也严厉批评中观学派和瑜伽行派。他在《体用论》中指出了二者在他眼中的根本缺陷，认为问题在于中观学派和瑜伽行派都未能保持“体用不二”。我们先来看看中观学派的例子。熊氏批评中观学派把“实体”（dharmatā；真如）当作了一种无为法（unconditioned dharma），并指出了这种做法的必然结果：

> 龙树之旨，虽欲以缘生明法相毕竟空，庶几悟入实相……复须知，因缘法是生灭法，实相是不生不灭法。两方互相异，为截然不可沟通之两重世界。……以不生不灭法，说为生灭法之实相，是乃名实不相应。……（不生不灭法，何可说为生灭法之实相？）（同上，页92）

在佛教思想中，有为法（conditioned dharma）和无为法有着根本的区别。无为法不受因果法则的约束，是不生不灭，亦无因缘作用的，它不能产生有为法。佛教认为，作为一种无为法，“体”（本体；实体；实相；真如；法性）同样不生不灭，且无因缘作用。[2]换言之，不生不灭法是不能成为生灭法即现象世界（“用”）的本体基础的。

熊十力对瑜伽行派主要从两方面进行批评。瑜伽行派以其唯心主义认识论最为著名，认为所有观念都可经由“心”或“识”（这两个词可以互换使用）来解释。瑜伽行派区分了八识：眼识、耳识、鼻识、舌识、身识、意识、末那识及阿赖耶识。第八识即藏识（阿赖耶识，ālaya-vijñāna）保存着过去经验的印象（所谓“习气”），而在先前潜移默化的影响力的基础上“熏习”（to perfume）新的经验。业力的（karmic）“种子”（bīja）从第八识浮现出来，引起前七识的“现行”（manifest activity，即过去的种子成为现在的行为），并生发或熏习未来的种子。也就是说，储存在第八识中的种子能够引发现行状态的前七识——引发七识中一种或多种识的活动。反过来，这些现行的前七识又会即刻熏习第八识中的种子，如此循环往复不息。熊氏对瑜伽行派的第一个批评，是它构设了一种双重的本体论：

> 种子、真如是二重本体，有无量过。……其种子明明是万法本原，而又说真如是万法实体，如此则何可避免二重本体之嫌？（同上，页 72）

熊氏对瑜伽行派的第二个，也是更根本的批评，与他对中观学派的批评相同。问题在于两个学派都认为“体”是无为的——所以也是不生不灭的——而“用”却是有为的，因而使得“体用不二”的特质不可能：

> 二宗毕竟共有一个不可变革之根本信念，即以万法实体（法性）是无有生生、无有流动、无有变化……此法性所以有不生不灭之称也。（同上，页 60）

> 般若家说实相寂灭，大有诸师说真如无生、无造、如如不动而已。（同上，页 6）

三、解决方法

熊氏的解决方案是诉诸“恒转”一概念：

> 当知实体非常非断，（断者，断绝）故又名之以恒转。恒字，是非断的意思。转字，是非常的意思。非常非断、刹那刹那生灭生，故名恒转。此乃即用显体，以立斯名。（此中显者，谓以言说明示之也。）（同上，页 15）

实体既非一成不变，也非一变到底，而是在不断转化着的。

事实上，熊十力早在 1926 年出版的《唯识学概论》中，就已经引入了“恒转”这一概念来解释意识的运作：

> 恒言非断，转表非常。非断非常，即刹那刹那舍其故而创新不已。此所谓生

力也，经喻之如大瀑流。（熊，1926 年，2001 年：第 1 卷，页 448）

此处所引用的经文源自瑜伽行派宗师世亲（公元 4 世纪）所著，玄奘（602 - 664）所译的《唯识三十论颂》，该书描述阿赖耶识（藏识）“恒转如瀑流”（Vasubandhu: T1586.31, 60b8）。在《成唯识论》中，玄奘如是描述了阿赖耶识的运作：

阿赖耶识为断为常？非断非常，以恒转故。……转谓此识无始时来念念生灭，前后变异。……恒言遮断，转表非常。犹如瀑流，因果法尔。（玄奘：T1585.31, 12b28 — 12c5）[3]

尽管灵感显然来自这段描述文字，熊氏还是通过将“恒转”应用到“体用不二”的论述中，使之化为了自己的概念。另外应当注意的是，“断”和“常”这两个术语与“二见”——也称为“二边”（两个极端）——学说之间紧密相连：事物要么随着时间的推移而持续（常见），要么不复存在（断见）。

除了介绍恒转这一关键概念，熊十力于 1926 年出版的《唯识学概论》还介绍了另外两个关键概念，以解释转化是如何实现的。首先是“翕”（敛缩）和“辟”（开发）这一对概念。

恒转有屈申二行，（此言行者，动势义。屈申只是两种动势，而非两种实体，所以异乎二元之论也。）同时相感，是名为变。变不孤起。（孤即无待，无待则非变。）……故一屈一申方是变也。（……以反而相济，故谓之变。）申者，辟而健往（辟者，开发义。……）依此假说心法。屈者，翕而顺来，（翕者，敛缩义。）……此假说色法。（熊，1923 年，2001 年：第 1 卷，页 448）

在此处，转化被描述为“屈”和“申”这两种动势“同时相感”的结果。在后来的著作中，翕（敛缩）和辟（开发）取代了屈（收敛）和申（扩展），尽管翕和辟都已经在这段文字中出现过。翕和辟本是源自《周易》的两个术语。对熊氏而言，翕一名为便利于谈论假设（prajñapti）的色法（material dharmas）提供了基础，而辟一名则为便利于谈论假设的心法（mental dharmas）提供基础。在阿毗达摩（Abhidharma，印度古代学术性的佛学）中，诸法是真实的、不灭的；它们所构成的合成物时时刻刻都在改变，但诸法本身依然存在而不灭。中观理论则将诸法解释为短暂无常且是“缘起”的，都是因各种因缘而成的。熊氏遵循了后一种理解。诸法是“瞬间属性的实例化，在一个相互依存的复合体中，形成宏观连续体的假相”（Garfield，2015 年：页 58 – 59）。在世俗谛（世俗之道理）的视角下，翕和辟被用来描述转化的似是而非的过程特性。

翕和辟这两种动势是对立的，但也是互补的。这就是《唯识学概论》的另一个关键概念，即“相反相成”。《唯识学概论》简单地介绍了这一概念，用来解释屈申（收敛和扩展）这两种动势之间的关系（“动势一屈一申，相反相成”）（熊，1926 年，2001 年：第 1 卷，页 480）。熊氏在随后的著述中，继续广泛地运用这个概念。

例如，熊氏在 1944 年用白话文编撰的《新唯识论》中，对这一“相反相成”的原则作出了如下论述：

> 我们应知，翕辟是相反相成，毕竟是浑一而不可分的整体。……万变的宇宙的内容，是涵有内在的矛盾而发展的。……一切事物，均不能逃出相反相成的法则。（熊，1944 年，2001 年：第 3 卷，页 106）

在同一部著作中，他进而试图通过借鉴《老子》（第 42 章）中提出的数字一、二和三来解释这一原理：“一生二，二生三”（同上，页 100，124）。在十四年后的《体用论》中，他根据同一段文字，更清晰地解释了“相反相成”的原则：

> 《老子》“一生二，二生三”，这种说法就是申述《大易》三爻成卦之旨，用以表示相反相成的法则。因为有了一，便有二，这二便与一相反。同时又有个三，此三却是根据一（三本不即是一，只是根据于一）。而与二反，却能转化乎二以归于和。《易》云：“保合太和”是也。惟有两相反而成乎和，所以完成其全体之发展。若惟单纯固无变化，若惟矛盾而不相融和则摧伤必多。（熊，1958 年，2001 年：第 7 卷，页 15 – 16）

一能生二，是因为“一”的概念与“非一”的概念密不可分，“一”和“非一”的组合便成了“二”。从一到其对立面“非一”的这种转化，与黑格尔的否定或扬弃概念（Aufheben）惊人地相似——一种有限的规定（determination）过渡到它的对立面，正如黑格尔的《哲学科学百科全书》（*Encyclopaedia of philosophical sciences*）第一部分，即通常所说的《小逻辑》（*Encyclopaedia logic*）所描述的那样。据 Julie E. Maybee（2016年）所叙，对黑格尔而言，每个逻辑概念都包含三个部分或环节（moment）。至于就我们目前的目的而言，从第一环节到第二环节的转变是切题的：

> 第一个环节——知性的环节——是固定性的环节，其中的概念或形式拥有某个看似固定的定义或规定（EL §80）……第二个环节——“辩证的”（EL §79，§81）或“否定的理性”（EL §79）的环节——是不稳定的环节。到了这一环节，来自知性环节的固定性中的片面性或局限性（EL §81 附释）走到前台，而在第一个环节中曾所固定的规定则过渡到了自身的对立面（EL §81）。黑格尔将之描述为“自我扬弃”的过程（EL §81）……知性环节扬弃了自身，因为它本身的特征或性质——片面性或局限性——动摇了它的定义，并将它导向了对立面。因此，辩证的环节包含着自我扬弃的过程，或者说是知性环节中的规定扬弃自身的过程，或者说它在继续趋向或转入对立面时既取消自身又保留自身。

反过来，三是通过把握对立面的统一而产生的——这就是熊十力所说的“三本不即是一，只是根据于一”的意思。不即是一是因为二也是融合于三的。这又与黑格尔辩证法的第三环节有着惊人的相似之处：前两个环节的规定的对立统一。至于“相反相成”的原则，可以理解为指的是一和二之间的对立，以及一和二在三这个统一体中的和谐融合或综合。尽管存在这些相似之处，但熊十力否认了他对黑格尔有所借鉴。（熊，1944 年，2001 年：第 3 卷，页 10）

那么，熊氏是如何将这些思想与“翕”和“辟”的概念联系起来的呢？

> 恒转殆将成为质碍之物，失其自性。故翕势可以说是一种反作用。然而当翕势方起，却有别一方面的势用反乎翕，而与翕同时俱起。（二势非异体，更无先后次第，故说同时俱起。）惟此种势用本是恒转自性显发，毕竟不即是恒转。譬如说，冰自水成，而冰却不即是水。此一方面的势用是刚健自胜而不肯物化，正与翕相反。（不物化者，不变为质碍的物也。后凡言物化者仿此。）申言之，即

此不肯物化的势用是能运于翕之中而自为主宰。……这种刚健而不物化的势用，即名之为辟。（熊，1958 年，2001 年：第 7 卷，页 16 — 17）

熊氏将“辟”（开发）描述为“恒转自性显发，毕竟不即是恒转。”恒转是实体（绝对本体）的别名。“辟”之所以不同于恒转或实体，是因为“辟”对“翕”（敛缩）起着控制的作用；实体本身并没有这样的作用。

恒转是“体”，“翕”和“辟”是“用”。就熊氏的一、二、三辩证法而言，恒转对应一，“翕”对应二，“辟”对应三：

恒转是一，其显为翕也几于不守自性，此便是二，所谓一生二是也。然而恒转毕竟常如其性，决不会物化。故翕势方起，即有辟势同时俱起，此辟便是三。所谓二生三是也。（同上，页 17）

我再次指出，“翕”倾向于不保持其自身本性（恒转，意义等同于实体或绝对本体）这一描绘与黑格尔的自我扬弃论有着明显的共鸣。至于“辟”（三），它则代表着恒转（一）与“翕”（二）在一个新环节中的和谐融合或综合。

熊氏将“体”表述为“用”，其中“用”是“体”的一种特殊形态，就像冰是水的一种特殊形态一样。这个表述就是对他所认为的，瑜伽行派和中观学派都割裂了体和用的“不二”关系的解决方案。他所反对的这种“体”“用”割裂还使得“体”变得恒常静止，不生不灭——因此相当于一种“常见”。

常见和断见是两个极端（二见、二边），即认为事物要么随着时间流逝而持续存在，要么不复存在：

汝等于诸物，时或起常见，时或起断见（断者，断绝），如于一木，今昔恒见，则计为常，是起常见。忽焉睹其烬灭，遂又计为断绝，是起断见。维此二见，都有过失。（同上，页 30）

一切物刹那刹那故故灭尽，说一切物无有恒常。……刹那刹那皆灭故生新，说一切物无有断绝。（同上，页 30）

或计万物有断灭，实相应随物断灭（是名断见），或说万物有生灭，而万物

实相[=实体]毕竟恒常（是名常见）。（同上，页 91）

他还强调了这些全然互相排斥的观点如何令“体用不二”的论点受到挫折：

本体显为无穷无尽的大用，应说是变易的。然大用流行毕竟不曾改易其本体固有生生、健动、乃至种种德性，应说是不变易的。（同上，页 14）

在对恒转概念的某一描绘中，熊氏甚至赞同将佛教的涅槃概念描述为静止（寂）和不动（静），尽管他对这些术语特征的描绘方式会立即驱散任何常见的气息：

其第三印曰涅槃寂静。（涅槃，即法性之别名）可见佛家各宗派都是以寂静言性体。……其言亦本于正见，固未容轻议。然复须知，至寂即是神化。……化而不造，故说为寂。未可以不化言寂也。（有意造作则不寂。万化之实体无有意想，故无造作，而万化皆寂也）至静即是谲变。（谲者，奇诡不测）变而不乱，故说为静，未可以不变言静也。（万变之实体，动而有天然之则，故不乱，乃即动即静也。世俗见物动则不静，此变不尔）（同上，页 48 — 49）

然而，这些关于两个极端的论述不过是丰富多彩的修辞策略而已。为了试图证明实体既不是一成不变，也不是一变到底，而是不断转化着的，熊十力又采取了哪些措施？

我们已经看到，空宗和有宗的观点熊十力都拒绝了，因为佛教高度倾向于严格区分无为法与有为法。的确，大多数佛教理论家并不支持无为法可以通过某种方式而适应于有为法（即随顺因缘）。不过，有个关键文本显然例外。《大乘起信论》是6世纪末——在它开始流传后不久——至今东亚佛教最重要的经典之一。这部论著是个例外，因为它确实支持无为法亦能适应于有为法的观点。

《大乘起信论》将心或所谓的“一心”（One Mind）视为真实的终极源泉。“一心”有两个模式或方面，文中称之为“门”：

依一心法，有二种门。云何为二？一者、心真如门，二者、心生灭门。是二种门皆各总摄一切法。此义云何？以是二门不相离故。（T1666.32，576a5 — 7；

Jorgensen 等，2019 年：页 68）

“心真如门”是真正的心——不变、永恒、清净。作为真如，心是寂静的、不变的、无为的、不生不灭的、远离虚妄的概念化和区别化。“心生灭门”则是生死相续（saṃsāra）的世间。其中，心的觉醒倾向一直跟心被无明所沾染而生起的心理和生理的行为进行斗争。《大乘起信论》解释道，正是不生不灭与生灭这两个方面的组合或融合（和合），构成了阿赖耶识（藏识）[4]：

心生灭者，依如来藏故有生灭心。所谓不生不灭与生灭和合，非一非异。名为阿梨耶识。（T1666.32，576b7 10）

在《大乘起信论》，如来藏（tathāgatagarbha）与真如（tathatā）是同义的。至于“二门”之间的关系，则表述为一种“体－用”关系。这种对体用极性（polarity）概念的构想，将无为的（心真如门中的如来藏）和有为的（心生灭门中的如来藏）之间的关系表述为一种内在的超越。内在超越观是一种实在论的形而上学观念（也就是说，并非某种唯名论）。一方面，它描述所指对象如何完全位于指定领域的边界之内，而另一方面，它又描述所指对象如何同时延伸到该领域的边界之外。真如 / 如来藏存在于生灭心门之中（如来藏对现象条件的适应，即阿赖耶识），同时又超越了生灭心门（真如作为无为法），正如“湿性”存在于所有海洋的海沤 / 波浪中，但同时又延伸到任何特定的海沤 / 波浪之外（熊氏早就开始经常使用这个类比——尽管他没有提到《大乘起信论》将之用作了关键的类比——至少从 1945 年开始[5]）。

在《大乘起信论》中，如来藏与阿赖耶识之间关系的主要意义在于，如来藏为阿赖耶识提供了本体基础，而阿赖耶识则表现了如来藏或真如对现象条件的适应。至关重要的是，如来藏 / 真如——无为的——在这些现象条件下保持不断、不变、不损、不污，正如熊氏的“辟”（开发）概念“不失其本体之德性”一样：

本体流行，方成乎翕，已有辟在。所以者何？翕将成物似趋于下坠，可谓之反。然本体毕竟不改易其自性，故翕势方成，已有辟势俱起。此辟复反于翕之坠势而挟以俱升（升者，向上意），能显发其本体固有刚健、清净诸德。辟之殊特在是也。

（无从悉举，故言诸德）辟是称体起用。称者，谓辟不失其本体之德性，（譬如冰从水现，而冰毕竟不失水之湿性）是即用即体，故言称也。（熊，1958年，2001年：页7，18）

因此，我们可以这样理解：熊氏将“体”表述为“用”，其中“用”是“体”的一种特殊模式，而这一表述体现了他自己的“中道”（middle way）观点——他用以取代中观学派的中道。林镇国的结论无疑是正确的，熊十力的“儒家身份是通过语言的镜子建构的，而其中佛教语言扮演着最为重要的角色”（Lin，2002年：页70）。对于林氏的评价，我的主要修正是要指出，熊氏的儒家身份同样是树立在汉传佛教哲学传统若干问题意识（problematics）所渗透的基础上的。

编者按：本文英文原文“The Role of Change in Xiong Shili’s Understanding of Ti and Yong”原刊于《东亚哲学》（*The Journal of East Asian Philosophy* 1，页1－13，2021年），刊发日期2021年8月27日，出版社为施普林格自然出版集团。特此鸣谢作者及出版社授予我刊中文译文发表权限。

（作者单位：澳大利亚乐卓博大学，澳大利亚国立大学；译者单位：黑龙江大学文学院）

注释：

[1] 更确切地说，对熊十力而言，空宗由《大般若波罗蜜多经》（Mahāprajñāpāramitā-sūtra）中所阐述“空”的学说，以及与中观学派明确相关的经文所构成。
[2] 关于无为法不参与产生作用，即缺乏生产的功能这一观点的印度学说背景，参见Cox，2004年。
[3] 感谢桑雨提醒我关注这段文字。
[4] 在《大乘起信论》中，等同于生灭心。
[5] 例子见熊十力，1945年，2001年：第3卷，页572－573。

参考文献：

1. Cox, C. (2004). From category to ontology: The changing role of dharma in Sarvāstivāda Abhidharma. Journal of Indian Philosophy, 32(5/6), 556–558.
2. Dasheng qixin lun(《大乘起信论》)(n.d.) (Treatise on awakening Mahāyāna faith). Taishō shinshū Daizōkyō. T1666.32.

3. Garfield, J. L. (2015). Engaging Buddhism: Why it matters to philosophy. Oxford University Press.
4. Jorgensen, J., Lusthaus, D., Makeham, J. and Strange, M. (2019). (trans. And Eds.). Treatise on awakening Mahāyāna faith. New York: Oxford University Press.
5. Lin, C.-k. (2002). Hsiung Shih-li's hermeneutics of self: Making a Confucian identity in Buddhist words. NCCU Philosophical Journal, 8, 69–90.
6. Maybee, J.E. (2016). Hegel's dialectics. In: Stanford encyclopedia of philosophy. Available via: https://plato.stanford.edu/entries/hegel-dialectics/. Cited 8 Jan 2019.
7. Taishō shinshū Daizōkyō（《大正新修大藏经》）(Taishō revised Tripiṭaka) (1924–1934). TAKAKUSU Junjir ō 高楠顺次郎 and WATANABE Kaigyoku 渡边海旭 et al. (Eds.). Tokyo: Taishō issaikyō kankōkai.
8. Vasubandhu. Triṃśikā (Weishi sanshi lun song《唯识三十论颂》)(Thirty verses). (n.d.) Taish ō shinsh ū Daiz ō ky ō , T1586.31.
9. 熊十力：《读经示要》，重庆：南方印书馆 1945 年版。《熊十力全集》第 3 辑。
10. 熊十力：《体用论》，上海：龙门联合书局 1958 年版。《熊十力全集》第 7 辑。
11. 熊十力：《唯识学概论》，上海：商务印书馆 1926 年版。《熊十力全集》第 1 辑。
12. 熊十力：《新唯识论：语体文本》，北京：中华书局 1944 年版。《熊十力全集》第 17 辑。
13. 熊十力：《熊十力全集》，武汉：湖北教育出版社 2001 年版。
14. Xuanzang 玄奘 . (659) Cheng weishi lun（《成唯识论》）(Demonstration of nothing but consciousness). Taishō shinshū Daizōkyō. T1585.

中希文明互照（一）

论　坛

【编者的话】

中国和希腊，在很久之前就创造了各自辉煌的文明，也被称为“轴心时代”人类文明盛开期最为重要的两大文化原型，其后，又分别成为东亚与西方历史进程中可无尽汲用的泉源。然而由于地处环宇之两端，遥隔万里，音讯不通，它们之间的正式照面已是很晚之后的事了。即便就知识论上看，虽然西人较早就开始对早期中国有所探知，中国人也在上世纪以来投入大量精力介述、消化古典希腊的经典，但基本上都还属于单向度的，即非关联性的研究，只有很少的学者，也包括目前尚在的劳埃德、席文等能将二者并置于一起进行对比性的考察，如此才使二者在同一个框架中相遇。但这样的研究毕竟还是太少了，远远不够。

去年2月，由希腊与中国学者共同发起的中希文明互鉴中心启动仪式暨首届中希文明高峰论坛在雅典大学举行，并在会上宣读了中国国家主席习近平致雅典大学维尔维达基斯教授等希腊学者的复信及给会议的致辞。这一事件的重要性不言而喻，由此而不仅大大提升了两大文明对话与互鉴这一话题的可视度，同时也表明了，双方都在积极地行动起来，并始而将该话题的研究正式纳入到了两国的学科建设中。如我们所见，在这一年的时间内，中希两方学界的交流日趋频繁，多个高校都在行动起来，各种计划也均在加紧落实中。

与单向度的研究有别，将原初本无关联的早期两大文明放在同一个对比性的框架中加以观照，不仅会大大增加研究上的难度，包括需要解决诸多学理上的难题，但它也会产生许多预想之外的效果，这与只从自己的位置看别人家的风景与将两边不同的风景放在同一个画幅中来做比照式的观望，其所获取的感知固然会有所不同，甚至于会大不一样。内与外这种双向视角的相遇与碰撞，会使我们看到更多一些的东西，不仅可以借此更清楚地看清楚他人，也能更清楚地看清楚自己，从而避免那些独断论的思维，进而达到一种更具深度化的视域交融，及对不同文明的“同情”式包容。从某种意义上看，也可将之看作一种对话性思维，但与单单从“我”出发的对话不同，它属于那种将对方的历史经验同时作为一种可被预先接受下来，并使两种经验均处在平等对待状态下，进而再行展开的对话模式。在我们看来，这也是“互鉴”这一概念所具的真实含义或说它能成立的一个推论起点，它不是在嘴上说说的，而是一定会包含有一种“真诚”性（“诚”）在内——这个来自于哲学（中国哲学与西方哲学皆有）的名词，用在这里似乎很恰当。以此而言，在这个各种冲突日益加剧的世界中，也会显示出其特殊重要的意义。

基于以上思考，也为进一步推促学术界已形成的这一态势，本刊将从该期始开置一“中希文明互照”的栏目，其中包括两个分支版块，一是“论坛”，邀请相关领域的学者对此话题所涉的各个方面问题发表自己的想法与见解；二是“研究”，主要登载一些已趋成熟或较为成熟，并偏于考订的论文成果。就这一话题的属性来看，无论是对之的阐论还是研究，都不应当只局限于某一区域的学者，不然依然无法达到互照的效果，虑及于此，本栏目在该期中即收纳了来自中国、希腊与英国等地学者的数篇文章。我们也希望有更多专治这一领域研究的中外学者能积极地参与其中，以使出自于不同视角的观念与思想能在这一平台中交织、互动，碰撞出创造性的火花。

黄卓越

2024 年 3 月 1 日

文明共生论视域下的中希古典文明互鉴

孔许友

近年来，中国政府一直致力于倡导平等对话、互鉴包容的世界文明交往观，积极推进以和谐、共生为原则的人类命运共同体的构建。在这一背景下，中希文明交流互鉴也成为学界关注的一个热点话题。古人讲“他山之石，可以攻玉”，但他山之石各不相同，对攻玉的效用亦有所不同。在当今世界格局下，研究希腊文化并与之对话，对于中国来说有着特殊的意义。这不仅因为希腊古典文明是世界文明的一大起源，更重要的是，它也是整个西方文明起源的核心，在某种意义上与至今仍占据世界主导地位的现代西方文明有着千丝万缕的关系。百余年来，西方一直处于中国人睁眼看世界的目光的中心位置，似乎西方文化早已是我们最为熟悉的异质文化，汉语知识人甚至曾经长期以消解西方文化的异质性，同时将本土文化自我异质化为己任，但时至今日仍然可以问，中国人果真看懂西方了吗？恐怕答案是：未必。重要原因之一就是我们的目光一直聚焦在现代以来的西方，而对古典的西方关注不足。我们对古希腊文化的隔膜甚至超过了对基督教文化的隔膜，毕竟后者之中的新教文化直接参与了现代西方的历史构建。由此言之，今日汉语学界对中希文明互鉴的提倡，其首要意义就在于凭借中希古典文明所蕴含的丰厚精神财富更加全面、深入地审视西方文化以及当代世界的文明实践。

一、共生论：克服单一论和冲突论的文明观

近世以来，异质文明之间的广泛交流源于资本的全球化及对普遍主义的追求等冲动，并由此导致了现代意义上世界史的形成，它使一种特定的文化对他者文化的影响可以达到前所未有的深度和广度，但又反弹式地造成了对文明影响的普遍焦虑，使人们难以用积极、平和的心态面对异质文明之间的互动。在影响以及随之而来的焦虑的共同作用下，单一论和冲突论的文明观开始流行。单一论本质上是极端的文明优越论，即视某一种实存的文明形态为唯一普遍或普适的文明形态，其在当代突出表现为欧洲或西方中心论，尤在美国近期的外交政治理念中占据上风。冲突论则认为异质文明之间的交往必然以竞争、对抗、同化为基调。单一论与冲突论有着内在的逻辑联系，因

为一旦抱持单一论的文明观，在文明交往实践中强势文明就难免遭遇他者文明的抵抗，从而激发差异性文明间的冲突，而这些现象又极易进一步被当作冲突论的依据。由此来看，单一论比冲突论更为根本，而冲突论还可能导致文化上的地域封闭主义。在冲突论的框架下，文化是国与国之间较量的筹码之一，某种文化甚至有时成了国家的代名词。当文化被看作我之为我的本体依据时，通过文化的地域封闭来强化其纯粹性便是自然而然的选项。毋庸讳言，百余年来，面对强势输入的西方文化，刻意迎合或抗拒的态度在中国一直存在。前者常表现为文化自卑症，许多知识人把中国文化当作病灶，一味地从西方的文化药铺中寻求解决中国问题的药方。而近期随着中国经济的崛起，某些知识人又转而患上了文化自负症，坚持中国的病只能用中国自己的药来治，甚至不承认有得病的可能。自卑带来自弃，自负带来封闭，两者皆不利于文明的交流互鉴。

既然中希互鉴是中西互鉴的一个组成部分，那么克服单一论和冲突论文明观就成为互鉴之路走得健康且可持续的前提。平等对话、互鉴包容的文明交往观——可以称之为“文明共生论”——很大程度上正是对单一论和冲突论文明观的回应和超越。这种文明观并非对文明冲突现象漠然无视，也并不排斥文明本位论。它承认在当今世界文明冲突的大背景下，构建和维护以民族文化为基础的国家精神是必要且重要的政治实践。与此同时，它也强调世界文明的多样性和平等性，认为异质文明之间的互容和互鉴是可行的，从冲突对抗关系转向和谐共生关系是可能的，也是建构人类命运共同体、推动世界文明整体发展的必由之路。在文明共生论看来，文化交流中包含的竞争因素带有时代性和历史性，交流的目的终究不是话语权竞争，而是互鉴。最重要的事情不是我是否受到他者的影响，而是互相影响是否使我们都变得更好。共生论文明观与单一论或冲突论文明观的根本区别在于，它不对他者文明抱持傲慢态度，而是承认其也是文明创造者的智慧结晶，尊重其存在的价值，认为他者文明能够有效地启发自身文明的发展道路。

需要指出的是，文明共生论本身可追溯至中国古典文明中的和合思想。和合思想作为中华文化的核心思想之一，其内涵博大精深，所谓“万物并育而不相害，道并行而不相悖”（《中庸》）。以和合思想为基础的“和实生物、和而不同、兼收并蓄、和衷共济、天人合一”[1] 等观念贯穿于中国文化的发展过程之中。文明共生论是自觉将和合思想运用于文明交往观的合乎逻辑的结果。

二、古典文明比较研究的超脱精神

在文明共生论的视域下，中希古典文明的比较研究还需要克服过度的文化实用主义，持守一种平和、超脱的精神态度。文化实用主义经常将文化看作医治社会疾病的药。结合威廉斯的文化三定义，文化既是通过智性与想象的作品记载下来的多样化的“思想与经验”，这些思想和经验似乎关联着“某种抽象或普遍的价值”，同时，文化又具有社会性，意味着一种整体的生活方式。文化之所以能“医治”社会，关键就在于人们相信，作为文化精神内核的“抽象或普遍的价值”如果在人为干预下发生改变，那么整体的生活实践也终将随之而变。洋务派的“中学为体，西学为用”遭到批判就是因为他们既想谋求国家富强，又不想改变“抽象或普遍的价值”。但现在看来，由内而外、有机统一的文化结构观念多少带有现代主义的性质。它的一个重要特点是基于思想理论与社会实践的一致性，要求思想屈从于社会政治实践，相信实践必定能够证明理论是否正确。由此就不难理解为什么是西方现代理论，而不是西方古典思想更受汉语知识人的关注，因为直接造就现代西方世界的是西方现代理论，西方富强的社会实践“证明”了西方现代理论的正确性。由此又很自然地设想，中国富强实践的根本阻力在中国的传统文化，尤其是那些直接关联着“抽象或普遍的价值”的思想和经验，因此必须要么彻底抛弃之，要么进行现代性转化，即用西方现代理论对其加以改造。而这恰恰并不符合共生论文明观的精神旨趣。

尽管富强对一个国家的自立与发展是一个重要的尺度，但其本身不足以成为好社会的单一化、确定化标准。更重要的是，晚期现代的知识人发现理论不仅没有人们想象中持久、正面的实践效应，而且还或直接或间接地造成了许多社会灾难。因此，他们不再热衷于为社会提供“抽象或普遍的价值”。在后理论时代，理论生产的新趋势是大写理论的降解分化、多元平等对话、诗意加持以及效用的转换，不再预期对社会实践的完美操控。

回看中国先秦时期和古希腊时期的主要哲人，他们也有一个重要的共同点，即对文化与社会，或者更准确地说是哲学与政治之间的关系有一种自觉的反思意识，认为它们并不天然地和谐一致或有机统一，而是具有内在的张力。这不是说他们缺乏将思想运用于社会政治实践的理想和热情，无论是柏拉图的两次叙拉古之行，还是孔子的周游列国，都是这种理想和热情的显证。但他们最终都坚持思想对于实践的超越性这一观点。在他们看来，思想并非清谈，而是可以用来审视实践，但它不直接服务于实践，不是为既定的实践目标提供可行方案。思想的检验更多地是依靠对前理论的常识意见的辩证检省。实践并非不能检验思想，但这种检验是有限的，因为实践的成败受到历史机运的影响。所以，中希古典哲人大多具有超脱精神，他们不是通常意义上的社会精英，因为他们既处于社会之内又在社会之外。他们并不像现代哲人所理解的那样总是倾向于提供确定不移且承诺能产生政治实效的根本性知识。相反，他们所提出的思想原则往往是以自我的德性成长为首要关切。这对于今天的中希文明互鉴研究来说尤其具有启示意义。在这种研究中，以智性和想象作品为载体的基础思想之间的比较自然是一马当先。所谓共生、互鉴，既是基础思想的互相理解也应是它们的互为辩证，只有互为辩证才有可能互相借鉴。这种思想辩证某种意义上超脱于现实和历史的社会政治实践，只有意识到这一点，我们才可以说，先秦中国与古希腊在历史实践上的巨大差异并不构成思想对话的根本性阻隔。同时，也只有意识到这一点，中希或中西的思想交流也才有望不再重蹈种种自卑或自负的覆辙。

三、原貌希腊与中国问题

要想使中希比较和互鉴有所成效，另一个前提是尊重古典思想的原貌，从中国的角度来看，鉴于在对传统中国思想的研究中已取得了十分丰硕的成果，因此对作为外部知识的古希腊思想原貌的探知显得尤其重要。长期以来，由于拿来主义的实用态度，我们对西方思想内部的复杂性是认识不足的，常常自以为寻到了医治中国疾病的药方便万事大吉。这种不足主要体现在以下两个方面。一是过于强调西方现代思想与古典思想之间的延续性，而相对忽视它们之间的断裂和冲突。事实上，尽管古典文化中的某些部分和要素被继承了下来，但西方现代哲学自文艺复兴以来所开启的历史转向是带有根本性的思想文化大转折。正因为如此，西方思想史上广义的古今之争从十七世纪末到十八世纪初的大论争开始一直持续至今。很多时候，人们所认为的中西之争，其实更多地是古今之别，如以为中国人重道德，西方人重权利之类。二是对西方古典思想文化内部的丰富和复杂性认识不足，这种复杂性不仅指古希腊传统和希伯来传统之间存在的差异，也有古希腊思想内部的种种冲突和纠缠。所谓百家争鸣，不仅出现在先秦，也出现在古希腊，比如柏拉图与亚里士多德的思想就有很大不同，柏拉图-亚里士多德的思想与同时期的智术师群体也差别巨大，智术师内部又各不相同。更何况，哲人的见解往往不同于当时主流的社会意识，不可一概而论。如果不认真梳理中西古典传统内部的种种差异，那么在比较研究中，就很容易做出一些大而无当或似是而非的论断，诸如中国人自古是形象思维，西方人自古是理性思维之类，即便不是全无道理，也没有多少实质意义。

施特劳斯说过，面对古代经典著作，我们要努力按古人理解自身那样去理解古人。这一说法在当代诠释学看来几乎是不可思议的，伽达默尔就曾对此提出疑议：由于先前理解的存在，在绝对意义上回归作者原意是否可能？但在施特劳斯那里，重要的并不是使今人对古人的理解与古代作者的原意保持绝对一致，而是不应先入为主地基于现代的某些价值观念或理论范式对古典作品进行断章取义的解读。如柏拉图的《伊翁》常被阐释为西方最早描述文艺创作心理的理论作品，理由是柏拉图在其中提出了艺术灵感说。但如果深入到这篇对话具体的文脉之中，我们会发现，该文虽然讲到了关于诗人和诵诗人依靠神灵凭附的观点，但与现代的艺术灵感说是有区别的，而且神灵凭附之说也不能简单等同于柏拉图本人的观点，只能说是他笔下作为一个戏剧人物出场的苏格拉底在特定的戏剧情境中表达了这样的看法。事实上，《伊翁》的内涵远非仅仅旨在提出这一观点。

但是，不预先以现代理念曲解古典作品并不意味着我们在进行中希文化比较时不能带着现代中国或当下世界的问题意识。相反，这样的问题意识恰恰是必要的。任何研究都需要带着问题意识，否则就失去了思考的出发点和落脚点。真正的问题必定是切己的问题，中国学者带着切己的中国问题进行文化比较研究是很自然的事情，也唯有这样，古典思想才能焕发鲜活的生命力。如果说这也是一种先前理解的话，那么这种先前理解并不见得就应当破坏古典思想的原貌。古人当然不能预见这样的问题意识，所以这种问题意识的介入必然会使我们对古人的理解有别于古人的自我理解，但这种不同不应必然地导致对古人思想原则的误读。

从中国问题出发进行比较研究也与上述思想对于实践的超越不矛盾。古典思想具有超脱于实践的精神，但这种超脱不是单纯沉溺于形而上学的世界，而是对丰富而复杂的实践的反思和审视。所谓道不远人是也。较之现代思想，古典思想更加依托各种或传统或时兴的话语，要求辩证地省察和追究从实践生活世界中产生的意见的知识前提。这使得古典思想倾向于不断回到开端，回到本源的问题，而非不断向前进行学术上的推进。说到底，从现代中国的问题出发之所以可能，是因为从不同时代的实践中产生的问题只是古老而本源问题在不同历史语境中的重复表现而已。新问题或新意见的介入增加了辩证的质料，从而可能在古今中外的思想比较中使现代的实践获得更充分的审视。

四、关于可比性

就先秦与古希腊思想之间的平行比较而言，无论是哲学、文学的比较，抑或其他思想领域的比较，基本的方法或程序仍然是求同比异。但也并非研究对象既有相同的一面也有相异的一面就可以拿来比较。好的跨文化比较需要充分考虑可比性的强度，而这同时取决于研究对象彼此间相容度和差异度的高低。

相容度是可比性的基础，决定比较的有效性。其实质是包含若干研究对象的共同的属的大小，属越小则相容度越高；反之，属越大则相容度越小。例如，鸡与鸭的可比性一般来说高于鸡与鱼，这是因为鸡和鸭的共同的属（家禽）小于鸡和鱼的共同的属（卵生动物）。相容度并不要求研究对象在内涵上必有相同之处，也可能只是它们处理的是同一类问题，但反过来，内涵有相同处必定说明它们可归入某个共同的属。相容度表示的是这些研究对象在多大程度上可以放在一起比较。理论上说，当某个属仅包含这些研究对象时，例如某一类情况或某一类问题只出现在早期中国和古希腊文化中时，相容度就达到最高。相容度常常是需要挖掘和辨别的，如果仅看表面，很可能造成拉郎配式的乱比。例如，曾有人将古希腊文献中的普罗米修斯盗火神话与先秦的鲧盗息壤相比较，但其实两者的相似性非常表浅，相容度并不高。

不过，跨文化比较研究不能只关注相容度，否则极容易沦为比附，最终无非得出“东海西海，心理攸同”的结论。相容度只能保证比较的有效性，决定比较意义之高低的是研究对象之间差异度的高低。这是因为只有存在差异，才有必要进行对话，而没有对话就无所谓互鉴。就基础思想的比较而言，对话的实质是自由的思想辩难，因而不能要求机械地停留于各有千秋、绝对平等的相对主义之论。差异的形式可以是多样的，重要的不一定是差异点的多寡，而是差异较之流行意见的深刻性。当然，这样的差异同样需要研究者的挖掘和辨别。

五、例子：亲亲相隐问题

近年来颇受汉语学界关注的亲亲相隐问题是在中国当代司法实践中产生的有关“容隐权”争议的现实问题。该问题在先秦中国、现代西方和古希腊的智性作品中有着各不相同的处理方式，反映出不同文明语境中文化认知的多样性和复杂性。

这一问题在中西方历史上都有相关的法律制度设计。西方的制度发端始于1639年英国的星座法院案件，其思想依据与西方哲学的现代转向有关，并体现在这一转向的重要代表作霍布斯的《利维坦》中。简而言之，此依据在于人类是基于自保的自然动机进入政治社会的，所以没有自我告发的义务。可见，这种容隐权首先是自隐权，亲亲相隐是在自隐权基础上的延伸。中国古代相关制度的思想来源则是先秦儒家，体现了儒家思想对后世政治实践的影响。不过，在春秋战国时期，无论是在民间还是在知识界，亲亲是否可以或者应该相隐都存在巨大争议，而且涉及诸多细节条件。表面上，儒家作为亲亲相隐的赞成方，其意见很明确，因为就直躬证父案，孔子说："父为子隐，子为父隐。直在其中矣。"（《论语·子路》）法家作为反对方，意思似乎也很清楚，韩非子说："令尹诛（直躬）而楚奸不上闻。"（《韩非子·五蠹》）道家的基本看法则认为是"信之患也"（《庄子·盗跖》），即直躬过度守"信"，给自己（的家庭）带来了祸患。细究起来，道家的理由既反法家也反儒家，但结论却与儒家相近。韩非子加入令尹诛杀直躬的情节，已经改变了事件性质，从合理论辩的角度看，不构成对孔子的反驳，因为孔子也未必会赞成诛杀直躬（他甚至没有直接否定直躬）。孔子心中的亲亲相隐是有条件的，否则他不会称赞"治国制刑，不隐于亲，三数叔鱼之恶，不为末减"的叔向，说叔向是"古之遗直也"（《左传·昭公十四年》）。这种看似的矛盾与两案的性质不同有关：叔向和叔鱼都是执法者，直躬和其父则是被执法者，执法者徇私比被执法者徇私对社会正义的危害更大。在直躬证父案中，孔子说的"直"可以理解为基于差等之爱的自然感情，他对父子相隐的有限支持是在这种自然感情对于维系社会良好风气的积极作用与相隐行为可能对社会正义造成的危害之间权衡轻重之后得出的看法。这显然与现代西方基于自保原则的容隐权有本质差异。但容隐权也不是西方自古以来的观念，在古希腊有既不同于现代西方也不同于先秦中国的论述。

柏拉图对话《游叙弗伦》和《高尔吉亚》都涉及亲亲相隐问题。在《高尔吉亚》中，苏格拉底指出，世人不应该为自己或亲人的不义行为辩护，反而要千方百计做自己和其他亲人的首要指控者，如果该死，就受死。奇怪的不仅是这一论点本身，更是他的理由。在他看来，这样做并不仅仅是为了社会的整体正义而割舍个人利益；相反，恰恰首先是为了个人利益，甚至也不违背儒家意义上的差等之爱，因为揭发不义行为，使不义之人受到应有惩罚，乃是使之在灵魂上摆脱不义这一最大之恶的不二法门。相比于先秦儒道法诸家以及现代西方，只有柏拉图笔下的苏格拉底提出亲亲不隐对个人或家庭来说不是祸患的主张。这显然不是古希腊社会的主流意见，因为苏格拉底的对话人珀洛斯就直呼这“太离谱”了。《游叙弗伦》中的游叙弗伦证父案也可与直躬证父案相类比，那么苏格拉底是否支持游叙弗伦呢？他说的是：“大多数人肯定不知道是否能做这种事，也不知道这样做是否正确。能做这种事的极少，只有那些拥有极高智慧的人才能这样做。”[2] 换言之，苏格拉底很清楚，他所说的亲亲不隐是以哲人的极高标准来衡量的，而且有特定的言说语境，他并没有要求将其诉诸政治实践，因为政治实践处理的是大多数人的事。至于游叙弗伦证父之举是否值得肯定，不能光看行为本身，还得看支配这一行为的理由。不隐也可能只是为了博取“信”之名（参《吕氏春秋·当务》）。从后续的对话内容看，游叙弗伦自认为是出于虔敬而揭发其父的，但他最终无法自圆其说地界定何为虔敬。由此来看，苏格拉底未必赞赏游叙弗伦的证父行为。反观儒家，孔子的父子相隐观确实更多地是从政治实践层面考虑的，但这也不意味着孔子心中没有超越于实践的哲人标准，否则如何理解《论语·季氏》中记载的“君子之远其子”呢？中希古典思想之可比往往正是如此，一方面差异性深切著明，另一方面又不无含蓄悠远的相通性。

（本文为国家社科基金项目“柏拉图对话引诗研究”的阶段性成果，项目编号：23XWW003；作者单位：四川省社会科学院）

注释：

[1] 惠春琳：《文明交流互鉴的理论逻辑与实践启示》，《山东大学学报》（哲社版）2022 年第 2 期。
[2] 柏拉图著，王晓朝译：《柏拉图全集》（上卷），人民出版社 2018 年版，页 212。

从现代性危机看中希政治传统的对话与互鉴

陈斯一

在我看来，探讨中华文明和古希腊文明的对话与互鉴问题，首先需要回答中西方古典传统之于现代生活的意义问题。如果古典传统对于现代生活没有意义，那么无论中国传统还是古希腊传统就都会失去严肃的思想价值，只具备“博物馆价值”。如此一来，中希文明对话与互鉴的学术工作也就自然不具备严肃的现实意义，最终沦为“博物馆学术”。我始终相信，诞生于轴心时代的古典文明，特别是传统中国与古代希腊的政治实践与政治思想，对于任何时代都具有重要的现实意义。在当今现代性危机日益深重的后全球化时代，我们正面对人类文明百年未有之变局，古典政治传统对于世界政治文明的未来更具有方向性的重要意义。

未来的人类文明往何处去，这很大程度上取决于当下的人类文明从何处来，对后者的认知往往决定了对前者问题的判断。如果现代性的所有成就都来自于现代对古代的摈弃和超越，而现代性的所有弊病都源于这种摈弃和超越还不够彻底、不够全面，那么克服弊病继续前行的途径自然就落脚于更坚定的现代化，而这意味着更坚定的反传统。同时，由于任何一种传统都是特殊的，都必然表现为基于特殊的自然与历史条件所形成的一套特殊的文化习俗与制度观念，因而现代对传统的克服和超越又常被认为是普世性对于特殊性的克服和超越。以上可谓经典的西方现代化叙事的两个方面，构成西方现代性的两个基本支点：进步和普世。由于中国并非内生性地、主动地进入到这种现代性当中，而是在外部西方的冲击之下被动进入的，所以中国的救亡和启蒙之路必然体现为一场现代化的革命，西方环境下现代的文化习俗和制度观念成为这场思想革命的目标，传统中国政治思想成为革命的对象，而包括古希腊在内的传统西方政治思想则成为更充分地理解现代性的一种辅助。百年来，中国政治文明建设通过现代西化革命朝着普世价值不断进步，这个过程中的代价、歧途与危机的根源统统在于现代化和西方化还不够彻底和全面，此可谓一种经典的中国现代化叙事。

我并不否认，无论是经典的中国现代化叙事，还是其母版经典的西方现代化叙事，都有其深厚的历史现实根据和强大的理论指导力量，但这两种叙事同样包含明显的现实错位和严重的误导性。对中国而言，政体的现代化最终选择了马克思列宁主义的革命道路与社会主义的制度道路，而非西方主流的自由主义和资本主义道路，这既源于晚清以来时势与国情要求政治革命和制度建设具备现代化的全盘彻底性，又与中国传统政治思想偏重于总体公共治理，而非分散权力制衡的根本取向息息相关，无论是儒家“不患寡而患不均”的抑兼并主张，还是法家“编户齐民”的抑贵族策略，乃至由“小康”至“大同”的文明理想，都与社会主义更加契合。进一步讲，中国国家主权的现代化实现了传统帝制下的民族融合、多元一体大规模政治的整体共和化，形成中华民族的内聚主体性，拒绝西方主流的民族国家模式。这一方面源于晚清以来持续不断的殖民压力与侵略威胁，以及各民族齐心协力、同仇敌忾的抗争，这两点也锻造出了一个真实而非想象的中华民族命运共同体，同时也是对于秦汉以来大一统郡县格局的自觉继承，延续着以华夏文化为本位消除民族隔阂的政治实践。

宏观而言，中国政治文明的现代化道路一直努力在中国传统与西方现代之间取得旧邦维新的平衡。其间虽历经艰难险阻、困顿反复，也曾走向极端、陷入迷茫，但总的来说已经逐渐探索出了一条古今兼顾、中西包容的道路。这条独特的现代化道路并非尽善尽美，但具备明显的文明优势，它并未依靠殖民征服和奴隶制来取得原始积累，并不依赖各自为政且代价沉重的私利博弈来形成权力规则和支配体系，并未通过大规模的种族清洗来打造民族国家所需的均质公民主体，也并不需要不断挑起外部战争来转移内部矛盾。如果当前的全球现代性危机在很大程度上源于西方资本主义进入新自由主义阶段而造成金融支配性和产业空心化的结构失衡，以及排外性民族主义政治致使地缘冲突在刚性主权碰撞中失去妥协空间，那么相较之下，中国的现代化进程之所以能够一次次克服危机，在当前的大争之世仍然保持稳定局面并发展其潜力，这正是因为中国并未简单照搬西方现代化实践，也没有亦步亦趋地跟随西方现代化的理论，而是基于自身深厚的政治传统和实际的历史处境走出了一条自主革新的现代化道路，在百年来的激进洪流中始终保有沉甸甸的压舱石。在我看来，正是传统和现代的连贯性使得中华政治文明拥有取之不尽的思想遗产和实践经验，既无愧为世界历史上唯一从轴心时代延续至今并仍具旺盛生命力的古典文明，也肩负着引领人类克服现代性危机、开创崭新未来的伟大使命。

正如中国古典政治传统深入参与了中国的现代化进程，古希腊政治传统也绝非现代性的简单对立面和扬弃对象。不过，由于西方政治历史更明显的断裂性，古希腊传统之于现代性的意义就更为复杂。一方面，从结构上看，古希腊政治的基本特征（城邦内部公民共和、各城邦主权独立）为现代西方世界由民主制领土国家构成法理性国际社会的政治体系提供了根源性的文明基因。古希腊思想为这种政治架构提供的哲学阐述和理论辩护始终是我们理解西方政治文明的出发点，其健全的自然观、人文主义底蕴、理性主义精神、对于公共行动和公民德性的强调以及处理城邦内外复杂张力的政治技艺，都是我们推进中国政治文明现代化建设的重要参考资料。另一方面，西方现代性直接孕育于中世纪晚期以来的复杂历史情势，在其切近的文化土壤和构成要素方面，实则是对于古典政治传统的反叛和颠覆。这个高度断裂性的革命进程既生发出前所未有的创造力，又为现代性危机埋下了隐患，是导致当今西方世界深陷种种文明困境的历史根源。

首先，西方历史因基督教文明对古典文明的瓦解而进入漫长的中世纪。罗马帝国崩溃后的世俗权力在与教会权力的持续合作与斗争中承袭了神权政治的底色，最终经由残酷的宗教迫害与教派战争才催生出政教分离、宗教宽容的现代原则。然而，由此形成的公民人文主义绝非古典人文主义的真正复苏，而仅仅是在信仰自由的形式规范下剥夺了各排他性宗教人群相互迫害的政治力量，因此从未在根源上解决神权政治和宗教纷争的残留问题。当今西方尤其是美国社会，排他性一神教文明的意识形态后遗症导致社会严重撕裂，团结在各种政治正确旗帜下的各路认同群体互不宽容，不仅无法铸成求同存异的社会熔炉，而且常常沦为利益集团的党争工具。在这个意义上，现代西方政治并未在世俗理性的指引下真正实现文艺复兴和启蒙运动所承诺的古典自然主义和人文主义理想。不论是广博健全的包容精神，还是权力对抗的诚实坦率，现代西方社会都与古希腊时代那种自由大度、硬朗豁达的政治风貌相去甚远。

其次，作为西方现代性最重要的驱动力，资本主义诞生于罗马帝国崩溃之后极为松散的封建治理格局之下，在贵族割据的权力缝隙中萌芽，经过长期且持续的积累，最终受益于大航海时代的帝国扩张与殖民掠夺而迅速崛起，逐步形成革命夺权的资产阶级主导下财政——军事国家和代议——宪政制度的双向配合。这使得帝国主义和殖民主义成为稳定获利的举国投资项目，并以源源不断的增量收益支撑宗主国内部权力下放的民主进程和福利共享的社会整合。古希腊城邦虽然重视商贸和殖民，但并不包含资本主义基因，即便是走向帝国的罗马也致力于大规模政治治理而非单方面的殖民掠夺；反过来讲，资本主义所释放的强大理性化力量与古希腊传统的公共政治理性截然不同，其本质是追逐私利的工具理性。虽然这种理性力量在产业资本的增量阶段能够创造出尽管分配极端不均但毕竟总量客观增长的发展格局，但随着产业资本进入饱和阶段，零和性的存量博弈首先引发空前残酷的世界大战，继而战胜方因率先进入金融资本的饱和阶段而开始酝酿未来更加残酷的全球危机。纵观推动西方走向现代的资本主义历史，工具理性的每次技术性飞跃都伴随着巨大的社会动荡、战争和人道主义灾难，在缺乏管控的资本角逐中，依靠私利的博弈与制衡只能实现局部而短暂的霸权秩序，无法避免长期潜伏的总体危机。从古今之争的视角看，资本主义的周期性困境在很大程度上应该归咎于现代西方较为彻底地抛弃了自身的古典传统，以自然权利和自由竞争为名，在对市场之手的盲目迷信中瓦解了公共政治理性的权威，致使私利工具理性取得过度失衡的支配地位，进而导致西方文明逐步走向价值虚无主义和社会达尔文主义的恶性循环，最终被其施加给全世界的资本现代化浪潮所反噬。

最后，西方政治思想史最关键的转折点是契约论和民族主义的现代联姻。现代西方政治哲学基于原子论个人主义的自然状态学说，剔除掉人类本性中的社会政治维度，只保留自我保存的求生欲以及连带的占有性财产诉求，进而通过社会契约建构的政治主权来实现国家机器对暴力的合法垄断，以维持基于消极自由的法治秩序。不可否认，契约论为自由平等的政治原则提供了最完备的论证，为公民的人权与尊严提供了最充分的保护，为权利和义务的规则化建构提供了最坚实的理论基础。但在其哲学前提方面，契约论决定性地破坏了人性和政治的传统平衡，导致现代国家难以在形式秩序中弥合具体生活的实质割裂。人毕竟并非仅仅生活在捍卫生命、财产与尊严的抽象底线上，而是必然生活在契约无法涵盖的善与恶的实质价值之中，并通过不同的文化习俗和生活方式来执行各自的价值主张。现代政治哲学将实质价值驱逐到契约之外的领域，从而在国家之内形成不可通约的排他性身份认同，在国家和国家之间形成不可通约的排他性民族认同，并导致这两种认同都极易意识形态化而陷入所谓诸神之争的非理性格局，最终走向群魔乱舞的相对主义厮杀。尤其是在民族国家之间，契约论政治的内在逻辑决定了一种纯粹形式化的国家主权必须通过不同程度的种族清洗来实现民族主义的实质整合，而民族主义的排他性与不可通约性又加剧了契约论图景中国家之间无法走出自然状态的严峻处境。在缺乏更高主权的全球自然状态中，各民族国家不可能形成实质的文明共识，只能依靠实力均势来维持表面的和平，导致国际社会永远是一座充满修昔底德陷阱的黑暗森林。

从政治哲学的视角看，现代性危机是契约论困境的历史后果，而中西方古典政治哲学都具备克服契约论困境的思想资源，从而包含治疗现代性弊病的解药。古代中国思想与古希腊思想尽管在许多方面都差别巨大，在某些方面甚至相对立，但双方都充分认同人类的社会政治本性，例如，荀子认为人之异于禽兽者在于“能群”，而亚里士多德提出“人就自然而言是政治的动物”。基于一种健全的古典自然观和人性观，中希传统思想都追求社会政治共同体对于人性的完善和成全，以期实现形式与质料一体两面、文质彬彬的理想秩序。无论是古希腊政治传统对于公共行动和公民德性的强调，还是中国政治传统对于王道仁政的推崇和关于修齐治平的阐述，以及双方一致的对生活伦常与制度规范的通贯理解、对人本主义的推崇和相应的教化传统，都是不应该被现代性抛弃的宝贵遗产。尤为重要的是，针对犹太基督教传统给西方世界留下的一神教基因及其意识形态后遗症，我们应该运用古典传统的世俗理性精神，以人为本地建设真正具有博大包容性的多元社会；针对资本主义服务于私利的工具理性，我们应该捍卫古典传统的公共理性和价值理性，才能超越各种利益团体的零和博弈，而树立真正为生民立命的政治体制；针对西方民族国家路线的分裂威胁以及民族主义冲突的地缘困局，我们应该回归古典传统以文化为本位的文明胸襟，尽可能地化解单纯民族或种族差异所造成的族群冲突与地缘张力。总而言之，面对种种现代性危机，中国政治传统和古希腊政治传统包含诸多可以彼此借鉴、相互兼容的优势要素，正因如此，中希古典文明的对话和互鉴对于人类文明的未来具有极为重要的现实意义。

最后需要强调的是，全面深入展开中希文明的对话和互鉴，这项伟大的思想事业绝非倒行逆施的复古主义。反思现代性不是为了反对现代性，而是为了开创更好的现代性。迄今为止由现代西方主导的现代性既不是一条简单的线性进步之路，也不具备全方面的普世意义，而是生成于特殊的历史情势并携带着特定的文明基因。反过来讲，无论是中国还是古希腊的政治传统，也绝非现代性弊病的现成解药，二者也不可避免地包含着诸多受制于时代局限的偏见和落后成分。历史经验告诉我们，每在大开大合的变局之际，古典传统总是能够以创造性的方式参与未来文明格局的建构，前提在于现代文明以创造性的方式继承和改造古典传统，取其精华、去其糟粕。

（作者单位：北京大学哲学系）

孔子与柏拉图式的治理：一种比较路径

［希腊］埃琳娜（Elena Avramidou）著 丁珂文 译

孔子（公元前 551 年 – 公元前 479 年）和柏拉图（公元前 427 年 – 公元前 347 年）都生活在所谓的“轴心时代”[1]，他们所处的社会和政治形势有着相似之处：国家陷入了自相残杀的战争、社会冲突，制度和价值观陷入了危机。在这种情况下，他们提出了一套伦理和政治理论，直至今日，这套理论分别构成了远东和西方世界政治学的基础，并以其道德依据不断地激发了人们的灵感。

两位思想家以圣人（sage-king）和哲人王（philosopher-king）理论断言，政治治理与知识和伦理密不可分。这种对知识和伦理的坚定信念，以及对美德和正义的热忱，正是他们所提出的政治领导模式的不谋而合之处。柏拉图关注“何以为善”（what is good），孔子则专注于“如何成为善人”（how someone become good），但这并不影响二者有契合之处。表述方式上的“是”（to be）与“成为”（to become）的不同是由于中希思想的深刻差异所造成的。也就是说，希腊思想侧重于寻求存在和真理，即寻求稳定的客观基础。这正是柏拉图所追求的，并由此构想出了他的形式论（theory of forms）。

相对来看，中国早期思想并不追求与“存在”的稳定性相对应的东西，因此也就缺少对“存在”的概念分析，而这种分析在希腊始于柏拉图。中国思想偏重的是“成为”（becoming），它的本意是变化、运动和流动。如阴阳变化：白变黑、黑变白，晴变暗、暗变晴。它们是对立的，但又是互补的。由此，万物被视为一个整体——一个贯穿万物、将万物联系在一起的统一体，即人、天、地。比如葛瑞汉（Graham）就说过：“汉语中缺少与动词‘是’（to be）完全对应的东西。”显然，他所指的“是”是个动词，由它连接主语和谓语，允许将注意力从前者转移到后者，这一事实标志着研究需要有一本体论和逻辑层面上的转换。

除了这种表述上的殊途同归之外，孔子和柏拉图之间还有其他相似之处。例如，两人都选择教学作为传播其理论的手段，并计划在适当的时机将其政治议程付诸实践。然而，孔子并不需要像柏拉图那样通过论证来证明自己观点的正确性。通过问答形成论点和推理并不是孔子和整个中国思想的显著特征。因此，一种充满象征意义的暗示性语言被发展出来，由于汉字根据不同的语境具有不同的语义外延，导致其缺乏明确的概念语境。

孔子政治治理的基本特征通过《论语》中圣人的特点而显现出来，包括：仁、礼、德、义、敬鬼神而远之、孝、友、恻隐之心、厚德载物、诚心、智慧、正心、易简、宏大（巍巍乎）、爱民、善治、中庸之道等。相应地，在柏拉图的《理想国》（*The Republic*）中，我们可以区分出：美德、正直、节欲、好学、乐学、诚实、诚恳、华丽、铭记、得体、礼节、优雅、节制和友谊等概念。由此可见，孔子和柏拉图式的治国之道趋于一致，都是强调那些将来要行使政治权力的人的精神气质。道德和对实际事务（道德本质）的了解是选拔他们的唯一条件。血统、权力和财富不再是参与政治治理的标准。

孔子通过“君子”（模范人物）这一伦理概念表达了这一变化。最初，这个词与社会地位（君主的儿子，即贵族家庭的后代）密切相关，但后来发生了变化。它凸显了形成一个社会群体的第一步，这个社会群体成为中华帝国的“脊髓”（spinal cord）。而代表“君子”的士大夫官僚作为新的社会阶层承担了约2000年的政治任务。希腊传统中的贵族（aristos）一词也发生了同样的变化。实际上，“美德”是参与政治的一项要求，作为一个纯粹的贵族术语，它主要与贵族联系在一起；然而，后来它又与个人价值相关联，从而获得了伦理意义。这两个词的伦理意义意味着一场彻底的变革，它打破了当时现有的政治制度的基础，即中国的封建制度和希腊的贵族制度。因此，美德和道德修养以及参与治理的需要，使模范人物（君子）与柏拉图的护卫者（guardian）及其参与政府职责的类似道德义务非常接近。他们表达了伦理与政治之间存在的深刻关联和密切的相互依存关系。

这两类人物都经过了长期艰苦的准备，以培养自己的道德品质。通过连续的渐进发展阶段，学者（士）成为模范人物（君子），他们（或其中一些人）最终被引导走向智慧。同样，在柏拉图那里，辅助者成为护卫者，他们（或他们中的一部分）可以获得“最伟大的东西”，即观察善的理念、真理和知识的源泉。对孔子来说，道德完成的最高目标和最高形式是圣人，而对柏拉图来说，则是哲学家、智慧之友。

在希腊传统中，智慧属于诸神。在柏拉图的《会饮篇》（*The Symposium*）中，智慧被描述为一种人类无法企及的神圣境界，是哲学家孜孜以求的。然而，他知道自己永远无法达到这种境界，这种想法让他备受煎熬。哲学家的一个特点是对理所当然或假定为真的东西感到惊奇。哲学家表示怀疑和钦佩，并进行批判性的审视。哲学家会让对话者感到惊讶和困惑，因为他质询的问题超出了普通和熟悉的事物，也就是普通人没有注意到的事物。根据第欧根尼·拉尔提乌斯（Diogenes Laertius）[2] 的说法，“第一个使用 [哲学] 一词，并称自己为哲学家或智慧爱好者的是毕达哥拉斯”。爱德华·策勒和威廉·奈斯尔（Zeller-Nestle）则认为“哲学家”一词最早出现在柏拉图的《斐德鲁篇》（"Phaedrus"）中，其含义是智慧的爱好者。

在儒家的道德发展中，“仁”是最高的美德。“仁”包括通过人与人之间的关系来定义人的任何东西，表明我们的“人性”不是与生俱来的，而是通过与其他人的关系获得的。[3]“仁”是一个具有巨大活力的概念，因为它与人的内在发展过程有关。它揭示了人性是可以完善的，它不依赖于出生，而是依赖于培养。正如安乐哲（Roger T. Ames）和罗思文（Henry Rosemont, Jr.）[4] 所指出的那样，“人并不是我们的存在，而是我们的行为和成为”。或许，“成人”（human becoming）是一个更恰当的术语，它可以捕捉到成为人类所意味着的过程性和转机。

“仁”与“礼”密切而富有创造性地结合在一起，“礼”与人遵守礼仪规则和社会行为有关。“礼”调整着人与人之间的所有关系，在一个没有成文法条的世界里，“礼”获得了社会契约的有效性。礼规定了每个人在家庭、宫廷和社会中的地位。礼规范了人类生活的方方面面：祭祀、宗教活动、国家、婚礼和葬礼仪式、音乐、言语、服饰和姿态。它们旨在建立一种基于等级、权威、秩序与和谐的社会政治秩序。

在柏拉图的《理想国》中，善（agathon）和正义被定义为最高的美德。如前所述，善的理念是真理和知识的源泉。达到真理和善意味着自我从黑暗上升到光明，自我阐明了生命的本质。每一种知识和科学都建立在善的基础上，善的空间被定义为本体论真理的领域。为了支持自己的观点，柏拉图需要建立一个完整的体系并论证其价值。因此，他构建了自己的现实世界——理念世界，而理念世界的模型就是我们所处的不断变化的易朽的世界。由于“善”位于理念世界中，只有道德高尚的灵魂才能通过“形成”与“存在”之间的漫游来观察它，而这正是哲学家的灵魂。

善和美德的理念以及哲人王的形象与正义相关，因为哲人王作为唯一的正义之人，最适合治理国家。此外，正如《理想国》的副标题（“论正义”）所示，这一理念构成了《理想国》中辩论的核心主题。在柏拉图看来，正义是四种部分美德和主要美德之一，美德的一般概念由这四种美德构成，即智慧、勇气、节制和正义，它们是好的国家和好的个人的特征。因为一个好的国家之所以是好的，其必要条件是构成这个好的国家的人应该是好的个人。正义是个人的基本美德，是灵魂的品质，“做好自己的事，不做多管闲事的人，便是正义”。换句话说，每个人都应根据自己与生俱来的天赋、能力，后天所受的教育和培训行事，它们决定了一个人在美好城邦卡利波利斯（Kallipolis）的地位和等级。

在《论语》中，“义”是一个具有多重含义的复杂概念，将其翻译为“正义”（justice）很难被理解，因为在现代西方语言中，这个词与法律和司法有关。相反，在中国古代，“义”并不与法律和司法相关联，也没有任何其他词可以表达西方世界所记载的“正义”概念。在孔子看来，“义”一词表达了一个人在特定条件下评估自己应该做什么的能力；以及做什么是正确的，从而具备正义（just）之义。

在孔子和柏拉图看来，教育对于模范人物（君子）和护卫者的道德培养都非常重要。孔子特别强调“学”，“学”不在于获得理论知识和实践技能，而在于道德修养。为此，他将历史、诗歌、音乐和礼纳入他的教学计划中，旨在培养一种生活方式。而柏拉图所追求的是一种有德行的生活方式，也是通过适当的教育和有德行的行为来实现的。它们是柏拉图教育体系的目标，也是最合适的护卫者获得官职的坚定不移的条件。教育是国家的基本关切。它建立在一个循序渐进的教育和考核体系之上，使哲学家超越非哲学家，并任命他为在道德上治理国家的合适人选。它不仅包括诗歌和音乐，还包括体操、军事训练以及理论、实践和道德知识。

尽管两位思想家的教育伦理目标是一致的，但他们之间存在着根本的差异。柏拉图重视军事训练以及数学和辩证逻辑的学习，而孔子基本忽略了以上内容。在柏拉图看来，护卫者应学习算术、几何、立体几何、天文学和和声，为期 10 年；然后学习辩证逻辑，为期 5 年；被视为知识的顶峰的“最重要的一课”是关于善的理念知识。他认为，没有这种知识，其他任何知识对我们都没有用处。

对护卫者进行柏拉图式教育，培养他们的智力和道德，使他们能够统治美好城邦卡利波利斯，是以一个教学计划为基础的。这个教学计划由 20、30、35 和 50 岁这几个不同的年龄阶段组成。儒家对模范人物（君子）也提供了类似的循序渐进的道德修养阶段性教学计划。《论语》在谈到孔子的精神进化时提到了其度过的多个年龄段，如 15、30、40、50、60 和 70 岁。显然，它们指的是君子道德和精神发展的连续阶段。它们无疑是通往智慧之道的进阶历程。

此外，为了重塑理想国的和谐功能，保护其贤明的统治者免于卷入任何不透明的交易，柏拉图将政治权力和经济权力区分开来，提出废除私有财产。为了确保他的理想国免于因私利、裙带关系和敛财而产生的一切危险，他还废除了护卫者的个人家庭，并用“神圣的婚姻”部分取代了家庭的功能。汉娜·阿伦特（Hannah Arendt）认为，柏拉图的要求并不是要废除家庭，而是要扩大家庭，使整个社会具有家庭的形式[5]。

由此，孔子和柏拉图之间出现了根本性的差异。在柏拉图看来，家庭威胁着公民的精神一致性，一般来说也威胁着国家的统一。而在孔子看来，家庭是基本的社会群体，其结构是与国家衔接的，是国家功能的雏形。道德主要在家庭中培养，然后在国家中发展和表现，国家被视为家庭的延伸。家庭成员之间的关系是建立国家成员之间关系的模版，如父子关系与君臣关系相对应，他将一个有道德的统治者的形象投射为一个用亲情照顾子女的好父亲的形象。

“孝”是仁之本，不仅在家庭中，而且在国家中也被视为一种基本美德。它证实了家族与政治权力之间深刻而不可否认的统一性，两者都植根于严格的等级制度。“孝”的中心地位只有在社会政治体系中才能体现出来，比如周朝，它是按照家族模式构建的，建立在对祖先崇拜的基础之上。对孔子来说，周朝是最好的时代，因为它在和平与发展的各个领域做出了重大贡献，如包括灌溉系统的农业、军事组织、诗歌、音乐、文字和宗教。

因此，两种世界观之间出现了本质区别。虽然两位思想家都面临着公私关系中出现的问题，但他们选择了完全相反的解决方案。孔子将国家理解为一个大家庭，中国人将公共概念理解为私人的延伸，而柏拉图则为护卫者废除了家庭[6]，希腊人将城邦（polis）和家庭（即公共和私人）分开。城邦是一个与自由和参与相联系的区域，属于公民，即雅典父母所生的自由成年男子，也就是那些拥有权利和义务的人。雅典公民与他们的城邦之间存在着一种非同一般的独特的关系，这在修昔底德（Thucydides）的《伯里克利的葬礼演说》（"Pericles' Funeral Oration"）中得到了详尽的表述。雅典人将自己与他们的城邦联系在一起。事实上，正如卡斯托里亚迪斯（Castoriadis）所言，“修昔底德从不谈论雅典或任何其他城市。当他提到城邦时，他说的是雅典人、科林斯人或米提利尼人。在谈到地方时，他说的是雅典和科林斯”。换句话说，“雅典是一种地理表达。城邦就是雅典人”[7]。

相反，家庭则与缺乏自由的宿命女神阿南刻（Ananke）联系在一起。它是妇女、儿童和奴隶的领地。阿南刻是一个原始神，是时间的化身克罗诺斯（Chronos）的妹妹和妻子，是力量、约束和必要性的化身。正如阿伦特所指出的，强迫他人、命令而非说服是先前政治的礼仪，它界定了城邦之外的生活。它们是家庭生活和家庭的特征，在家庭中，一家之主对其他人拥有专制权力[8]。因此，生活在城邦中意味着一切都要靠理智和信念来决定，而不是靠强制和武力。

无论这两位思想家之间存在何种差异，都不妨碍形成一种坚实的理论。使孔子提出的智慧与道德、政治与伦理间深度统合的观念与柏拉图非常接近。由于冲突、腐败和管理不善的情况不断增加，这种统合性在今天显得尤为重要。孔子希望有一位贤明的君主带领国家走向“道”，这一理想在他所处的时代并未实现。而柏拉图希望有一位哲学家统治一个理想的国家，但他的这一理想也未实现。尽管如此，他们仍是我们获得灵感的源泉。在我们看来，对儒家和柏拉图政治治理观的了解有助于以一种新的方式对待政治，即政治始终与伦理密不可分。它可以促进政治思想的更新。如今，东西方世界在许多方面仍是相互忽视的，重读孔子和柏拉图，有助于促进对东西方两个世界的理解。与此同时，亦可以促进文明之间展开更为开放和富有成果的对话。

（作者单位：希腊爱奥尼亚大学，联合国教科文组织文化遗产保护教席指导委员会；译者单位：北京语言大学首都国际文化研究基地）

注释：

[1] K. Jaspers, *An Introduction to Philosophy*, Greek trans. Ch. Malevitsis, Vivliopoleion Dodoni, 1968, p.186.

[2] Diogenes Laertius, *Lives of Eminent Philosophers*, 1.17.

[3] Anne Cheng, *Storia del pensiero cinese*, Torino, Einaudi, 2000, vol. 1, p.52.

[4] R. T. Ames & H. Rosemont, Jr., *The Analects of Confucius: A Philosophical Translation*, New York, The Ballantine Publishing Group, 1998, p.49 (Italics by the authors).

[5] Hannah Arendt, *The Human Condition (vita activa)*, Athens, Gnosi, 2008, p.304.

[6] 笔者注：柏拉图废除私有财产和家庭的思想被后来的空想家们积极接受，如托马索·康帕内拉（Tommaso Campanella）设想了乌托邦式的太阳城，在那里财产、妇女和儿童都是共有的。同样，西塞罗《共和论》（*De Republica*）、圣奥古斯丁《上帝之城》（*City of God*）、托马斯·莫尔爵士《乌托邦》（*Utopia*）、弗朗西斯-培根《新大西岛》（*New Atlantis*）以及其他的乌托邦社会主义（utopian socialism）如基布兹（kibbutz）都从柏拉图的《理想国》中获得了灵感。

[7] C. Castoriadis, *Ancient Greek Democracy and Its Importance for Us Today*, Athens, Ypsilon, 1999, p.38 (Italics by the author).

[8] H. Arendt, ibid., p.45.

中希文明互照（二）

研　究

《古代希腊与中国比较研究》导论：方法、问题和前景

[英国] G. E. R. 劳埃德（G. E. R. Lloyd） 著 王大庆 译

摘要： 该文系剑桥大学劳埃德教授为其与赵静一主编的《古代希腊与中国比较研究》一书所撰序言，作者强调了对历史上各个不同文明，特别是作为西方文化源头的希腊文明与作为东亚文化源头的中国文明之间进行反思性对比的重要性。在此前提下，作者对中希比较中涉及的诸多方法论问题做了深入的思考，不仅指出了在此研究中有可能遭遇的一些困境，同时也提出了为解决这些困境可采用的一些尝试性路径。其讨论的范围广涉古希腊与早期中国的哲学、数学、医学（健康）、农业（食物）、宗教、法律、识字与学问、音乐和艺术等，及与之相关的观念与制度，而这些用以比较的例证也是参与该论文集撰写的其他作者所从事的研究主题。

关键词： 古希腊　早期中国　跨文化比较　比较方法　中希比较研究　科学史　哲学

本书是一本论文集，联合撰文的学者们都坚信，对各个古代文明进行反思性的比较研究，可以提供很多重要的机会来增进我们的理解，尤其是通过关注于其中一些疑问和问题，而这些疑问和问题并不会轻而易举地由那些仅集中在一个文明研究的学者提出来。传统上，研究古代的历史学家们就是这样做的，他们也都意识到，在很多情况下，考察某一单个社会的长时段发展就已经很复杂和困难了。然而，只有当我们共同致力于跨文化分析的时候——不论是自己进行研究还是与其他学者展开合作研究——才能够处在一种更有信心的位置上来确认，在不同的文明之间，哪些东西是独特的，以及哪些东西是普遍的。对拥有独特性的说法有时会得到支持，但更为常见的情况是，人们更容易做出倡导一种文化居于所有其他文化之上的断言。如果我们把自己仅仅局限在某一个古代社会中，我们或许就会认为，在这个社会中发生的事情在某种意义上是不可避免的。而对其他社会的考察能够表明，这种看法可能是非常错误的，因而就会提出这一根本性的问题，即为什么在这些情况下这些事情会以这样的一些方式发生，尽管在这个问题上得到任何令人满意的解释性论述可能还很困难。

这只是在非常普遍的意义上对比较的课题的一个单薄的表态而已。然而，我们所

有的撰稿人也能充分意识到，进行比较研究远非一件易事。我们很容易看到，为什么比较研究会如此经常地得到一个坏的名声。原则上讲，我们能够把任何事物与任何其他事物进行比较。在实际操作中，很多比较研究似乎会在没有对语境或者这项工作的有效性做出任何考量的前提下，把范围很广的不同事物独断地并列在一起。在本书开头，由内森·席文（Nathan Sivin）撰写的第一章讨论的就是这个问题，接着，沃尔特·沙伊德尔（Walter Scheidel）也考察了比较历史研究的"方法"和"原因"，而鲁惟一（Michael Loewe）则在本书末尾的回顾中表达了对这些问题的看法。所以，如果比较研究可以产生出有价值的新观点的话，那么，具有根本性的问题是：为什么要做这个课题，我们应该采用什么样的标准来判定一项比较研究是有价值的，以及我们如何能够检验我们的成果是否合理。对于这些我们要拥有一种清晰的看法。在这个导论性的章节，我认为我的任务就是对指导我们这项课题的一些原则进行概述，并关注它所面对的主要问题，尽管我不会把自己的论述限制在某些具体的话题上，这些话题将成为本书接下来的章节关注的焦点问题。

在本书中，我们的目标一方是古代希腊（包括馈赠给罗马世界的遗产），另一方是古代中国，我们把我们自身研究时段的下限定在公元 3 世纪末。在某种意义上，这个终止的时间点是武断的，但它意味着，对于两方来说，我们所研究的文明都还没有从根本上受到重大转型的影响，这种转型对一方来说是由罗马帝国的基督教化造成的，对另一方来说则是由作为一种主导性影响的佛教在中国的兴起而导致的。我们不应该低估即使是在这些宗教巨变发生之前就已经存在于希腊 - 罗马世界和中国的多变性和多样性。不过，毫无疑问的是，一旦它们发生了，比较研究所面临的问题的复杂性将会大大增加。

对于我们所关注的这个时间段的这两种古代文明来说，尽管碰巧都拥有极为丰富的史料，但比较研究的方法不仅能够，而且我们也希望将会得到采用，并以此来推动其他社会的研究，而并不局限于古代世界。古代历史研究不仅与社会人类学有很多共同点，而且也能够从后者领域中学到很多东西。我们可能会饱受不能直接面对我们的见证人所带来的不利因素之苦——显然我们不能向他们提出问题。但我们在能够追踪很多代人在历史变化上也拥有诸多优势，并能够做出一个历时性维度上的描述，这在民族学研究上是很难做到的。

在古代文明之间能有可能进行比较研究的题目间会有很大的不同，没有理由认为我所提出的方法论上的问题，在不同的研究领域会以相同的方式得到回答。一个重要的和反复出现的议题与我们在讨论比较的对象时所使用的概念相关，当中会存在一种明显的危险，即认为我们在习惯上使用的那些概念——在碰巧是我们自己母语的任何语言中——将能够适用于当前这个目标。我们所面临的困境是显而易见的——如果使用我们自己传统的概念范畴的话，就一定不会导致对我们正在试图理解的那些人使用的概念的曲解吗？不过，我们为什么不能够使用我们自身的那些范畴，就是因为它们只属于我们自己吗？

十分明显的是，我们能够使用的完全中立的词汇表并不存在。但是，假设我们接受这样的看法——我们也必须这样做——即我们的概念是可以修正的。那么，这种困境就可以得到避免。的确，跨文化研究的诸多好处之一恰恰就是使我们能够扩展我们的视野，在某些根本性的问题上去修改我们的那些先入之见。可以用这样的方式来表达我们必须要去克服的会反复出现的困难，比如，如果我们要讨论农业，或者医学、数学、哲学、法律、官僚制度、奴隶制、宗教、战争中的任意一种领域，在每种情况下，我们都必须去质疑，对我们所研究的不同的古代社会来说，这些术语在哪些地方是合适的，在哪些地方是不合适的。

那么，一方面，我们不能够直接向外推广我们自己的范畴，并期望它们可以适用于任何其他社会；另一方面，我们在哪里发现了不匹配和不一致之处，也并不意味着该处的比较就是不可能进行的。我们一定要避免这两类错误，既不能把我们的概念强加给别人，也不能假设别人的概念在严格意义上讲是不能够比较的。如果它不是完全不能让人理解的话。那么，我们该如何在这两种极端的做法之间进行掌控呢？这就是比较研究最主要的诸多困难所在，但它们也提供了一个最为重要的机遇。现在让我来花些时间举几个事例，回到我刚才列出的能够比较的那些事项的清单上，来展示一下，我们对正在考察的这些事项的理解是如何服从于改进的需要的。随着我们继续前行，我们也在这一考察中认识到了多种不同的情况。

首先，我想用我们在西方使用的用于对某些智力活动进行分类的两个最重要的范畴，即“哲学”和“数学”来说明这个问题。接着，我会拓展这个讨论的范围以涵盖一些实践性的事务。在这些事务中存在一种更为明显的感知活动，通过这些活动，这些事务与一些人们普遍关注的东西产生关联性，对此，我将集中讨论食物供给、建造房舍和健康问题。在我的讨论的第三个阶段，我将进一步扩大这个话题的网络，对考察的其他一些方面做出能得到公认的纲领性评论。这些方面既包括社会制度和习俗，也包括对历史、法律、教育、宗教、音乐和艺术的态度。

做出这样的假设显然是很轻率的，即“哲学”（philosophy）一词所包含的内容，实际上在讲某些语言的人那里有着一致的看法。这些语言似乎都拥有一个来自于希腊文 "philosophia" 的术语，这个术语看上去指的就是哲学这个词，在法语中是“philosophie”，在德语中是“philosophie”，在意大利语中则是“filosofia”，如此等等。我们在不同的欧洲传统中已经可以看到很多明显的差异了，不仅涉及哲学考察的对象，而且还在于如何对它们进行考察，正如我们在所谓的大陆哲学和主要说英语（但还有一部分说德语）的分析哲学传统之间会做出区分。每种传统都拥有其作为典范的哲学英雄，一方可能是黑格尔、尼采和海德格尔，另一方可能可是蒯因（Quine）、克里普克（Kripke）和伯纳德·威廉姆斯（Bernald Williams）。在后者的阵营中，一些在分析方法上信奉实证主义的人倾向于认为，建立在不确定的东西的基础上的很多形而上学问题，不仅能够，而且应该被细致的语言分析清除掉。而在大陆哲学传统中，这些问题则是整个哲学探索的根基。

所以，鉴于对哲学应该包含什么，在西方没有普遍的共识。那么，很多据称是考察中国哲学的研究，尤其是有几个人声称，那里并不存在这样一种学问（中国人过去并没有哲学，他们只拥有智慧[1]），这种认识同样建立在一种混乱的基础上，或者至少是过于简单化地处理了这些问题。然而，走向相反极端的人则说，任何这样的研究简直是不可能的，这种看法同样陷入了一种错误。即使“哲学”本身是充满争议的，但对于它应该包含哪些要素还是存在着一些有着合理共识的区域。关于道德和是与非问题的讨论，当然应该这样被接受下来。这样的一些问题在中国就像在希腊或者罗马或者现代欧洲那样，显然都是人们关心和争论的话题。例如，在公元前 4 世纪到公元前 3 世纪，就有一场发生在孟子、告子和荀子之间的著名争论，内容是关于人类从本性上讲是善的、恶的，还是介于两者之间。因此，这就可以为我们提供一个出发点，从这里，我们能够在古代希腊和中国之间就人们采取的各种立场以及这些立场是如何得到辩护的进行比较。

更进一步的一些问题是关于可以被纳入“哲学”中的其他研究领域的，比如语言哲学、逻辑学、认识论，实际上还有形而上学本身，这些问题都提出了更大的挑战，但也提供了用于有趣的反思的诸多面相。因而，关于词语和对象之间关系问题的话题，在古代中国的文献中也得到了探究。尽管它们与我们头脑里柏拉图的《克拉底鲁篇》（*Craylus*）中的那些问题并不一样。中国人的讨论把问题集中在人与维持社会角色之间的恰当关系上面，这当然就意味着这一研究的社会意义被看作比纯粹的知识问题更加重要。

两个更进一步的论题，可以说明在这一领域进行比较研究的复杂性和可能的收益。第一个问题是，论题中的个体如何看待他们自己，以及别人是如何看待他们的——实际上他们是如何被分类的；第二个问题是，他们如何看待他们的主要目标。希腊术语“哲学”一词的起源是有争议的，这个术语和某些同源词的一些早期的用法是十分宽泛的，似乎可以指任何一种令人惊异的状态。[2] 有一些后来的材料，把这个词的发明者归于毕达哥拉斯[3]。但无论如何，传统上被我们贴上“前苏格拉底哲学家”标签的那些人并不把他们自己都看作是属于一个有着明确限定目标的单个的统一团体。“哲学”只是到了公元前 5 世纪晚期和公元前 4 世纪早期的时候才成为一种可以辨识出来的行为，尤其是在柏拉图把苏格拉底接纳为他的榜样之后。亚里士多德把这种与哲学（theorein，“思辨”）联系在一起的探究活动看作是人类能够从事的最高级的活动，是通向幸福的一条主要道路。

此后，希腊哲学家获得了某种可识别性，即便不是一种坏的名声。很多是十分有趣的人，在喜剧中被刻画成自命不凡的伪君子。但是很多人都把他们自己看作是严肃的真理追求者，专注于去寻求个人的幸福。一些人（伊壁鸠鲁学派和怀疑论者）认为，这项活动与参与公共生活是不相容的。尽管其他学派，其中斯多葛学派尤其如此，都把参与政治生活视为责任，他们也确实成为了著名的政治家或统治者的顾问。

然而，在中国，在个人的抱负和那些我认定为对道德问题感兴趣的公共生活参与者之间的平衡，呈现出一种十分不同的情况。当然，也有一些中国思想家背向朝廷，或多或少地过着一种隐居者的生活。庄子就是一个这样的人，当很多人试图劝说他去当官的时候，他拒绝了。[4] 然而，另外一个从公共生活中退出的人王充，在进入新千年的时候，还是认为有必要撰写一篇著名的论文《论衡》。当中他批评了很多其他的人，认为他们的错误信念导致了社会的混乱。

然而，一大部分杰出的中国思想家，都把参与好政府的管理作为中心任务。在战国时代，这些工作通常被称为“游说”，即游走的顾问或说客；或另外一种表达方式——“游士”，即游走的“士人”。[5] 战国时代各个王国的统治者们把很多种不同类型的专家聚集在他们身边，确切地说，其中就包括那些声称能够提供如何治理国家的建议的人。只要有机会，很多这样的专家就会从一个国家游走到另外一个国家。我们知道，孔子就到访过几个国家，总是抱着一线希望去寻求一个有望接受其建议的统治者。当然，这些顾问也吸引了很多追随者，他们以保存其导师的教诲为己任，这一过程一直持续到中国统一之后，并随着经书的问世而得到了强化。不过，当这种情况发生时，教师和统治者之间的关系依旧十分紧密，前者主要关注为后者提供有用的建议。

如果我们追问大部分的中国思想家自身所追求的目标是什么，那么，回答当然会与亚里士多德的哲学理想非常不同。中国人的目标与其说是为了学习或理解，不如说是为了存在（being），具体体现在“道”上。诚然，“道”有很多种形式：有一种烹饪和厨师之“道”，甚至有一种作为笑柄的强盗之“道”。[6] 不过，这种理想是由体现在古代圣王身上的“道”来决定的，正如中国人常说的一种与宇宙即“天”相契合的存在。

在我的文章接下来的部分中，我将会说到更多与“道”有关的事情，但在这里，我会通过强调以下四点认识来总结一下对第一个问题的讨论。第一，“哲学”无疑并不能够被看作是一个得到了很好界定的跨文化的范畴。第二，不过我们还是能够对希腊罗马和中国世界中的思想家们进行考察，他们从事一种或其他几种种类的研究，对于我们来说，这些研究可以归入一种或其他几种种类的哲学探究的组成部分中。第三，当我们可以这样做的时候，我们发现，不论是他们工作的环境，还是他们自身要达到的目标，都是不一样的。这种不同不仅存在于不同的时代之间，也出现在我们所面对的两个社会之间，由此就产生了第四个认识，即这可以帮助我们阐明我们所关注的不同社会团体的价值观念。大致来讲，自身的修养和参与公共事务之间的平衡是存在差异的。这两种目标都出现在两种古代文明中，但在中国，我们看到，由于人们对在公共事务上献计献策有着更大的关注，所以在那里，这方面的兴趣超过了个人的、获取知识上的野心。

我的第二个例子是“数学”，它也引发了一系列相似的问题。我们可以假设，在所有地方都将会出现我们称之为数学的一种相同的知识上的探究。可以肯定的是，在西方，数学涵盖了一些分支领域，包括我们在纯数学和应用数学之间所做的区分。希腊人当然确实谈到了“数学”（mathematike）一词，我们的这个术语就来自于此，但这个希腊词与指称“学习”的最普通的词“mathema”是同源的。我们不能在古代中国的文献中期待找到一个相同的概念，但他们说到了“算数”和“数术”，大致的意思是“计算和方法”，当然也致力于关于数字和图形的细致研究，并思考如何应用它们的方法以获得对其他问题的理解。

但是，尽管这种认识确保了我们能够使用一些共同的基础以开启我们的比较研究，但我们还是不应该假设，人们致力于“数学”研究的方式在所有古代社会都是一致的，尤其是在我们最关注的这两个社会中，由林力娜（Karine Chemla）和热维尔·内茨（Reviel Netz）撰写的那两章将会做出说明。正如我在其他一些场合所指出的，对公理－演绎证明（axiomatic-deductive demonstrations）的偏爱并不只是某些（不是全部）希腊数学所特有的，但相比于任何其他古代文明却堪称独特。[7] 迄今为止，对这种证明方式的研究认为，一旦人们开创了数学的研究，这种方法就会成为一种自然的或标准的，甚至是不可避免的发展，它是十分异乎寻常的，我们必须要对其产生的原因进行追问。

希腊人的野心主要归功于亚里士多德的著作，他毕竟是第一个对严格意义上的证明进行界定的人，其方式就是把不言自明的首要前提与有效的演绎证明结合在一起，以推导出无可辩驳的结论。[8] 但是，如果我们反过来追问，是什么可能激发了他对这种可能性的探究。那么首要的是，拥有一种对论证中缜密性的确凿无疑的值得称道之感。那么，就像在他之前的柏拉图那样，我们应该铭记在心的是，在法庭或政治集会这样的场合中，他对他的希腊同胞们所使用的他认为仅仅是貌似有理的，或者有说服力的论证充满了深刻的不满。在那里，决策实际上是由听众自身来做出的，通常是通过多数人的投票进行表决。假设在古代社会中，不论是中国还是在其他地方，都不存在发生在公共场所并且由投票来决定这种辩论结果的任何真正的对应物，那么或许并不使人感到惊讶的是，我们也没有发现可以激励人们创造出一种可以用来避免错误的另外一种论证方式的出现。

这并不意味着中国人没有意识到需要去检验他们的结果。相反，他们经常这样去做，验证他们使用的算法是正确的。[9] 但是，一旦他们确认了他们自己是正确的，他们就会继续去做下一个问题，没有试图创造出基于自明的公理的论证方式。这里，在古代社会之间进行比较就可以揭示出，并不存在一条能够使数学得以产生的道路，更不用说一定会产生这条道路了。

但是，我们能够走得更远一些。中国的数学在方向上偏重于实用的看法已经被严重地夸大了，因为它省去了相当多的理论兴趣的部分，比如确定圆周率，或者我们称之为 π 的数值。[10] 不过，还存在着一个更为有趣的可以比较和对照的点，即在中国人和希腊人以哪些方式来看待使用数学技巧来解决数学本身之外的问题的可能性方面进行对比。一些秉承毕达哥拉斯传统的希腊人坚持认为，数是理解万物本质的钥匙，但是把这种看法运用于实践中的方式却有很大不同，从对数字象征主义（number symbolism）的操作到和谐比率的数学分析都有。在中国也存在着一种对数字象征主义的迷恋，但对这种事物的兴趣同样会用于很多不同的实践活动当中，从音乐和谐性的数学分析和相似的直角三角形的应用，到确定遥远距离之外的事物——包括太阳本身——的高度和距离。[11]

提到了最后那种可能性的一个文本，在展现数学技巧的方式上尤为有趣。在《周髀算经》中，一个学生称赞他的老师能够解决一整套难题，但他把所有这些都归之于老师的“道”。当学生问到如何获得相似的结果时，他被告知，如果他足够用功的话，他就能做到这一点。经过几次失败的尝试，老师终于答应在如何去做的问题上给予学生更为详尽的指教。通过欧几里得来学习数学，则只是一个理解你所面对的那些证明的问题。某些情况下，在中国学习数学是一个如何把技巧内化的问题。而且，求助于“道”的做法，把数学与所有最重要的和最受重视的活动联系在一起。实际上，数学被认为是在最遥远的古代由圣王们发明的。数学与其说只是知识上的追求，不如说是智慧的一个方面。

对于比较研究来说，“哲学”和“数学”都是特别成问题的领域。但其他的话题则看上去更加直接一些，因为它们与人类一直必须要面对的那些基本需求相一致，例如提供食物和住所，我们还可以加上获取健康或幸福，不论我们如何理解它们。然而，在所有这些领域中，还是潜在着比那些一目了然的需求更多的需要考察的东西。

因而，在谈及食物的时候，我们或许首先就要注意到农业活动中象征性的、观念化的甚至宗教上的意义，这些活动在众多守护神的助佑下展开。在希腊是德墨忒尔（Demeter），在罗马是塞勒斯（Ceres），在中国是神农。接着，我们就必须要追问是谁实际上生产了食物，以及他们在多大程度上享有了自己的劳动本身所带来的好处，抑或是被迫为其他人工作。这就引出了奴隶制的话题，我们再次遇到了一个很难得到跨文化运用的概念，因为我们在全世界可以看到很多种不同类型的不自由的劳动力。由谁来控制农业的剩余产品，是一个关系到更为普遍的社会和政治组织的问题。我们在何种程度上能够检验芬利（Finley）的这一观点，即希腊城邦的机构主要依赖于数量巨大的奴隶而存在？[12]当然，如果公民团体，或者说它的大部分成员，没有享有相当多闲暇的话，很多这样的机构——法庭和公民大会——是无法运作的。这就是希腊的政治理论家自身所关注的一个要点，他们会考量哪种类型的活动——包括商业、手工业和农业——会与完成公民的责任相兼容还是不相兼容。[13] 在中国同样存在这种情况，官吏们拥有相当多的地产的使用权，然而在那里的大量农业剩余产品却并没有导致类似的政治机构的出现。显然，在希腊罗马世界，榨取和使用剩余产品的独特模式——尤其是奴隶制——对于我们在那里看到的某些特殊机构的产生并没有提供一个充分条件，尽管某些剩余产品无疑对这些机构来说是一个必要条件。

在这里，第二个有争议的论题都与希腊人或者中国人致力于提高生产效率的努力程度相关，不论是在农业上，还是在生产技术的其他方面。[14] 希腊罗马奴隶制的存在所产生的负面影响，常常被看作是那里存在一种所谓的技术停滞的主要理由。但是，第一，这种停滞经常被夸大了。我在自己的书中提出了这个问题，并对主要的数据进行了归纳。第二，当涉及中国区域时，这种经验也被掺杂进来。在那里，曾出现过与水利灌溉相关的超乎寻常和异常成功的工程项目，引人注目的是李冰在灌县主持修建的岷江的分流工程，使用的就是强征的劳动力。这项工程一举解决了洪水的问题，并为现在四川省大片土地灌溉提供了水源，把一条不受控制的河流转变为两条可以操控的河流。然而，在中国，能够读书写字的精英们通常不愿意自己直接参与到农业生产活动中，这一点跟与他们地位相当的一些希腊精英们很像。

对于住所，说一说房屋的不同种类，似乎没有什么有趣之处。但我们还是需要谨慎对待。我们有足够多的关于希腊和中国住宅建筑的资料，足以和像坦比亚（Tambiah）和汉弗莱（Humphrey）那样的人类学家所研究的社会中房屋空间组织所呈现的象征主义的复杂分析相媲美。在那里，房屋成为了建造者们所理解的宇宙的一个缩影，起到了强化那些关于人在万物秩序中位置的信念的作用。[15] 不过，在希腊罗马和中国的房屋中，都有用于仪式功能的空间。一所房屋并不仅仅是一个挡风遮雨的地方，而且还是一个祭祀的场所。

更为明显的是，当我们考察城镇或城市聚集区的时候，会给予特别关注的不仅是防御功能，还会有象征性的运用。在中国，城市、宫殿和陵墓的选址都需要运用风水学（geomancy）的细致的考察程序。将面向南方的位置与特权和帝王联系在一起，就是一种简单风水学规则的运用。但在帝王家庭成员陵墓的位置上面，需要加以考虑的关系却是异常复杂的。[16] 在古典时代的希腊世界，没有帝王的陵墓需要烦心，但是却有很多关于如何使一座城市的规划能够最好地适应于公民平等的民主意识形态的讨论。[17]这一点与中国明显不同，但在一些文献中，我们还是会遇到种种相似性，比如在《希波克拉底文集》（*Hippocratic Corpus*）和中国的医书中，都有对不同方位会对健康产生相对影响的关注。因此，一种比较的方法再次可以帮助我们来发现那些反复出现的跨文化兴趣和对不同思想观念的关注。

这就把我带到了我提到过的关于人类基本需求的第三个话题上，即健康。可能这个话题的吸引力尤其强大，它假设现在西方十分熟悉的生物医学提供了一个可以评估其他传统和习俗的标尺，不能通过其检测的东西就会作为仅仅是一种大众的迷信而不予考虑。当然，这样做就会直接陷入到时代错乱（anachronism）的陷阱中。我们当然应该以这样的观察作为起点，即在实际生活中所有人都试图获得健康，但它遮蔽了认为健康是由哪些东西所构成的各种不同的观念，还有关于疾病的性质和原因，以及对生病（即感到不舒服）本身的看法。实际上，我们将继续关于仅仅是身体上的舒适与更为复杂的幸福感之间关系问题的讨论。

在古代中国和古希腊之间的一个重要的相似点，就是两个社会中都拥有相互竞争的医疗从业者团体争夺客户，他们提供十分不同的治疗方法，并且实际上还包括精神的或心理上的关照。的确，这种情况并不只是出现在这两个我们特别关注的社会中，而是可以在所有地方都能够看到。例如，在古代两河流域，以及古代埃及和印度，在上述这些地方，我们都可以利用到相当多尚存的医疗文献。[18]

那么，自然会产生的一个问题就是，这些不同的竞争团体，通常都由它们使用的名称来加以清楚的区分，以它们提供的护理为依据，用它们声称的有效性以获取合法性，更不用说它们所具有的优势了。从我们在中国和希腊看到的医疗从业者精英的情况来看，有一部分的回答是清楚的。这些精英集团的成员依赖于对一整套学术文献的精通。在中国，精英医疗教育的核心内容就是对《黄帝内经》进行不同方式的校订。然而，在第一部王朝史《史记》中的医生淳于意的传记里，他提到过很多种从他的老师那里得到的其他文献和秘诀，其中的一些学问被说成是秘密教授的，在发誓要保守秘密的情况下才传给了他。同样，在希腊罗马世界，起始的《希波克拉底文集》和最后的盖伦的文集也统治了整个医学教育，尽管也有其他文献相互之间展开竞争，以获取即将从业的医疗人员的关注。然而，一种十分不同的手段，声称得到了神圣的或恶魔的，即超自然的代理人的帮助，我将会在稍后进行介绍。

但是，不论希腊还是中国，都没有把获得普通的治疗限制在一些精英阶层的成员或者声称拥有与神灵进行沟通的特权的人当中。在这两个古代社会中，就像人们可能会设想的那样，医疗防护的第一线是自我救助，或者是接受一个人最亲近的家庭成员的帮助，在那里，不同类型的护理知识会代代相传，不必由强加的专业化学术研究来解决。不论如何，我们知道在马王堆和其他地方出土的医书中说到两个普通的中国习俗，针灸和艾灸，要早于《黄帝内经》中的标准化的医疗知识。[19] 导致采用这些医疗技术的具体因素仍旧是充满争议的问题，但可以肯定的是，它们已经证明了其持久性，因为在今天它们仍然被广泛使用。

在希腊，除了有学问的医生之外，我们也听说过挖根人和卖药人，他们使用药材和矿物质给很多客户治病。很重要的是，显然妇女的疾病通常都是由女性的医疗从业者进行治疗。用在她们身上的一个常用词“maiai”通常被翻译成“接生婆”，当然，除了与生育相关的工作，她们也会处理妇女们的其他病痛。从一些希波克拉底的文献可以看出，妇女是否也会遭受到男性可能患得的那些不同类型的疾病，以及她们是否会得到不同的医治的问题，不仅难住了那些文献的男性作者，而且仍旧充满争议。[20]

医学治疗总是会反映出那些关于人体和致病原因的看法，不论是在我们讨论的这两个文明各自的内部，还是在它们之间，都存在着非常大的差异。再一次，我可以从一个相似性开始说起，这是一个隐藏在差异性下面的不应该被遮蔽的相似性。不论是对希腊人还是对中国人来说，都认为保持身体健康的关键在于在身体中对立因素之间要保持平衡，但对于这里所说的对立因素，却存在着相当不同的理解。希腊的医生倾向于认为，身体的主要构成要素，要么是元素，比如土、水、气和火；要么是对立物，比如热和冷，湿和干，甜和苦；或者像胆汁和痰这样的体液。只有到了盖伦从希波克拉底的名为《论人的本性》（"On the Nature of Man"）的论文中发现并采纳了四种体液的理论之后，这种形式的理论（加上血液和黑色的胆汁）才成为贯穿欧洲中世纪的标准化的说法。

但是这些构成要素都是物质。中国人感兴趣的则是过程或者生命功能之间的互动。他们把这些不同的互动与某些器官或者脏腑联系在一起，但是关注的焦点并不是把它们与带有某种功能的解剖学结构联系在一起，比如心脏功能、肾功能等等。[21] 健康的理想在这里并不是物质之间的一种静态的平衡，而是生命功能之间的一种恰当的、无阻碍的互动，是整个身体中的“气”（指呼吸或能量）的自由流动或循环。针灸和艾灸治疗当然也是为了促进这样的自由流动，去除那些阻塞物和障碍物，并驱逐那些入侵到体内的致病的“气”。

这样说将是不切实际的，即我们能够解释在中国和在希腊罗马世界为什么会发展出关于身体如何运转的这些不同画面，但是我们能够看到，在这两种情况中所采纳的不同模式都拥有一些更为普遍的意义。在这两个古代社会中，身体被想象的方式都被用来作为国家在政治上如何运作，甚至整个宇宙如何运行的模型。不论我们所谈到的医学作家们是否有意识地使用了这些类比（在某些情况下他们似乎的确这样做了），但我们还是不能忽视关于健康和疾病的这些医学理论所造成的更大范围的政治影响。在希腊，需要维持政治体健康之需要的概念是“topos”（地方，处所），它被用来向那些你不同意的人进行辩解，就好像他们是必须要得到医治的病原体那样。如果有必要的话会实施惩罚，即把他们从国家中驱逐出去。[22]

在中国，医疗和政治的类比使用两种方式。处方中使用的药物通常会被划分成为三个等级，即“君主”“大臣”和“助手”。[23]更为明显的，可能就是身体中的“气”的自由流动的理想被当作一种模式来倡导这样一种认识，即在国家中，在统治者和那些为他提出建议的人之间应该存在交流上的自由流动。这个可以被用来为统治者和大臣之间关系的某种特殊认识提供正确的理论依据。但是，当医书的作者们详细阐述这种类似性的时候，就可以用来提升那些作者用不言自明的方式制造的声誉和影响。暗含的信息就是他们处在一种位置上，这种位置不仅可以引导身体不适的病人恢复健康，而且还能够给政治家们提出关于建设好政府的建议。可以说，在这些类比中，有一种可以相互证实的效果，其中最初的模式从它在类比性质的上下文里可能的适用性中获得了合理性。

不过，现在让我们回到超自然代理人的话题上。不论在希腊还是在中国，我们都可以发现这样的一种信念，即疾病可能是由于一种或另一种魔鬼，或神灵，或精神所导致的，同时还伴有一种相应的看法，那就是它们可以通过祈祷、魔法、咒语、净化，或者向神灵献祭而得到处理或治愈。例如，在中国，那些被称为“巫”（或被翻译成“萨满”，但被看作是一种“中介”更为准确）的人会被咨询，不仅是为了治病，而且还能够带来或阻止风和雨。在这两个古代社会中，这样一套信仰都受到了挑战，但有趣的是采取了不同的方式。在希腊，这种挑战来自医疗从业者，他们不仅试图表明，所有疾病都有一个身体上的自然原因——可以用物理方式得到治愈——而且还认为那些提供了有关神圣中介观念的人都是骗子，或是无知的人，企图利用容易轻信的客户谋求个人利益。发起这样一种批评的最著名的短文就是希波克拉底的《论神圣的疾病》("On the Sacred Disease")，当中基于宗教的理由进一步攻击了其反对者。他称之为净化者的这些人不但并非虔诚，而是确定的不虔诚之人，他们非常错误地把这些有害行为归咎于神灵。[24]

但是，不论在希腊还是在中国，对疾病拥有神圣原因的观念的批判都不是来自那些把他们自己视为治愈者的人，而是来自有文化的社会精英成员。比如，在希腊有柏拉图，在中国有荀子、桓谭和王充。[25]有人会对他们的动机感到疑惑，因为他们绝不会把自己标榜为医疗从业者。但这种看法忽视了以下事实——就像我们前面说到的那样——知晓医疗上的那些事情是一般意义上的知识或智慧的一个重要的方面。柏拉图甚至在他关于宇宙学的论文《蒂迈欧篇》（*Timaeus*）中创造出一种既关乎身体又关乎灵魂的疾病理论，从前我就注意到这种关于健康和幸福的观念是紧密地交织在一起的，因而成为一个顾问（或哲学家）献计献策的恰当主题。

希腊人对神圣原因的攻击并不局限在医疗上，还拓展到更为普遍的对原因的描述上。最重要的行动就是阐明了“自然”（phusis）的概念。当自然的原因能够被用来解释现象的时候，就无需再求助于神圣的或恶魔的中介了——这样做实际上犯了一个类别上的错误。所以，不仅是疾病，还有地震、日（月）蚀、雷电等——这些在过去都常常被认为是神灵的作用——都应该被看作拥有规律性的自然原因（尽管这些希腊思想家提供的实际解释通常具有很大的推测性质）。

在中国没有与希腊准确对应的明晰的自然概念。[26]他们当然也认识到了很多现象的规律。他们把不同种类事物的特点认定为它们的“性”，他们使用“天”或者“天地”这样的术语来说作为一个整体的宇宙，他们使用“自然”的概念来说那些没有外在干涉而发生的事情，所以在无外力干预这个意义上是“自然的”。但是，他们并不认为所有这些论题都与一个单个的“自然”问题相关，就像希腊人认为的那样。我们可以得出的结论是，这个明晰的自然概念，非但不是自然的和不可避免的，它反而根本与这两个特点毫无关联。反之，这样一个概念最初在希腊得以被创造出来，其环境实际上是十分独特的。它是一个群体野心的产物，他们把自己称为“自然哲学家”（phusikoi），或者被其他人赋予这样的称呼，以此来界定一个研究领域，而他们都是这个领域毫无疑义的专家。

这告诉了我们某些与尤为有力的论辩相关的事情，这些论题使处于竞争中且想提升威望的希腊问题提出者们时常参与其中。他们的反对者声称，他们一定是错误的，因为他们的基本假设（关于神的干预）是错误的。我们或许认为，持神灵会干预疾病观念的战斗胜利者将会是那些坚持纯粹自然原因的人，但情况显然并非如此，而是恰恰相反。我们或许会感到奇怪，就在同一时期，当某些医疗从业者正在做出这种自然主义解释的时候，在圣所里向阿波罗（Apollo）和阿斯克勒庇俄斯（Asclepius）献祭以治病的习俗也同样发展起来，但情形就是如此。我们所称的神庙医学，其受欢迎的程度不但没有降低，反而获得了惊人的成功。位于埃皮道鲁斯和帕加马商业区的令人印象深刻的历史遗存，证明了这种现象从公元前 5 世纪一直持续到公元 2 世纪，可能还更为持久。[27]

有人认为，这种大受欢迎很大一部分要归因于雅典在面对爆发于伯罗奔尼撒战争期间的瘟疫时普通医生们的明显失败。但毫无疑问的是，原因还有很多。如果我们考虑到希腊神庙医学提供了什么服务的话，就不会对它在希腊的兴盛感到奇怪了。更应该令人感到惊讶的是，在中国竟然没有出现类似的在神灵保佑下提供治疗取得明显成功的机构。让我来解释一下这个观点。在希腊，病人们都会前往圣所，并在那里过夜。他们都希望能在过夜时做一个梦，如果他们在醒来时还没有得到治愈，祭司们就会对这个梦进行解释，以表明他们是如何得到治疗的。这些治疗方式还包括一些关于饮食的建议和比如服用草药之类的东西，这与希波克拉底学派的作家们书中的记载相似。但是，除此之外，圣所提供的服务——至少对那些信奉的人来说——就是保证神灵一定会站在他们的一边。在很多情况下，当大多数普通医生不能使病情得以好转的时候，更不用说把病治好了（很多希波克拉底学派的作家在这一点上都能够诚实地说明他们的失败[28]），就会给予病人相当多的心理安慰，因为他们相信神灵的帮助即将到来。我们在埃利乌斯·阿里斯蒂德（Aelius Aristides）的著作中就能够看到这种因素在起作用，他是公元 2 世纪的一位著名演说家，是阿斯克勒庇俄斯的狂热崇拜者。[29] 他告诉了我们很多他所遭受的可怕的痛苦经历。当他刚刚被医治好了一种疾病的时候——感谢神灵——他就被另外一种病给打到了。然而，尽管他经历过这些可怕的医疗上的不幸，但他对阿斯克勒庇俄斯的信仰，他对那些可以拯救凡人的治愈者所拥有的神圣且至高无上地位的坚信，仍旧没有动摇。

在希腊罗马世界，看上去有些矛盾的是，自然哲学家和神圣中介之间的强烈对比，这可能导致了双方的同时发展，因为每一方都必须提出它们用来竞争的治病模式的基本原理。在中国，在这两种可以选择的范式之间，则很少有明晰的区分。当然，那些在希腊经常光顾阿斯克勒庇俄斯圣所的人，之所以去那里并不只是为了我们称之为心理安慰的目的。他们去那里是为了治疗他们身体上的不适，铭文材料中提到了这些，包括比如说眼睛瞎了。一些治疗还包括了不可思议的外科介入。[30] 但是，在中国，一些人提到恶魔的时候，常常会伴随着关于身体的生命功能失衡的描述。这种并置现象并不能清楚地表明，那时存在着对另外一种说明因果关系的范式的思考。

至此，我已经以几个研究领域为例，说明了在不同情境下，在某些限定的条件下进行比较研究的可能性，并注意到了应有的谨慎态度。我们带入到这种研究中的那些概念，有时会遭受到一种虚弱的地方观念（parochialism）的困扰，更不用说种族中心主义（ethnocentricity）了，所以必须要进行彻底检修以保障比较研究可以富有成效。我们必须从“哲学”和“数学”这样的总体性概念后退到每种探究活动的构成要素上面。在其他情况下，问题并不在于概念体系。但是，探究比较研究的意义的工作仍然是艰巨的。我们总是在考察这些问题为什么会在不同时期、由不同群体使用相似的或不同的方式来加以解决。我们常常必须承认，我们并不能提供非常有说服力的解决方案。

可以进行比较的事项的领域很广，因而可以包括每个古代社会中生活和思想的所有方面，但同时要对过度地把一个社会中的经验同化到另一个社会中的危险保持警醒。因而，每个社会都会制造出其自身或多或少具有自我意识的自我呈现方式，并将使用关于其过往历史的一些观念或信仰，来建构它自身的一种或多种形象。每个社会都会拥有知识储备以努力获得国家的优良秩序。不论是“历史编纂”还是“法律”，在中国和希腊罗马世界都得到了很好的文字记载，这些能够为更多的研究领域提供资料。在这些领域中，我们可以使用比较的方法来阐明两个古代社会的诸多特征，如果不进行比较的话，我们就会把这些特征看作是理所当然的。

正如足够多的其他社会所表明的那样，人们看待那些最遥远时代的被视为神话或无法证明的故事——它们被看作是活着的记忆中对经验的可靠描述——的方式是各不相同的。实际上，这些差异恰恰包含了对是否可以加以区分的问题所作出的不同回答。遥远的祖先们当然会经常引用这些故事以证明现存秩序的某个方面具有合法性，有时候在运用这些故事的时候，并非不存在某种张力。因此，在不同的雅典作家把雅典的创建者提修斯国王这个人物与民主制的意识形态协调在一起的时候，还是包含着某种独创性。[31] 关于过去甚至当下中国故事的一个独特之处，就是对不可避免的王朝变动的接受。

不过，在这两个古代社会中，都存在着认真对待他们的责任以书写出对至少并不那么遥远的过去的准确描述的人。这样的人在希腊罗马世界和中国被称为历史学家，尽管他们在当时社会中的位置，以及他们对自身定位的目标，是各不相同的。在第一个问题上，一些希腊和罗马的历史学家授命创作出涵盖某一特定历史时期的报道，这也是书写中国王朝史的历史学家更为普遍的一个特点。然而，大约在公元前 90 年撰写出第一部伟大的中国通史《史记》的作者司马谈和司马迁，尽管他们都做过“太史”这一官职，[32] 但他们并没有受到直接委派来撰写一部官方的历史。希腊历史编纂的奠基者们也是如此，希罗多德和修昔底德也没有做过任何官。与他们的后继者们不同的是，这些早期历史学家都是从他们自身的主动性出发来撰写历史的。尽管司马父子没有声称创作出一部修昔底德式样的“垂诸永远”（ktema eis aei）的史著，不过，他们当然还是宣布他们的著作是后来人能够从中得到借鉴的一个宝贵源泉。

而且，他们都没有把他们的教导局限在事件的目录上，而是经常伴随着来自于他们中的一个或另一个人的评论。后来中国的王朝史家们也是这样做的，他们把关于从历法到农业问题的论文也纳入其中——所有这些对于对建设好政府充满兴趣的人来说都是有用的信息，其中大多数人当然就是有文化的精英。对于希罗多德来说，也会运用那些非希腊人的信息来取悦读者，如果不是信息的话，至少也是他所相信的或者想像他们就是这样生活的那些事情。所以，对于我们来说，这些文本都是珍贵的资料，不仅可以用来考察中国人和希腊人是如何建构他们的过去的，而且还能够了解他们是如何在他们与周边其他民族的关系中看待他们自己的。这些外民族的人中大部分通常都被贬低为另外种族的蛮族人，他们并不都是同等的。与中国人不同，在希腊人的门口，他们拥有两种令人赞叹的文化，即埃及和波斯帝国。这些人群很难或者几乎不可能被简单地忽略掉，因此必须认同不同类型的蛮族人，就像后来的罗马人为作为例外的希腊人留有余地那样。然而，在这个领域中，给我们的一个非常重要的收获是，我们可以这样地思考“历史”，除了记载过去发生的事情之外，它还包括了对其他很多话题的介入。

历史学家是我们了解法律的主要来源之一，在希腊也是了解某些独特的政治制度的来源。在中国，这方面的信息可以由张家山陵墓出土的大量与法律有关的文书进行补充。[33]这些材料因而提出了与以下问题相关的一些普遍性问题，比如这些法律是如何执行的；以及法律的地位问题，即按照这些法律，如何进行上诉以便决定判决；还涉及案件的类型范围——包括民事的和刑事的——哪些会提交到地方官或法庭那里；还有社会不同成员的不同权利或特权，比如贵族和平民，男人和女人，公民或被释奴或奴隶（这里说的一些分类可能具有跨文化的适用性，另一些可能不具有跨文化的适用性）。

在中国的文本中，有很多关于诉讼案大量增加的抱怨。对一些人来说，它们是如此的复杂，导致他们的运用程序无法操作。孔子甚至被描绘成对这样的事实感到遗憾的人，即法律被写成了文字，他认为，这样做就把人们的注意力从对善行内在标准的关照转移到其他地方去了。[34]但是，持反对意见的思想流派却坚持认为，社会秩序只能由严刑峻法的实施来加以维持。亚里士多德在他的论文《尼各马可伦理学》（*Nicomachean Ethics*）的结尾处也承认，使大多数人远离犯罪行为的原因，并不是人们对他在这篇论文中阐述的这些思想的，知识上的掌握，而仅仅是如果被发现的话就会受到惩罚的威胁。然而，就雅典公民忙于打官司的前所未有的程度而言，人们不仅有很多把其他人送上法庭的经历，在其他场合还作为“陪审员”（他们的职责既是法官又是陪审团成员）在这些法庭中提供服务。正如我们已经注意到的那样，很多希腊公民享有相当多的闲暇，这就确保了即使那些比较贫穷的公民——比如那些经商的人——也能够参加陪审，从伯利克里时代开始，陪审员还能够从他们的法律服务中获得报酬。[35]

显然，对“中国的”或“希腊的”对法律的态度进行归纳是愚蠢的。因为在这两个社会中，都可以发现各种立场的一个光谱，从关于需要法律的一种极简主义的接受，到最大化的法律运用都可以看到。在这里进行比较研究，是用来凸显经验的多样化，为了强调在变动的和充满争议的政治场景中的不同观点的特性。雅典人对打官司的爱好显然依赖于那些参与其中的人所拥有的闲暇，在广义上的经济因素与参与法律事务的程度之间，存在一种显而易见的相互关联。而在中国，我们却看不到人们在对法律和政权的态度上存在这种明确的相互依赖性。这些态度有很大不同，从认为法律是根本性的东西，到它应该可有可无的乐观主义看法等多种态度都有。但是，尽管在历史上会出现某些特殊的统治者，在这个问题上拥有某种特殊的政策，但在中国，君主制政府的理想却一直存在并被保留下来。

亚里士多德认为，只有他的一小部分听众能够从他在那些伦理事务上提出的建议中学习到经验教训，我对于这种看法的评论把我带到了下一个更为棘手的话题，即教育上面。在希腊罗马世界和中国的文化精英圈子之外，人们很少有上学的机会。一个孩子需要学会如何做事，以及在没有任何正式指令的情况下如何完成他或她在家庭内分派的任务。在古典时代的希腊，一个富人家的男孩会有一个老师教他识字和音乐（更多的时间用于后者），还有“数学”的一些基本训练，尽管在《法律篇》中，柏拉图不得不抱怨说，他的希腊同胞是如何的无知，他们甚至不知道，一个正方形的边长和对角线是不能通约的。

这里涉及的两个最重要问题是：（1）一方面是交流的技术和识字的水平；（2）另一方面则是我们可以称为“高等教育”的性质和机构。在这两个方面，在我们讨论的两个古代文明中都表现出一些重要的不同点，再一次，我们可以通过考察它们中一个文明的状况来了解另外一个文明的状况。

古迪（Goody）认为，识字的普及对于他所称为“野蛮精神的驯化”的过程是至关重要的。也就是从列维 - 斯特劳斯（Claude Levi-Strauss）所谓的具体科学向更为可以辨识的现代抽象思维模式的转变，古迪在此基础上更进一步坚持认为，字母文字比所有其他文字都要先进。[36] 就第二点来讲，还有一些经验上的证据，音节文字，比如日语中的假名，比日语中的汉字（日语中采用的中国的象形文字）更容易学习。[37] 然而，在两个系统都在使用的日本，前者并没有导致后者的消亡。就像对希腊人来说，公民被要求掌握最低限度的识字率，但是，可能重点应该是在“最低限度”上。两种雅典的制度要求以一定的识字水平为前提条件。第一个是陶片放逐法，按照该法的程序，公民要在碎陶片上写上他们希望暂时被驱逐出境的政治家的名字。但是，我们知道有大量事先就都被写上提米斯托克利名字的陶片，而且是同一个人写的。[38] 这并不能证明使用它们的那些人不会写字，但它确实表明有些公民走了捷径。

第二种制度就是把法律和其他纪念性的铭文放置到公共场所中。这当然是为了使它们能够公开被看到，尽管到底有多少公民能够流利地阅读它们，并不是很清楚。当然，试图猜测出古典时代雅典的识字水平是不可能的事情。但必须要表达的关于越来越多的人会阅读和写字的这一关键的保留意见，可能由于字母文字的使用而成为了可能。同时存在的还有这样的事实，即古典时代的雅典仍然主要是一个口头的（oral）和面对面（face-to-face）的社会。只有到了希腊化时代，书面文字在文化精英阶层的形成过程中才发挥了越来越明显的作用，就像在中国那样，戴梅可对汉成帝和亚历山大里亚的托勒密的图书馆进行了细致的比较性分析就说明了这一点。

相反，不同种类文字的使用，是否会对中国的识字水平造成一种大到足以可以察觉的不同，则是一个问题。对于这个问题，我们只能做出猜测了。可以弄清楚的是，在那些渴望进入文化精英（即“儒”）的人当中，有一些重要的文本需要精通。实际上，在很多情况下是要用心学习的，尽管在这里用于交流的通常手段也是口头的，而不是书面形式的。我们从一些来自墓葬的材料中知道，比如《易经》和《道德经》就存在着不同的版本，每种版本由某个特殊的学者团体，即“家”或世系，传承下来，负责它的保存工作。[39] 但这些经书的作用和地位，随着汉武帝建立起“太学”而在汉朝发生了转变。公元前136年，他通过法令制定出了核心课程，即所谓的“五经”，包括《诗》《书》《易》《春秋》和《礼》。[40]

这五个文本不包括像《吕氏春秋》这样对有用知识的普遍考察，也不包括医学和数学的经典，比如我们上文说到的《黄帝内经》《九章算术》和《周髀算经》。能够读到后边这些书，通常依靠的是被一位公认的导师接纳为弟子。这样一种学徒制在希腊也存在，但是我们可以注意到，在希腊罗马世界，不想成为这个领域的从业者或者专业人员的个人，在像医学和数学这样的科目中展现出的感兴趣的程度上，存在着某种差异。此外，我们会注意到前面提到过的情形，在战国时代，有野心的统治者和大臣，会在他们身边聚集各种类型的专家，这些人当中的更为成功的人士会得到相当大的资助。尽管这样的资助也存在于希腊，尤其是罗马，但其他专家则会在普通的公共生活中谋生。[41]

这就把我带到了希腊罗马世界和中国有关“较高等级的”学问上的首要的和普遍性的不同点上面。这与我们可以称之为政府控制或者至少是政府影响的程度有关。我已经做出过评论，即中国“太学”的课程表是由帝国的法令决定的。在那里，精通于经书就可以担任帝国的官职。所以，“太学”就成为了招募那些帝国运作者的最重要途径。柏拉图的“学园”（Academy）也会培养出渴望从政的个人，但它是一个私人机构，就像亚里士多德创办的“吕库昂”（Lyceum）和伊壁鸠鲁和斯多葛学派的芝诺创办的学校那样。这些学校所教授的内容，掌握在校长和他的高级同事手里。我们已经提到过中国的四处巡行的顾问们，当中的一些人被贴上了“智者”的标签，部分原因在于他们对悖论充满兴趣。但这个用语是很不恰当的。[42] 他们与相同名号的希腊同行的主要区别，就是后者准备为了收取学费来教授任何一个人。他们的目标听众并不是统治者和他的朝臣，而是任何一个感兴趣的公民，这些学费为智者们提供了一种与宫廷赞助不同的生活来源。

我已经提到了对神灵可以干预疾病及其治疗的信奉，但是我的下一个主要话题，即宗教，无疑是更加困难的。因为其中由于一神教信仰而充满纷争，这些一神教观念的持有者们认为，世间只能有一个真正的神，因而也只有一个真正的宗教。其他信仰因而都是没有资格的——或者它们“只是”仪式，或者在更多情况下它们是错误的，邪恶的，是魔鬼的造物，或者不论是什么东西。这种取消其他宗教资格的行动是这种纷争的中心，在 16 和 17 世纪所谓的“礼仪之争”的时候，这一纷争并没有突然产生在中国和西方之间，而是出现在西方的不同教派之间。第一个在一个系统的计划中致力于使中国人皈依基督教的传教团是耶稣会，其中最著名的就是利玛窦（Matteo Ricci），他付出了巨大的耐心使自己熟悉中国人的行为方式，学习了中文，甚至用这种语言写了很多小册子。[43]他的看法是，对于中国的基督徒来说，保持他们传统的习俗，包括他们的祖先崇拜，是完全可能的。它们并不构成另外的宗教，而是被看作是一种仪式行为，从一种宗教的观点来看，它们的意义并不比服装的式样更大。

但是，回到 17 世纪的罗马，宽容政策尤其受到多明我会修士的强烈反对，他们坚持认为，中国习俗中仪式性的祖先崇拜与基督教是不能够相容的。很多的敕令被发布，禁止中国的皈依者继续保持他们传统的风俗习惯——当然也为耶稣会传教团带来了很多灾难性的后果。康熙皇帝曾经对耶稣会传教士采取十分支持的态度，他发现他们的天文学知识和他们技术上的小装置非常有用。但他很快就发现基督徒的不宽容性是不能忍受的，作为反制措施，最初是限制传教士的行动，接着就是把他们全部驱逐了。

我之所以讲述这个著名的历史插曲，是因为它说明了可能来源于宗教定义上的困惑。为了扫清前进的道路，请允许我运用通常采用的思维框架，来探讨哪些要素可以被视为构成宗教的基础。在一个层面上，我们很容易发现在某种特殊的崇拜活动中人们祈祷，或手持某种东西，或集中在某个地方或场合的行为方式之间的相似之处。实际上，他们向谁祈祷，崇拜谁，都展示出了巨大的多样性。但在最基础的层面上，在任何社会中，还是普遍都能够展示出在神圣和世俗世界之间的某种差别。当谈到我们的古代文明比较研究的时候，首先要说的事情就是——就像前面那样——试图对希腊罗马和中国的宗教经验进行归纳是荒谬的，原因在于我们要对两个社会中的宗教习俗和信仰的多样性做出考虑。

家庭层面上，在两个社会中，就像我们已经注意到的那样，都可以观察到某些特殊的仪式，包括当一个孩子出生的时候，当他被吸纳到家庭中的时候，还有当一个家庭成员去世的时候。在规模更大的城镇或城市当中，那里有壮观的献给城市神灵或者作为一个整体的民族的神庙。在中国，皇帝拥有特权和责任举行所有仪式中最神圣的仪式，比如由秦始皇开创的在泰山上举行的“封禅”[44]。但是，不论是在异教的古代希腊罗马，还是统一之前和统一之后的中国，一套被人们接受的风俗和信仰拥有排他性权利的观念，都是很少具有吸引力的。某个信奉者群体无疑会把他们视为特殊的，但即使到公元1世纪早期，在希腊罗马世界都没有一个处在任何地位上的信奉者团体会禁止其他的信仰——直到君士坦丁把基督教确定为罗马帝国的官方宗教之后。在中国也出现了相似的情况，即使在佛教兴起之后，从公元3世纪起，佛教在宫廷中起伏波动的命运，反映的是帝国的皇室成员们的个人选择和拥戴。

所以，除了前面已经谈到的多样化和差别之外，我们还能够从古代文明比较研究的这个面相上学到什么东西呢？在两个社会中，祈祷者和崇拜活动的这些现实习俗，不论是家内的还是在国家层面上的，或多或少一直没有受到刚才说到的由那些识字的精英阶层发起的争论的影响。他们关于神学问题的讨论，关于对诸神、虔诚和道德之间关系的讨论，大部分都是带有推测性观点的思想训练。信仰在实际生活的习俗上会展示出一种相当大的不同，这个要点在前面关于医疗的部分我们已经提到过了。

我已经极其简要地讨论了几个把希腊罗马世界和中国进行比较的话题，通过这些比较，能够展示出某些相似点，尤其是更多的不同之处。如果我们仅仅把目光集中在一个文明上，我们就可能会看不到这些相似和不同之处，因而大量其他的研究课题同样也会被忽视而得不到考察。它们包括像“官僚制度”这样的社会制度的兴起[45]，对包括供给与需求、税收、金融系统和商业在内的诸多经济因素的兴趣，接着是预测未来的技艺，还有包括与战争有关的技术在内的技术的很多方面，对战争本身、死亡和性别关系的看法；同时还有很多人们已经做出了理解的尝试的研究领域，比如恒星和行星的运行，动物的行为和植物的特性，或者与我们有关的反射和折射的现象。其中的一些问题将会在下面的章节中进行讨论。例如，沃尔特·沙伊德尔（Walter Scheidel）提到了人口的因素。瑞丽（Lisa Raphals）考察了人与动物之间界限的观念。罗维前（Vivienne Lo）和埃利诺·雷姆（Eleanor Re’em）说了很多关于春药的事情，周铁群（Zhou

Yiqun）则勾勒出危险妇女的形象。不过，当然我在这里并不能涵盖所有的话题。但是，请让我用对两个其他研究领域的简短评论来结束这篇导论性质的说明文字，这两个领域提供的操作平台不仅和希腊罗马与中国的比较研究相关，而且尤其与跨文化的共性存在与否有着更为密切的关联，它们就是“音乐”和“艺术”。

不论是在希腊罗马世界，还是在中国，在更为普遍的意义上，音乐在教育和文化中发挥的那部分作品都得到了很好的记载。对于希腊人来说，“音乐”包括了诗歌和在缪斯女神的助佑下所进行的其他活动。音乐的确是公民的儿子们的基本教育的组成部分。他们被教授的一项技能就是演奏一种乐器，尽管一些乐器得到人们的赞赏（里拉琴），而另一些（阿夫洛斯管）则让人眉头紧皱。希腊人在很多种不同的音乐“式样”之间做出了区分，这些式样是由其使用的音阶和音调来界定的，每一种式样都带有着自身的特点。有的式样可以激发起男子气概或勇气，而其他的式样则被认为会使人堕落，像柏拉图这样的导师就阐明过这种区分的重要性。那时的希腊人还对和声进行过复杂的分析，在如何解释和声的问题上有很多不同的看法。一些人把他们的理论建立在数字关系的基础上，就像所有人都一致认为的，这些数字的关系由八度音阶（2:1）、五度音阶（3:2）和四度音阶（4:3）展示出来。但其他人则把乐音看作是一个连续体，它可以用几何线段的类比来加以处理。[46]

除了最后的事例中呈现出的关于认识论上的争议，这些特点也出现在中国。在某种程度上，中国也认为音乐在文化中是一个具有关键性的因素，当然也是一位君子教育的组成部分。对于不同风格的音乐所具有的道德或美学上的意义，据说孔子在聆听了一种令人振奋的风格的音乐之后，竟然几天不知肉味，他还强调了由郑国的音乐所引发的淫乱之风。[47]

但是，我们不能做的就是对于为什么某种类型的音乐受到赞扬，而其他音乐则受到批评做出恰当的评估。迄今已经有一些勇敢的尝试了，有学者在很少的证据的基础上，来重构古代希腊和中国的音乐是如何演奏的。一些古代中国的乐器，如编钟和鼓，保存到了今天。但是，尽管我们能够对这样的重构做出回应，但这并不能告诉我们任何关于希腊人和中国人他们自己是如何回应的事情，同样也不能够告诉我们，这些音乐引发的那些文化上的回应的程度如何。是否存在一种乐音本身就可以使人感到快乐，因而所有地方的人都会做出相似的回应，这是一个开放性的问题，对于这个问题，民俗音乐学家们尚未取得很大的进展。[48]在讨论这个话题的时候，我们需要铭记在心的是，就我们掌握的来自各个古代社会的资料而言，我们需要对音乐经验的多样性做出考量。

一个类似的问题从一种甚至更为严峻的形式中产生出来，即所谓的“艺术”的范畴。我们是如何能够辨认出其他文化创作出来的艺术品的？这样的一种假设太过简单了，即我们只要对某件雕刻的、编织的或画出来的东西——它们被制作他们的人所共享——的审美品质做出回应即可。但是，它们能够被人们所欣赏的根据可能完全不是指向美的，而是（比如说）指向功效的，即我们说到的这件东西的力量会对看到它们的人产生某种效果。[49]希腊罗马和中国对人像的描绘拥有某些共同的特征，就像杰里米·坦纳（Jeremy Tanner）讨论的关于描绘英雄人物的事例所展示的那样。在某种程度上，我们能够同意那些希腊罗马和中国的作家自己的或者批评或者欣赏的评论。例如，亚里士多德注意到，当一件东西本身是令人反感的，但我们可以在观赏它的时候充满享受。[50]但是，十分明显的是，在我们对古代人的品味进行描述的时候，我们却经常不知如何是好。这为我们提供了第二个事例，在这里，跨文化的普遍性问题处于一种危险的境地。如果我们不得不对它们的存在表示怀疑，我们又该如何去描述我们所发现的多样性呢？在这里，“艺术”的范畴本身可能就会成为一种理解上的障碍。

以下面这个独特的质疑性质的按语来结束这些介绍性的评论是十分恰当的。与此同时，我们还能够从我们的比较研究中得出一些积极的结论，这让我坚持认为我们在避免了两个主要缺陷的问题上是成功的，即时代错乱和对不恰当的概念范畴的应用。从对比较研究方法的成功的批判性运用中产生了三个很大的益处。第一，我的研究中最重要的主题一直是：它可以使我们发表我们的看法，如果我们只停留在对一个社会的研究中的话，我们或许是提不出这些看法的，紧接着我们就可以对每个事例中起作用的那些因素进行思考，即使同时我们也要承认，这些因素经常是很难得到证实的。第二，我们可能受到引导而提出跨文化共性的可能性这一棘手的问题，就像我在最后两个部分中所做的那样：我们可以期待的所有人共享的东西是什么，古代文化又是如何证实它们的，它们是否以及在何时发挥了作用？最后，当这种对古代社会的比较分析激发了我们质疑我们自己的范畴的可行性的时候，这种方法就可以发挥很多重要的作用。因而，追问希腊罗马世界和中国进行“哲学”或“数学”实践活动的差异，可以帮助我们理解这些范畴可能包括哪些内容，以及它们又是如何被纳入其中的。

我们在这里所尝试的这种类型的跨文化考察，仍旧并处于其初创期，今后还有很多工作要做。问题、风险和回报，会由于我们的不同的撰写者们探讨主题的差异而有所不同。但是，我们一致期望，这些前沿性研究将会激发其他人，在不同社会之间运用持续的、反思性的比较研究方法，去接受挑战而打开新的研究视野，以提升我们对诸多古代社会不同面相的理解。

（作者单位：英国剑桥大学李约瑟研究所；译者单位：中国人民大学历史学院）

注释：

[1] 这种看法可以追溯到黑格尔，不过，对这一研究议题（*status quaestionis*）的一个相对晚近的考察参见 Cheng, 2005；Deleuze and Guattari, 1994:93 — 95。

[2] 参看希罗多德 I.30 关于梭伦的记载和修昔底德 2.40 关于一般雅典人的记载。对于在柏拉图生活的时代之前“哲学”代表了什么的其他几个不同的观点，参看 Laks and Louguet, 2002。

[3] 参看例如 Diogenes Laertius 1.12。这个话题在 Huffman, 2014 中得到了几个撰稿人的讨论。

[4] 参看例如《庄子》17:81 — 84。我使用的是哈佛燕京版本的《荀子》和《庄子》。

[5] “士”这个术语的含义和指称对象的种种转变，在 Lloyd and Sivin, 2002:18 中有讨论。

[6] 参看劳埃德和席文，2002: 200。

[7] 我第一次提出这种观点是在 1990 年。一些希腊数学史著作倾向于认为，数学证明的产生纯粹是内在于数学本身的。但无可辩驳的理想是亚里士多德第一次明确提出的，正如不言而喻的公理的概念也是如此。

[8] 亚里士多德，《后分析篇》（*Posterior Analytics*），1.1 — 2 和 1.10。

[9] 关于中国人在数学上的证明和验证技巧，参看林力娜， 2012 和下面内茨撰写的第 10 章。

[10] 对圆周率的最具持续性的早期考察之一，出自于刘徽对《九章算术》1.104 — 106 的注解。

[11] 参看比如《周髀算经》23;《淮南子》3。

[12] 特别参看 Finley, 1983。

[13] 比如，在亚里士多德《政治学》（*Politics*）7.9 中就有详尽的讨论。

[14] 参看例如 Finley, 1965; Pleket, 1973。

[15] 参看 Tambiah, 1969; Humphrey, 1974, 1988; 以及收集在 Carsten and Hugh-Jones, 1995 中的多篇文章。

[16] 参看，例如 Loewe 2010a。

[17] 一些意识形态因素在 Lévêque and Vidal-Naquet, 1964 和 Vernant, 1965/1983 中被讨论。

[18] 因而，对于阿育吠陀医学（Ayurvedic medicine）来说，有两部大型的药典，即《遮罗伽集》（*Caraka-samhitā*）和《妙闻集》（*Susruta-samhitā*），对此可以参看比如 Zysk, 1991。

[19] 参看，例如 Harper, 1998 和 Lo and Li, 2010。

[20] 参看，例如 Dean-Jones, 1994; King, 1998；以及参看 Lloyd, 2003:50 — 51 关于希波克拉底的论文《论第八个月的孩子》（*On the Eighth Month Child*）。

[21] 参看《黄帝内经 · 素问》8.1 — 2.28，对此参看席文 1995b：第 1 章；劳埃德和席文， 2002:221 — 222。

[22] 参看劳埃德 , 2003, 第 6 章关于柏拉图对 *topos* 这个词的尤为异乎寻常的运用。

[23] 参看《本草经》的前言，1:2 — 4。对此参看席文 , 1987:181 和 Ma, 1995:540 — 600。

[24] 关于由《论神圣的疾病》的作者针对他称之为“魔术师”“净化者”“游手好闲者”“冒充内行者”发起的这场辩论，参看劳埃德 , 1979：第 1 章。

[25] 参看，例如柏拉图《理想国》364b;《荀子》21: 74 — 78；Pokora, 1975 中的桓谭的残篇 133 和 146; 王充《论衡》71。此外在中国还有其他对传统信仰持怀疑论的看法。

[26] 我在劳埃德 , 1996：第 1 章中提出了这种观点，尽管它仍旧充满争议。

[27] 关于希腊神庙医学的成功和适应力，参看比如劳埃德 , 2003：第 3 章和第 8 章。

[28] 就像经常得到的评论那样，在希波克拉底的《流行病》（*Epidemic*）第一卷和第三卷记载了大约 60% 的

个案病史都是以患者的死亡作为结束，在贯穿《文集》的很多文本中，作者都承认他们不能帮助他们的患者，更不用说治好他们了。参看劳埃德，2003：第 3 章。

[29] 关于埃利乌斯·阿里斯蒂德《神圣的故事》（*Sacred Tales*），参看 Behr, 1968 和劳埃德 , 2003：第 8 章。

[30] 参看 Edelsein and Edelstein, 1945。

[31] 参看最近的 Atack, 2014。

[32] “太史”这个职位最初还包括监督礼仪，但是它演变为主要的宫廷书记，把历史学家、占卜者和天文学家等职能结合在一起。参看劳埃德和席文 , 2002:26。

[33] 在 Loewe, 2010b 中对此有详细的分析，另外可以参看更为一般性的著作 Loewe, 1967, 2004。

[34] 参看《左传》昭公 29;《道德经》57。诉讼案的大量增加，在《汉书》23:1101 中是批评性评论的一个主题，参看 Hulsewe, 1955:338。

[35] 在雅典，陪审员的报酬是由伯利克里设立的，并且被看作是民主制的一个关键制度。

[36] 参看 Goody, 1977，批评了 Levi-Strauss, 1962/1966。这在古迪后来的著作中仍是重要的主题，即使修正了他的早期著作中的一些论点：参看古迪 , 1986, 1987。

[37] 参看 Sakamoto and Makito, 1973； Olson and Torrance, 1991; Olson, 1994。

[38] 参看 Vanderpool 1973:225 － 226; Lang, 1990:142。关于古典时代雅典的识字水平，参看 Thomas, 1989。

[39] 参看 Boltz, 1993。这个文本的最早的现存版本在马王堆被发现，把《德经》放在《道经》的前面，所以应该叫《德道经》而不是《道德经》。

[40] 参看 Nylan, 2001:33 以下。

[41] 参看劳埃德 , 1996：第 2 章；劳埃德和席文 2002:27 － 41, 82 － 103。

[42] 请 Reding, 1985 原谅。

[43] 参看 Gernet, 1985。

[44] 参看 Sterckx, 2010 和 Barrett, 2010。

[45] 参看劳埃德 , 2002:34。

[46] 经典的讨论就是 Barker, 1989

[47]《论语》15/11。对此参看 Kern, 2010。

[48] Blacking, 1987 是一个例外。

[49] 经典的研究参看 Gell, 1998。

[50] 亚里士多德：《论动物的部分》（*On the Parts of Animal*）1.5。

参考文献：

1. Atack, C. (2014) “The discourse of kingship in classical Athenian thought”，*Histos* 8: 329-362.
2. Barker, A.D. (1989) *Greek Musical Writings, vol. II: Harmonic and Acoustic Theory*. Cambridge.
3. Barrett, T.H. (2010) “Religious change under Eastern Han and its successors”, in Nylan and Loewe: 430-448.
4. Behr, C.A. (1968) *Aelius Aristides and the Sacred Tales*. Amsterdam.
5. Blacking, J. (1987) *A Commonsense View of All Music*. Cambridge.
6. Boltz, W. G. (1993) “Lao Tzu Tao te ching”, in *Early Chinese Texts : A Bibliographical Guide*, ed. M. Loewe. Berkeley: 269-292.
7. Carsten, J. and Hugh-Jones, S. (eds.) (1995) *About the House*. Cambridge.
8. Chemla, K. (ed.) (2012) *The History of Mathematical Proof in Ancient Traditions*. Cambridge.
9. Cheng, A. (ed.) (2005) “Ya-t-il une philosophie chinoise? Un état de la question”, *Extrême-Orient, Extrême-Occident 27*.
10. Dean-Jones, L.A. (1994) *Women's Bodies in Classical Greek Science*. Oxford.
11. Deleuze, G. and Guattari, F. (1994) *What Is Philosophy?* (trans. H. Tomlinson and G. Burchill of *Qu'est-ce que la philosophie?*, Paris, 1991). London.
12. Edelstein, E.J. and Edelstein, L. (1945) *Asclepius*, 2 vols. Baltimore.

13. Finley, M.I. (1965) "Technical innovation and economic progress in the Ancient World", *Economic History Review* 2nd ser. 18: 29-45.

(1983) *Politics in the Ancient World*. Cambridge.

14. Garnsey, P. (1998) Cities, *Peasants and Food in Classical Antiquity* (ed. With addenda by W. Scheidel). Cambridge.

15. Gell, A. (1998) *Art and Agency: An Anthropological Theory*. Oxford.

16. Gernet, J. (1985) *China and the Christian Impact* (trans. J. Lloyd of Chine et christianisme, Paris, 1982). Cambridge.

17. Goody, J. (1977) *The Domestication of the Savage Mind*. Cambridge.

(1986) *The Logic of Writing and the Organization of Society*. Cambridge.

(1987) *The Interface between the Written and the Oral*. Cambridge.

18. Harper, D. (1998) *Early Chinese Medical Literature: The Mawangdui Medical Manuscripts*. London.

19. Ren Yingqiu 任应秋（ed.）(1986) *Huangdi neijing suwen*《黄帝内经素问》. Beijing.

20. Huffman, C. (ed.) (2014) *A History of Pythagoreanism*. Cambridge.

21. Hulsewé, A. F. P. (1955) *Remnants of Han Law*. Leiden.

22. Humphrey, C. (1974) "Inside a Mongolian tent", *New Society* 30: 273-275.

(1988) "No place like home in anthropology: the neglect of architecture", *Anthropology Today* 4:16-18.

23. Kern, M. (2010)'Tropes of music and poetry from Wudi(r.141-87BCE) to ca.100CE', in Nylan and Loewe: 480-491.

24. King, H. (1998) *Hippocrates' Woman: Reading the Female Body in Ancient Greece*. London.

25. Laks, A. and Louguet, C. (eds.) (2002) Qu'est-ce que la philosophie présocratique? Lille.

26. Lang, M. L. (1990) *The Athenian Agora, vol. XXV: Ostraka* (American School of Classical Studies at Athens). Princeton.

27. Lévêque, P. and Vidal-Naquet, P. (1964) *Clisthène l'Athénien* (Annales Littéraires de l'Université de Besançon). Paris.

28. Lévi-Strauss, C. (1962/1966) *The Savage Mind* (trans. Of La Pensée sauvage, Paris, 1962). London.

29. Lewis, M. E. (2007) *The Early Chinese Empires*. Cambridge, MA.

30. Lloyd, G. E. R. (1979) *Magic, Reason and Experience*. Cambridge.

(1990) *Demystifying Mentalities*. Cambridge.

(1996) *Adversaries and Authorities*. Cambridge.

(2002) *The Ambitions of Curiosity*. Cambridge.

(2003) *In the Grip of Disease*. Oxford.

31. Lloyd, G. E. R. and Sivin, N. (2002) *The Way and the Word*. New Haven.

32. Lo, V. and Li Jianmin (2010) 'Manuscripts, received texts and the healing arts', in Nylan and Loewe: 367-397.

33. Loewe, M. (1967) *Records of Han Administration*, 2 vols. Cambridge.

(2004) *The Men Who Governed Han China*. Leiden.

(2010a) 'Imperial tombs', in Nylan and Loewe: 228-231.

(2010b) 'The laws of 186 BCE', in Nylan and Loewe: 253-265.

34. Ma Jixing 马继兴 (ed.) (1995) *Shen-nong bencao jing ji zhu*《神农本草经辑注》. Beijing.

35. Nylan, M. (2001) *The Five 'Confucian' Classics*. New Haven.

36. Nylan, M. and Loewe, M. (eds.) (2010) *China's Early Empires: A Re-appraisal*. Cambridge.

37. Olson, D. R. (1994) *The World on Paper*. Cambridge.

38. Olson, D. R. and Torrance, N. (eds.) (1991) *Literacy and Orality*. Cambridge.

39. Pleket, H. W. (1973) 'Technology in the Greco-Roman world: ageneral report', *Talanta* (Proceedings of the Dutch Archaeological and Historical Society) 5:6-47.

40. Pokora, T. (1975) *Hsin-lun (New Treatise) and Other Writings by Huan T'an (43 B. C.-28 A. D.)*. Ann Arbor, MI.

41. Reding, J.-P. (1985) *Les Fondements philosophiques de la rhétorique chez les sophists grecs et chez les sophists*

chinois. Berne.
42. Sakamoto, T. and Makito, L. (1973) 'Japan', in *Comparative Reading: Cross-National Studies of Behavior and Processes in Reading and Writing*, ed. Downing. New York: 440-465.
43. Scheidel, W. (ed.) (2009) *Rome and China: Comparative Perspectives on Ancient World Empires*. New York.
44. Sivin, N. (1987) *Traditional Medicine in Contemporary China*. Ann Arbor, MI.
    (1995a) *Science in Ancient China: Researches and Reflections*, vol. I. Aldershot.
    (1995b) *Medicine, Philosophy and Religion in Ancient China: Researches and Reflections*, vol. II. Aldershot.
45. Sterckx, R. (2010) 'Religious practices in Qin and Han', in Nylan and Loewe: 415-429.
    (2011) *Food, Sacrifice and Sagehood*. Cambridge.
46. Tambiah, S. J. (1969) 'Animals are good to think and good to prohibit', *Ethnology* 8: 423-459.
47. Thomas, R. (1989) *Oral Tradition and Written Record in Classical Athens*. Cambridge.
48. Vanderpool, E. (1973) *Ostracism at Athens*. Cincinnati, OH.
49. Vernant, J. P. (1965/1983) *Myth and Thought among the Greeks* (trans. J. Lloyd and J. Fort of Mythe et pensée chezles Grecs, Paris, 1965). London.
50. Zysk, K. G. (1991) *Asceticism and Healing in Ancient India*. Oxford.

尺牍书疏，千里面目
——古希腊罗马与先秦两汉之书信比较研究

肖 剑

摘要： 本文以古希腊罗马与先秦两汉时期的书信体文学为比较和研究的对象，从中择取可比性较强的“嵌入式书信”、教化书信与书信文学三大类型，并在每种类型中选择数篇代表性书信进行比照，通过以小见大，借书信这一载体探析古代希腊与中国在哲学、伦理、文学形式方面的异同。希罗多德《历史》与《左传》中的“嵌入式”书信透露出古希腊人与我国古人对“命运”既相异又相似的感受；古希腊罗马教化书札的题献对象多为密友，而我国汉代教化书简的写作对象多为至亲，这从侧面反映出两域“友爱”观的不同；我国先秦两汉并未发展出与古希腊罗马“书信体小说”对应的文学类型，反映出我国早期与古希腊不同的、重真实轻虚构的书信特征。

关键词： 中希比较　书信体文学　嵌入式书信　教化书信　书信体小说

引论

“不知来者视之往”（《管子·形势解》），近年来由中国与希腊两国学者共同倡导的“中希文明交流互鉴”项目，引起了各方的高度关注，其目标是连璧双方学者，通过共启对两大历史悠远、底蕴深厚的悠久文明的比较研究，以此寻求破解由“现代性”引发的诸多困境。当然，这样的研究必然仍将从各自留下的历史文献入手，同时需要落实到一些具体化的例据中，以期逐渐获取一些可资双方参考的经验。

在此理解的基础上，本文选取古希腊罗马与先秦两汉时期的书信体作为比较与研究的对象，就时间上的定位而言，本文的研究范围或比原有的设定有所扩展，一是将希腊文明的延续者罗马帝制中期之前的文化也纳入其中，二是在述及中国的情况时，也将秦汉时期一并列入考察的范围，因而两方的时段都有延长。该处所做的年代划分方式自然也有一个基于事实逻辑上的考虑，比如剑桥大学荣誉教授、李约瑟中心研究员劳埃德（G. E. R. Lloyd）在其主编的《古代希腊与中国比较研究》（*Ancient Greek and China Compared*，2018）一书中就做过明确的阐述，并与我的观点不谋而合：

> 我们的目标一方是古代希腊（包括馈赠给罗马世界的遗产），另一方是古代中国，我们把我们自身研究时段的下限设定在公元3世纪末。这个分界点在某种程度上是一个任意的分界点，但它意味着，对于两方来说，我们所研究的文明尚未从根本上受到重大转型影响，这种转型对一方来说是由罗马帝国的基督教化造成的，对另一方来说则是由作为一种主导性影响的佛教在中国的兴起导致的。我们不应该低估即使是在这些宗教巨变发生之前就已经存在于希腊－罗马世界和中国的多变性和多样性。不过，毫无疑问的是，一旦它们发生了，比较研究所面临的问题的复杂性就会大大增加。[1]

回溯中西文明之源，书信与诗歌皆为应用最为广泛的文体。但是与两域丰厚的诗歌传统相比，书信因其平民化特性，在“经典文学”中所占比重较小。而随着当下文学研究范式的转移，即从精英文学扩展至文化研究，书信的重要意义有待被重新发现。概言之，书信具有“实用性”“文献性”“私密性”“审美性”等特点，将有助于研究者复原“正史”之外更为多维度的古代世界，深入古人的内心情感，探究历代语言与文字的变迁。

约公元前8世纪的荷马史诗《伊利亚特》第六卷讲述了阿尔戈斯国王普罗托斯（Proteus）写信的故事[2]，这是古希腊世界有关书信的最早记载。现存最早的希腊书信大约出现于公元前530—525年期间，是刻写在薄铅板上的残篇，记录了外出谋生、陷入纠纷的父亲写给长子、以期获得家人援助的一段话。[3]这段话体现了早期书信反映“紧急状况”（emergence）的特性，但尚不具备后世固定的书信格式。公元前4世纪出现的另两封刻在铅板上的家书则开始具备信首称呼与问候语、正文、信尾祝颂语。除铅板外，这一时期承载书信的工具还包括最为低廉的陶瓷片、打蜡或涂白的木板，以及最为昂贵的纸莎草纸（papyrus）。约公元260年以后，随着罗马征服埃及，纸莎草纸的制作工艺得以广泛传播，书信的数量激增，书信文学在罗马帝国时期得以繁荣。

我国古代尺牍产生的确切时期尚无定论。张鹏立等学者因距今三千多年的殷墟甲骨文第513片龟甲告知敌国三次入侵的消息，而将其作为起点，但其争议较大。谭步云等学者认为我国最早的尺牍应为《左传》中的《郑子家与赵宣子书》（前610年）[4]。赵树功在《中国尺牍文学史》援引清人姚鼐的研究：“书之为体，始于周公之告君奭。”并认为《尚书》中的《周书·君奭》首度具备书信形式。[5]上述尺牍均为“公书”，私人信函则始于战国。1976年初湖北云梦出土的两封用毛笔蘸墨写于木牍正反面的秦简为我国现存最早的家书。春秋战国时期开始采用竹简和木简作为书写工具。用来写信的木简长约一尺，因此书信又称“尺牍”。当时也有贵族阶层把信写在丝绸绢帛之上，称“尺素书”。将写好的“尺素书”装在两块刻成鲤鱼状的木块之间，又称“鱼书”。自蔡伦改进造纸术至东汉中后期，纸张逐渐成为信函的书写载体，尺牍亦完成由贵族化至平民化的进程。

古希腊—罗马与我国古代的书信分类都极为多样。我国古代书信以载体不同，派生出简、札、牒、帖等；以通信对象不同，分化出笺、记、书、启、檄、状、表等。[6]也有现代学者将古代书信分为三类：一是君臣、官员之间的书信；二是士人、朋友之间的书信；三是亲人之间的书信，即“家书”。迈克尔·特拉普（Michael Trapp）在《希腊和拉丁书信》（*Greek and Latin Letters*，2003）一书中将古希腊书信分为两大类——“非虚构书信”（日常信件）与“虚构书信”（意在公开发表的书信集、供门徒传阅的教化书简、虚构的名人书信、嵌入式书信等）。[7]斯坦利·K·斯托尔斯（Stanley K. Stowers）在《古希腊罗马时期的书信写作》（*Letter Writing in Greco-Roman Antiquity*，1986）中则提出了另外一种二分法思路：一是按写作对象分为“家书”（family letters）与“友朋书”（letters of friendship），二是按照修辞风格分为颂赞与责备类书信（letters of praise and blame）、劝诫与建议类书信（letters of exhortation and advice）、慰藉书信（letters of consolation）等。[8]笔者借鉴前人研究结果，同时着眼两域书信形式的异同之处，将重点关注中西古代书信传统中的“嵌入式书信”（embedded letter）、教化书信与书信文学。

一、史传中的“嵌入式书信”

荷马《伊利亚特》第六卷描述的刻写在折叠木板（folded tablets）上的信件可谓“嵌入式书信”的典型例证。古希腊早期的书信较多采用“嵌入”形式，穿插于史书、法律文书、戏剧与修辞教程中。戏剧与修辞教程中的书信为虚构叙事，史传中的书信则兼有实录和虚构性质，例如史家修昔底德（Thucydides，约前460—400年）的文字可信度就被认为高于希罗多德（Herodotus，前484—425年）。公元前4—5世纪，希腊史家希罗多德在其《历史》（*Ἱστορίαι*）、修昔底德在其《伯罗奔尼撒战争史》（*History of the Peloponnesian War*）、色诺芬（Xenophon，约前427—前355年）在其《居鲁士的教育》（*History of the Peloponnesian War*）中都有关于书信的多样记录。书信首先被用于军情传递。此外，在危机时刻寻求紧急援助的书信、被投递给错误收信人的书信、被误读从而招致危险的书信、袒露隐秘激情的书信在三位史家之后也成为“后 - 古典书信叙事”（post-classical epistolary narratives）的常见主题。

我国先秦史书中的“嵌入式书信”属于“公牍”，内容或为君臣之间讨论政务、或为列国之间办理交涉、或为谋士们的游说之辞。《尚书》中的《君奭》、《左传》中的《郑子家与赵宣子书》《子产告范宣子轻币书》《吕相绝秦书》均属国与国之间交涉政务，犹如折冲樽俎的外交辩论。及至战国时期，《战国策》中记载的《乐毅报燕惠王书》，虽然主要内容仍为军国大事，但同时把个体的思想情感融入作品，尺牍开始了由“公文”向“私信”之间的过渡。及至两汉，书信的文学性得到进一步增强。正如刘勰《文心雕龙·书记篇》所言：“三代政暇，文翰颇疏。春秋聘繁，书介弥盛……汉来笔札，辞气纷纭。”[9]

纵观古希腊—罗马与我国先秦两汉书信发展史，我国书信由公牍向私函演变的轨迹更为清晰，古希腊则无明显的先公书后私信的区分。此外，笔者还发现早期“嵌入式”书信从内容上反映出两地先民不同的哲学观点。例如希罗多德在《历史》（3.40—43）处记录了一则非常有趣的书信。古希腊著名僭主波律克拉铁斯（Polycrates，约前535—522 年在位）先是僭取了萨摩司岛（Samos）的统治权，随后控制爱奥尼亚群岛与大陆城镇，意图成为建立海洋帝国的第一人。就在波律克拉铁斯的雄图霸业如日中天之际，他收到来自埃及法老阿玛西斯（Amasis）的信，阿玛西斯在信中表达了对波律克拉铁斯过分的“好运”会招致“神妒”的担忧：

> 阿玛西斯致书波律克拉铁斯告他下面的话。我很愉快地知道自己的朋友和盟友的兴旺。可是我并不替你的这些太多的好运而感到愉快，因为我懂得诸神是多么嫉妒的，并且我多少希望我自己和我的朋友既有成功的事情，又有失意的事情，我宁愿有一个成败盛衰相交错的人生，而不愿有一个万事一帆风顺的人生。根据我的全部见闻来看，我知道世上没有一个万事一帆风顺的人，他的结局不是很悲惨……[10]

阿玛西斯随后建议波律克拉铁斯丢弃一样自己最珍视的物件以平息神妒，波律克拉铁斯采纳了他的建议，将自己最喜爱的黄金珐琅指环印玺扔进海里。但是几天之后，有渔夫进献给波律克拉铁斯一条大鱼。当鱼被剖开之后，又在鱼腹里发现了被扔掉的指环印玺。波律克拉铁斯觉得这是神的旨意，于是又写信告知阿玛西斯自己所经历的一切。阿玛西斯读完来信，断定没有人能够把另一个人从他注定的命运中解救出来，于是便声明埃及与萨摩司断交。波律克拉铁斯后来果然兵败被杀，他的死震惊了整个希腊世界。

通过讲述波律克拉铁斯的兴亡与其指环印玺失而复得的关联，希罗多德传递着古希腊人的命运观与人生观，即命运是凌驾于一切之上的神秘力量，人决不可妄图改变命运的安排。人与神“在族类上不相同”（荷马《伊利亚特》），全然幸福的生活只属于神而不属于人。人生祸福相依，变幻莫测。一个人不到生命的最后一刻，就绝不能称其人生是幸福的。因此人必须在一切事情上克己审慎，切莫因妄自尊大而冒犯神，招致“神妒”或“神怒”。正如尼采在《悲剧的诞生》（*The Birth of Tragedy*）中所言，生性敏感、对人生的体悟热烈痛切的古希腊人有着强烈的悲剧意识，希罗多德的《历史》叙事亦浸染着同样的悲剧精神。

对观我国最早的史传“嵌入式”书信——《尚书·君奭》，则透露出“事在人为”的乐观态度。周公旦与召公奭都是周成王的叔叔，也是周武王钦定的辅佐成王的重臣。西周初期，平定东方之乱后，贵族以天命居之，不思进取，召公深恐官员唯信天命，怠于政事，故而强调事在人为的道理。恰逢成王继位，周公摄政，召公不悦，周公作《君奭》：首先对召公的建议表示赞同；并结合夏、商的历史，重申“事在人为”的观点；勉励召公与自己勠力同心辅佐成王治理好国家。在信首的一段，周公重复了召公的话：

> 君已曰：“时我，我亦不敢宁于上帝命，弗永远念天威越我民；罔尤违，惟人。在我后嗣子孙，大弗克恭上下，遏佚前人光在家，不知天命不易，天难谌，乃其坠命，弗克经历。嗣前人，恭明德，在今。”[11]

这段话大意为：“您曾经说过：‘依靠我们自己，我们不敢安然享受上帝赐给的福命，不去永远顾念上天的威严，安抚我们的人民。要想没有过错和违失，一切在于人为。考察我们的后嗣子孙，远远不够恭敬上天，顺应下民，把前人的光辉限制在我们国家之内，不知道天命得来不易，而天意又难以信赖，这样就会失去天命，不能长久。继承前人，奉行明德，就在今天。’”由于写作背景不同，希罗多德记录的书信认为天命不可违，周公的书信则认为天命会起变化，事在人为。仔细品读之后，发现两封书信又有劝勉读者顺天知命、夕惕若厉的共同意图，尽管古希腊人强调命运在人力掌控之外，而我国古人自春秋伊始已将“天命”道德化、理性化，强调“永言配命，自求多福”（《诗经·大雅·文王》）。

二、教化书信

古希腊罗马世界还存在一种特殊的书信类型，即写信人与收信人都有“传世”意图，无论是小范围的流传或是公开发表。这种“传世”意图包括建构个人声名、记录关键的历史事件、因文字之美而自传于世以及传递某一派学说或教诲。受近东“智慧文学”影响，古希腊在公元前 8 世纪就出现教诲诗歌作品，如赫西俄德《劳作与时日》（*Labour and Time*）。在此之后，教化主题除了与哲学、戏剧、诗歌伴生而外，也在书信中大量出现。公元前 6 世纪的政治家梭伦（Solon）、哲学家泰勒斯（Thales）与毕达哥拉斯（Pythagoreans）等都被认为有教化书信问世，尽管现存书信为后人伪作。公元前 4、5 世纪的大哲学家柏拉图与修辞学家狄摩西尼（Demesthenes）的书札（Letters）真伪尚存在争议。尤其是柏拉图的《第七封信》（*The Seventh Letter*），尽管争议激烈，却通常被认为揭示了柏拉图的心路历程与教化意图而收入《柏拉图全集》（*The Complete Works of Plato*）之中。目前确定的希腊世界最早的教化书札为哲学家伊壁鸠鲁（Epicurus，前 341 – 270 年）写给门徒的三封书信，因古罗马帝国早期的希腊史家第欧根尼·拉尔修曾在《名哲言行录》（*Records of Famous Philosophers' Sayings and Actions*）引用其片段而为后世所知。

古罗马最著名的教化书札的作者是两位帝王师。弗朗托（Marcus Cornelius Fronto，约 90—167 年）是公元 2 世纪罗马帝国著名的修辞家，约在哈德良时期进入罗马元老院，后来又成为未来皇帝奥勒留（Marcus Aurelius）的拉丁修辞学教师。弗朗托与“哲人王”奥勒留缔结了深厚的师生情谊，目前存世的二人之间的通信多达 9 卷，共计 158 封。这些书信反映了二人的亲密关系，弗朗托亦循循善诱，采用多种修辞技巧与写作风格，在书信中将拉丁古典文学知识倾囊相授。尽管自童年时代就拥有 17 位教师的奥勒留最终兴趣转向了哲学并自称扬弃了修辞学，他在《沉思录》（*Meditations*）中展示的志深笔长依然得益于他早年所受的修辞学训练，奥勒留亦在《沉思录》第一卷向恩师致谢。[12] 作为暴君尼禄（Nero Claudius Caesar Augustus Germanicus，37—68 年）的傅保，公元 1 世纪的著名文学家与斯多亚哲学家塞涅卡（Lucius Annaeus Seneca，约前 4 年—65 年）远不及弗朗托幸运，最后奉尼禄之名自戕。他题献给尼禄的《论恩惠》类似于我国古代臣子上书给帝王的“章”“表”，在把尼禄溢美为天神的同时，小心翼翼地劝勉皇帝施行仁政。因此，塞涅卡最著名的教化书札并未写给尼禄，而是成书于他辞官归隐之后的最后时光。塞涅卡的教化书札全称为《致卢基里乌斯的道德书信集》（*Moral letters to Lucilius*），卢基里乌斯或为当时罗马的贵族青年，亦有学者认为他是塞涅卡虚构的人物。《道德书信集》共计 124 封，全部题献给卢基里乌斯。塞涅卡在这部书札中展开了循序渐进的教化策略，先与卢基里乌斯缔结甜蜜忘年之谊，再从“珍惜时日”“逃避庸众、退隐到自身之中”“运用高贵的闲暇致力于学习”等普遍议题出发，一步步上升至“享乐与美德的冲突”“变幻莫测的命运与永恒的意志”以及“通过理性获得美好生活”等斯多亚哲学主要议题。在《道德书信集》第 38 封，塞涅卡还特意谈到书信这一文体充当教化利器的特殊优势：

> 非正式的谈话最为有益，因为它悄然浸润心灵。在一大群人面前发表事先准备的演说虽然更为轰动，但并不亲密……如若我们的目标是激励某人真正去学习，而非仅仅想要学习，我们需要诉诸更为柔和的对话般的言语。它们更容易浸润并留驻在听者心里，因为所需的是有效的语辞，而非冗长的语辞。语辞应当像种子那样被散播：尽管起初微小，当一粒种子进入合适的土壤，它会释放自己的力量，从最微小的开端成长为参天巨木。[13]

与古希腊罗马相比，我国意在公开流传的教化书札出现较晚。据赵树功在《中国尺牍文学史》的梳理，论道尺牍（包括论佛、论心学、论理学尺牍）盛于南北朝与宋、明，论学之尺牍盛于清。我国在春秋时期虽已出现书信，但多为“公牍”，且均是单篇、孤篇，如《左传》中的《郑子家与赵宣子书》等。1973 年，长沙马王堆三号汉墓出土的帛书《战国纵横家书》共计 27 章，分为三个部分，其中第一部分收录了十余篇苏秦书信。“苏秦书信”与古希腊罗马具有“传世”意图的书信集较为相似。前

7篇是献给燕王的书信或游说辞，后7篇是献给齐王的书信，不是依据时间顺序、而是依据写信对象的不同来进行分类，明显经过有意识、有目的的整理。这些书信记载苏秦于公元前307至前286年的生平事迹，主要功绩是为了燕国反间于齐。苏秦书信大致可分为三类：其一为游说、劝谏君王；其二为密报他国情况；其三为陈情类，向燕昭王表明自己的忠诚。苏秦书信的最主要目的是离间齐国，“使弱燕胜强齐”，劝谏君王的书信也多从实际形势出发，晓以利害，与希罗哲人培养有美德、有真知“哲人王”的教化书札并不相类。

及至东汉，在尺牍完成由“公牍”向“私函”的过渡之后，“家书”成为最为普及的书信形式。在这一时期的“家书”中发展出我国最早的教化书简，例如马援《诫兄子严敦书》、虞翻《与弟书》、诸葛亮《诫外甥书》皆为名篇。就形式而言，之所以称“书简”而非“书札”，在于这些书信皆为单篇，在体量上与希罗作家的书信集差异较大。就收信人而论，希罗教化书札的题献对象多为学生、密友或某一哲学流派、宗教团体的同道；东汉教化书简的写作对象多为至亲。就内容而论，马援《诫兄子严书》倡导的“敦厚周慎”、不妄议朝政符合我国儒家传统，却与古希腊罗马主流哲学提倡的“圣哲应积极投身政治”大相径庭。虞翻《与弟书》委托其弟为自己选择儿媳，由选择女子不应看重门第上升至“芝草无根，醴泉无源”“天其福人、不在旧族”，与塞涅卡在《道德书信集》中由具体的日常生活上升至抽象哲理的写作方式相似。诸葛亮《诫外生书》在写作手法与立意上皆与塞涅卡等希罗哲人教化书简类似，呼请读信人摆脱肉身欲望的羁绊，专注于灵魂的净化和提升：

> 夫志当存高远，慕先贤，绝情欲，弃凝滞，使庶几之志，揭然有所存，恻然有所感；忍屈伸，去细碎，广咨问，除嫌吝，虽有淹留，何损于美德，何患于不济。若志不强毅，意不慷慨，徒碌碌滞于俗，默默束于情，永窜伏于凡庸，不免于下流矣！[14]

三、书信文学

古希腊书信在早期即已出现真实与虚构的划分，虚构书信构成古希腊罗马文学的重要组成部分。古希腊虚构书信主要分为四大类，其一为“书信体虚构”（epistolary fictions），以上文所述“嵌入式书信”（embedded letter）为主。荷马在《伊利亚特》（6.167—170）的书信被认为“播下了绵延下一个千年及其后的书信体虚构的种子”。[15]（希罗多德与修昔底德的史传式嵌入书信属于真实抑或虚构尚存争议，荷马的书信体虚构被悲剧作家所继承。运用书信增强戏剧效果的典范剧作家当属埃斯库罗斯（Aeschylus，前525—前456年），他在其著名悲剧《伊菲革涅亚在陶里斯》（*Iphigenia in Tauris*）、《希波吕托斯》（*Hippolytus*）均运用嵌入式书信构建穿越时间与空间的交流（或误读）之网、展露故事主角炙热的情欲、或是作为解读某一被掩盖事实的有效工具。其二为希腊化时期抒情诗歌中出现的短小情书。其三为公元2、3世纪在罗马兴起的第二智术师派（the Second Sophistic）用于学校修辞训练的虚构书信。其四为书信体小说（epistolary novella）。公元3世纪的伪历史叙事（pseudo-historical narrative）《亚历山大传奇》（*Alexander Romance*）虚构的亚历山大大帝与大流士三世（Darius III）之间的通信，被认为开创了书信体小说——“将零散的私人信函或嵌入式书信转变为虚构作者之间更为持久、形式感更强的通信集”[16]。在此之后，《特米斯托克利与赫拉克利亚的希翁通信集》（*The Letters of Themistocles and Chion of Heraclea*）虚构了公元前5世纪雅典著名政治家与公元前4世纪的弑君者希翁之间的信函，并且略去了《亚历山大传奇》式的相关叙述语，以纯粹的书信形式推进情节。小说作者关注的是故事主角的心理活动而非历史真实，他将两位主角设定为被迫离开故土，在异国他乡历经磨难，从而在书信中倾诉对故国家人的思念、抱怨异邦人的敌意、吐露自己的政治与哲学观点。这样的写作手法被古罗马大作家奥维德（Publius Ovidius Naso，约前43年—17年）所继承，他在被奥古斯都放逐黑海之后，通过《黑海书简》（*Epistulae ex Ponto*）与《哀歌集》（*Tristia*）抒发罹忧，[17]开欧洲流放文学之先河，亦对欧洲后世书信体文学影响深远。

中国先秦的叙事文学相较抒情、议论的繁盛显得相当薄弱。及至民国，受诸如《少年维特之烦恼》等欧洲近代书信小说的影响，方有文人尝试创作书信体小说。我国在先秦两汉几无虚构类书信，而后世评论尺牍，亦多强调“真”谛。例如刘勰以司马迁《报任安书》、东方朔《与公孙弘书》、杨恽《报会宗书》、扬雄《答刘歆书》为上品，因其“并杼轴乎尺素，抑扬乎寸心”——尺素上留下的应当是来自内心深处的起伏波澜、真情真意。刘勰在《文心雕龙·书记篇》卷首引大舜之言“书用识哉”与扬雄之言“言，心声也；书，心画也。声画形，君子小人见矣”，[18]说明书信的两大功能——一为记事，二为表达心声，且二者都贵在“真实”。刘勰还提到西汉陈遵口授下属作书，数百封信各有不同用意；汉末祢衡代黄祖写信，该亲该疏，各得其当。这两位作者的书信与古希腊罗马用于修辞训练的书信有一定相似度，但被刘勰评论为“尺牍之偏才”。不过，我国古代虽然没有发展出与古希腊罗马相类的虚构书信，凸显审美性的书信文学依然洋洋大观。例如刘勰在评论司马迁《报任安书》等上述汉代书信“情真”的同时，亦赞誉其“志气槃桓，各含殊采”，[19]说明汉代书信就志意、辞采而论已跻身文学精品。此外，据学者赵树功的研究，我国尺牍在后世还发展出言事、问候、庆吊、山水、叙情、性命、论道、论学、讽世、刺时、干谒、闲情等多种类型。其中山水尺牍盛于南朝，干谒尺牍盛于唐，性命尺牍、闲情尺牍、讽世刺时尺牍盛于明，论道尺牍盛于南北朝与宋、明，论学尺牍盛于清。我国先秦两汉虽无与希罗“书信体小说”完全对等的书信类型，但笔者发现东汉班昭（约 49—120 年）的《女诫》既可归为教化书简，又因写给“虚构的女儿”（据考证班昭仅有儿子，并无女儿）而具备希罗虚构书信特征。由于《女诫》的成书时间（110—112 年）与古罗马作家奥维德（前 43—17 年）的《女杰书简》（*Heroides*，又译《烈女传》《拟情书》）相去不远，对照两位作家的虚构书信可以感知中西古代女性的不同生活面目。我国在东汉时期已基本形成儒家女性观，班昭在创作时受董仲舒阴阳说、刘向《烈女传》，与强调夫权的班固《白虎通义》影响甚深，因此她意在教导班家后辈女性的《女诫》由《卑弱》《夫妇》《敬顺》《妇德》《专心》《曲从》与《和叔妹》七篇组成，强调女性和柔巽顺的“弱德”之美，提出“妇德、妇言、妇容、妇功”的“四行”之说。奥维德的《女杰书简》存世篇目包括二十一封虚构书信，前十五篇为单篇书信，以女性口吻写给自己的爱人；后六篇由三组往还书信（double letters）构成，是三对爱侣之间的通信。写信人除古希腊女诗人萨福之外，其余皆为希罗神话中的著名人物，例如海伦与帕里斯、自杀殉情的狄多女王等。[20]帕里斯诱拐的有妇之夫海伦、丈夫去世之后又陷入新恋情的女王狄多，这些在班昭《女诫》中注定遭受严厉谴责的女性形象，却成为诗人奥维德热情讴歌的对象。*Heroides* 的早期汉译名《烈女传》易让读者联想到主旨大相径庭的东汉刘向《烈女传》，新近译名《拟情书》更为恰切。

结语

我国南北朝时期学者颜之推曾引江南谚语“尺牍书疏，千里面目”来表达即便在撰写书信时，也需对书法十分用心。笔者在此借用古谚原意，说明尺牍不仅可以呈现千里之外、亦可呈现千年之久的人情世态。在数量庞大的先秦两汉与古希腊罗马尺牍中，笔者选择三类具有代表性的书信进行比照，亦以小见大，感受到两域先民在生活方式与哲学、伦理思想等方面的异同。希罗多德《历史》与《左传》中的“嵌入式”书信透露出古希腊人与我国古人对“命运”既相异又相似的感受；古希腊罗马教化书札的题献对象多为密友，我国汉代教化书简的写作对象多为至亲，这从侧面反映出我国古代对于“朋友”关系的重视程度不及古希腊罗马，相反更重视于家庭中的亲情关系。在希腊大哲学家柏拉图《吕西斯》（*Lysis*）、亚里士多德《政治学》《尼各马可伦理学》的论述中，由男性精英缔结的“友爱”关系构成城邦政治的基础[21]。而正如后世中西文化交流第一人利玛窦观察到的，中国人心目中的朋友关系居“五伦”之末，他因而作《交友论》，意在为儒家伦理的等级结构中加入一些平等的理念，当然这也是建立在以男性为主导的社会建构模式上的。我国先秦两汉并未发展出与古希腊罗马“书信体小说”对应的文学类型，这或许与两域不同的书信理论有关。古希腊人将书信写作视作修辞教育的一部分，出于不同目的的虚构类书信甚为流行；而扬雄、刘勰等我国文论家都认为书信应重真实而轻虚构。及至民国，受歌德《少年维特之烦恼》、卢梭《新爱洛伊丝》等欧洲近代书信体小说影响的中国文人在采用这一新文体的同时，亦不自觉地为“旧邦”引入了伦理、哲学、文学形式方面的异域“新声”。

（本文为国家社科基金一般项目“古罗马书信体文学研究”的阶段性成果，项目编号：21BWW009；作者单位：中山大学中国语言文学系）

参考文献：

[1] G. E. R. Lloyd & Jingyi Jenny Zhao ed., *Ancient Greece and China Compared*, Cambridge: Cambridge University press, 2018, p.2.
[2] 荷马：《荷马史诗·伊利亚特》，罗念生、王焕生译，北京：人民文学出版社 2022 年版，页 158。
[3] Michael Trapp, *Greek and Latin Letters: An Anthology with Translation*, Cambridge: Cambridge University Press, 2003, pp.50 – 51.
[4] 谭步云：《尺牍精萃》，广州：花城出版社 2011 年版，页 9。
[5] 赵树功：《中国尺牍文学史》，石家庄：河北人民出版社 1999 年版，页 2。
[6] 同上，页 5。
[7] Michael Trapp, *Greek and Latin Letters: An Anthology with Translation*, Cambridge: Cambridge University Press, 2003, p.3.

[8] Stanley K. Stowers, *Letter Writing in Greco-Roman Antiquity*, Philadelphia: The Westminster Press, 1986，p.51.
[9] 刘勰：《文心雕龙》，周振甫注，北京：人民文学出版社 1981 年版，页 277。
[10] 希罗多德：《历史》，王以铸译，北京：商务印书馆 1997 年版，页 212 – 213。
[11] [汉] 孔安国传、[唐] 孔颖达疏，《尚书正义》，北京：北京大学出版社 2000 年版，页 517。
[12] 奥勒留：《沉思录》，王焕生译，上海：三联书店 2010 年版，页 5。
[13] Seneca, *Epistles 1 – 65*（*Loeb Classical Library No.75*），R.M.Gummer ed., MA: Harvard University Press, 1917, p.257.
[14] 诸葛亮：《诸葛亮集》，闻旭初编校，北京：中华书局 1960 年版，页 28。
[15] Patricia A. Rosenmeyer, *Ancient epistolary fictions: the letter in Greek literature*. Cambridge: Cambridge University Press, 2001, p.56.
[16] Ibid., p.174.
[17] Patricia A. Rosenmeyer, *Ancient Greek Literary Letters*, London: Routledge, p.48.
[18] 刘勰：《文心雕龙》，周振甫注，北京：人民文学出版社 1981 年版，页 277。
[19] 同上，页 277。
[20] 参阅奥维德：《女杰书简》，收入《奥维德诗全集：拉中双语版》，李永毅译，北京：中国青年出版社 2021 年版。
[21] 参阅德里达：《友爱的政治哲学》，长春：吉林人民出版社 2011 年版。

书 序

“书写”的义域及研究的分层
——为肖清《国际汉学界早期中国书写研究》所撰序

黄卓越

摘要：本文原系作者为肖清2023年新作《国际汉学界早期中国书写研究》所撰写的序言，基于最近于中外学界方兴未艾的早期中国书写研究，对“书写”这一概念所涉的话域做了清晰的辨识，并在一总括性的视野下，将在此论题下引发的研究分列为五种类型（层次）。此外，作为序文，本文也对肖清这部著作的成就做了撮要性的评述。

关键词：早期中国书写　国际汉学　书写与口述　书写与文本　作者身份　物质性　书写史　书写理论

记得十年前法国索邦大学让·柏西耶教授携妻来访，席间聊天，向其探问法语“书写”（écriture）一词的古典来源。柏西耶教授做一解释之后，又提及一事，说是不久前参加一个国际论坛，发现了有一甚为“诡异”的现象，按他的意思，书写这一概念原是由法国学者如德里达等祭起并将之视为自己理论上的一种标的，然而却于后来为研究早期中国的一些汉学家们接手，遂在英语世界酿成了一声势不小的风波。柏西耶不做汉学这一块，“接手”的说法似也不甚确恰，然而居然能知晓这段学案，让我一时感到很是惊讶。并由此而知在这一话题下的研究已非那些掩于某一角落的作坊式制作可比，而是俨然在更为广泛的知识场域中建立起了自己的声誉坐标。

“书写”看似为一十分平常的用词，如同“权力”“谱系”“差异”“事件”“话语”等一般，均是我们日常言谈中常用的熟语，然而如果将之做“论题化”或“命题化”的处理，则很有可能带来一种陌生化的效果，并由此而拓展出一条新的学术向路。在此意义上的“旧词新义”或概念的陌生化过程，指的就是能突破日常感知的盔甲，于常识性的表象之下开凿出一掩蔽更深的未知世界，对早期中国书写的研究，包括对“书写”概念所做的某种重新赋义，亦可作如是之观。当然，作为一含括面甚广的史实性研究，也不可能一夜功成。而是包含了多个学科长期以来点滴累积起来的广泛经验，许多人参与了这一塑形化的进程，许多事在其中起到了推波助澜的作用，并最终使这一论题的轮廓渐次明朗与清晰起来。完整地看，在这一话题下的研究中，又含有中国与海外两条既相对独立，又有所交切的行进线索。有关于此，我在其他文章中也做过一些简要的追溯性勾描，在此恕不详述。

随着这类研究的大量出现及由之形成的论题化趋势，似也有必要为之划定出一具有适当分界，并可予以辨识的定义场所。这首先也是因为“书写”的概念无论在汉语还是西语的使用中，其含义均可能有多重意指，比如既可指称动词也可指称名词，又易于在联想中与其他一些相邻或相关的传统学科如语言学、文字学、文献学、书法学等的研究对象混淆一起。尽管一般的学者无须考虑那么多，这也并非他们需要关心的问题，但作为对一种逐步形成中的学术新态势的描绘与梳理，如果缺乏对概念边界的必要限定，并为之勾勒出一个其自身所居的意义落脚场域，便无法将它与那些泛化的含义或研究区别开来，使其特异之处有效地突显出来。当然，与理论术语的发明不同，作为历史资源研究的一个部分，在中国早期书写（或更为广泛的历史书写）研究中，对其义域的确认仍将有赖于大量的实证性研究及由之不断传送出的参照性经验，不可能从一开始即有一个明确的界定意识，而是要直到这一学术范型已趋相对成熟的情况下，才有可能通过发现、解析、排除、确定、突显等方式，以形成一可加以辨识并能诉诸于系统化描述的概念认定框架。“书写”的概念毕竟还是有些抽象与笼统，不像写本、简帛、字体等的概念及对之从事的研究，学者们即刻便能找到自己所在的学科区位。

在学理上对“书写”这一概念的再界认，至少涉及两个可用以平行对照并具相对化差异的概念。首先，书写的概念是相对于“口述”（口传，口说）而成立的。通俗些说，即它是一种写下来的，而非说出来的语言。在印刷术尚未发明之前，所有的书写又都是以手工的方式并一次性完成的，因此我们现在也习惯于将以此而完成的文本统称为“写本”（以区别于印刷时代通行的“刻本”）。书写与口述的对比性关系，既可从缘起论上来加以考认，也可据早期发生的不同“身体技术”间的转换这一进程得以一窥，以是之故，也会如实地存在于早期语言实践的辩证化场景中。有关于此，如德里达所做的论述即给我们留下了很深的印象，无论在讨论一般书写还是“原型书写”（arche-ériture）时，都是将之放在与口述（parole，speech）相对照的概念化场景中来予以确证的。此外，他也将汉字视作最具典型化的书写文字，并以之与拼音化的印欧语体系加以对比。当然，对早期中国书写的具体研究则无须依傍如此繁复的思辨，也无必要将自己的研究时时与口述现象粘合在一起考察。但一如我们所见，在书写的条件与意识尚十分孱弱，而口头言述却在所有社会活动中均占据强大优势的早期生活世界中（特别是秦汉之前），口述对书写的影响仍会常态性地隐含在后一类活动的背景之中。特别是，如果不是限于具体事例的考订，而是将书写视为一个综述性的论题，那么对两者对比性关系的阐明显然是不可回避的。

其次，书写的概念也是相对于“文本”而提出的。目前我们在使用“文本”这一概念时，主要指称的是已然组织成篇的文字成品，在中国的治学传统中，如果指的是过去遗留下的文本，也称之为“文献”。就显现方式上来看，二者的意义相当接近，因此在英语表达中，许多学者也会将汉语的“文献”一词直接译作“文本”（text）。这在另一方面看，也是因为汉语中所述的“文献”在英语中从未有过一个固定的对应词。正如我们所知，在传统的文献学研究中，文本，往往习例性或常态性地被视为一种学理上的极限，因此无论是版本的考订还是字义的训释等，均是在这一自身闭合与循环的层面上展开的，既然如此，也可将这一类型的研究归在文本主义的范畴之中。而书写，就当前已确立起来的观念看，指的主要是使文本得以成形（成文、成章、成篇）的那套行为方式。故而，所谓的书写研究，尽管其仍然会以文本为凭据，然而却要求能穿越已编织而成的语言化表层，进而去考察隐匿于文本背后，并使文本最终得以显形的生产机制，其中也包括究竟有哪些要素参与了这一制作的过程，等等。很明显，这是两套具有甚大差别的思路，其差别甚至可借助学者们对待出土文献的态度而见出。比如，依据传统文献学的思路，首先关注的往往会是简牍的字义以及这些字义所传递的社会文化内容等。与之相异，书写研究关注的重心却是构成这一物质性文本的各种定然与或然、技术与观念、制度与风尚等的前置性条件，并以为如果想要对早期的某一文献做确切的把握，也当首先搞清楚那些前置性条件是以何种方式作用于文本构成状态的。而这样一种研究，不仅有赖于时代提供的各种条件，也因由此带来的治学难度的提升，以致于会对从事这些工作的学者提出更高的学术上的要求。

毫无疑问，一经打开这一掩蔽已久的领域，那么许多在过去未曾察见或未被认真对待的问题就会泉涌般地浮现出来。肖清在自己的书中依据目前海外研究的现况，大致例举了 7 个重要的分支话题，从而为我们了解该研究的整体状貌提供了有益的参考。对之，我也曾从稍有差异的角度做过一些思考，并按照与书写这一行为化概念在“逻辑”（或理论）关联层面上的远近关系，分列出由内至外的 5 个有所独立然又相互牵扯的层次。

其一，便是对书写的语言学的考察。这也是因为凡是书写，都需要借助某种字符来完成，尤其是汉字。在已知的所有世界语言中汉字不仅别具一格，而且最具“写”的特征性内涵，并长期以来未有构形上的明显变化，一直保留着早期字符化书写的鲜明痕迹。正因如此，有些学者也将之统称为“表意文字”（ideogram），而将其成文过程称为“表意化书写”（ideographic writing），这是需要我们悉心体察的。进而，又涉及其与口述（包括声律）、方言等关系的问题，以及在由之组合成篇时连带的诸如语体、文类等问题，需要探明它们在语言论层次上是如何对某一件或某一时代的文本书写产生构成性影响的。这当然仍是在“制作”（making）的意义上而论的，不然又会陷入文本主义的循环论中，或回嵌于传统学科既有的观念模式中。其二，是对书写的物质性考察。这一维度上所从事的研究，就印刷术发明之前的时代而言尤显重要，其中包含了对使用材料，以及字迹、形制、编式等的技术性研究。在大多数情况下，这一类的研究往往需要参照可视化的原始版式进行。藉此，不仅可直观性地识别早期书写的原初状态，确切地判断文本的制作年代，在更广的意义上讲，也可就此察知蕴含于早期书写活动中的技术与感知等的特征，进而促进我们在物质阐释学方面的理解。其三，即对“作者”或“书写者”的研究。在传统的文献学理念中，所谓的作者（早期作者）常常是一个十分含糊的概念，并会倾向于简单地将之等同于某一文本的“原创者”。然而通过对早期书写语境的细致考察却可发现，当时的文本制作在大部分情况下仍比我们所想象的要复杂得多，比如会同时涉及原创者、编者、写者、抄者等多个角色。所谓的原创者，有时也可能是一位或多位口述者。既如此，在这一制作程序上添加的每一个环节，便均有可能对文本的构形产生或大或小的影响。进一步的探讨还会随带涉及传抄中发生的窜码、讹写、叠文、伪饰等现象，这些在早期典籍的成书过程中当是司空见怪之事，而在书写史视野的观照下，它们又会以另一种特殊的问题方式被突显出来。其四，对书写的传播学研究。不同于传统文献学的认知，即往往会将创作的篇章或书册视为一静止不变的意义载体，新的研究则会将它们看成是会因某次新的书写或连续性抄写的介入而发生变化，并带有意义流动性的文本。如果扩展地看看，还会涉及书写物的阅读、储存、转运，以及其传送的方向与接受的人群等，而对这些现象的考察有时又会与对书写的物质性研究相叠合。其五，是对书写的社会史考察。其囊括的范围就更广了，如对识字与教育、政体及其运作模式、身份意识、意识形态等的关系性研究均可置于此中看待，不同于一般理解的社会史研究，它所关注的主要是这些外部要素是如何作为一种形构化的机制插入到书写活动及其进程中去的。在早期的特殊语境中，这些要素既有可能成为某些书写（及类型）得以塑形的动力，也有可能成为某些书写（及类型）被规约化、仪式化、程式化等的限制性力量。如此等等，难以尽言。

上述举类尽管还十分笼统，遗漏也在所难免，但借助这幅仓促构绘的知识草图，似大致已可窥见当代海内外学术于早期书写研究一域的拓展之功，其意义不容小觑。不仅由此开辟出了一新的学术界域，带动了研究主场的某种偏移，也因方法论视野的刷新，而使对诸多中国历史问题的探查被再次推入到一种悬而未决的，或可进行意义重置的状态中。遗憾的是，时至今日，尚未见有学者对这一谱系做过知识学层面上的认真梳理。从大的方面来看，这种匮缺，或与当代知识生产的快速流动相关，然也毋庸讳言，其与我们长期以来形成的某种认识上的导向有难以脱免的干系。以国内的汉学研究而言，学者们似更多地耽滞于对16世纪后期以来（而至半个世纪前）旧汉学的兴趣，尽管也有学者做过一些尝试，试图将转型之后的当代新汉学也纳入自己的探索计划中，但仍多聚集在少数几个有限的，并便于上手的话题上。总体来看，在国内汉学研究领域中，能从学术史的角度出发，并将对各种当代议题的研究落实到系统化梳理与阐发上的事例仍显稀少，这自然也会给中外学界在更为广泛的前沿地带上的对接与触碰带来诸多的不便。虽然学术史梳理与对历史现象的具体研究尚属两个不同的范畴，但基于目前存在的语言等方面的障碍，如将前一方面的工作做好了，想必也会对后一方面的研究产生有益的影响，并可为中外学术间的深入对话做出重要的铺垫。以此来看肖清的这项研究，其课题的意义就会立刻突显出来。通过主动地将自己的研究聚焦于当代汉学近30年来的早期中国书写研究，也就在一定程度上弥补了国内在此方面的一段空白。此外，在我看来，这项研究似也自带某种提示的作用，即提醒我们，有必要将更多的注意力转向当代学术的正面现场，对来自于外部世界的各种研究做出及时的反馈与反应，进而有效地调整国内海外汉学研究的策略性布局。

肖清的研究触及的是一个大的问题与大的构架。因此，从一开始即对海外早期中国书写研究的渊源与流程予以一统观上的考订，并对与之相关的一些近邻性概念做了清晰的辨析，由此而厘定出了这一语域的一个操作边界。这项工作做起来其实很不容易，需要花费多年的探究之力，才能渐次理出一条合乎事理并具纵贯性的思路。鉴于目前在“书写”这一论题下的研究事实上已十分繁富与泛化，以致使得任何一位学者似都很难在短期内毕其功于一役，完成对之的全局性考察。在这样的情形下，肖清还是依据自己的兴趣择取了其中的三个分支话题作为集中探查的对象。这样做的效果应当是明显的，即可更为精细地消化被圈定在此范围内的材料。值得一提的是，除了对几大分支话题的梳理之外，肖清的叙述并不局限于那些选定的人物及其思想，而是差不多在每一章节的陈述之后均尽其可能地攫取那些著述面世后在多个出版物上出现的各种反应性、批评性的资料。通过添加的这一补充性叠层，即可借助其他学者的眼光去发现既有研究可能存在的问题与不足，并为对之做进一步的思考留下了可延伸的空间。目前，肖清的文稿撰结已成，不久即会完整地呈现于世，书中的各项内容似无须由我再做复述，对其研究得失的评估最好还是留给读者，不宜提前给出过多导向性的判论。序文所示，也是因我这些年来对同一课题间有所涉，故聊敷感想，并借之而对此话题的意义与背景做一申张。

当然，凡此均不含有总结的意味。如我们所知，在早期中国书写这一论题下的研究至今仍处于持续滚动的进行时状态，甚至于在海外已出现了第二代学人，面对这种未闭合性，肖清的研究也只能采取“截断众流”的方式，更多的或未曾了结的议题仍会以未确定的方式随时间之流不断地推至我们的面前。为此，无论是肖清，还是“我们”，都还将再次摆出一种前探式的姿势，以便去迎接那些即将到来的更新一波的知识潮汛。

2023 年春于京北寓所

（作者单位：北京语言大学汉学研究所）

海外聊斋学

新加坡 1950—1980 年间聊斋影视传播的多维分析

李奎 陈遂

摘要： 明清小说是中国文学的组成部分，也是重要的文艺母题来源之一。在影像日益普及的现当代社会，明清小说的影视改编也成了一种繁盛文艺的重要手段。《聊斋志异》作为古典文言小说的经典作品之一，以其丰富的素材受到了影人们的高度关注。自 1950 至 1980 年，在港台摄制的近几十部以《聊斋志异》内容为主题的电影在新加坡上映之后，即获当地人的喜爱与积极反馈。由此可见，通过影视改编，《聊斋志异》以新的方式得到了更为广泛的传播。本文希望对此现象做一系统的考察，进而审视新加坡观众对《聊斋志异》文本的接受情况，及在其中包含的心理文化内涵。

关键词： 新加坡　《聊斋志异》　影视改编　汉文报刊

一、绪论

明清小说是中国文学的组成部分，也是重要的文艺母题来源之一，几百年间不间断地接受着不同艺术形式的改编、再创作。在当下社会中，电影、电视剧等逐渐成为重要的艺术展现样式，明清小说在这种潮流的推动下，也在审美模式上完成了自己的现代转换，并作为影视改编的重要取材对象而重新进入公众视野。古典小说的影像媒介再演绎是影视作品艺术品位提升的一个便利渠道，而影像这一新媒介也让小说获得新的传播转机成为可能，不仅拓宽了文本传播的范围，也反向刺激了小说文本的接受热度。这一趋向在海外读者接受中国古典名著的过程中表现得尤为明显。对于海外中国文学爱好者而言，影像画面的理解难度远低于语言文字，这也使影视剧成了他们接触与接受中国古典小说名著的重要渠道，并由此而不断地提升了中国古典小说的海外影响力。《红楼梦》《聊斋志异》等古典名著的传播都有类似的特点，并在华裔群体聚集的东南亚一带表现得十分突出。

《聊斋志异》是中国古代文言小说的代表作之一，全书由 491 个短篇故事组成，[1] 绝大多数篇章以神仙狐鬼精魅为主要叙写对象，而这些故事内容以及意味深长的思想内蕴也使它更易成为影视剧的重要取材来源。早在 1922 年，内地导演任彭年就将《劳山道士》一章改编为《清虚梦》。此后类似改编断续不绝，至 20 世纪 50 年代迎来一个高峰。1954年，香港导演陶秦依据《三生》拍摄了同名电影。同年，又依据《连锁》拍摄了《人鬼恋》。此后30年的时间里，港台共出品《聊斋志异》改编电影数十部，在新加坡正式上映且较为著名的达40余部之多，形成了一定规模与氛围。这些影片有着爱情片、恐怖片、魔幻片、伦理片等多种类型的电影美学风格，并通过掺入《聊斋志异》自身的古典美学特征，遂形成了独特的审美接受效应，深受新加坡人喜爱。尽管影视改编不可能还原书中原有情味，且艺术形式之间存在不可填补的美学差异，但影视剧的出现一定程度上改变了《聊斋志异》文本传播受众少、影响力小的现象，推动了文本海外传播的深度与广度，提升了其在海外的影响力。

新加坡汉文报刊中出现的有关《聊斋志异》相关文献资料达数百种，由此可见，这是一个值得深入探究的课题。有关《聊斋志异》文本及作者的材料多出现在20世纪50年代之前，此后由于电影走马灯式上映于新加坡各大影院，报刊资料中更是出现了大量有关聊斋及其电影相关资料。本文主要关注的是50年代之后汉文报刊中呈现的聊斋电影相关信息。

新加坡汉文报刊常常对影院上映的电影信息有所报道，较为著名的一些电影还会出现相关影评，比如《南洋商报》"本国新闻"版即开设有"电影消息"一栏，对当日上映之电影情况有所展示；《星洲日报》也曾开设"电影消息"栏目，刊登在"星家坡""星家坡新闻""工商娱乐"等版面之中；《新明日报》虽未开设专栏，但每日也会报道电影信息。另外，当地报刊的文艺副刊，如《南洋商报商余》《星洲日报·星云》也会对部分电影做出评析。笔者检阅20世纪50—80年代时段内上述报刊中有关聊斋电影的相关信息，以10年为界限，将这30年间所上映的电影分为3个部分进行概述。其中，20世纪50年代上映聊斋电影6部，60年代17部，70年代10部，合计33部。借助对这些电影之上映状况及上映后反响的梳理，本文希望对新加坡的《聊斋志异》影视传播的状况做一较为系统的大致展现。

二、20世纪50年代新加坡影院上映之聊斋电影

20世纪50年代，随着电影拍摄技术的不断提升，《聊斋志异》电影改编也经历了其不断提升的历程，虽取得了一定的相关工作经验，但总体仍然处于探索阶段，难免存有艺术上的瑕疵。尽管如此，大众依然可以看到创编者还原书中原有情味的尝试与努力。最初10年之间拍摄的聊斋电影在数量上相对少于60、70年代，此间在新加

坡上映的聊斋电影也只有约6部，它们的分别是《人鬼恋》《阴阳配》《玉手擒凶》《插错美人头》《阿绣卖胭脂》《半世老婆奴》。

《人鬼恋》是陶秦执导拍摄于1954年的剧情片，由邵氏兄弟（中国香港）制片厂出品。影片改编自《连琐》，讲述了男主人公杨畏与女鬼琐相恋、受阻、两人最终殉情火海的故事，于1954年9月5日在新加坡首都戏院首映。位于新加坡黄金地段的首都戏院是当时新加坡最重要的戏院之一，票房收入远远领先于其他戏院。在首都戏院播出后，《人鬼恋》获得一众好评，“观众及舆论佥认为一部幽怨的长诗……通过了陶秦的艺术手法，将人鬼相恋的故事表现得淋漓尽致”[2]。该片随即在东方、大光两戏院联映。1954年9月《南洋商报》登出《人鬼恋》影评，对该影片主题、故事及画面氛围的优美和谐，以及演员的演技大加赞美，认为：“《人鬼恋》的面世，是值得珍视的。”[3]作为早期的聊斋电影，《人鬼恋》的成功为后来相关题材的改编提供了范式上的启发。

第二部上映于新加坡影院的聊斋电影同为邵氏制片厂出品，名为《阴阳配》，它是导演周诗禄于1957年依据《聂小倩》改编的影片，叙写书生宁采臣与女鬼聂小倩几经波折最终结成夫妇的感人故事。该片于同年12月14日在新加坡东方、大光两戏院上映，电影主演为香港粤语片女星林凤。1957年正值林凤出道，其参演的《阴阳配》即受一致追捧，当时新加坡人这样评价林凤在这一影片中的表现：“演技精湛，活色生香，珠歌玉舞，绰约多姿，甚为观众喜爱。”[4]除了演员优点之外，电影本身也有值得称赞之处，如“片中插曲多支，冷月诗魂，白杨红泪，无不声清意远，哀怨绝伦，使人回肠荡气。”哀怨缠绵的艺术效果加上女星精湛过人的演技让《阴阳配》也成为新加坡上映的聊斋电影中较受欢迎的一部。

1958年10月新加坡东方、大光、乐斯三家影院上映凤凰影业公司出品、朱石麟等导演的奇情片《玉手擒凶》，故事源自《聊斋志异》卷10中的《胭脂》一章，讲述了少女江阿凤寻找杀父真凶的故事。该片情节离奇，既有探案悬疑情节所带来的惊险紧张的电影叙事效果，也有精心设计的情感戏所传达出的缠绵悱恻引发的审美趣味。为了吸引观众，前一特点也成为报刊重要宣传的对象——“导演朱石麟手法高妙，别出心裁，把这部片子处理得有声有色，刺激性十足。”“情节曲折，惊险紧张，案中有案，使人叫绝。”除去推广这一影片的相关报道外，未见报刊资料中出现该片上映后之反响。

1957年国际电影懋业出品粤语歌唱醒世喜剧《半世老婆奴》，导演为左几，影片根据《马介甫》一篇改编，新加坡的首映时间为1959年5月，在大华、宝石、银国三家影院推出。该剧与上述几部影片不同，演出形式上有唱有做，风格上以娱乐性、通俗性为主要基调，内容上歌颂真挚热烈的感情，具有一定的警世意义。但与《人鬼恋》《阴阳配》相较，该片反应略小。

同年12月，谢虹执导拍摄的厦语片《阿绣卖胭脂》在中峇鲁璇宫戏院、芽笼快乐戏院首映。故事与《玉手擒凶》同改编自《聊斋志异》卷10故事《胭脂》，讲述了一位卖胭脂姑娘阿绣的爱情波折，展现了她对爱情忠贞不渝的特征。该片在国内影响较小，但较受新加坡民众的喜爱。据记载，“《阿绣卖胭脂》上周末首映半夜场倍受厦片观众拥戴，造成厦语片又一卖座盛况”[5]。影片在12月19日半夜场联映之后，应观众要求，于25日再次播出。影片主演为新加坡籍演员庄雪芳，庄曾被誉为南洋的“歌舞皇后”，擅长唱不同方言的歌曲。《阿绣卖胭脂》中有“新歌七支，支支音韵悠扬”[6]，在庄雪芳精湛演技与优美歌嗓的演绎下，影片成为50年代新加坡较有影响力的《聊斋》改编电影，而它作为厦语片所特有的讲唱形式使其成为这些电影中较为独特的存在。

1960年3月，国华公司出品的粤语片《插错美人头》在新加坡宝石、银国两影院上映。它本是香港导演陆邦执导上映于1957年9月的作品，3年后始在新加坡推出。影片改编自《聊斋志异》卷2第5篇《陆判》，讲述了陆判官为朱兆明换心、为朱妻换头，最终两人悔悟的奇异故事。“该片有曲折动人的故事，精彩的曲词，引人入胜的神奇镜头，对白幽默隽永，极尽嬉笑怒骂的能事，它把世上那些贪财忘义，写得狗血淋头，而对那些图慕虚荣，不务实际的女人，也有严正的针砭，寓劝世于娱乐，实为一部上乘的喜剧。”[7]评价肯定了《插错美人头》一片的艺术水平，并真切地道出了导演陆邦在影片中所展现出的警示讽谏的喜剧美学追求。

综观上述影片，数量上虽然仅有寥寥几部，但每部影片内容不同，风格各异。《人鬼恋》《阴阳配》关注书生女鬼的恋爱故事，两影片审美趣味大不相同，虽都展现了凄迷悱恻的审美情调，但结局一悲壮动人，一美满幸福。两部影片也都是早期新加坡观众较为喜爱的由《聊斋》改编而成的电影，影响力略高于后面拍摄的4部。《玉手擒凶》掺入了探案悬疑色彩，《半世老婆奴》较为通俗娱乐，《阿绣卖胭脂》展现了跨界情缘的浪漫忠贞，《插错美人头》喜剧意味十足，每部影片都有自己的审美追求。这些影片在新加坡上映，有着或大或小的影响。在介绍影片的广告与影评等文章之中，都会将影片改编故事的情况加以说明，部分还会对原故事进行简短介绍，这无疑会将《聊斋志异》带入更多人的视野之中，反向促进了《聊斋志异》文本的传播深广度。

三、20 世纪 60 年代新加坡影院上映之聊斋电影

20 世纪 60 年代是《聊斋志异》影视改编较为兴盛的一个时期。作为志怪文言小说的典范之作，《聊斋志异》以“描写委屈，叙次井然，用传奇法，而以志怪”受到广泛关注。文本中的男女情爱叙事、狐鬼形象塑造、异域魔幻风格等所具有的巨大市场商业魅力被渐次发现与挖掘。才华横溢的导演在这部充满曲折离奇叙事情境的巨著中通过选取素材，发挥想象，并进行艺术再创造，将文本原有的魅力充分展示出来。统观这一时期拍摄的影片，贯穿始终的改编理念是从情节到主题的设置都能与原书的内容较为紧密地结合在一起，虽然采用的是相对保守一些的改传策略，但对于《聊斋志异》文本的海外传播来说仍然是有益的。这反映出了作为志怪文言小说典范的《聊斋志异》所具有的文本权威性与观众接受预设之间的一致。小说本身的叙事场域、情境神韵被保留下来，电影在一定程度而言是文本的影像化。

笔者在统计这一时期新加坡上映的聊斋电影的过程中，共搜集到约 17 部。限于篇幅，不可能在此将这些影片的上映反响一一具体展示，仅将这些影片的上映状况依时间顺序列为目录，再对其中较为重要的影片做重点分析。

表 1 20 世纪 60 年代新加坡影院上映的聊斋电影

电影片名	摄制地点	原作名称	导演	香港 / 台湾上映时间	新加坡上映时间	新加坡首映地点
倩女幽魂	港台	《聂小倩》	李翰祥	1960 年	1960.6.4	首都、东方、大光戏院
莲香戏鞋	香港	《莲香》	罗炽	1960 年	1961.5.6	金华、好莱坞、宝石戏院
富贵神仙	香港	《张鸿渐》	李晨风	1962 年	1962.6.30	半华、大西洋戏院
湖山盟	香港	《聂小倩》	李晨风	1962 年	1963.2.1	东方、大光、丽宫戏院
田七郎	香港	《田七郎》	罗炽、许坚	1963 年	1963.2.16	东方、大光、丽宫戏院
聊斋志异	香港	《狐谐》《婴宁》《花姑》	唐煌	1965 年	1965.4.10	大华、新娱乐、加东奥迪安戏院

（续表）

电影片名	摄制地点	原作名称	导演	香港 / 台湾上映时间	新加坡上映时间	新加坡首映地点
画皮	香港	《画皮》	鲍方	1966 年	1965.5.30	首都戏院
胭脂魂	香港	《胭脂》	胡小峰	1965 年	1965.12.11	首都戏院
聊斋志异续集	香港	《翩翩》《陆判》《荷花三娘子》	唐煌	1967 年	1966.11.10	大华、新娱乐、加东迪奥安戏院
扇中人	香港	《阿绣》	唐煌	1967 年	1967.2.5	大华、奥迪安、宝石影院
辛十四娘	台湾	《辛十四娘》	朱牧、李翰祥	1966 年	1967.3.25	奥迪安戏院
连琐	香港	《连琐》	严俊	1967 年	1967.7.20	东方、大光、乐宫、豪华、丽声戏院
聊斋志异三集	香港	《伍秋月》《崂山道士》《美人首》	唐煌	1969 年	1969.8.2	大华、奥迪安
狐侠	香港	《莲香》	薛群	1968 年	1968.12.4	首都戏院
雪娘	台湾	《画皮》	姚凤磐	1969 年	1969.10.5	璇宫、光华、快乐戏院
人鬼狐	台湾	《聂小倩》	周旭江	1969 年	1969.11.6	金华、好莱坞、金都戏院
王者神剑	台湾	《书痴》	李至善	1969 年	1969.11.22	金华、好莱坞、金都戏院

17 部电影难免艺术水平高低不一，部分影片还存在改编上的瑕疵，其受欢迎程度自然会略低于情节完整曲折、构思精巧紧凑的典范之作。笔者审阅报刊资料，考察影片上映后之接受状况，认为 17 部之中影响力较大的分别是李翰祥的《倩女幽魂》、唐煌的《聊斋志异》系列电影和姚凤磐的《雪娘》。下文即对这 3 部影片于新加坡当地的接受情况做一展示。

1960 年，香港导演李翰祥首次将《聊斋志异》卷 2《聂小倩》故事搬上银幕，首开这一经典故事影视改编的先河。该片由邵氏制片厂出品，情节设置较为忠于原著，基本未改动人物矛盾，讲述了宁采臣和女鬼聂小倩的曲折爱情故事。本片在新加坡上映时，获得一致好评，反响极佳。“全部布景堂皇，服装华丽，道具精致，彩色拍摄，显示中国古典艺术色彩。各人演来，细腻亲切，人情味十足。导演手法高超，处理人鬼境界，情通幽冥，别具风格，而巧布迷离氛围，鬼影幢幢，鬼声啾啾，画面幻秘，音乐低沉更增恐怖之感。”[8] 演员表现也是可圈可点：“由乐蒂饰演聂小倩，艳如桃李，冷若冰霜，明眸皓齿，美丽绝俗。赵雷饰宁采臣，温文尔雅，多情有义，一派正气。”[9]乐蒂更得到了“楚楚可怜，却很有诱惑力，勾魂吸血”的评价。影片上映13天内，影院座无虚席，“十万观众，看后齐声声赞美。其卖座盛况，为近来中国片仅见”[10]。《倩女幽魂》在新加坡的成功与影片本身所尽力展现之文化历史内涵不无关系，处于较为相同的文化语境之下，影片中的“东方古典艺术色彩”亦甚受新加坡人的青睐。

国际电影懋业公司（后改名国泰机构）于1965、1967、1969年出品唐煌执导的聊斋系列电影，影片名称分别为《聊斋志异》《聊斋志异续集》《聊斋志异三集》。每部影片选取3个聊斋故事，共择取《狐谐》《婴宁》《花姑》《翩翩》《陆判》《荷花三娘子》《伍秋月》《劳山道士》《美人首》共9个故事，依据单元剧形式拍摄而成。三部曲第一部《聊斋志异》在1965年4月上映。上映后，“由于异彩纷呈，大受狂热迷欢迎，因此特再拍《聊斋志异续集》”[11]。《聊斋志异续集》拍摄阵容强大，演员中有“生动自然，使人色授魂与”的陈曼玲，有“绝世美人”张慧娴，还有“能歌善舞”的容蓉，另外还有李琳琳、沈月华、韩燕等女星，三部分内容各有其特色，情节处理得当，取得了和第一部类似的效果，“都是非常成功的”[12]。《聊斋志异三集》注重娱乐性与警世性的结合，“故事都是非常生动有趣、引人入胜的，娱乐性非常丰富；另一方面，在人与鬼的行为里，都含有深意，能发人深省，任何人士都会适合，可以说是一部老少咸宜的佳片”[13]。三部影片总体而言是比较成功的，但也有人不满影片对原著中鬼怪形象还原不够相似，“鬼不像鬼，怪不像怪，什么狐狸和鬼魂都显得造作，显得十分牵强”[14]。这是观众维护原著权威性心理的展现，在今天看来，尽管有不如人意之处，但唐煌在处理影片细节时仍更多地遵循了原著。

1969年，万邦影业公司出品姚凤磐执导的《雪娘》。该片改编自《聊斋志异》卷1故事《画皮》，讲述了常家大爷贪好女色、被妖怪雪娘杀害后又在仙人救助下起死回生的故事。片尾仙人告诫常大爷洗心革面、重新做人，突出了影片的警示意义。1969年10月5日，《南洋商报》登出名为《雪娘·聊斋》的影评，系统分析了《聊斋志异》书中的“幽默讽世”特色，认为雪娘中“深刻的教育讽刺意义”正是小说所竭力表现的。文章还对《雪娘》“剧情恐怖，演出怪异”的特点表示认可：“过去，影坛拍过许多聊斋神怪影片，但论到剧情恐怖和演出的怪异，那就要以万邦出品的《雪娘》是后来居上的一部了。……既求影片有美感，又求不失其神秘性及恐怖性，方才拍成这部故事最神秘、画面最恐怖的巨片《雪娘》。”[15]《南洋商报》10月7日影评《恐怖、神秘、香艳雪娘》也对影片中的讽谏意味表示认可：“恐怖神秘香艳巨片《雪娘》，是根据文学名著《聊斋志异》改编的奇情讽世励俗的文学伟构，故事非常生动，引人入胜；另方面在人与鬼的行为里，都含有深意，能发人深省。”[16]《聊斋志异》作为一部志怪小说，光怪陆离的叙事情境下包含着作者道德教化的内在伦理诉求，作者精心设计的狐魅鬼怪情节下有着极为复杂的人生体验，也融入了作为旧时代科举不顺文人在当时的文化语境中所拥有的著书立说意识，《聊斋》也因此出现了较重讽谏警世的意味。由于一般影片作为商业娱乐文化的产物之终极目标是利润票房，因此《雪娘》所讲述的这个看似逻辑关系简单、但却带有人生教育意义与人文历史内涵的因果报应故事便显得十分珍贵。

并非所有影片都取得了上述三部的反响，多数在报刊中仅仅出现了上映信息，这些影片受关注度就略小。总体来看，尽管一些影片存有类型化倾向，但当时的新加坡人对聊斋故事及聊斋改编影片总体较为喜爱，经典的影片能够获得好评，艺术水平较低的也未在报刊中见到相关批判。一些才华横溢的导演也并没有在影片中过度发挥自己独创的艺术能力，只是在原著理念的基础上对部分细节进行了适当的增删调整，从特定角度看，这也适合于当时人的一般观影心理，从而也保证了影视剧在进行古今转换时能取得良好的接受与传播效果。

四、20世纪70年代新加坡影院上映之聊斋志异电影

20世纪70年代，《聊斋志异》影视改编依然处于热门状态，这一时期制成的聊斋电影更加注重镜头语言的叙事表现与视觉奇观的展示，从摄制技术与美学内涵上都步入较为成熟的电影之列。此间新加坡上映的聊斋电影计有10部。在60年代活跃的导演如李翰祥、姚凤磐依然有力作出现，记者出身的香港导演周旭江也贡献了两部影片，聊斋影视改编在整体上仍然显示出较强的活力。现也将该期新加坡上映的这批华语电影目录列表如下：

表2 20世纪70年代新加坡影院上映之聊斋电影

电影片名	摄制地点	原作名称	导演	香港/台湾上映时间	新加坡上映时间	新加坡上映地点
《喜怒哀乐》系列中的《乐》	台湾	《王六郎》	白景瑞、胡金铨、李行、李翰祥	1970年	1970.10.3	奥迪安、国宾戏院

（续表）

电影片名	摄制地点	原作名称	导演	香港/台湾上映时间	新加坡上映时间	新加坡上映地点
鬼屋丽人	香港	《书痴》	周旭江	1970 年	1970.8.15	首都、丽都、青天、丽士戏院
云翠仙	台湾	《云翠仙》	张方霞	1970 年	1970.3.27	金华、好莱坞、金都戏院
寇三娘	台湾	《水莽草》	沈毓立	1970 年	1970.5.6	金华、好莱坞、金都戏院
鬼新娘	香港	《鬼妻》	周旭江	1972 年	1971.9.24	青天、丽士、乐斯戏院
狐鬼嬉春	香港	《绿衣女》《荷花三娘子》《胡四姐》《长亭》	薛群	1971 年	1971.12.31	首都、丽都、青天、丽士、乐斯、裕廊戏院
鬼狐外传	台湾	《聊斋志异》	李翰祥	1970 年	1970.2.4	金城、牙力丝戏院
神狐鬼侠	香港	《聊斋志异》	金圣恩	1970 年	1970.9.5	首都、丽都戏院
云姑	香港	《聊斋志异》	朱牧	1971 年	1971.8.28	奥迪安、国宾戏院
秋灯夜雨	台湾	《窦氏》	姚凤磐	1974 年	1974.9.15	金华、好莱坞、金都、百乐门戏院

由于地缘背景的差异，笔者未能见到完整的《鬼狐外传》《神狐鬼侠》《云姑》三部影片的影像资料，但根据报刊资料所记，可知它们皆改编自《聊斋志异》，而改编的具体篇章尚待更多资料出现才能确定。

除上述目录所展示的影片之外，还有一部分电影在情节设定和人物设计上模仿了《聊斋志异》，但并非根据后者改编，如《倩女幽魂》（1960）的导演助理高立执导拍摄于 1970 年的《鬼皮》，同样具有恐怖香艳、曲折离奇的特点，也以狐女与书生的爱情故事为叙述对象，但掺入了吸血鬼形象，情节走向并非依据《聊斋志异》故事改编，不在本文考察范围之列。本文将重点介绍《云翠仙》《喜怒哀乐》《狐鬼嬉春》三部影片的新加坡接受状况。

《云翠仙》是台湾花禧公司出品于1970年的爱情奇幻影片，由张方霞导演，张琦玉、武家麒主演。影片改编自《聊斋志异》卷 11《云翠仙》，讲述女主人公云翠仙机智摆脱丈夫梁有才阴险设计的故事。《云翠仙》在新加坡上映后，较受欢迎，被誉为“自《聊斋志异》搬上银幕以来最出类拔萃的一部，其艺术价值、娱乐成分与警示意义，都证明了它的成就，确为神奇鬼怪电影写下新页”[17]。影片的成功离不开它对原书云翠仙故事的还原，在展现跨界人鬼恋情的动人故事之外，成功展现了原故事中“去恶趋善”的主题倾向。“《云翠仙》有一个感人肺腑、剧力万钧的故事，它写出善恶到头终须报，给予罪恶昭彰的阴险小人当头棒喝……因此它不特是奇情刺激恐怖的片子，同时亦具有一定分量的教育警世意义。”[18]《聊斋志异》在设计人鬼恋这种缠绵悱恻爱情故事的同时，加入了作者有关“善恶有报”的因果循环理念，这是《聊斋志异》文本的精神内核之一。新加坡观众期待视野下的聊斋电影应当是不过度删除文本劝善惩恶的文化精神，同时又能将娱乐性与警示性结合为一体的那类影片，如《云翠仙》，自然较易受追捧。

同为1970年上映的《喜怒哀乐》是武侠电影名导胡金铨联合白景瑞、李行两位导演为了帮助好友李翰祥主持下的国联电影公司脱离财务窘境而拍摄的一部影片。四位导演各负责一部分，取“喜怒哀乐”4字为片名，完成这部时长144分钟的电影。按照原定计划，4位导演都在《聊斋志异》中选取一个故事进行拍摄，但最终只有李翰祥负责之“乐”选择了《聊斋志异》中的《王六郎》故事。影片未拍摄之前，新加坡报刊中已出现一些相关报道，夏田《从华语巨片谈到〈喜怒哀乐〉的拍摄》预先分析了影片的“五个优点与可能出现的两个缺点”[19]。电影开镜之时，也有一些短文报道，都显示出了对这一影片的期待。但在影片上映后，却出现了褒贬两种较为极端的评价，誉之者称之为“中国影史上一部具有特殊意义的纪念作品……巨片中之巨片”[20]，但也有评论者认为：“戏的速度缓慢得很……拼命下功夫大搞技巧，结果把镜头处理得拖泥带水，弄巧反成拙。”在影片内容上，该评论者认为《喜怒哀乐》是一部“鬼话连篇的影片，尽管每部短片都有它各自的主题思想，但是，它在客观上都起着宣传迷信思想的作用”[21]。可能由于影片早期的过度宣传导致观影时的心理落差使然，该评论者表示出了对电影的明显不满，但也有评论认为《喜怒哀乐》中“强调善有善报的道理”的观念本是无可厚非的。[22]

《狐鬼嬉春》是导演薛群摄制于1971年的电影，讲述了一位书生与狐女相恋、受妖怪迷惑最终在神仙帮助下战胜恶魔的故事。该片于1971年12月在新加坡首都、丽都、青天、丽士等多家戏院首映。报刊上出现了影片的推广广告：“邢慧、陈浩、杨洋首次携手主演，并由乔琳、魏苏、江霞、蒋光超等合演之彩色大杰构《狐鬼嬉春》，为青年导演薛群精心导演新作。该片彩色瑰丽，制作伟大，作风新颖。”但影片播出后不久，沙耶发表《狐鬼嬉春》一文对影片进行批判，作者认为《聊斋志异》一书的伟大部分表现在“批判现实社会”的“积极启发作用”，而《狐鬼嬉春》以及港台许多聊斋电影“夸大了封建迷信那一面，并且利用那些狐鬼与人恋爱的故事，尽其所能地进行色情的渲染”。《狐鬼嬉春》在这类电影中更是过分，“那个‘绿衣女’和书生纠缠不清的镜头，这简直是新潮电影的镜头，看了令人想入非非”[23]。沙耶的评论指出了《狐鬼嬉春》在内的一部分影片的情色倾向，并以保守的眼光批判这些镜头，这也反映出了新加坡观众有关聊斋电影的心理预设，即还是需要能较好地还原书中的警示意义，通过减轻妖鬼氛围的编织以减少对鬼怪迷信的展示。但沙耶的期盼略有理想化，《狐鬼嬉春》的色情化倾向与恐怖血腥镜头所反映出的其实也是当时港台片的一般取向，借此可得知时代的审美情趣已经发生了一些重要的变化。

五、余论

作为古典志怪文言小说的典范之作，《聊斋志异》对后世文学产生了深远的影响，鲁迅先生在《中国小说史略》中这样写道:“《聊斋志异》风行逾百年，摹仿赞颂者众。”[24]即便到了20世纪，对《聊斋志异》故事的编制依然长盛不衰，只不过文字传播的优势地位愈加让位于影视媒介，传播手段发生了变异，传播态势也表现出了与之前不同的特点。当然，影像不能也不会取代文本成为唯一的传播的渠道。加之，影视媒介因其自身的属性在传播中也会存在各种局限，尽管不能就此而忽略影视传播在当下愈加凸显出的影响与作用，尤其对于海外普通读者而言，由聊斋改编的影视剧也为他们能接触原文本提供了十分方便的通道。从这一角度而言，聊斋电影在聊斋文化当代演绎中其实也扮演了很重要的作用。

20世纪50、60年代，由《聊斋志异》改编的电影并未过度侵犯文本本身的权威性及观众的接受预设，改编相对过于拘谨。但由于较为忠于原著的改编方式能够比较真切地展示原典文学的叙事情境与风格特征，因此，聊斋电影在很大程度上也可视为是对《聊斋》文本的一种视觉化、影像化重现。70年代，对之的改编则加入了更多的娱乐化、消费性因素，同时也在其中注入了更为显著的创新求变意识，从而使《聊斋志异》的影视制作迎来新的机遇与挑战。但总体来看依然是对聊斋文化的继承与发扬，只是表现出了在现代语境下讲述聊斋故事的一些新特点。

1950—1980年间聊斋电影在新加坡传播的一般状况值得我们高度关注。通过对这类影片接受状况的细致探析，可以就此发现新的影视手段在传播中国古典小说方面展现出的巨大影响力，以及新加坡华裔受众在对聊斋影视作品接受中所包蕴的对中国传统文化的那份特殊感情。

（作者单位：山西师范大学文学院）

注释：

[1] 此处统计据张友鹤先生《聊斋志异会校会注会评本》，上海古籍出版社 1978 年版。
[2] 《人鬼恋》，《星洲日报》1954 年 9 月 11 日，第 6 版。
[3] 《人鬼恋》，《南洋商报》1954 年 9 月 5 日，第 12 版。
[4] 《邵氏积极在本坡拍片 影星林凤等将来星洲主演“梭罗河之恋”等片》，《南洋商报》1958 年 7 月 19 日，第 15 版。
[5] 《荣华出品厦语新片〈阿绣卖胭脂〉璇宫快乐明晚再半夜场》，《南洋商报》1959 年 12 月 25 日，第 15 版。
[6] 《阿绣卖胭脂》，《星洲日报》1959 年 12 月 19 日，第 14 版。
[7] 《插错美人头》，《星洲日报》1960 年 3 月 19 日，第 15 版。
[8] 《翡翠七彩古装巨片〈倩女幽魂〉卖座鼎盛》，《南洋商报》1960 年 6 月 22 日，第 14 版。
[9] 《参加康城影片倩女幽魂首都戏院明晚半夜场映》，《南洋商报》1960 年 6 月 3 日，第 15 版。
[10]《翡翠七彩古装巨片〈倩女幽魂〉卖座鼎盛》，《南洋商报》1960 年 6 月 22 日，第 14 版。
[11]《〈聊斋志异续集〉三生三旦主演》，《南洋商报》1966 年 11 月 13 日，第 16 版。
[12]《唐煌谈〈聊斋三集〉》，《南洋商报》1969 年 8 月 5 日，第 11 版。
[13]《聊斋三集》，《南洋商报》1969 年 8 月 9 日，第 27 版。
[14]《聊斋志异三集》，《新明日报》1969 年 8 月 20 日，第 5 版。
[15]《雪娘·聊斋》，《南洋商报》1969 年 10 月 5 日，第 22 版。
[16]《恐怖、神秘、香艳雪娘》，《南洋商报》1969 年 10 月 7 日，第 9 版。
[17]《张琦玉主演的云翠院》，《南洋商报》1970 年 4 月 3 日。
[18]《云翠仙》，《新明日报》1970 年 3 月 31 日，第 5 版。
[19] 夏田：《从华语巨片谈到〈喜怒哀乐〉的拍摄》，《南洋商报》1969 年 6 月 18 日，第 11 版。
[20]《四大名导空前携手白景瑞、李行、金铨、李翰祥同心铸造〈喜怒哀乐〉》，《南洋商报》1970 年 10 月 4 日，第 17 版。
[21] 于思：《喜怒哀乐》，《星洲日报》1970 年 10 月 25 日，第 21 版。
[22]《〈喜怒哀乐〉开镜》，《南洋商报》1969 年 6 月 15 日，第 19 版。
[23] 沙耶：《狐鬼嬉春》，《星洲日报》1972 年 2 月 9 日，第 21 版。
[24] 鲁迅：《中国小说史略》，北京：人民文学出版社 2007 年版，页 217。

《聊斋志异》英译传播效果研究
——以亚马逊网站读者书评为例

任 强

摘要：效果论是翻译传播的终极与核心。为反映《聊斋志异》的传播效果，本文借助Python处理技术，采集《聊斋志异》英译本在亚马逊网站的读者书评及其相关数据，通过数据分析和结果可视化的手段研究该译本的效果呈示状况。同时，也通过借用并深化传播学的"把关人"理论，探讨了形成翻译传播效果差异的原因。研究结果显示，这一平台上出现的《聊斋志异》英译尚未确立起清晰的作品形象和文化形象，而这点也给未来的外译提供了有益的启发，即应充分考虑到翻译传播各环节的"把关人"情况，重视受众的"把关人"身份，才能更好地实现传播中华优秀文化的目的。

关键词：《聊斋志异》英译本　传播效果　数据分析　把关人

一、引言

清代蒲松龄创作的短篇小说集《聊斋志异》已有20余个外语语种的译文，是外文翻译语种最多，外文版本最多的中国古典文学名著[1]。诸多外文译文中，数量最多、影响最广的是其英语译文。

国内《聊斋志异》英译研究聚焦于《聊斋志异》英译历史梳理和节（全）译本研究。英语译介历史梳理方面，学者王丽娜（1988）[2]、王燕（2008）[3]和顾钧（2021）[4]等探讨了《聊斋志异》英语译介肇始问题，王丽娜（1981）[5]、李海军（2009）[6]、吴永昇和郑锦怀（2012）[7]等撰文梳理了《聊斋志异》英译的历程。译本研究方面，主要围绕翟理斯译本、杨宪益和戴乃迭译本与闵福德译本等著名译本展开，大多是依据某种理论以某一个译本或某几个译本为研究对象，或推理例证或对比研究，对具体译本的翻译方法、翻译特点等方面做了深入的探究。国外《聊斋志异》英译研究比较薄弱，成果形式多是书评，相关研究论文数量极少。综合看来，国外研究没有形成研究规模，研究基础尚未形成；而国内研究成果丰富，理论视角不断拓宽，研究对象和研究方法多样化的趋势日渐明显。但现有国内研究偏重翻译传播的翻译环节，忽视了翻译传播过程的其他环节，尤其忽视了接受环节中的传播效果研究。

传播效果研究的传统方法是以问卷法和访谈法为核心的调研法，该类型的方法主观性较高，结论说服力相对较弱。基于大数据技术的数据分析方法赋予了传播效果研究更强的说服力，但如果研究仅停留于数据分析的层面，没有相应的理论解读进行提升，无疑会降低研究的学术价值。学界研究者把《聊斋志异》英语译文分成零散译文、节（全）译本和漫画译本三种类型。为真实地反映当前海外读者对英译《聊斋志异》的接受情况，本论文收集了亚马逊网站书评区海外读者对《聊斋志异》英译节（全）译本的书评，结合各译本的其他相关数据，探究《聊斋志异》的英译传播效果，并尝试借用传播学中的“把关人”理论解读数据分析的结果。

二、译本的选择和研究工具

《聊斋志异》的英译历史超过 170 年，译本（节译本和全译本）版本数量较多，仅笔者统计到的就有 13 种。为了更为清晰地叙述研究过程，本论文仅在统计到的译本中选取了翟理斯译本、杨宪益和戴乃迭译本、梅丹理（Denis C. Mair）和梅维恒（Victor H. Mair）译本、闵福德（John Minford）译本和宋贤德（Sidney L. Sondergard）译本作为论述对象（论文中分别简称为翟译本、杨译本、梅译本、闵译本和宋译本）。

翟译本（*Strange Stories from a Chinese Studio*）为两卷本，包含 164 个故事，1880 年由伦敦德拉律（Thos. De La Rue）出版公司出版，此后多次再版重印。翟译本是首个单本发行的《聊斋志异》英译本，在西方影响极为深远，“在西方代表蒲松龄达一个世纪之久”[8]。杨译本（*Selected Tales of Liaozhai*）包含 17 个故事，1981 年由《中国文学》杂志社出版，后被选入“熊猫丛书”系列，是首个中国译者翻译，中国出版公司海外发行的译本。梅译本（*Strange Tales from Make-Do Studio*）包含 51 个故事，1989 年由北京外文出版社发行，该译本由美国汉学家翻译，中国出版公司海外发行，属于探索中华典籍外译新模式的译本。闵译本（*Strange Tales from a Chinese Studio*）包含 104 个故事，2006 年由企鹅出版社出版发行，该译本是海外汉学家翻译，海外出版社出版发行的译本。宋译本（*Strange Tales from Liaozhai*）由美国耆那教出版公司（Jain Publishing Company）出版，共六卷，第一卷和第二卷于 2008 年付梓，2009 年、2010 年、2012 年、2014 年又陆续推出第三、四、五、六卷，是当今唯一的《聊斋志异》英语全译本。

Python 作为一种全场景编程语言，被广泛地应用在人工智能和数据开发领域。本论文依托 Python 数据处理技术开展研究，为了便于在数据分析中引入各种工具包资源，本论文使用了 Python 的发行版 Anaconda 3，并利用 PyCharm 社区版作为开发环境。

三、数据采集和分析

（一）数据的采集

研究中首先编写爬虫程序，然后分别以翟译本、杨译本、梅译本、闵译本和宋译本的英文书名作为关键词在美国亚马逊网站爬取读者的书评（爬取时间为 2022 年 8 月 29 日）。爬取的数据内容包括：用户名、评论时间、星级评价、书评文字性内容和书评影响人数。以表格的形式汇集各译本的数据情况，具体如表 1。

表 1 数据汇总表

译本	星级评价等级	书评数量	书评影响人数	备注
翟译本	2 星	1	0	1 人评级
杨译本	0	0	0	
梅译本	0	0	0	
闵译本	4.6 星（平均）	68	276	223 人评级
宋译本	5 星	1	7	书评及影响人数均属第一卷，其他卷无数据。共 6 人评级（卷一 3 人；卷二、卷五、卷六各 1 人）

（二）数据的初步分析

翟译本在亚马逊仍有销售，可以搜索到的译本分别重印于 1916 年、1926 年、1930 年和 2018 年。但翟译本仅能搜索到 1 次评级和 1 条书评，评级为 2 星，仅有的一条书评来自加拿大的匿名读者，该读者于 2016 年 5 月写书评，抱怨译本字体小，难以阅读，同时译文单调枯燥，注释难以理解（ “Text is small and difficult to read, needs the odd illustration just to break the monotonys.” ）[9]。

杨译本有 1987 年版译本销售，没有星级评价，也没有相关书评。

梅译本有 1996 年外文出版社译本和 2005 年美国太平洋大学出版社（University Press of the Pacific）出版公司译本销售，译本情况于杨译本类似，也是仅有在售，没有星级评价和书评。

闵译本有 223 人参与星级评价，平均星级 4.6 星，同时有 68 位读者留下了书评，共影响了 276 人。

宋译本只有第一卷有星级评价和书评。星级评价次数 3 次，均为 5 星。书评 1 条，读者 M. Chen 于 2010 年 9 月在美国对宋译本第一卷评论为：“这本正在翻译中的译本有望成为蒲松龄作品的权威英文译本……作为《侠女传》和《中国鬼故事》等里程碑式电影的基础。该译本不仅是对比较文学经典的重要补充，也是英语武术电影爱好者的福音。”（“This translation in progress promises to be the definitive English rendering of Pu Songling’s work...as the basis for such landmark film as “A Touch of Zen” and “A Chinese Ghost story”. Sondergard’s translation is not only an essential addition to the comparative lit canon but also a textual key for a English speaking martial arts cinema fanatics.”）[10]。

国内学者认为：“《聊斋志异》完成了其在英语世界的经典化，成为了西方读者眼里中国经典小说的代表”[11]。爬取到的数据结果似乎在一定程度上颠覆了我们的这一既有认识。数据显示，海外读者对翟译本、杨译本等节译本响应度很低，被国内研究者推崇为《聊斋志异》英译史的一座里程碑的宋贤德全译本似乎也不乐观。

为了研究的缜密性，笔者又搜集了相关译本的销售排行数据。翟译本 1916 年版在图书类销售总排名为第 11,858,985 位，1926 年版、1930 年和 2018 年版没有收集到排名位次数据。杨译本也没有收集到任何排行数据。梅译本中的外文出版社译本没有收集到排名数据，其太平洋大学出版社出版公司译本总排名第 3,948,725 位，文学小说类排名第 160,278 位。闵译本总排名第 151,041 位，中国文学类排名第 58 位，青少年成人读物类排名第 717 位。宋译本第一卷图书类总排名 1,367,843，第二卷排名 1,552,283，第三卷排名 1,597,155，第四卷排名 1,902,908，第五卷排名 1,873,764，第六卷排名 1,878,265。

《聊斋志异》英译本销售排行数据再次证明，所选的《聊斋志异》英译本中，似乎只有闵译本在英语读者中有一定的市场。

（三）闵译本的数据分析

1. 闵译本的星级评价和书评年度分布

闵译本共有 223 位读者（购买者）进行了星级评价，平均星级评价 4.6 星，其中 1 星评价占 1%，2 星评价占 7%，3 星占 17%，4 星占 13%，5 星评价高达 77%。星级

图 1 闵译本书评数量时间分布图

评价表明读者对闵译本整体满意度较高。

对海外读者的 68 条书评进行进一步整理，形成评论量年度分布图。

分布图显示：首先，自 2007 年至 2022 年，始终是有读者对闵译本进行评论的。考虑到并非每一位读者都会在书评区留言，数据可以间接证明闵译本自 2006 年出版发行，直到 2022 年仍存在一定量的购买者。换言之，自 2006 年出版，至今闵译本对海外读者仍具有一定的吸引力。其次，读者对闵译本的书评在 2015 年达到峰值后开始下滑，虽然在 2019 年有小幅反弹，但整体下滑的趋势明显，2022 年读者书评只有 1 条。书评数量虽然和书籍销售量并不存在绝对的正向联系，但也可以说明闵译本的购买者数量可能在缓慢减少。

2. 闵译本书评数据分析

对海外读者书评进行数据分析之前，需要对数据进行清洗和降噪。本文根据获得的闵译本书评数据的具体情况，在 Python 中引入 NLTK 工具包，使用字符判断方法将书评中的纯表情符号、空白评论等“杂质”删除。因为爬取到的读者评论数据质量相对较高，过程中没有发现其他需清洗的内容。接着将文本数据进行降噪，先使用函数命令将多余的空格、空行去除，再使用 NLTK 中的分词函数对文本进行分词，同时编制停用词列表（Stop Words List），将 "I", "me", "the", "a", "an" 等词设置为停用词，在 PyCharm 编辑器中利用代码程序将文本分词并去除文本中的停用词。

本研究使用 TextBlob 工具对清洗、降噪后的书评数据进行情感分析和语义分析。根据语词频率和词性情感评分，计算每一条书评的情感得分和词语语义间的相关性，并借助 Word Cloud 和 Network，以主题词云图和语义网络图的形式实现数据分析的可视化。

根据爬取到的书评的实际情况，选择使用 TextBlob 工具的 Pattern Analyzer 分析器对闵译本的书评进行情感分析，默认情感极性分值区间为 -1.0 到 1.0，0 表示中性，0 到 1.0 是积极情感区间，0 到 -1.0 为消极情感区间。

闵译本情感分析的结果显示：68 条书评中，58 条为积极情感，占 85.30%；5 条是消极情感，占 7.35%；剩余 5 条为中性，占 7.35%。积极情感得分较高的书评主要是对闵福德的翻译和译本故事内容的评价。几乎所有的高分积极评价都或多或少肯定了闵福德的翻译。例如，读者 Will 认为闵译本是当前《聊斋志异》最好的译本（"the best translation edition of the book so far", "with the preface by Pu and lots of footnotes", "better if it includes all the 500 stories"）[12]；读者 Jana Kubik-Kwan 认为故事精彩，译文也很好（"good translation of classic stories", "wonderful stories"）[13]。还有读者高度评价闵译本的注释，例如，读者 Nigel Jackson 留言认为译本中的注释和词汇表增强了译本的文学和审美体验（"John Minford's translation, notes and glossary enhance a highly satisfying and unusual literary and aesthetic experience and this anthology of Pu Songling's tales is certainly a wonderful book. The 19th century commentator Feng Zhenluan remarked that 'One enters this book with a lantern, in the shadows of night', and that read in the right manner, these tales dispel oppression of the spirits."）[14]。故事内容方面，海外读者的看法相对比较统一，认为故事大多是关于狐狸精和鬼魂，不同于读者自己熟知模式，故事内容非常有趣。例如，读者 Kasia the Booklover 的留言："These tales are like nothing I've ever read in the Western traditions. Fox spirits, tree spirits, hauntings, bewitchings...These stories offer an insight into life in China from centuries ago and also into the belief systems of the culture. The translation is fantastic, and the kindle version sometimes has commentary from Pu Songling's contemporaries built into the stories."[15]5 条消极评价，其中 1 条是抱怨译本纸张质量太差；2 条是对译本关于狐狸精的故事内容雷同，重复程度太多表示不满。在剩余 2 条中，1 条认为译本注释太多，给读者的阅读压力太大，而另 1 条认为闵译本中所选故事涉及色情成分太多，译本不符合世俗道德标准，应当被烧掉。情感分析结果表明，整体看来，闵译本还是受到海外读者欢迎的。

闵译本的主题词云图（图 2）显示了闵译本读者评论数据中词频为前 50 位的关键词。主题词云图中某一词语出现的频率越高，该词语的字号就越大；反之，字号就越小。观察闵译本主题词云，抛开指向性较弱的 one、day、notes、them、sometime、 author 等词语，有明确指向意义的高频词语依次是 stories、tale、Chinese、book、read、Pu Songling。同时，还可以观察到 strange、translation、good、great、recommend、interesting、ghost、fox spirit 等词语。综合主题词云图，可以做如下推论：首先，主题词云图反映出海外读者对《聊斋志异》的文化异质性和故事内容有比较明确的认识（Chinese、stories、tale、Pu Songling、ghost、fox spirit）；其次，对闵译本的评价也比较正面（good、great、recommend）；再次，海外读者闵译本最吸引读者的因素是故事内容的奇异性和趣味性（strange、interesting）。

图 2：闵译本主题词云图

闵译本语义网络图中，圆形点表示文本语义中的节点词语（文本高频关键词），词语间线条的粗细表示该关联组词语在所有海外读者书评数据中出现的频度。使用代码程序绘图时，闵译本语义网络图反映出的情况有些出乎意料。研究中使用词频为前 50 位的关键词绘图并未形成语义网络结构，经过再三确认代码无误后，将取词范围渐次扩大到前 80 位的关键词，程序才画出以代词 he 为核心的网络图。由闵译本的语义网络图可以观察到，线条相对粗的词语关联组基本没有指向意义，比如 he 和 is、even 和 by、celebrated 和 of、celebrated 和 as；线条稍细的词语关联组中似乎只有以 fascinating 为节点构成的 were 和 fascinating、as 和 fascinating 具备提示意义。上述情况说明：海外读者对闵译本的关注点相对不集中，fascinating 是读者们为数不多的情感交集。语义网络图的这一结论也间接再次证实了本研究中主题词云图的有关闵译本最吸引读者的因素是故事的奇异性和趣味性的推论。同时语义网络结果也反映出，《聊斋志异》在海外读者心目中的文化意味还比较肤浅，作品形象尚未确立，《聊斋志异》的海外文化形象也非常模糊。

四、《聊斋志异》英译传播效果的问题与思考

对《聊斋志异》英译本的翻译传播情况进行归纳：翟译本虽然仍可查到有 4 个不

同年份的重印本在售，但其读者书评和星级评价稀少的事实说明翟译本虽然曾经轰动一时，长期占据权威译本地位，但似乎并不受当今海外读者的欢迎。杨译本和梅译本虽然在国内备受赞誉，其实际海外销售情况也并不乐观。宋译本虽然在《聊斋志异》外译历史中占有极为重要的地位，在海外读者当中并没有激起相应的热度。所选取的译本当中，唯有闵译本受到读者的较大响应，具备一定程度的影响力。

探索上述翻译传播结果的背后的原因不仅可以为今后《聊斋志异》的外译提供借鉴，也可以为当前的中华典籍外译提供经验，进而更好地服务于“中国文化走出去”的战略目标。

（一）问题探究的理据

翻译传播属于国际传播，而国际传播学是传播学的一个分支，翻译传播研究完全可以借用传播学中已有的理论来解读传播中的具体现象。本论文认为探究《聊斋志异》英译传播效果种种情形背后的原因，应当以各译本的具体传播环节为考察路径，借用并深化大众传播学中的“把关人”理论来展开。

“把关人”（gatekeeper）的概念由美国社会心理学家库尔特·卢因于1947年提出。“把关人”理论认为，在信息传播的过程中，信息并不是随意流动的。“信息总是沿着包含有‘门区’的某些渠道流动，在所谓的‘门区’，或者根据公正无私的规定，或者根据‘把关人’的意见，就信息或商品是否被允许进入渠道或继续在渠道内流动做出决定。”[16]也就是说，传播过程中，信息不是“自动地”，也不是“自然地”传递给信息受体，而是在传播过程的各个阶段经过各种“把关人”有意识地筛选和控制的。经过筛选和控制之后，那些被认为符合社会群体规范和“把关人”价值观的信息才有可能进入或者继续进入信息传播的渠道。

“把关人”理论产生于上个世纪40年代，大众传播学理论更多地关注以媒介机构为传播主体的传播过程和效果研究。翻译传播因为译者要素的存在，比一般国际传播更为复杂，是一种特殊形态的国际传播，在借用“把关人”理论的同时，必须将其深化。具体而言，在翻译传播过程中，翻译传播的六要素中，“讯息和效果贯穿于整个传播过程，而其余四个要素处在翻译传播链条的不同节点”，[17]形成了翻译传播的发起、翻译、传输和接受四个基本环节。在不同的环节中，传播主体、译者、媒介和受众这四个要素的地位不同，作用也出现变化。通常情况下，在翻译传播的发起环节，传播主体处于中心位置，影响其他的传播要素。“主体一般根据国家政策、项目目标、传播政策、社会态势、受众需求、原著出版时间和出版社等诸多因素来分析、筛选和确定可以进入传播渠道的讯息。”[18] 传播主体在发起环节选择、决定翻译内容，客观上起到了第一“把关人”的作用。在翻译环节，译者的作用得到放大。译者一方面受到前端发起环节的传播主体意志以及体现传播主体意志的翻译内容的限制，另一方面又受到后续环节中传播媒介和受众的限制，译者通过译外协商和译内语言控制两种方式对前后环节进行平衡，起到了第二“把关人”的作用。在传输环节，媒介机构决定传播模式、传播介质，操控翻译信息的呈现形态，是信息翻译传播的第三“把关人”。在最后的接受环节，受众作为信息的最终指向居于中心地位。受众对信息的接受并非无条件的全盘接受，而是一种带有选择性的“人内翻译传播”，即受众在诸多主客观因素的影响和制约之下，会自觉或不自觉地挑选那些“有价值”的信息，再依据自己的判断选择接受或不接受，最后完成对信息的“自我传播”。在信息“自我传播”的同时，受众又会有意或无意地影响群体中的其他成员，存在成为“意见领袖”的潜势。基于此，受众又可以被认为是“自我传播”和信息再次人际传播过程中的“把关人”，也是整个翻译传播过程中的第四“把关人”。传播主体、译者、媒介和受众共同构成多位次“把关人”，由信息流动的顺序和信息在各阶段的丰富程度来判断：一般情况下，顺位靠前的“把关人”大于顺位靠后的“把关人”，各后续顺位“把关人”对前顺位“把关人”又有反作用，反作用通常以各种反馈的形式出现，各顺位把关人相互关联、相互制约。良好的翻译传播效果需要以多位次“把关人”系统的协调运行为基础。

（二）问题的探究与思考

本论文中所陈述的《聊斋志异》英译节 / 全译本在翻译传播各环节的“把关人”情况呈现出较为明显的不同，最终导致了传播效果的差异。下文为了叙述的便利，在分析中对译本的排列顺序稍作调整。

杨译本的传播主体是《中国文学》杂志社，传播主体作为第一顺位“把关人”在传播的发起环节决定了翻译内容的选择。《中国文学》杂志社作为国家传播主体的化身，体现出明显的时代烙印。例如，选择《促织》《梦狼》等来揭露中国古代封建统治阶级对人民的压迫，选择《婴宁》的目的在于批判封建礼教制度等。杨译本所选的 17 篇故事带有浓厚的意识形态色彩。杨宪益夫妇作为传播翻译环节的第二顺位“把关人”，在当时的社会政治环境中几乎没有任何发表意见的机会，杨宪益自认：“不幸的是，我俩只是受雇的翻译匠而已，该翻译什么不由我们作主……中选的作品又必须适应当时的政治气候和一时的口味。”[19]可见，在杨译本翻译传播过程中，译者第二顺位“把关人”的作用受到严重制约，被降到了最低，第二“把关人”基本失去了通过译外协商进行平衡的作用，对信息内容的选择完全处于被动地位。由于特殊的历史环境，翻译传播主体对译本内容的选择本身就已经忽略了受众的第四“把关人”地位，完全没有把预期海外读者的阅读期待和审美情趣考虑在内，加之当前的海外读者的阅读兴趣和阅读审美习惯随着时代的发展又产生了新的变化，杨译本在当今海外市场受到冷遇就是情理之中的了。

梅译本在翻译传播的发起环节与杨译本情况极为类似。作为第一顺位“把关人”的外文出版社几乎包办了译本内容的选择，第二顺位“把关人”梅丹理、梅维恒只是接受外文出版社的邀请，仅仅起到了完成翻译任务的作用。

翟译本和闵译本的情况较为雷同。翟理斯和闵福德既是翻译传播发起环节的传播主体，又是翻译环节中的译者，翻译传播过程中的第一“把关人”和第二“把关人”是重叠在一起的。由于这种重叠，翟理斯和闵福德得以“自由地”选择译本的内容。同时，翟理斯和闵福德身为以英语为母语的海外汉学家译者，他们对译本受众所处的社会、文化环境和阅读期待更为了解，客观上充分考虑了受众的第四“把关人”身份。《聊斋志异》故事多有性描写的内容，翟译本对此的翻译方法是删减或置换；闵译本不仅对此使用彰显的翻译方法，在故事选择方面也向包含性描写内容的故事倾斜。究其原因，其实都是对受众的适应——翟理斯生活在英国维多利亚时代，那时“英国的资本主义经济迅速发展，但封建主义思想残余尚未得以完全清除”[20]。翟理斯的翻译自然不能脱离社会主流的意识形态，所以翟译本对《聊斋志异》故事中涉及性描写的内容采用了删减和置换的翻译方法。随着社会文化的变化，西方社会主流意识对性欲的禁忌逐渐成为历史，“性欲成为消费社会的头等大事，一切给人消费的东西都染上了性暴露癖。”[21]闵译本故事内容选择的倾斜和翻译方法的变化也就成了一种必然。大环境的关照下，翟译本势必不再受到当今读者的喜爱，而闵译本有意或无意迎合了当今读者的阅读趣味，受到读者一定程度的欢迎也实属正常。

宋译本也属于翻译传播过程中的第一“把关人”和第二“把关人”重合在一起类型。但宋译本的情况比较特殊，宋译本是《聊斋志异》全译本，全译本的性质决定了翻译传播主体无法选择译本内容，而译者的译外协商作用也被降到极低，译者所能发挥的仅是译者的译内语言控制作用。同时，全译本的性质又会无形中逼迫译者靠近原文，也极大地压缩了译者作为受众的考虑空间。从这一角度看，宋译本的情况其实与杨译本或梅译本更为相似一些。

五、结语

本论文的研究范围没有包含《聊斋志异》英译散篇和漫画译本，也未将《聊斋志异》各英译本的海外馆藏及借阅情况纳入研究范围。同时，仅凭借《聊斋志异》英（节/全）译本在亚马逊网站的海外读者书评和销售数据来研究《聊斋志异》英译翻译传播效果，存在数据来源不丰富，数据覆盖不够全面的客观情况，论文的观点、结论相应地存在一定的片面性。

现有的数据表明：《聊斋志异》英译本虽多，但是绝大多数译本的读者反应平平或者几乎没有反应。闵福德译本迎合了当下海外读者的阅读审美趣味，在读者中具有一定程度的影响，但似乎其影响力正在衰减。《聊斋志异》英译传播的效果整体看来不尽人意。

翻译的最终目的是有效的翻译传播。翻译传播主体、译者、媒介和受众共同构成多位次“把关人”系统，“把关人”系统协调一致时，传播效果趋于良好；反之，传播效果就变差。由翻译传播过程来看，翻译传播主体与译者（尤其是汉学家译者）身份重合，即第一“把关人”和第二“把关人”重合时，对译本内容的选择方面是一个极为有利的因素。受众是信息的最终接收者，是信息流动的实际第四“把关人”。翻译传播不仅是语言转换，更是文化对接的过程，《聊斋志异》今后的外译需要充分考虑不同环节“把关人”的具体情况，尤其应重视受众的“把关人”身份，认真分析预期海外潜在受众、已知受众和行动受众群体所处的不同社会文化语境和审美期待，译本才有可能获得海外读者的广泛认同，实现传播中华优秀文化的作用。

（作者单位：山东理工大学外国语学院）

附录：

除论文中陈述的翟译本、杨译本、梅译本、闵译本和宋译本，本论文统计到的，未在论文中陈述的《聊斋志异》英译本约略情况如下表：

表 3 其他《聊斋志异》英译本

译本名称	故事数量	译本时间	星级评价	书评数量	备注
德莫朗译本	25	1913	5 星	1	共 3 人评级
邝如丝译本	40	1946	无	无	有译本在售
夏琳达、岳罗杰译本	20	1966	4.4 星	2	共 5 人评级
莫若强、莫遵中、莫遵均译本	20	1988	无	无	无译本在售
郭林、郝光峰译本	194	1997	4.3 星	3	共 4 人评级
王娟译本	100	1998	无	无	有译本在售
黄友义（等）译本	261	2007	4 星	4	共 17 人评级
宋德利译本	20	2008	无	无	无译本在售

注释：

[1] 马瑞芳：《〈聊斋志异〉是拥有外文翻译语种最多的一部中国古典小说》，参见 http://news.sohu.com/06/01/news144910106.shtml。.

[2] 王丽娜：《中国古典小说戏剧名著在国外》，上海：学林出版社 1988 年版，页 214。

[3] 王燕：《试论〈聊斋志异〉在西方的最早译介》，《明清小说研究》2008 年第 2 期，页 214—221。.

[4] 顾钧：《也说〈聊斋志异〉在西方的最早译介》，《明清小说研究》2012 年第 3 期，页 198—202。

[5] 王丽娜：《略谈〈聊斋志异〉的外文译本及民族译文》，《蒲松龄研究集刊》第二辑，齐鲁书社 1981 年版，页 254—281。

[6] 李海军：《追随蒲松龄的足迹——〈聊斋志异〉英译概述》，《外国语文》2009 年第 5 期，页 81—85。

[7] 吴永昇、郑锦怀：《〈聊斋志异〉百年英译（1842—1946）的历时性描述研究》，《北京化工大学学报（社会科学版）》2012 年第 3 期，页 70—76。

[8] Pu Songling, John Minford trans., *Strange Tales from a Chinese Studio*, London: Penguin Books, 2006.

[9] Amazon Customer, Customer Review, [EB/OL], 2016. https://www.amazon.com/Strange-Stories-Chinese-Studio-1/dp/0342226517/ref=sr_1_12?crid=ICGT68RJG0NM&keywords.

[10] M. Chen, Customer Review, [EB/OL], 2010. https://www.amazon.com/gp/customerreviews/R39NBRKB151GSK/ref=cm_cr_dp_d_rvw_ttl?ie=UTF8&ASIN=0895810425.

[11] 李海军：《〈聊斋志异〉英译史上的一座里程碑——宋贤德全译本 *Strange Tales from Liaozhai* 述评》，《中国文化研究》，2017 年冬之卷，页 126—135。

[12] James H. Meyer, Customer Review, [EB/OL], 2013. https://www.amazon.com/Strange-Chinese-Studio-Penguin-Classics/product-reviews/0140447407/ref.

[13] Jana Kubik-Kwan, Customer Review, [EB/OL], 2015. https://www.amazon.com/Strange-Chinese-Studio-Penguin-Classics/product-reviews.

[14] Nigel Jackson, Customer Review, [EB/OL], 2012. https://www.amazon.com/Strange-Chinese-Studio-Penguin-

Classics/product-reviews/0140447407/ref.
[15] Kasia the Booklove, Customer Review, [EB/OL], 2013. https://www.amazon.com/Strange-Chinese-Studio-Penguin-Classicreviews/0140447407/ref/ref=cm_cr_getr_d_paging_btm_next_6?.
[16] 胡正荣：《传播学概论》，北京：高等教育出版社 2017 年版，页 117。
[17] 尹飞舟等：《翻译传播学十讲》，长沙：湖南师范大学出版社 2021 年版，页 36。
[18] 同上，页 67。
[19] 杨宪益：《杨宪益自传》，北京：人民日报出版社 2010 年版，页 225。
[20] 任增强：《“媒、讹、化”与翟理斯〈聊斋志异〉英译》，《山东社会科学》2012 第 6 期，页 172—176。
[21] 靳振勇：《批评之批评：翟理斯〈聊斋志异〉英译之“去秽亵”的再思考》，《外国语》2022 年第 4 期，页 99—107。

汉学论稿

国际汉学的多语种研究范畴

康达维（David R. Knechtges） 著 管 宇 刘倩男译

摘要： 西方汉学是近数百年来出现的一种学术新传统，直到清朝才在中国成为一套系统的学术研究。西方汉学和清代的“汉学”大约同时出现。国际汉学本身就是以多种外语研究中国题材的学术。汉学家除须通晓中国语文外，还须同时精通数种外国语文，其中主要包括英文、日文、法文和德文。本文主要探讨自16世纪耶稣会士起至今国际汉学多语种研究范畴的状况与成果，其中重点关注两位知名德籍汉学家——卫礼贤和他的儿子卫德明。卫德明教授是我的大学老师，他引导我走上研究中国古典文学的道路。此外，本文还将讨论将当代中文学术成果译为西方语文的重要性。将举三个例子作为佐证：其一，龚克昌先生《汉赋研究》的英译本；其二是北京大学《中华文明史》的英译工作；其三，我将谈谈最近出版英文本《先秦汉魏晋南北朝世界汉学资料汇编》（共四册）的心得。

关键词： 国际汉学　西方汉学　卫礼贤　卫德明

本文的主题是国际汉学。该术语指从全球和国际的视角研究中国文明。由于是国际性的，这种研究中国文明的方法就其本质而言便涉及一种以上的语言知识。该类型的学术可能与传统国学有所不同，后者主要局限于关注单一的中文学术写作。我十分尊重传统国学，也从中受益良多。本文将探讨国际汉学对于促进我们对中华文明的认识可能做出的贡献。

“汉学”这一中文术语通常被认为译自一个最初在欧洲使用的术语。巧合的是，法语、德语和荷兰语中“汉学”一词的拼写完全相同，均为“Sinologie”，发音略有不同。意大利语和西班牙语中表示“汉学”的单词也十分相似，分别为“Sinologia”和“Sinología”。俄语的斯拉夫字母拼写也很相似：“Синология”（Sinológija）。在北欧日耳曼语系中，该词的拼写为“Sinologi”。当然，英文中对应的单词是“Sinology”。

西方汉学直至16世纪耶稣会传教士开始在中国活动时才真正肇始。许多耶稣会士都是杰出的学者，对中国文明有着强烈的好奇心。他们也懂许多语言，包括现代欧洲语言、拉丁语、希腊语，一些学者还懂梵语。来华后，他们很快就学会了汉语。在清朝，他们中的许多人学习满语。因此，欧洲汉学从一开始便是一个多语言的学术领域。

晚明和清朝来华的耶稣会士和其他天主教神父对儒家经典产生了兴趣。利玛窦（Matteo Ricci，1551—1610）是首批学习用汉语说话、阅读和写作的欧洲学者之一[1]。他还将“四书”译为拉丁语，这部名为《关于中国礼俗规范的四部书》（*Tetrabiblion Sinense de Moribus*）的译著未能出版，也许现已遗失。

利玛窦离世同年，比利时耶稣会士——金尼阁（Nicolas Trigault，1577—1628）神父来华，[2]在南京、杭州、北京、西安和开封传教。金尼阁将“五经”译为拉丁语，于1626年以《中国五经》（*Pentabiblion Sinense*）为名在杭州出版。该书似乎也已失传。它并非全译本，而是拉丁文改写本。

《易经》是最早被译为欧洲语言的中国经典之一。该书后被译为拉丁语，于1834年以《易经：中国最古老的书》（*Y-King: Antiquissimus Sinarum Liber*）为名出版。其翻译工作很早之前便由耶稣会士雷孝思（Jean-Baptiste Régis，1663—1738）完成。雷孝思于1698年首度访华，[3]他在翻译时参考了先前未出版的两个译本，即冯秉正（Joseph de Mailla，1669—1748）的译本和汤尚督（Pierre Vincent de Tartre，1669—1724）的译本。[4]其中，冯秉正以其丰碑式的《中国通史》而著称。[5]冯秉正译介时采用的底本似乎主要是满语译本。雷孝思译介时采用的底本则是1715年在康熙皇帝支持下编纂的知名御本《周易折中》，此后它成为《易经》翻译者使用最多的底本。雷孝思以其深厚的汉语知识而著称。[6]他于1736年完成翻译工作，此后由德国东方学家朱利斯·莫尔（Julius von Mohl，1800—1876）编辑，并于1834年和1839年在斯图加特和图宾根以上下卷形式出版。[7]

直到19世纪后期之前，中国典籍持续被译为拉丁语，其主体主要是耶稣会士兼学者。其中最伟大的拉丁语译著之一出自意大利耶稣会士晁德蒞（Angelo Zottoli，1826—1902），即1879年至1882年间在上海土山湾出版的五卷本《中国文学教程》（*Cursus Litteraturae Sinicæ*）。近期，尼古拉斯·威廉姆斯（Nicholas Wiliams）对该作品展开了卓越的研究。[8]该教程第一卷于1891年被译为法语。[9]20世纪60年代初，我初入中国古典文学研究之时，便使用了晁德蒞的拉丁语译本，发现译文十分精准。晁德蒞在第三卷中选译了《易经》的第1至6卦、第15卦、第33卦以及《繫辞传》《说卦》《序卦》《杂卦》。[10]1882年，理雅各（James Legge，1815—1897）发表《易经》英语全译本。他对晁德蒞的译本给予了积极的评价：“当我的翻译完成很久后……我收到了从上海发来的晁德莅《中国文学教程》第三卷。它出版于 1880 年，其中近 100 页为《易经》译文，该拉丁语译本在雷孝思的译本基础之上实现了很大的飞跃。……”[11]

我之所以提及该书以及其他拉丁语作品，是为了说明，拉丁语即使是一门西方古典语言，但在长达几百年间都是汉学研究的有益工具。然而不幸的是，如今欧洲或美国学者中，很少有人学习过拉丁语，那些欧洲汉学中丰碑式的作品如今已大都被遗忘。

在欧洲国家中，法国最早将汉学纳入大学课程体系。全球最早的汉学讲席于 1814 年在法兰西学院设立。27 岁的年轻学者雷慕沙（Jean-Pierre Abel Rémusat，1788—1832）是法兰西学院首位汉学讲席教授，当时该讲席名为“中国、鞑靼满洲语文和文学讲席”。[12] 雷慕沙早年的教育背景为医学，他的博士论文以中药为主题。他在担任法兰西学院汉学讲席教授时，主要希望为汉学构建扎实的语文学基础。[13] 雷慕沙最为重要的贡献在于中文语法领域。1822 年，他的《汉语语法基础：古文及中国帝国通用语言即官话总则》（*Élémens de grammaire chinoise, ou principes généraux du Kou-wen, ou style antique, et Kouan-houa*）由皇家出版社在巴黎出版。该书构成了以语言学路径研究中国文本的基础，而该路径长久以来都是欧洲和北美汉学的优势之所在。

雷慕沙拥有深厚的满语功底。哈佛大学中国与内亚史教授兼国际事务副教务长欧立德（Mark Elliott）曾发表法语文章，详细记录了雷慕沙在满语研究领域的开拓性工作。[14]

雷慕沙之后涌现了大批有才能的法国汉学家，其中的伟人包括儒莲（Stanislas Julien，1797—1873）、沙畹（Édouard Chavannes，1865—1918）、伯希和（Paul Pelliot，1878—1945）和戴密微（Paul Demiéville，1894—1979）。所有这些学者都掌握了多门语言。

儒莲于 1797 年 4 月 13 日生于奥尔良市的一户贫困家庭。[15]1823 年，他开始师从雷慕沙学习中文。1832 年，他继雷慕沙后任法兰西学院汉学讲席教授。儒莲通晓多门外语，涵盖拉丁语、希腊语、阿拉伯语、希伯来语、波斯语、梵语、汉语、满语以及包括英语、意大利语、西班牙语、葡萄牙语、德语甚至俄语在内的现代西方语言。儒莲在外语方面有着强大的天赋，他习惯用英语、德语和俄语写信回复外国学者。

儒莲的首部汉学著作为《孟子》译本，于 1824 年至 1829 年间分批问世。[16] 此外，他还出版了带详实注释的《道德经》译本。[17] 他是欧洲首批对中国佛教展开认真研究的学者之一，且以高超的技巧翻译了唐僧玄奘的西行游记，即《大唐西域记》和《大慈恩寺三藏法师》。[18]1859 年，儒莲出版了有关佛教譬喻的三卷本翻译。[19] 两年后，他发表了一本 235 页的手册，阐释其将梵语姓名转录为中文的方法。[20]

与雷慕沙一样，儒莲展现出对纯文学的强烈兴趣。他是大量研究和译介中国戏剧的第一人。虽然他的导师雷慕沙此前翻译过《赵氏孤儿》，但是他又进行了重译。[21]他将《灰阑记》译为法语，该戏剧名噪一时，后被数位欧洲剧作家改编。[22]他首次译介了《西厢记》。[23]此外，儒莲还译介了很多小众的中国小说。

儒莲不仅通晓多种语言，而且博学广识，研究领域涵盖多门学科，包括中国农业、印刷、冶金、陶瓷和医药。[24]1837年，他以1742年呈给清廷的农业专著《授时通考》为基础，出版了一本有关蚕业的书籍。[25]该书广受欢迎，并被译为意大利语（1837）、德语（1844）、英语（1838）、俄语（1840），甚至希腊语（1847）。达尔文曾查阅该书，寻找关于古代中国养蚕的信息。[26]儒莲是首批对宋应星《天工开物》展现出研究兴趣的欧洲学者之一。他于1869年出版的《中国帝国工业之今昔》（*Industries anciennes et modernes de L'Empire chinois*）便以此书为基础。[27]1856年，儒莲基于蓝浦的《景德镇陶录》出版了一部有关中国陶瓷的专著。[28]

儒莲曾称霸法国汉学界，正如伯希和在20世纪法国汉学界的地位一样。然而，他极难相处。戴密微曾说："他也有一个令人讨厌的个性，当然他的才能也是无可非议的。他嫉妒，易怒，好寻衅争吵，独揽大权，排斥所有对手。"[29]

我想要指出一条在中国材料中有关儒莲的错误信息，即儒莲是犹太人。该观点来源于王韬。他于1867至1870年在欧洲游历，在巴黎时拜访了儒莲。下面是他的记录：

> 是日风清日暖，往访博士儒莲——法所称博士，犹中华之翰林掌院学士也——为素波那书院监督。院中庋华书三万册，目录凡三卷。儒莲好学媚古，一志穷经，足迹虽未至禹域，而译书已裒然盈尺。……儒莲通中国文字，能作笔谈；今有导者为传言，故无烦管城子为介绍也。儒莲原籍犹太。[30]

很显然儒莲并非犹太人，而是天主教教徒。因为亨利·瓦隆（Henri Wallon）在为法兰西皇家铭文与美文学术院撰写儒莲的讣告时提到，在儒莲母亲去世后，儒莲被送至神学院学习，目标是成为一名天主教传教士。[31]此外，瓦隆提到儒莲"逝世时是一名基督教徒"。[32]在一篇有关中国犹太人在欧洲思想史中的文章里，所罗门·瓦尔德（Solomon Wald）对王韬断定儒莲是犹太人表示怀疑：

儒莲在中国留下了令人好奇的“回声”。王韬是首位长期游历西方的中国古典学者。在巴黎之旅中，他拜访了彼时被视为法国汉学元老的儒莲。在《漫游随录》中，王韬称他很激动能见到一位非比寻常的犹太人——一位仰慕中国典籍和文化的犹太人。这很奇怪，因为儒莲在法国从未被视作犹太人。而且如果是犹太人的话，他会在19世纪上半叶辉煌的学术生涯中遭遇困难。此外，有关其奥尔良家族史的已知信息也未涉及犹太背景。

20世纪初最重要的法国汉学家是沙畹。[33]他是伯希和、马伯乐（Henri Maspero）和戴密微的老师。沙畹于1865年生于里昂的一个名门望族，其祖父是著名的植物学家。沙畹在巴黎高等师范学院接受了汉学启蒙教育。他最初的兴趣是哲学，并于1891年以康德为研究对象出版了第一本专著。[34]1889年，时年25岁的沙畹前往中国，并以法国使馆随员的身份在北京居住了三年。因而他得以全身心地投入到研究工作中，也正是此时，他开始在中国老师的协助之下译介司马迁的《史记》。1890年，他在《北京东方学会杂志》（*Journal of the Peking Oriental Society*）上发表了《史记·封禅书》一章的译文。[35]1893年，时年28岁的沙畹就任法兰西学院汉学讲席职位，其就任讲座探讨了中国文学的社会作用。[36]该讲座是沙畹唯一一次以中国文学为讨论对象。讲座中，他关注的实质上并非法国人所称的纯文学，而是儒家典籍在维护传统中国社会秩序和凝聚力方面所扮演的角色。本文中其他地方，我还将探讨沙畹对于中国纯文学的厌恶。

1895至1905年间，沙畹出版了五卷本的《史记》共47章的翻译——《司马迁的史记》（*Les Mémoires historiques de Se-ma Ts'ien*）。至今，许多学者仍将该作品视为西方最为权威的《史记》译本。

1907年，沙畹回到中国，前往满洲以及中国北方省份河北、山东、河南、陕西和山西进行考古探险。他收集了包括文物、铭文和壁画在内的很多素材。他在山东攀登了泰山，返回法国后，于1910年发表了有关这座伟大圣山的不朽专著《泰山》（*Le T'ai-chan*）。俄罗斯汉学家阿列克谢耶夫（Vassilii Alekseev，1880—1951）在探险中与他随行。该书包含6章：

泰山宗教服拜；

泰山名胜景点描写；

《后汉书》《旧唐书》《宋史》泰山封禅文选；

祭告泰山祈祝文选（33 篇）；

泰山碑铭文选（11 篇）；

泰山民间信仰；

附录：古代中国的社神。[37]

我之所以提到该书，是因为包括它在内，早期欧洲汉学中很多作品都值得译介为汉语或其他语言。然而，菊地章太的日译本是迄今仅有的全译本。[38] 虽然欧洲人依然学习法语，但是很多年轻一代的美国汉学家不懂法语。其中有些人虽学过法语，但也无法流畅地阅读法语文献。因此，沙畹等伟大学者的著作在美国汉学界不太流行。

据戴密微称，沙畹职业生涯中的研究领域无所不包：铭文学、古文书学、西域史、有关西突厥的汉语文献、中国地理和地图学，乃至其逝世前研究的道教。“他唯一没有涉猎的便是其厌恶的纯文学以及他在初入汉学时定为目标的哲学……”[39]

我不知道沙畹懂几门外语，也许不及雷慕沙和儒莲多。在法国，只有伯希和的语言天才能与这两位汉学家媲美。[40] 戴密微恰如其分地描述了伯希和，称“在文献学方面，他具有一切天赋。语言天赋使他学习语言就像玩游戏一样，对语言的好奇心、对研究难以抑制的兴趣、准确而有力的判断引导他解决了极其复杂的问题，可以说任何问题都未曾使他迷惑不解”[41]。

伯希和生于巴黎，并于青少年时期在法兰西学院学习汉语。彼时，他与沙畹相遇，并在语言能力方面给沙畹留下了深刻印象。此时，伯希和开始师从杰出的印度学家西尔万·列维（Sylvain Lévi，1863—1935）学习梵语。沙畹凭借自身的影响力，为伯希和在当时总部设在越南河内的法国远东学院获得了研究员资格。1900 年至 1904 年间，伯希和在东南亚开展研究工作。

1900 年 2 月，伯希和率代表团前往北京，为法国远东学院图书馆获得了一批图书。彼时正值义和团运动时期。凭借完美的汉语口语能力，伯希和与起义者建立了联系。当外国使馆遭遇围攻之时，他成功说服义和团军为围困的外国人提供新鲜水果。此外，伯希和还偷取了义和团军的一面旗帜。由于这些举动，伯希和获得了法国政府授予的法国荣誉军团勋章以及俄国沙皇授予的圣安娜列勋章。当时他年仅 21 岁。伯希和获得的图书中包括多卷本的《永乐大典》。1901 年，伯希和回到河内，被由法国远东学院授予教授头衔，时年22岁。

伯希和最早的研究涉及中南半岛历史，尤其是汉语文献中的中南半岛历史。他最早的作品包括1902年出版的《真腊风土记》译著。原作由元代士大夫周达观所著，他于1296至1297年间在柬埔寨吴哥游历。[42] 伯希和还广泛研究中国文献，特别是近期在日本发现的杨守敬编纂的文本。[43] 他还对中国早期印刷史展开了开拓性研究，成果收录于其遗作之一《中国印刷业的肇始》（*Les débuts de l'imprimérie en Chine*，1953）中。[44]

伯希和最为知名的经历或许是1906至1908年间的中亚之旅，其间他获取了大量中亚文献。也正是在此次旅程中，伯希和前往敦煌石窟（1908年2月），获取了2000多卷手稿，现存于巴黎的法国国家图书馆。这些文本涵盖汉语、藏语、梵语、吐火罗语、于阗语、粟特语和维吾尔语。伯希和并非一位好旅伴。在途中与他同行的是芬兰探险家、军事领袖马达汉（Carl Mannerheim，1867—1951）。1906年，马达汉得到俄军总参谋部命令，前往中国西部开展情报行动，旨在调查清政府政权在新疆和甘肃的权力和影响力，以及当地政府对于“新政”的态度。最近，埃里克·恩诺·塔姆（Eric Enno Tamm）出版了有关马达汉此次探险的著作《穿越云彩的马》（*The Horse that Leaps through Clouds*）。[45] 该书名是对马达汉中文名的翻译，而该名由喀什的一位中国学者所起。据马达汉称：

> 伯希和坚持每天跋涉很长的路途，导致整队人马都“痛苦不堪”。次日雨天，徒步更为艰难。马陷入淤泥之中，并在湿的石头处绊倒。途中散落着死人骨骸以及腐烂的驮马和驴的尸体。在另一段“极其艰苦的长途跋涉”后，马达汉发脾气了。他抱怨称，“只有像伯希和一样的文献学家、东方学家、考古学家兼汉学家才会这样划分路线。”马达汉忍无可忍，停下来休息了一天，而伯希和则固执地继续前行，身后是伤痕累累的马队。[46]

伯希和在此次任务中所取得的成功使得他获得了法兰西学院中亚西亚历史地理考古学讲座教授一职，该教职特别为其所创立。他自1911年至1945年去世时一直担任该教职。二战期间，伯希和在法国军队任军官。1918年，他被任命为法国驻北京公使馆武官。

伯希和出版的大多数作品内容与中亚研究相关，他对中亚各国语言都极为精通。

据称，他通晓 13 门语言，包括英语、德语、法语、汉语、波斯语、藏语、阿拉伯语、越南语、蒙古语、土耳其语、维吾尔语和吐火罗语。1920 年至 1945 年间，伯希和还担任最知名的汉学研究期刊《通报》的主编。其间，《通报》倒不如称作“伯希和研究期刊”，因为其中大多数版面都是伯希和自己的文章的评论。2001 年出版的伯希和著作目录包括 866 种。[47]

直到去世之时，伯希和的大量作品都未问世。他死后，六卷本的《伯希和遗稿丛刊》（*Oeuvres Posthumes*）在巴黎出版。[48]

除法国外，德国也是欧洲传统汉学强国，大多数用德语写作的汉学家也来自德国。然而，至少也还有一位伟大的奥地利汉学家也用德语写作，稍后我将讨论。

20 世纪初，德国的汉学研究远远落后于法国。德国的首个汉学教席直至 1909 年才设立。但在整个 20 世纪直至今天，德国的汉学传统都十分杰出。由于篇幅有限，笔者仅在此讨论一位最具代表性的德国汉学家——卫礼贤（Richard Wilhelm，1873—1930）。[49]

卫礼贤于 1873 年生于斯图加特。他 9 岁时父亲去世，后由母亲和外祖母抚养。1891 年，18 岁的卫礼贤进入图宾根大学学习诗歌、音乐、艺术和哲学。不久，他对神学产生了浓厚兴趣，并进入图宾根神学院。从事几年牧师工作后，卫礼贤决定以传教士身份前往中国，加入同善会。1899 年，他抵达青岛，彼时正值义和团运动，而他对汉语一无所知。在他居留中国期间，他目睹了伟大的辛亥革命。1901 年起，卫礼贤成立了几所学校，其中包括由其妻子萨洛米（Salome）管理的一所女校。这些学校中最知名的要属礼贤书院（Richard Wilhelm Schule），所在地为现青岛九中。卫礼贤邀请传统学者和接受新式教育的知识分子担任教师。1906 年，清政府授予卫礼贤四品顶戴头衔。虽然卫礼贤是教堂的牧师，但是他将自己视为教育家而非传教士。令他自豪的是，驻华 20 年期间，他从未使任何一位中国人改信基督教。[50]

卫礼贤快速掌握了汉语，不久便开始翻译中国文学并在德国期刊上发表。1920 年，他回到德国短期逗留。1922 年，他返华担任德国公使馆科学顾问，其间结识了胡适、蔡元培和其他知名的中国知识分子。1923 年，他获任北京大学荣誉教授，教授德国语言文学。卫礼贤与罗振玉、王国维、辜鸿铭一道创建了东方学社，致力于促进东西方学者间的文化交流。

1924 年，法兰克福大学授予卫礼贤荣誉教授头衔，并任命其担任新设立的汉学讲席一职。1925 年，他在法兰克福大学成立中国学社，该学社是当时德国唯一一家致力于中国研究的中心。1926 年，他邀请胡适来学社讲学。该学社主办学术刊物《中国学刊》（*Sinica*）。

1910年至1928年期间，卫礼贤翻译出版了《论语》《老子》《列子》《庄子》《孟子》《易经》《孔子家语》《吕氏春秋》。此外，他还出版了多本有关中国且面向普通读者的书籍，其中包括《中国文明简史》以及《中国文学》。[51]《中国文学》一书插图丰富，且包含多幅彩插。

卫礼贤最为知名的作品是《易经》的翻译，[52] 由他和中国学者劳乃宣合作完成。[53]1913 年，在劳乃宣的建议下，卫礼贤启动《易经》翻译工作。当年，卫礼贤邀请劳乃宣前往青岛主持尊孔文社工作。翻译时，卫礼贤请劳乃宣解释《易经》文本内涵，根据他的解释译为德语。此后他再请教劳氏，产出新的德语译本。随着一战的爆发，劳乃宣迁往曲阜。战争结束后，劳氏返回青岛协助卫氏完成翻译工作。然而，未及翻译出版劳氏便辞世了。1921 年 7 月 21 日，劳乃宣于曲阜逝世。彼时，卫礼贤已返回德国，几乎完成了所有内容的翻译。然而，他提到德国的一位朋友提供了某个版本的《易经》，该版本他“寻遍北京的所有书店都未找到”。虽然卫礼贤未谈及该版本的名称，但毫无疑问它是 1715 年康熙御撰的《周易折中》。卫礼贤将该书传给了儿子卫德明（Hellmut Wilhelm，1905—1990）。卫德明是我在 20 世纪 60 年代于华盛顿大学求学时的导师。1977 年，我和妻子在西雅图结婚时，卫德明教授赠送的礼物便是卫礼贤在翻译《易经》最后阶段使用的那本《周易折中》。

卫礼贤的《易经》译本于 1924 年出版。他与心理学家荣格（Carl Jung，1865—1961）结识，荣格在 20 世纪 20 年代末招收了一位名叫卡丽·贝恩斯（Cary F. Baynes，1883—1977）的学生，负责将卫礼贤的《易经》德语译本译为英语。[54] 贝恩斯女士计划在卫礼贤的指导下展开工作，然而卫礼贤的逝世使得她失去了合作的机会。贝恩斯直到 1949 年才完成《易经》的英译工作。翻译期间，她得以请教卫礼贤之子卫德明，他彼时刚刚定居于西雅图。卫德明和贝恩斯的英译本于 1950 年首次出版，由荣格撰写前言。1955 年该译本再版。第三版于 1967 年问世，其中包含了一些小幅修订以及一篇出自卫德明的前言。

卫礼贤《易经》德译本的英译本比德译本在欧美更为畅销。除英译本外，卫礼贤《易经》德译本还被译为其他七种语言：西班牙语、荷兰语、法语、俄语、意大利语、波兰语和葡萄牙语。[55]

卫礼贤《易经》译本很好地展现了汉学的多语种研究范畴。尽管我们通常不建议将中国典籍的译本译为汉语，但是翻译卫礼贤的译本和评注却是很有必要的，因为它原创性高且包含众多新颖的见解。

赞克（Erwin Ritter von Zach，1872—1942）是一位用德语写作非德裔学者。[56]他出生于奥地利的一个贵族军人家庭。1901至1919年，他供职于奥匈帝国领事馆，其间大部分时间他都在中国工作。赞克通晓汉语、满语和藏语。1897年，他在莱顿大学师从古斯塔夫·施莱格尔（Gustav Schlegel），但他似乎是自学成才。他的首批重要出版物是对翟里斯《华英字典》（*Chinese-English Dictionary*）的勘误，首版在中国发表。1909年，赞克把该作品的一部分作为论文提交给维也纳大学。

1919年奥匈帝国解体后，赞克前往巴达维亚（印度尼西亚雅加达旧称），供职于荷兰驻荷属东印度群岛领事馆。他于1924年辞职，全职从事学术研究。1942年，荷属东印度群岛遭日本轰炸，外国居民撤离。赞克所在的船只被鱼雷击中。荷兰公民获救，而包括赞克在内的大部分德国人均溺水身亡。

赞克翻译了杜甫、韩愈、李白的几乎所有诗歌以及《文选》90%左右的内容。[57]他性格暴躁，喜欢炮轰其他学者的作品，这最终导致他很难在知名汉学期刊上发文。赞克和法国著名汉学家伯希和在20世纪20年代末有过一次特别激烈的交锋。最终，伯希和非常愤怒，不允许赞克在《通报》上发表文章。在一封公开信中，伯希和写道："由于赞克先生所犯的大错，他不配做一名学者。由于赞克先生的粗鲁行为，他也不配做一个人。从现在起，赞克先生绝不会在《通报》上出现了。"[58]

赞克所有的出版物几乎都刊登在巴达维亚不知名的期刊上，他还自费出版了一些作品。有幸的是，他的大部分译作已被哈佛燕京学社收录和出版。在我的《文选》译本首册的引言中，我对赞克的翻译评价如下："赞克的翻译质量整体卓越，足以抵消其译文中的任何缺陷。他在翻译时显然面临着十分不利的条件。他的参考资料非常有限。我怀疑如果他能查找优质汉学藏书的话，其作品中的许多'错误'则是可被纠正的。然而他的译文大多数时候是准确的。赞克的中文功底令人震惊。在拥有相同资源的情况下，很少有西方学者能像赞克一样做得这么好。"[59]

我在前文中提过，之所以将卫礼贤作为唯一的德国汉学家给予特别关注，是因为出于特殊的原因。原因十分简单。我有幸师从卫礼贤之子卫德明。卫德明是卫礼贤的第三个孩子。1905 年，他出生于青岛。他熟谙汉语和德语，此外还在年轻时学习过英语、法语和日语。卫德明从父亲那里接受了早期的汉学教育。1920 年，他随父亲返回德国。卫德明在中国研究所担任父亲的助手。他一边为从事法律职业做准备，一边继续学习中文。1928 年，他通过国家法律考试，并在法兰克福法院短暂实习。

1930 年卫礼贤猝然离世后，卫德明决定继承父亲的汉学事业，并在柏林大学攻读汉学博士学位。1932 年，他以一篇研究 17 世纪学者顾炎武的论文获得学位。由于种种原因，尤其是希特勒和纳粹党的掌权，卫德明决定离开德国前往中国，并在那里一直待到 1948 年。在此期间，他担任德国和瑞士报纸记者，随后相继被任命为北京大学德语语言文学讲师（1933—1937）和教授（1946—1948）。在这些年间，卫德明与胡适、傅斯年、丁文江等中国知识分子的领袖建立了联系。他也结识了一些著名的中国作家——诗人冯至曾师从卫德明学习德国文学。1948 年卫德明离开中国时，沈从文赠送他一套个人作品全集，现存于华盛顿大学东亚图书馆。

在中国期间，卫德明教授得空广泛研究中国历史、思想和文学。20 世纪 40 年代初，他向在北京的德国人群体发表了一系列有关中国思想和历史的演讲。其中一部分讲座聚焦《易经》。1944 年，这些讲座的德文版本以《易经八讲》（*Die Wandlung: Acht Vorträge zum i-ching*）为题出版。讲稿随后由卡丽·贝恩斯译为英文，并以《变化：易经八讲》（*Change: Eight Lectures on the I Ching*）为题出版。该书至今仍是西方语言中最广为阅读的《易经》导论，非常值得译为中文。

在华盛顿大学任教期间，卫德明教授讲授了中国研究的几乎所有方面，包括文学和哲学、政治和宗教、古代史和近代史。他常常讲授整整一年的中国历史（从远古时期至 1848 年）课程，然后次年讲授一整年的中国文学（从远古时期至今）课程。两门课均为讲授类课程，按照当时的惯例，卫德明教授每周授课五天。课程没有课本，没有指定阅读材料，没有期中考试，只有期末考试和学期论文。学生们可以自由地——实际上是被鼓励着——阅读任何他们感兴趣的内容。我们在课上接触的材料十分丰富有趣——每次讲座开始时，卫礼贤教授都会在黑板上写下与讲座主题相关书籍和文章的标题。毫不夸张地说，在他那一代汉学家中，卫德明教授对汉学的掌握最为全面。他是一位真正的多语种学者，他的参考文献包含了多种语言的著作，包括汉语、日语、拉丁语、法语、德语、英语、荷兰语、俄语、瑞典语、丹麦语和几种东欧语言。正是从他那里，我了解到汉学确实是一门多语言的学科。

卫德明教授将汉学视为欧洲语文学传统的产物。他最喜欢的另一个汉学定义是“汉语语文学”。卫教授并不认为语文学是狭义的语言学和文本研究。相反，语文学指的是研究文学、历史、宗教和哲学文本，以探讨中国思想史和文学史中的主要和次要主题，并将这些主题与前现代甚至现代中国人复杂的思维方式联系起来。

卫德明教授也是一位完美的目录学家，他拥有全球最好的私人汉学藏书之一。1958 年，他将自己的中文藏书售予华盛顿大学远东图书馆（现东亚图书馆）。他的西方语言汉学藏书现存于普林斯顿大学。

卫德明教授的优势之一是其广泛的学术兴趣。当美国学者专注于建立狭隘的学科界限时，卫德明继续探索诸多不同的领域。他从事中国古典文学研究，最知名的著作包括对汉赋、钟嵘《诗品》、张志和词以及石崇金谷园的研究。此外，他还撰写了大量有关中国思想史的文章，其中某些重要著作聚焦宋代政治哲学家陈亮、拒绝为满清政权服务的早期清朝学者、针对宋代英雄岳飞的谬见、中西交流之前的清朝思想、杨雄《太玄经》以及明代正统学说。

卫德明教授最初的学术兴趣是《易经》，他认为该书体现了中国思想和价值观的精髓。1951 至 1967 年间，他在爱诺斯圆桌会议上发表了一系列演讲，该会议由瑞士阿斯科纳的爱诺斯基金会主办。这些讲座于 1977 年由华盛顿大学出版社以《易经中的天、地、人》（*Heaven, Earth, and Man in the Book of Changes*）为题出版。讲座中，卫德明教授展示了《易经》如何解决人类生活中最为深刻的问题，即人类在宇宙中的位置及其与自然的关系、变化与连续性、作为抽象概念的和平、领导力与权威和自由。卫教授亲眼目睹了纳粹德国对自由的残酷镇压，因此对他而言，自由不仅仅是一个抽象概念。

还应指出，本人之所以成为汉学家，乃是卫德明的功劳。我研究中国、中文和中国文化已经 58 年了。我对中国的兴趣很偶然，因为直到高三我才接触到中国文化。1942 年，我出生在以“大天空”和山脉闻名的蒙大拿州。20 世纪 40 年代我住在蒙大拿州时，整个州只有约 200 名中国人。我出生的大瀑布城是当时全州最大的城市，人口约为 3 万。我不记得在那里生活时见过一个中国人。

1949 年，我们举家迁往华盛顿州，住在西雅图郊区的一个小镇上。我的一位同学来自中国家庭，他们经营着一家餐馆，那里承载着我与中国文化的唯一接触。我在青少年时期的学术兴趣主要集中于科学领域。我的母亲是注册护士，她希望我成为医生。高中时，我对化学产生了浓厚的兴趣。母亲想让我去巴尔的摩的约翰霍普金斯大学学习化学，为进入约翰霍普金斯大学的医学院做准备。当我在高三申请大学时，霍普金斯大学是我的首选。

我的职业规划在高三突然改变了。当时我学习了一门名为《远东》的课程，该门课介绍东亚历史和文化，重点关注中国。课程作业之一是读两本书——赛珍珠的《大地》（*The Good Earth*）和老舍的《骆驼祥子》英译本。作为学习内容之一，我们有幸聆听了华盛顿大学卫德明教授关于这两本书的讲座。

我被卫德明教授的讲座深深吸引。他不仅就两部作品及其与写作时代的关系给出了极具启发性的阐释，而且展现出了非凡的文学敏锐性。从他那里我十分震惊地获知，为了迎合西方读者的口味，《骆驼祥子》的译者对结局进行了彻底的更改——将悲剧结尾改为欢喜收场。彼时，我已学习了两门外语——拉丁语和法语，已经敏锐地意识到要质疑译者如何歪曲作品的原貌。但令我愤怒的是，这位译者不仅改变了原文的措辞，竟然还改变了故事的结尾！讲座结束后，卫德明教授亲切地和我们几位学生坐在一起，回答大家的问题。当时，卫德明教授对中国的一手知识给我留下了深刻印象。他出生在中国，在近代关键时期生活在中国，通晓中国历史和文学，并能把渊博的学识以浅近的方式传授给高中生。

此次与卫德明教授相遇之后不久，我开始重新考虑大学的求学领域。尽管我对中国文化和文明的认识尚且幼稚，但我决定必须开始正式学习中国历史、语言和文学。因此，我的本科专业并非约翰霍普金斯大学的化学专业，而是华盛顿大学的中文专业。我相信我是当时唯一的中文专业学生。

卫德明和其父卫礼贤都非常热爱中国文化。卫礼贤经常被尊称为“德国的孔夫子”。卫德明和卫礼贤都十分敬重中国学问。事实上，他们对中国学问持开放态度，愿意请教中国学者并与之合作，这在同时代实属罕见。如果说汉学是多语种的，那么西方汉学家的任务之一应当是将中国学者的著作译介为英语。在职业生涯的早期，我曾负责监督龚克昌《汉赋研究》的翻译。该书受到了欧洲和北美学者的热烈欢迎。近期，我有幸承担了四卷本《中华文明史》英译本的编辑工作，该书原作由北京大学袁行霈教授和他的同事们编写。英译本于 2012 年由剑桥大学出版社出版，得到了英国汉学泰斗鲁惟一（Michael Loewe）的盛赞。

最近，爱妻张泰平和我编写了一套四卷本的前唐文学参考指南。泰平出生于中国台湾。该参考指南由荷兰博睿学术出版社出版，其中大部分词条由我和泰平撰写。然而，其中也收录了两项译自中国学者未发表手稿的词条。一项出自已故教授曹道衡研究汉赋的文章，另一项出自袁行霈教授研究陶渊明的长篇文章。参考指南系列丛书的编辑是荷兰人阿尔伯特·霍夫斯塔特（Albert Hoffstädt），他拥有西方古典语言博士学位。记得向霍夫斯塔特博士提交词条样稿时，他单独挑出袁教授的文章给予特别表扬。我记得他的评价是“这是一位热爱文学的学者”。霍夫斯塔特博士以为这篇文章出自欧洲人或美国人。当我告诉他该文是一位杰出的中国学者用中文撰写并由我译为英语时，他非常惊讶。这个小插曲很好地说明了我一直在谈的汉学的多语种研究维度。一篇用中文创作的文章被译为英文后，给一位精通拉丁语和希腊语、母语荷兰语的学者而非汉学家留下了深刻的印象。这是一次真正的多语言知识和文化交流。希望将来会有更多这样的交流。

（作者单位：美国华盛顿大学亚洲语言文学系名誉教授，译者单位：中国科学院大学外国语学院，香港理工大学中文及双语学系）

注释：

[1] 围绕利玛窦有很多学术研究成果，主要包括：George L. Harris, “The Mission of Matteo Ricci, S.J.: A Case Study of an Effort at Guided Culture Change in China in the Sixteenth Century”, *Monumenta Serica* 25 (1966): 1 – 168; 纪念利玛窦来华四百周年中西文化交流国际学术会议秘书处 编：《纪念利玛窦来华四百周年中西文化交流国际学术会议论文集》（台北：辅仁大学出版社，1983); Vincent Cronin, *The Wise Man from the West: Matteo Ricci and His Mission to China* (New York: Dutton, 1955; rpt. London: Fount Paperbacks, 1984); Jonathan Spence, *The Memory Palace of Matteo Ricci* (New York: Viking Penguin, 1984); Jacques Bésineau, *Matteo Ricci, Serviteur du Maître du Ciel* (Paris: Desclée de Brouwer, 2003); Paul Dreyfus, *Mattèo Ricci: Le jésuite qui voulait convertir la Chine* (Paris: Édition du Jubilé-Asie, 2004); Michel Masson, *Matteo Ricci, Un jésuite en Chine; Les savoirs en partage au XVII siècle* (Paris: Edition Facultés jésuites de Paris, 2009); Michela Fontana, *Matteo Ricci: un gesuita alla corte delle Ming* (Milan: Mondadori, 2005); 法语译本：Robert Kremer, Florence Leroy and Ugo Lumbroso, trans., *Mateo Ricci: Un jésuite à la cour des Ming* (Paris: Éditions Salvator, 2010); 英语译本： Metcalfe Paul, trans., *Matteo Ricci: A Jesuit in the Ming Court* (Landham, MD: Rowman and Littlefield, 2011); R. Po-chia Hsia, *A Jesuit in the Forbidden City: Matteo Ricci 1552 — 1610* (Oxford: Oxford University Press, 2010)。有关利玛窦的汉学学术，参见 David B. Honey, *Incense at the Altar: Pioneering Sinologists and the Development of Classical Chinese Philology*, American Oriental Series 86 (New Haven: American Oriental Society, 2001), 9 — 11。

[2] Chrétien César Auguste Dehaisnes, *Vie du Père Nicolas Trigault* (Paris: H. Casterman, 1864); P. M. D'Elia, “Daniele Bartoli e Nicola Trigault”, *Rivista Storica Italiana* 5.3 (1938): 77 — 92; T. N. Foss, “Nicholas Trigault, S.J.—Amanuensis or Propagandist? The Rôle of the Editor of Della entrata della Compagnia di Giesù nella Cina”, in《纪念利玛窦来华四百周年中西文化交流国际学术会议论文集》，罗光 主编（台北：辅仁大学出版社，1983), 1 – 94; Ann-Marie Logan and Liam M. Brockey, “Nicolas Trigault, SJ: A

Portrait by Peter Paul Rubens", *Metropolitan Museum Journal* 38 (2003): 161 — 167; Liam M. Brockey, *Journey to the East: The Jesuit Mission to China, 1579 — 1724* (Cambridge: Harvard University Press, 2007)。

[3] 参见 Joseph Brucker, "Jean-Baptiste Régis", in *Catholic Encyclopedia*, ed. Charles Herbermann (New York: Robert Appleton, 1913), vol. 12, digitized version: http://www.newadvent.org/cathen/12720a.htm; Louis Pfister, *Notices biographiques et bibliographiques sur les Jésuites de L'Ancienne Mission de Chine* (Chang-hai: Mission Catholique, 1932), 529 — 536; 许光华：《法国汉学史》（北京：学苑出版社，2009），42 - 43。

[4] Joseph de Mailla, *Histoire générale de la Chine, ou annales de cet empire*, 13 vols. (1737, printed Paris: P. D. Pierres, 1777 — 1785; rpt. 台北：成文出版社，1967 - 1969). 该书参考了朱熹《资治通鉴纲目》满语版本的大量内容。

[5] 参见 Claudia von Collani, "The First Encounter of the West with the *Yijing*: Introduction to an Edition of Letters and Latin Translations by French Jesuits from the 18th Century", *Monumenta Serica* 55 (2007): 258 — 261。

[6] 参见 Abel Rémusat, *Nouveaux Mélanges asiatiques, ou Recueil de morceaux de critique et de mémoires relatifs aux religions, aux sciences, aux coutumes, à l'histoire et à la géographie des nations orientales* (Paris: Schubart et Heideloff, 1829), 2: 235 — 236: "Régis avait acquis une connaissance approfondie de la langue chinoise, et il s'en servit pour rédiger und tradition latine du *Yi-king*...."

[7] Jean-Baptiste Régis, trans., *Y-King: Antiquissimus Sinarum Liber quem ex Latina interpretation p. Regis aliorumque ex Soc. Jesu P. P. edidit Julius Mohl*, 2 vols. (Stuttgart and Tübingen: J. G. Cottae, 1834 and 1839).

[8] 详见 Nicholas Morrow Williams, "Angelo Zottoli's *Cursus Litteraturæ Sinicæ* as Propaedeutic to Chinese Classical Tradition", *Monumenta Serica* 63.2 (2015): 327 — 359。

[9] 参见 Charles Bussy, trans., *Cursus Litteraturæ Sinicæ: Neo-missionariis Accomodatus, Tradition française du ler volume* [Ex Typographia Missionis Catholicæ in orphanotrophio Tou-sè-wè (土山湾), 1891]。

[10] 参见 Angelo Zottoli, "Mutationum Liber", in *Cursus Litteraturæ Sinicæ* (Ex Typographia Missionis Catholicæ in orphanotrophio Tou-sè-wè, 1880), 3: 520 — 619。

[11] 参见 James Legge, *The Yi King, Sacred Books of the East*, pt. 2, *The Texts of Confucianism* (1882; rpt. New York: Dover, 1963), 16:xvii。

[12] 参见 Léon Feer, "Papiers d'Abel Rémusat", *Journal asiatique* 9 (1894): 550 — 565; Knud Lundbaek, "Notes on Abel Rémusat and the Beginning of Academic Sinology in Europe", in *Actes du VIIe colloque international de Sinologie de Chantilly 1992*, ed. Edward J. Malatesta, S.J., et al. (Taipei: Ricci Institute, 1995), 207 — 221; Knud Lundbaek, "The Establishment of European Sinology 1801 — 1815", in *Cultural Encounters: China, Japan, and the West Essays Commemorating 25 Years of East Asian Studies at the University of Aarhus*, ed. Søren Clausen, Roy Starts, and Anne Wedell-Wedellsborg (Aarhus: Aarhus University Press, 1995), 36 — 51; Hartmut Walravens, *Zur Geschichte der Ostasienwissenschaft: Abel Rémusat (1788 — 1832) und das Umfeld Julius Klaproth (1783 — 1835)*, Orientalistik Bibliographien und Dokumentationen, Band 5 (Wiesbaden: Harrassowitz Verlag, 1999); 许光华：《法国汉学史》（北京：学苑出版社，2009），101 - 6。

[13] 参见 Markus Messling, "Representation and Power: Jean-Pierre Abel-Rémusat's Critical Chinese Philology", *Journal of Oriental Studies* 44.1/2 (2011): 1 — 23; "Text, Darstellung und Ethik: Jean-Pierre Abel-Rémusats kritische Philologie", *Romanistische Zeitschrift für Literaturgeschichte* 35 (2011): 359 — 377。

[14] Mark Elliott, "Abel-Rémusat, la langue mandchoue et la sinologie", *Comptes rendus des séances de l'Académie des Inscriptions et Belles-Lettres* 158.2 (2014): 973 — 993.

[15] 有关儒莲的记载，参见 Henri Cordier, "Professor Stanislas Julien", *North China Daily News* (May 23 1873),（中文译本）： 马军 译：《法国近代汉学巨擘》，闫纯德 主编：《汉学研究》（北京：中华书局，2004), 8: 139 — 147; Henri Wallon, "Notice sur la vie et les travaux de M. Aignan-Stanislas Julien, member oridinaire de l'Académie, séance du 5 novembre 1975", *Comptes rendus des séances de l'Académie des Inscriptions et Belles-Lettres* 19.4 (1875): 386 — 430; Robert Kennaway Douglas, "Julien, Stanislas", in *Encyclopedia Britannica*, 11th Edition (Cambridge: Cambridge University Press, 1911), 15: 550; Paul Demiéville, "Aperçus historique des études sinologiques en France", *Acta Asiatica: Bulletin of the Institute of Eastern Culture* 11(1966): 79 — 81; Honey, *Incense at the Altar*, 29 — 33; Xu Guanghua, *Faguo Hanxue shi*, 106 — 112; Hartmut Walravens, "Stanislas Aignan Julien—Leben und Werk 21. Sept. 1797 — 1714 Febr. 1783", *Monumenta Serica* 62.1 (2014): 261 — 333。

[16] Stanislas Julien, trans., *Meng Tseu vel Mencium inter Sinenses philosophos, ingenio, doctrina, nominisque claritate Confucio proximum, edidit, Latina interpretatione, ad interpretationem Tartaricam utramque recensita, instruixit, et perpetuo commentario, e Sinicis deprompto*, 2 vols. (Paris: Lutetiae Parisiorum: Societatis Asiaticae et Comitis de Lasteyrie impensis, 1824 — 1826).

[17] Stanislas Julien, trans., *Le Livre de la Voie et de la Vertu, composé dans le VIe siècle avant l'ère chrétienne, par le philosophe Lao-Tseu, traduit en français et publié avec le texte chinois et un commentaire perpétuel* (Paris: L'Imprimerie royale, 1842).

[18] Stanislas Julien, trans., *Mémoires sur les contrées occidentales traduits du sanscrit en chinois, en l'an 648, par Hiouen-Thsang, et du chinois en français* (Paris: L'Imprimerie impériale, 1851); *Histoire de la vie de Hiouen-Thsang et ses voyages dans l'Inde, depuis l'an 629 justqu'en 645, by Hoeï-li et Yen-thsong* (Paris: Imprimerie impériale, 1853; rpt. New York: Johnson Reprint Corp., 1968).

[19] Stanislas Julien, trans., *Les Avadānas, contes et apologues indiens inconnus jusqu'à ce jour, suivis de fables, de poésies et de nouvelles chinoises*, 3 vols. (Paris: B. Duprat, 1859).

[20] Stanislas Julien, trans., *Méthode pour déchiffrer et transcrire les noms sanscrits qui se rencontrent dans les livres chinois, à l'aide d'un répertoire de onze cents caractères chinois idéographiques, employés alphabétiquement, inventée et demontrée* (Paris: Imprimerie impériale, 1861).

[21] Stanislas Julien, trans., *Tchao Chi Kou Eul, ou L'orphelin de la Chine: drame en prose et en verse, accompagné des pièces historiques qui, en ont fourni le sujet de nouvelles and poésies chinoises* (Paris: Moutardier, 1834).

[22] Stanislas Julien, trans., *Hoei Lan Ki, ou l'histoire du cercle de craie, drame en prose et en vers* (London: Oriental Translation Fund, 1832).

[23] Stanislas Julien, trans., *Si-siang-ki, ou l'histoire du pavilion d'occident, comédie en seize actes* (Geneva: T. Mueller, 1872 — 1880).

[24] 参见 Henri Wallon, "Notice", 417 — 418.

[25] Stanislas Julien, trans., *Résumé des principaux traités chinois sur la culture des muriers and l'éducation des vers à soie* (Paris: Imprimerie royale, 1837).

[26] 参见 Jixing Pan, "Charles Darwin's Chinese Sources", *Isis* 75.3 (1984): 533。

[27] Stanislas Julien, *Industries anciennes et modernes de L'Empire chinois, d'après des notices du chinois* (Paris: É. Leroux, 1869).

[28] Stanislas Julien, *Histoire et fabrication de la porcelaine chinoise* (Paris: Mallet-Bachelier, 1856).

[29] Demiéville, "Aperçus", 81. 戴仁（Jean-Pierre Drège）撰有一篇有关儒莲与其他学者不和的文章，尚未刊出，参见 Jean-Pierre Drège, "Stanislas Julien (1797 — 1873), savant eminent, était-il un vilain homme?" (paper presented at the Jean-Pierre Abel-Rémusat et ses successeurs, du 11 au 13 juin 2014 au Collège de France et à l'Académie des Inscriptions et Belles-Lettres)。魏丕信（Pierre-Étienne Will）为我提供了该文，特此致谢。

[30] 王韬：《漫游随录》，陈尚凡、任光亮 校点（长沙：岳麓书舍），页 87。

[31] 参见 Henri Wallon, "Notice", 387: "It perdit sa mère quelque temps après et fut confié aux soins d'un tuteur, qui, le destinant à l'état ecclésiastique, le plaça au séminaire."。

[32] Ibid., 430.

[33] 有关沙畹的记载，参见 Henri Cordier, "Nécrologie; Édouard Chavannes", *T'oung Pao* 18 (1917): 114 — 147; "Nécrologie; Édouard Chavannes", *Journal asiatique* 11 (1918): 197 — 248; Berthold Laufer, "Édouard Chavannes", *Journal of the American Oriental Society* 38 (1918): 202 — 205; Henri Maspero, "Édouard Chavannes," *T'oung Pao* 21 (1922): 43 — 56; Paul Pelliot, "Édouard Chavannes (1865 — 1918)", *Bull. Arch. Mus. Guimet* 1 (1921): 11 — 15; 沙畹:《沙畹汉学论著选译》，邢克超、杨金平、乔雪梅译（北京：中华书局，2014）。

[34] Édouard Chavannes and Charles Andler, *Premiers principes métaphysiques de la science de la nature, par Emmanuel Kant, traduits pour la première fois en français, et accompagnés d'une introduction sur la philosophie de la nature dans Kant* (Paris: F. Alcan, 1891).

[35] Édouard Chavannes, "Le Traité sur les sacrifices Fong and Chen de Se Ma Ts'ien traduit en français", *Journal of the Peking Oriental Society* 3.1 (1890): xxxi — 95.

[36] Édouard Chavannes, "Du rôle social de la littérature chinoise", *Revue bleue* 52 (1893): 774 — 782;（中文译本）：邢克超译：《沙畹汉学论著选集》，134 — 152。

[37] 此章目摘自修订本，原本："Le Dieu du sol dans l'ancienne religion chinoise", *Revue de l'histoire des religions* 43 (1901): 125 — 146.（中文译本）：邢克超译：《沙畹汉学论著选集》，153 — 208。

[38] 参见 Kikuchi Noritaka, *Taizan—Chūgokujin no shinkō* 泰山—中國人の信仰 (Tokyo: Bensei shuppan, 2001)。

[39] 参见 Demiéville, "Aperçus" 。

[40] 有关伯希和的记载，参见 J. J. L., Duyvendak, "Paul Pelliot", *T'oung Pao* 38 (1945): 1 — 15; Serge Elisséeff, "Paul Pelliot, 1878 — 1945", *Archives of the Chinese Art Society of America* 1 (1945 — 1946): 11 — 13; Paul Demiéville, "La Carrière scientifique de Paul Pelliot et son oeuvre relative à l'Extrême Orient", in *Paul Pelliot* (Paris: Societé asiatique, 1946), 29 — 54; Robert des Rotours, "Paul Pelliot (28 mai 1878 — 1826 oct. 1945)", *Monumenta Serica* 12 (1947): 266 — 276; Louis Renou, "Notice sur la vie et les travaux de M. Paul Pelliot, membre de l'Académie. Lu dans la séance du 21 avril", *Comptes rendus des séances de l'Académie des Inscriptions et Belles-Lettres* 94.2 (1950): 130 — 44; Louis Hambis, "Paul Pelliot (1878 — 1945) Historien et linguiste", *Revue historique* 203 (1950): 30 — 40; Erich Hænisch, "Paul Pelliot (28. Mai 1878 bis 26 Oktober 1945)", *Zeitschrift der Deutschen Morgenländischen Gesellschaft* 101 (1951): 9 — 10; Honey, "Paul Pelliot (1878 — 1945): The 'Marco Polo of the Spirit'", *Incense at the Altar*, 58 — 76; Jean-Pierre Drège, "Paul Pelliot, recenseur et polémiste", *Comptes rendus des séances de l'Académie des Inscriptions et Belles-Lettres* 152.3 (2008): 1113 — 1129; Jean-Pierre Drège and Michel Zink, ed., *Paul Pelliot, de l'histoire à la légende: colloque international organisé par Jean-Pierre Drège, Georges-Jean Pinault, Cristina Scherrer-Schaub et Pierre-Étienne Will*

au Collège de France et à l'Académie des inscriptions et belles-lettres (*Palais de l'Institut*), *2 — 3 octobre 2008* (Paris: Académie des inscriptions belles-lettres, 2013)。

[41] Demiéville, "Aperçus", 99.

[42] Paul Pelliot, trans., "Mémoires sur les coutumes du Cambodge 真臘風土記", *Bulletin de École française d'Extrême-Orient* 2 (1902): 123 — 177; rpt. and rev. *Mémoires sur les coutumes du Cambodge* (Paris: Imprimerie nationale, 1951).

[43] 参见 Paul Pelliot, "Notes de bibliographie chinoise", *Bulletin de École française d'Extrême-Orient* 2 (1902): 315 — 340。

[44] 有关伯希和关于中国印刷史的研究，参见 Jacques Gernet, "Paul Pelliot, Sinologue and bibliographe, les débuts de l'imprimerie en Chine", *Comptes rendus des séances de l'Académie des Inscriptions et Belles-Lettres* 152.3 (2008): 1097 — 1111。

[45] Eric Enno Tamm, *The Horse that Leaps through Clouds: A Tale of Espionage, the Silk Road and the Rise of Modern China* (Berkeley: Counterpoint, 2011).

[46] Ibid., 112.

[47] Hartmut Walravens, Harmut, *Paul Pelliot (1878 — 1945) His Life and Works—a Bibliography* (Bloomington: Indiana University, Research Institute for Inner Asian Studies, 2001).

[48] 参 见 l'Académie des Inscription et Belles-Lettres, ed., *Oeuvres posthumes de Paul Pelliot* (Paris: Librarie d'Amérique et d'Orient Adrien-Maisonneuve, 1949 — 1961). They include *Histoire secrete des Mongols* (1949), *Notes sur l'histoire de la Horde d'Or* (1950), *Mémoires sur les coutumes du Cambodge de Tcheou Ta-kouan* (1951), *Les début de l'imprimerie en Chine* (1953), *Histoire ancienne du Tibet* (1961), *Notes critques d'histoire kalmouke* (1960)。

[49] 有关卫礼贤的记载，参见 "Richard Wilhelm", *Artibus Asiae* 3 (1928): 232 — 235; C. G. Jung, "Nachdruf für Richard Wilhelm", *Neue Zürcher Zeitung* (March 6, 1930; rpt. in *Chinesische-Deutscher Almanach* (1931): 7 — 14. Rpt. under the title "Zum Gedächtnis Richard Wilhelms", in C. G. Jung, *Gesammelte Werke* (Zürich: Rascher, 1963), 15:63 — 73); W. F. Otto, "Richard Wilhelm. Ein Bild seiner Persönlichkeit", *Sinica* 5 (1930): 49 — 57; "Ubersicht über die Schriften Richard Wilhelms", *Sinica* 5 (1930): 100 — 111; Wilhelm Schüler, "Richard Wilhelms wissenschaftliche Arbeit", *Sinica* 5 (1930): 57 — 71; E. Rouselle, "Die Fortführung des Werkes Richard Wilhelms", *Chinesisch-Deutscher Almanach* (1931): 16 — 18; Salome Wihelm, *Richard Wilhelm, der geistige Mittler zwischen China und Europa* (Dusseldorf: E. Diederichs, 1956); Ursula Richter, "Richard Wilhelm—Founder of a Friendly China Image in Twentieth Century German", 中央研究院近代史研究所集刊 20 (1991): 153 — 181; Michael Lackner, "Richard Wilhelm, a 'sinisized' German translator", *De l'un au multiple: Traditions du chinois vers les langues européenes*, ed. Viviane Alleton and Michael Lackner (Paris: Éditions de la Maison des Sciences de L'Homme, 1999), 85 — 97; Write Klaus Hirsch, ed., *Richard Wilhelm: Botschafter zweier Welte. Sinologe und Missionar zwischen China und Europa* (Frankfurt am Main: Verlag für Interkulturelle Kommunikation, 2003); 范劲：《卫礼贤之名——对一个边际文化符码的考察》（上海：华东师范大学出版社，2011）。

[50] 参见 Richard Wilhelm, *Die Seele Chinas* (Berlin: R. Hobbing, 1926; rpt. Verlag Projekt Gutenberg-DE, 2016), 29: "So habe ich den niemand in China getauft und bin dem Wesen des chineischen Volkes vielleicht eben dadurch um so näher gekommen"; John Holroyd Reece, trans., *The Soul of China* (London: Cape, 1928; rpt. Maple Shade, N.J.: Lethe Press, 2007), 33 — 34: "I have never christened any one in China, and have therefore perhaps come closer in touch with the nature of the Chinese people".（我从未给任何中国人施礼，因而得以和中国人的本性连接地更为紧密。）

[51] Richard Wilhelm, *Geschichte der chineischen Kultur* (Munich: F. Bruckmann, 1928).（英文译本）：Joan Joshua, trans., *A Short History of Chinese Civilization* (New York: The Viking Press, 1929); *Die chinesische Literatur* (Wildpark-Potsdam: Akademische Verlagsgesellschaft Athenaion, 1925; rpt. Wildpark-Potsdam: Akademische Verlagsgesellschaft Athenaion, 1930).

[52] 有关卫礼贤《易经》的研究，参见费乐仁（Lauren F. Pfister）：《攀登汉学中喜马拉雅山的巨擘——从比较理雅各（1815 — 1897）和卫礼贤（1873 — 1930）翻译及诠释儒教古典经文中所得之启迪》，陈京英译，《中国文哲研究通讯》15.2 (2005): 21 — 57; Hon Tze-ki 韩子奇，"Constancy in Change: A Comparison of James Legge's and Richard Wilhelm's Interpretation of the *Yijing*", *Monumenta Serica* 53 (2005): 315-36; 赖贵三：《〈易〉学东西译解同——德儒卫礼贤〈易经〉翻译综论》，《台北大学中文学报》16 (2014): 29 — 66。

[53] 劳乃宣在英语世界的研究参见 Joan Eleanor Molino, "A Study in Late Ch'ing Conservatism: Lao Nai-hsuan (1943 — 1921)", (PhD diss., University of Illinois, 1986)。

[54] 贝恩斯讣告参见 William McGuire, "Cary F. Baynes", *Journal of Analytical Psychology* 23.3 (1978): 276。

[55] 译本目录参见 Hellmut Wilhelm, *The Book of Changes in the Western Tradition: A Selective Bibliography, Parerga* 2 (Seattle: Institute for Comparative and Foreign Area Studies, University of Washington, 1975), 9 — 10。

[56] 相关研究参见 Arthur von Rosthorn, "Erwin Ritter v. Zach", *Almanach der Akademie der Wissenschaften in Wien für das Jahr 1943* (Wien: Rohrer Verlag, Jg 93), 195 — 98; Alfred Forke, "Erwin Ritter von Zach in memoriam", *Zeitschrift der Deutschen Morganländischen Gesselschaft* 97 (1943): 1 — 15; Alfred Hoffman, "Dr. Erwin Ritter von Zach (1872 — 1942) in memoriam: Verzeichnis seiner Veroffentlichgen", *Oriens Extremus* 10 (1963): 1 — 60; Martin Gimm, "Eine nachlese kritisch-polemischer Beitrage und Briefe von Erwin Ritter v. Zach (1872 — 1942)", *Nachrichten der Gesellschaft fur Natur-und Volkerkunde Ostasiens/Hamburg* 130 (1981): 15 — 53; Bernhard Führer, *Vergessen und verloren: die Geschichte der österreichischen Chinastudien*, ed. Cathay, Bd. 42 (Dortmund: Projekt-Verlag, 2001), 157 - 187;（中文译本）王艳、儒丹墨译：《忘与亡：奥地利汉学史》（上海：华东师范大学出版社，2011），173 — 207; Monika Motsch, "Slow Poison or Magic Carpet, the Du Fu Translations by Erwin Ritter von Zach", in *De l'un au multiple, Traductions du chinois vers les langues europées; Translating from Chinese into European Languages*, ed. Viviane Alleton and Michael Lackner (Paris: Éditions de la Maison des Sciences de l'Homme, 1999), 101 — 111。

[57] 参见 Von Zach, *Han Yu's Poetische Werke*, edited with an introduction by James Robert Hightower (Cambridge: Harvard University Press, 1952); *Tu Fu's Gedichte*, edited with an introduction by James Robert Hightower (Cambridge: Harvard University Press, 1952); *Die Chinesische Anthologie. Übersetzungen aus dem Wen-hsüan*, 2 vols., edited by Ilse Martin Fang with an introduction by James Robert Hightower (Cambridge: Harvard University Press, 1958); HartmutWalravens, ed., *Li T'ai-po: Gesammelte Gedichte Teil 1 (Bücher XI-XV)* (Wiesbaden: Harrassowitz Verlag, 2000); Hartmut Walravens and Lutz Bieg, ed., *Li T'ai-po: GesammelteGedichte Teil 2 (Bücher XVI bis XXV und XXX)* (Wiesbaden: Harrassowitz Verlag, 2005)。

[58] Paul Pelliot, "Monsieur E. von Zach", *T'oung Pao* 26 (1929): 378.

[59] David R. Knechtges, *Wen xuan or Selections of Refined Literature*, vol.1, *Rhapsodies on Metropolises and Capitals* (Princeton: Princeton University Press, 1982), 68.

田安论下的唐代文学的北宋接受

李佳佳　周芯羽

摘要：唐代文学不仅是唐代文人的创作，同时也是唐后，特别是宋代文人面对唐代文学进行积极改造的结果。田安（Anna M. Shields）在此观点的基础上以唐后的史纂、宋代文人传记、文学选集为切入点，考察了唐代文学遗产在五代与北宋的接受情况，并以韩愈、李白为个例研究，阐述了这两个文学经典形象是如何在宋代被改造以适应时代潮流的。

关键词：田安　文本来源与生成　书写　唐代文学遗产　唐宋研究　唐宋转型　叙事性建构　接受史

一、引言

从20世纪90年代至今，北美的中国古典文学研究出现了明显转向，对“文本来源与生成”的研究逐渐成为一个热门。田晓菲在《关于北美中国中古文学研究之现状的总结与反思》中即谈道：

> 近十年来出版的论著展示了学界对文学史和文化研究的兴趣，学者们日益重视物质文本的生产和流传过程以及文学在社会和文化语境中的功用，对“文学”的理解也表现了日益严格的历史主义倾向……很多学者，尤其是年轻一代学者，开始重视手抄本文化带来的问题，意识到在中古文学研究中，文本来源（Sources）——比如，是别集、选本还是类书，是国史还是笔记——强烈地影响到文本的性质。”[1]

与之前学界将现成的文本视为各种分析的主要依据不同，“文本的来源与生成”所集中关注的是文本的生成、传播、接受与定型过程，以及文本在其生成时依托的各种文化语境。比如宇文所安在较早即已提出要将视野转向对“唐代文学经典成形”的研究，其中也包括审美价值观的历史形成过程如何推动了经典的产生，他的这一观点在《剑桥中国文学史》中也有反映，即认为有必要去考察“过去的文学如何被后世过滤并重建”[2] 和“后世价值取向如何塑造了早期作品”[3] 等问题。目前北美汉学界在此话题研究领域中已经有了纵深发展，并有一系列的成果产出，仅以宇文所安及其所培养的学者为例，已出版的相关著述便有宇文所安的《中国早期古典诗歌的生成》（*The Making of Early Chinese Classical Poetry*，2006)，罗秉恕（Robert Ashmore）的《阅读之神“移”：陶潜所处时代的文本和诠释》（*The Transport of Reading: Text and Understanding in the World of Tao Qian*[365 - 427]，2010），倪健（Christopher M. B. Nugent）的《发于言，载于纸：唐代诗歌的制作与流传》（*Manifest in Words, Written on Papers: Producing and Circulating Poetry in Tang Dynasty China*，2011），王宇根的《万卷：黄庭坚和北宋晚期诗学中的阅读与写作》（2011），田晓菲的《尘几录：陶渊明与手抄本文化研究》（2013）等。这些著作着眼的对象不尽相同，但都展示出了一种新的研究路径及其所具的特殊魅力。

田安作为宇文所安的高足，其治学轨迹也在不少方面显示出了与宇文所安靠近或相似之处。田安专攻唐、五朝、北宋古典文学。她的第一本著作《缔造选本：〈花间集〉的文化语境与诗学实践》（*Crafting a Collection: The Cultural Contexts and Poetic Practice of the Huajian ji*，2006）由哈佛亚洲中心出版，探讨了《花间集》成书的文化语境及其词作的诗学艺术，并强调二者之间的有机联系。她的新书《知我者：中唐时期的友谊与文学》（*One Who Knows Me: Friendship and Literary Culture in Mid-Tang China*，2015）通过书信、序言、唱和诗和寄悼文等多种体裁探讨了九世纪中国友谊的文学表现。近期，田安又将研究的目光转向于唐代文学遗产是如何在五朝和北宋时期因再次编纂与书写而被重新形塑的这一问题，从而将自己的独特探索与北美汉学界的“文本来源与生成”研究系挂在了一起。

作为中国文学史上的黄金时代，唐代文学的面貌并不是一时形成的，它也受到了后代知识组织形式的重塑并且是在此基础上逐步建构而成的，其中就广泛地涉及五代与北宋历史编纂、选本与笔记轶事等多种文类在此过程中的参与作用，并与文化史和思想史等交叉领域带来的影响相关。关于这点，宇文所安也曾表示，可将“唐诗”看成一种回溯性的创造，即其部分是由九世纪末和十世纪初幸存的手稿组成的，部分则是由宋代的唐诗理念造就的，就此而言，流传于后来的唐代文学就不仅仅是唐代文人的创作，同时也是五代与宋朝文人面对唐代文学进行积极改造的结果。[4]。这一观点与田安后来的研究也很接近。因此，她希望能以此后的各种文献为切入点，深入考察唐代文学遗产在五代与北宋的接受与再创造的情况。为此，她也对早期的研究做了一个批判性的反思，并提出了一个新的观察视角：

> 中国知识分子试图确定一个较早时期的文学本质，但唐宋过渡时期的巨大转变提高了这种宋代回顾性观点的风险。北宋文化的"文本转向"，包括 11 和 12 世纪印刷术的迅速兴起，以及精英阶层对藏书的青睐，深刻地影响了学者们对过去的阅读"[5]。

关于此课题，田安已经在学术期刊上陆续发表了一些文章，包括《定义"最好"：北宋视角下的唐代文学文化，以〈文粹〉为例》（Defining the "Finest": A Northern Song View of Tang Dynasty Literary Culture in the *Wen Cui*，2017）[6]，《补充历史学家？李肇 < 国史补 > 作为中唐政治和社会批判》（The "Supplementary" Historian? Li Zhao's *Guo Shi Bu* as Mid-Tang Political and Social Critique，2017）[7]，《符号李白：唐代诗人与诗歌在北宋的生产》（Avatars of Li Bai: On the Production of Tang Poetry and Tang Poets during the Northern Song Dynasty，2019）[8]，《从"文苑"之文到"淑世"之文：〈新唐书〉列传对"文"的重新定义》（2019）[9]，《第三十八章：唐代至宋代的历史》（"Chapter 38: Dynastic Histories from Tang to Song"，2021）[10]，这些学术文章将有望成为她第三本中古文学专著《书写大唐：唐代文学遗产在五代和北宋的形塑》（*Writing the Tang: The Shaping of the Tang Literature Legacy in the Five Dynasties and Northern Song*）的组成部分。虽然这项研究还处在持续推进的进程中，但也可以以上述发表的学术论文为基础，并结合田安在大学讲座中的内容和一些访谈资料，对田安在相关问题上的思考，或说是其眼中的唐代文学在北宋的接受与形塑做一初步的梳理与评述。

二、史书与选集研究

（一）文的意识形态化

田安在从《"文苑"之文到"淑世"之文：〈新唐书〉列传对"文"的重新定义》中指出：

> 为了尽可能广泛地定义那些造就文化遗产的唐代文人，宋代"读者"运用多

样的、互相关联的机制，逐渐发展出他们对唐代文学的审美及道德评价。……而在这些机制框架中，最具权威性的无疑是官修史书。[11]

在中国传统中，修史是王朝建立之后的一项重要工作，其中最紧迫的目的之一就是确立自身王朝的合法性。作为对前代王朝的描述，史书的权力来源于其对人物和事件的褒贬评价，为读者解释了人类事件的各种经验教训。[12]但王朝的更迭往往伴随着战争，战火通常导致大量文字资料的缺失，而在后来的历史编撰过程中，史学家们通常不会创造新的历史，也不会去挑战现有的叙述，更常见的情况是，他们试图通过补充、重组和重新定义其内容来修改现有的历史。[13]

在此思想指导下，并通过对比现存的两部唐代史书《旧唐书》与《新唐书》，田安发现两者在“文章之本质”与作用两方面其实存在着某种对立的观点。

文学或文献信息自官方编纂史料以来一直是朝代史的重要组成部分，但是这一情况在唐宋时期发生了变化。文本的泛滥、新的编纂方法的出现、历史叙述重心的转变等原因使得官方史料逐渐减少了对文学研究著作的依赖。比如通过对《旧唐书》到《宋史》撰写的考察，田安在比较中发现史料中所引用的源文本呈整体下降趋势，《宋史》中引用的材料已经逐渐缩小到一个狭窄的政治范围，例如奏折和其他向皇帝提交的文献。这种转变压扁了历史叙事中独立的事件和个人的声音，文学在史书中的作用变得越来越不明显，文的意识形态化逐渐凸显出来。

就此，田安提出至少从唐后开始，在朝廷主持编纂的官方朝代史，如《旧唐书》《新唐书》《宋史》中，官方史学的一些趋势影响了文学信息的使用和展示。首先是历史写作在多个层面上的官僚化，从官员的日常写作实践到他们对史料来源的真实性的考究和对史料运用的态度都可以体现这一点。从组织上来看，唐初设立史馆修史，是对历代官方修史的制度化，从而标志着从私人修史到官方修史的转变。此外，为了防止皇帝干涉历史书写，史官被分配了若干不同的职责去分担各自撰写的内容，要求史官在修史过程中对现有的文本材料采取复制、提取和嵌入的做法，而非直接重写历史，这似也可视为其对原始材料权威性的尊重，但并不意味着就此可以保证叙述的真实性。事实上，史学家们也深知在原始材料的叙述中会存在着夸大和非真实的部分，正如，他们的前辈或同事可以对他们亲身经历的事情写出似是而非、夸大其词的文字。与此同时人们越来越喜欢利用史书记载来阐明与当代辩论相一致的意识形态论点，这一趋势在道学（也称为新儒学）的影响下明显有所增强。[14]

通过对比《旧唐书》与《新唐书》的士大夫官员传记，田安在后者发现了一种以政治实用的、以儒家为中心的写作观已呈某种加强之势。为此，田安总结了宋祁在《新唐书》列传中运用的五种修改手段：其一是从列传中除去文题、不再引用美文，并去除了关于传主文风的评论；其二，文字风格改为更加平易的古文；其三，增加了对官方公文的引用，借此以突出列传的政治性定位；其四是“宏观层面的重组”和“微观层面的重组”。最后一点表现在宋祁对卷末赞语的重写上，以此将历史个体与更宏观的所谓唐代历史“元叙事”（metanarratives）联系在了一起。总的来说，宋祁通过使用一系列技巧及去文学化的方式，塑造了一种全新的作者观，进而抵消了“作者”本人与他个人所撰传记的距离。经宋祁的改造，一个精心设计的意识形态及与之密切配合的文学修辞“体系”由此形成，唐代文人在这个“体系”中被设定为或成功或失败的国士，而文学作品仅是其经世致用的工具。[15] 其中，韩愈便是一则典型的改造案例。

田安发现在文学性列传中，宋祁同样也进行了政治化叙事，这种叙述显然并不适用于对文学性的展示。《旧唐书·文苑传》中的 105 人，只有 48 位在《新唐书·文艺传》中出现。在宋祁的新文学史叙事中，唐代“文章”的造诣在中唐达到顶峰，因此在《新唐书》的编纂中其有意淡化了唐武则天时期的宫廷文化印记，《旧唐书》以 8 世纪中期编纂的《国史》为基本文献，且其中 87% 为初唐或盛唐文人，宋祁则增加了 26 位唐代后期相关文人，以便借此突出唐朝中后期文学的成就，最终《新唐书·文艺传》共记载的文人达 79 位。这一布局显然是有特殊用意的，而更令田安惊讶的是，她发现在本应以文学为主的《新唐书·文艺传》中，文学性大打折扣——文题被删、唐代作品的引用被省略、个人文风的描述被降低到最低限度。田安在文章的最后总结：

> 在《新唐书》列传中，文学作品被降格为“事”，成为道德价值的一种指示性（indexical）标识，而唐代作家则被重塑为道德上始终如一、并在这一品质上具有历史连贯性的人物。从叙事学视角来看，《新唐书》列传的编写不仅成效明显，而且影响深远。它们从错杂混乱、互相矛盾的记载中，建构出了有关赎罪、悲剧与失败的动人传记故事。但《新唐书》列传之所以能做到这点，恰恰在于它们无视了唐代文化织体中文学的位置——如此一来，《新唐书》列传对中古中国的文学与“文化”给出了前所未有的重新定义。[16]

（二）宋代选集

对选集进行整体性关照研究也是田安一直以来注重的研究路向，其《缔造选本：〈花间集〉的文化语境与诗学实践》就是一部文集类研究专著。田安认为，“文集”文化（collection culture）长久以来在中国文学中占据着核心地位（这里的“文集”文化不仅仅指一本本实体的书籍，同时也包括了文人们收集、裁汰、修改、编校文本这一系列的文化行为）。她也曾在访谈中谈道：

> 实际上，大多数中古文学研究都以各式各样的文集为基础，但学者们并没有真正关注到文集形式在文本流传与文学观念中所起到的作用。而当我们把中国与欧洲文学史中的文集状况加以比较，就会发现强烈的反差，相比西方文学，文集在中国文学史中显得更为重要[17]。

从田安已经发表的学术论文来看，她非常重视文人选集这一语料库，这些发表的论文涉及《文苑英华》《太平广记》《唐文粹》《唐诗纪事》《唐百家诗选》，以及其他各种诗人文集等。田安在研究中试图传达的一个重要观点是，“文学是能够通过观念被组织架构起来的”，她同时指出：

> 这种“文集形塑文学观”在欧洲文学中并不常见，但在中国文学中却起到了关键作用。从六朝开始文人士大夫便热衷于有组织地收集、选裁、编定各式各样的别集与总集，而唐代更是典型的融写本文化与选本文化为一体的时代（an age of manuscripts and anthologies），比如唐人选唐诗就是很好的例子。[18]

宋人编选唐人诗文总集也很普遍，从宗唐的角度讲，其作用与功能大致有三：一是借以体现各自的诗学主张与审美倾向；二是标榜对“文选学”优良传统的继承；三是尽可能满足宗唐者的唐人读本之要求。宋代以后，由于印刷术的普及，文集的物质媒介经历了从写本到刻本的根本性转变，书籍的流传主要不再依赖于人工传抄，而是以有规模地印刷刻本来实现更高效、更广泛的普及，这也促使了集部文学在后世的蔚为大观。

从唐朝末年到北宋统一的这段时间，唐代文人的手稿散落在中国的各个角落，随着北宋的统一，文人的手稿慢慢从南方各州汇集到王朝首都的图书馆中。北宋建立后，150年的稳定期、国家的资助、商业印刷业的发展，让唐代遗产在此时期拥有了最大的生存发展空间。田安认为，这一现象在之前的王朝更替中是从未有过的。她将唐文学遗产在五代和北宋的整理工作大致分为三个时期：第一阶段是10世纪后期，文集始有大量积累性的生产，如出现了《文苑英华》《太平广记》《册府元龟》《太平御览》等作品；第二阶段，大致从11世纪20、30年代至11世纪50、60年代，这一时期是宋代文人的成熟时期，他们对如何塑造唐文学遗产有着重要的看法，除此之外，文集的编纂也在此期于数量上有了巨大的扩充；第三阶段是11世纪末至1127年，此时是北宋的后期，政治派系的斗争愈趋激烈，这与学术和知识上对经典的重新评估和重大转向恰好相伴而至。1126年女真入侵，北宋被迫南迁，从而标志着对唐代文学传统的划时代构建趋于结束。[19]

文学选本是中国文学研究的基石，但学术界主流往往注重文集的资料价值，而忽略了选本对文学史与文学观念的建构作用。田安在普林斯顿大学执教时为东亚系研究生开设的“选本文化”课程，即重点探讨了文学知识的组织形式（organization of literary knowledge），涉及如唐人选唐诗、唐宋别集、总集、类书、笔记等等。田安主持的研究项目包括唐宋过渡工坊（Tang-Song Transition Workshop）、唐宋变迁会议（The Conference on Tang-Song Transitions）等有关唐宋转换时期文学文化史研究的课题。从田安指导的3位普林斯顿的博士生论文的题目及内容来看，也能发现类似的倾向，比如夏丽丽撰写的《声称中国反对南北分裂：女真金朝（1115—1234）的古典传统和文人文化》[*Claiming China Against North-South Divide: Classical Traditions and Literati Culture in the Jurchen Jin Dynasty (1115—1234)*，2023]，即通过展示一种对立的叙事，即所谓的文化正统究竟在以“汉族—女真族”为主体的北方中国还是在汉人统治的南方地区占据上风，揭示了中古中国作为一个主体间性、跨文化和跨国界的空间的多元性和建构性。再如罗奕奕撰写的《庾信与六世纪的文学世界》（*Yu Xin and the Sixth-century Literary World*，2019）探究了庾信作为怀旧诗人的主导诗意形象是如何被一步步建构起来的，作者认为八世纪中叶，人们的注意力从庾信的文本转向作者形象，而唐代杜甫则在这一转变中充当了重要的角色。付苏撰写的《当南方重要时：楚的想象与楚辞的典化（楚诗）》[*When the South Matters: Imagination of Chu and Canonization of Chuci (Verses of Chu)*，2019] 探讨了《楚辞》从汉代（公元前 202 年至公元 220 年）至宋代（960—1279）作为南方选集对南方文学传统的构建过程，由此而试图表明，传统上《楚辞》被赋予的所谓的南方性色彩，并不是文本本身固有的，而是由文化和政治建构的，其目的是为国家和文人阐明某种南方身份，南宋文人通过将《楚辞》定义为专属于南方的文体，由此声称自己对选本文化遗产拥有专属所有权，并借之进一步含蓄地主张宋朝在面对北方游牧民族的军事威胁时的文化权威。通过以上研究内容，不难看出田安及其学生的研究范围与文学接受史、文学遗产在后代的重塑等问题建立起的特殊关系。

田安在访谈中还进一步谈到了选本文化研究的大致内容与整体方向，包括文集如何形塑了人们的文学观念，文集编纂的成因、意图和受众对象，文集编纂的标准和分类方式，每部文集各自隐含的主题及其功能或目的，文集在后世流传的变化等，就此也可见她近期研究的主要旨趣之所在。

三、唐代作家接受个案研究

从一种新的视野出发，田安也对之前的唐代文学接受史研究做了反思性的考察，并提到其所存在的一些问题，其中就包括对纯文学的过度关注；通常只局限于个别的作者，尤其是那些标杆性的文学家等。而这种研究方式也强化了传统的传记角度，将文学史简化为了对作者生平的记录；再就是对唐代文学流通的社会和政治背景的忽视，以至于无法从更大的语境入手考察唐宋转型过程中发生的文本变革。[20] 在她看来，与其参照这种旧的“文学接受史”路径，还不如调换思路，即从“文学生产、流通史”的角度来重新梳理唐代文学往后播散与移动的线路，考察其在五代及北宋是如何被新的观念性力量所形塑的。而这样一些想法，也使其将目光扩至那些规模更大，印刷和传播更为广泛的各种文献语料库，如《唐诗文选》《旧唐书》《新唐书》《唐人轶事集》等。

传统的学术理解认为，宋人对唐代文化更多表现出的是一种崇拜心理，最典型的例证就是宋人“千家注杜、五百家注韩”的盛况。但田安却对此持部分怀疑的态度。在她看来，宋代学者其实也对唐代文学与文献做出了极具宋代思想特征的整理、探寻和理解。宋代选集、类书等在处理唐代文学遗产方面存在着一些新的共同的目标，比如对风格和文道关系的探索，对创造连贯、稳定的唐代作家的愿望，以及对个人与政治互动关系的探索。五代和北宋的学者不仅将自己视为唐代文化的继承者，更是前朝文献的拯救者，因而希望能在此基础上构建出一个可以被后世理解的唐代文化。在田安目前发表的研究成果中，对韩愈和李白的接受研究便是令人瞩目的二则研究成果。

（一）韩愈研究

作为古文运动、儒家思想复兴的倡导者，海内外学界都很关注韩愈，对之的学术研究成果数量惊人。学者们也注意到，韩愈的领袖地位不是自动生成的，“韩愈之成为韩愈”的过程历经数个世纪，既有唐代文人的努力，也不乏宋代文人对之的塑造。如崔瑞德在半世纪前即已指出，如果检阅《全唐文》，760 年以前的文本总量还是非常轻薄的，而后则变得“肥厚”起来，数量庞杂的文本出自 760 年至 840 年之间，而后才又渐渐减少。邓百安（Anthony DeBlasi）在访谈中也提道：

> 我有个数据库记录全唐文每卷作者的生年，在 760—770 年间数据呈爆炸性的成长。这些数据其实存在某种偏见（biased），将我们引导至那个时段。在那个时段之中，又被引导至韩愈、柳宗元以及与他们有关之人[21]。

韩愈的文章在《全唐文》的存量中如此突显，是因为数世纪后的人们认为他很重要，所以保全与编辑他的材料，便成为一种有意识、有目的，并带有引导性的工作。

对于这一过程邓百安在访谈中还提及了一则欧阳修的轶事，并分析了其背后反映出的历史文化语境。

> 欧阳修说他长大时，发现并阅读韩愈的文集，世界为之改观，并让他理解了圣人之意。1057 年，他担任科举主考官时，黜落了所有写骈体文的人，唯有写古文者有机会上榜。[22]

由此我们可以推断出两件事：第一，有个文化记忆是韩愈曾被人所否定，欧阳修才能透过宣称自己拯救了韩愈，并让他的思想主张显得更为特别。倘若韩愈不曾被隐藏，此举也不会成功。10 世纪晚期出现了骈体文复兴，显然有人看到韩愈所为，但至少在风格上拒绝了他。第二，1057 年显然有足够多的人书写古文，因此施行古文这一规范虽然会有危险，却可能会成功。韩愈死于 824 年，但在两世纪后的 11 世纪中叶，古文仍然处于与其他文类竞逐的时代，由此可见，韩愈的首要地位并不是自我生成的。

在《新唐书》中，田安发现宋祁通过广泛援引韩愈的六篇文章，将其描绘成一位文采斐然的官员："至贞元、元和间，愈遂以《六经》之文为诸儒倡，障堤末流，反刓以朴，刬伪以真。然愈之才，自视司马迁、扬雄，至班固以下不论也。"在此叙述框架内，韩愈不仅被视为某类文本的创造者，更是被看成了肩负着"传道"责任的"韩子"，其形象由此得到巨大提升。宋祁在《韩愈传》的最后将其推举为唐代文学神殿（pantheon）里的至尊："昔孟轲拒杨、墨，去孔子才二百年。愈排二家，乃去千余岁，拨衰反正，功与齐而力倍之，所以过况、雄为不少矣。自愈没，其言大行，学者仰之如泰山、北斗云。"至此，在官方史书中，韩愈的首要地位正式被确认下来。

除此之外，田安在研究韩愈的接受史时还将目光放在了《唐文粹》上。在她看来：

> 《唐文粹》是一部选文标准异乎寻常、但也非常有野心、非常有进取心的选集，它所呈现的图景是唐代文人在他们的文学作品中充满了对"古圣之道"的尊崇，这与另一部宋人之作《文苑英华》以律诗和骈文的辑录为主的唐代文集旨趣大相径庭。[23]

《文粹》是姚铉于北宋初年1011年仿照梁萧统《文选》编纂的的唐代诗文选集，他在序言中明确提出"以古雅为命，不以雕篆为工，故侈言曼辞率皆不取"。《文粹》收录了362位作家的共2000篇个人文本，收文、赋1104篇，诗961首，分为19种体裁，共100卷。田安认为《文粹》带来的巨大影响力主要基于三个原因：其一是对韩愈和古文理想的赞美，此观点从11世纪中叶开始在宋代文人中得到重视；其二是它的主题和文类的多样性，这在现存的唐代文学选集中是前所未有的；其三，它将唐代文学文化描绘成一个具有连贯性的、多人参与的、活泼的群体。[24]在塑造韩愈经典形象上，姚铉使用了一系列复杂的技术，将韩愈和他所喜爱的唐代中期作品贯穿于文集的不同类别和不同层次，从而书写出了一部富有特色的文学史，同时也重新创建出了一个有共同旨趣的文人社区。姚铉在序言中即提出以"古雅为命"的宗旨，为了达成这一目标，他在《文粹》的组织机制上进行了精心的谋篇布局。

田安通过分析《文粹》的序言和每卷的文本组织结构，认为姚铉主要是在阅读规则上以一种隐蔽的方式推进其"崇古"思想的，他通过为读者提供三种层次的组织形式来影响读者的阅读接受：（1）诗歌还是散文（poetic and prose texts）？田安统计了

《文粹》中诗歌和散文的相对比例，并指出虽然三种诗歌（古今乐章、乐府辞、古调歌篇）在数量上大约占文集总数的一半，但由于诗歌篇幅短小，因此散文在文集中仍占据着突出的地位，实际占比更大。（2）关于散文体裁。田安列表统计了《文粹》中各体裁文本的分布情况，在这一统计数据中，碑、书、序、古文、记是数量最多的散文体裁，除记有 87 篇之外，其余四种文体数量均在 110 篇之上，古文更是达 189 篇，是散文类别中数量最多的，同时，古文也是姚铉在《文粹》中新发明的一种文体概念。（3）文学价值等级和文人社区轮廓。田安发现姚铉会在每一章节的前面安排他认为某一流派中最重要的作家，这种策略使他能够在选集的多个层面上确定人物和思想的优先性和重要性，最明显的案例就是古文的排列——以韩愈五篇“原”散文开始。《文粹》最重要的成就之一就是根据韩愈的书写模式选择某些唐代文本，并将其定为“古文”，由此而将韩愈置于文脉之首。除此之外，姚铉也会通过在文集中重复、递推一系列作家和其不同体裁的作品来强调他对文学的特殊定义。互文性是姚铉采取的另一重要策略，在韩愈形象的塑造上，他不仅在文集中选取了韩愈的几十首作品，而且还添入了与韩愈相关的 17 篇文本，如孟郊赠给韩愈的诗、皮日休的奏折、李翱为韩愈所作的诗文、皇甫湜为韩愈作的神道碑和墓志铭等，以此来强化对韩愈地位的确认。[25]

这种对韩愈地位的多策略辩述当然也体现在其序言中，如赞曰：“惟韩吏部超卓群流，独高遂古，以二帝、三王为根本，以六经四教为宗师，凭陵嫡栎，首唱古文，遏横流于昏垫、辟正道于夷坦”。进而在选集中收录了韩愈的 76 首作品，将他置于一个全新的流派之首，并通过将之与其他作家的作品关联到一起，从而形成了一个以之为中心并具某种思想与风格共鸣的文学社区。

Table 1. Complete list of genres and contents by *juan* and number of pieces

Genre category (in order of appearance)	*No. of* juan	*No. of texts*
古賦 Ancient (unregulated) *fu*	9	45
詩：古今樂章 Poetry: Musical pieces old and new	2	214
詩：樂府辭 Poetry: Lyrics to *yuefu* (tune) titles	2	152
詩：古調歌篇 Poetry: Songs to ancient tunes	9	615
頌 Hymns	5	32
贊 Encomia	2	34
表奏書疏 Memorials and other official reports	7	70
策 Policy statements	1	1
文 Mourning texts	4	50
論 Discussions	5	55
議 Debates	4	48
古文 *guwen*	8	189
碑 Stele inscriptions	16	120
銘 Inscriptions	5	53
記 Accounts	7	87
箴誡銘 Admonitions, proscriptions, inscriptions	1	41
書 Letters	12	112
序 Prefaces	8	113
傳錄記事 Tales, records, accounts of events	2	27
TOTAL	**109**	**2,058**

图 1 此表来源于 Anna M. Shields 的文章“Defining the ‘Finest’: A Northern Song View of Tang Dynasty Literary Culture in the *Wen cui*”, p.318

（二）李白研究

关于李白的才华和其在文学殿堂中的地位问题，北宋学者对此争论不休。田安认为李白至少在两个方面成为北宋读者感兴趣的对象。首先，他的许多诗歌并不容易适应11世纪中叶“古文”运动之后出现的以社会政治为导向的文学价值观。其次，他曲折的个人历史挑战了宋代将作家的道德品质及他的政治时刻和他的文学语料库联系起来的传记叙事的倾向。因此，为使李白的作品与其形象能够符合宋代某些文人价值追求，他们试图通过各种策略来控制对李白的阅读，包括精心挑选他的诗歌并将之收录在一些使其合理化的诗集和选集中，重新诠释他的诗歌价值，并借之构造出一种赎罪式的传记。

在一种新的接受史观的引导下，田安将李白从单一作者接受历史的叙述中分离出来，把他置于更广阔的宋代文学遗产的故事中，由此将传统的接受史研究及其主客体二分法转换为一种具有动态性的传播模型，该模型突出了读者、模仿者、编辑和选集者从唐代文学中理解意义的方式。

当然，宋代读者对李白的接受也仍是建立在唐五代李白语料库的基础之上的，唐五代时期涉及李白的资料异常丰富，据学者统计，

> 提及李白的诗有130首左右，文有31篇左右，诗话则有11则左右，笔记有33篇左右，编订的别集有3部（按：分别是魏颢的《李翰林集》二卷，李阳冰的《草堂集》十卷，范传正的《草堂集》二十卷，均已亡佚），选本有4部（按：分别是殷璠的《河岳英灵集》收13首，韦庄的《又玄集》收4首，韦縠的《才调集》收28首，佚名的《唐写本唐人选唐诗》收43首）。[26]

田安从悼念性文章、诗歌、书信、选集、笔记等多种文体出发，对唐朝和五代对李白的接受进行了一番简单梳理，她发现在这些文献中，学者们或关注李白狂放的个人形象，或关注李白的乐府诗歌，或关注李白的轶事，这些不断累积的故事集群最终成为后世研究李白的语料库。

宋代文人从唐代继承了李白性格的不一致版本，然而他们也试图根据当前王朝对文学的看法，如前文所提到的“文的意识形态化”等，对这些文献的意义秩序进行重新配置。田安在李白接受史研究上依旧从选集出发，考察了乐史和姚铉编纂选集的动机与策略。

> 乐史是宋代第一个整理李白诗文集的学者，他先后两次编辑整理李白诗文集，

并于宋真宗咸平元年编订了《李翰林集》，共计二十卷，收录了776篇诗文，后又编订了《李翰林别集》，共计十卷。[27]

田安重点关注了乐史在序言中新得的三则轶事，与之前学者对李白的接受研究不同，后者往往多采用检索各代资料，索引出处等的方法来从事研究，他们对李白的接受史考察也多偏向于从传播这一基点出发。相比之下，田安则更主要地以文本的生产与制作为研究的切入点，并将视野扩至对文本编纂背后的动机与意图的考察。在她看来，虽然乐史也将详细的轶事编进文集，以便吸引更多的读者，但这种做法也突出了为李白进行辩护的意识：在对李白的个人史给予积极关注的同时，力图通过一个救赎式的传记框架来控制对李白语料库的展示。[28]

在宋代另一部唐诗文选集《文粹》中，李白是其中最引人注目的诗人。《文粹》收李白诗63首，赋4首。田安认为《文粹》中的李白呈现出了一些新的特点。姚铉避开了李白诗歌中有关妇人、浪漫、饮酒的主题，而是选择了李白的乐府诗和其他一些有名的作品，如李白旅行的作品、李白与他人交往的作品，这些选择具有将这位反传统诗人更深入地融入盛唐社会结构的效果。由此，姚铉给读者展示的是一个更全面、更有历史依据的李白——他不再是出类拔萃的独行侠，而是一位以“古风”横跨多种体裁的社会人脉作家。总之，姚铉认为他是一个理想的唐代作家，可以为当代作家树立榜样。

如我们所知，宋人的主要倾向是抑李扬杜，其批评诋毁之处无外乎李白的人格和作品内容，因此李白若想被宋代文人接受，首先需要在政治上为其洗白。与《旧唐书·李白传》相比，宋祁在《新唐书·李白传》中对相关的传记内容进行了大刀阔斧的修改。宋祁扩充了传记的内容，增加新的轶事，并删除对李白行为的批评性描述。最有影响的是宋祁在李白因加入雍王叛乱而受到惩罚的叙述中加入了郭子仪的故事，这则材料虽不是宋祁首次叙述，但却是首次在官方正史中确认了郭子仪解救李白这一事件。至此，田安认为李白的人品得到了救赎。《新唐书·李白传》中并未交代李白的死因，编撰者舍去了李白醉酒而亡的结局，然而却在传记结尾处增加了后人对李白的纪念性活动与评价，通过以上关于李白传记的种种改动，不难看出，宋祁已成功地生产出了一个具有叙事连贯性、且在人格上令人称赞的李白文人形象。

1060年《新唐书》印刷之后，宋代读者拥有了解读李白的新镜头，通过这个新镜头，人们可以重新审视李白的语料库。1068年宋敏求还在李阳冰《草堂集》、乐史《李翰林集》《李翰林别集》基础上重新整理编纂了三十卷本的《李太白文集》，此部著作也成了北宋关于李白的最后一部重要著作。对比乐史的《李翰林集》，宋敏求在《李太白文集》中引入了七个新诗类，改名或删掉了另外四个类别，并将许多诗歌转入新的类别。国内学者对此评价为“紊杂”，但田安对此有不同的看法，她关注了宋敏求在选集中增补类别这一行为，并认为宋版李白文集是关于李白作为某种类型的诗人的论证，即李白作为一个特定类型的形式大师，在传统和社会认可的背景下写作，并且专注于狭窄的、可接受的主题。宋敏求增补的这些类别同时突出了李白作为诗人的模糊特征——一个内省者、反思作家，同时又巧妙地掩饰了有问题的话题。[29]

总的来说，唐代读者常常会通过体裁的镜头来制作他们自己版本的李白，这些又多是以纪念与赞美诗和生动故事的形式出现的，很少关注相互竞争的通用描述之间的不一致或冲突。但从北宋开始，文人根据北宋文化的深刻变化而发展起来的新诠释学，开始与人们常识中认知的李白形象展开较量。这些做法包括：由国家和个人出于某种需要或兴趣对唐人文化的遗产进行整理，这也促进了选本的制作和印刷；官方史学使用愈来愈意识形态化的方法生产模范人物，尤其偏向于注重人物的道德品格；此时的读者也热衷于编撰唐人诗文选本，这在当时也被视为一种具有提升文化声望作用的活动。田安总结道：

> 通过将注意力从对唐代作家个人的接受转移到唐文本阅读中出现的新诠释学实践，我们可以更清楚地看到宋读者是如何以许多新的形式生产“唐文学”的。[30]

当然，如在文献考订上做苛厉的挑剔，似也能在田安的研究中发现一些细小的误差，比如田安将李阳冰错认为是李白的“younger cousin”，[31]即堂弟，而李阳冰的真实身份是李白的族叔，即uncle。她在阐述李阳冰的《草堂集序》中“不读非圣之书，耻为郑、卫之作，故其言多似天仙之辞。凡所著称，言多讽兴。自三代已来，风骚之后，驰驱屈、宋，鞭挞扬、马，千载独步，唯公一人”时，认为这是李阳冰对李白诗歌内容的焦虑（“Li Yangbing reveals some anxiety about the contents of Li Bai’s poetry in his overwrought praise that invoked the Classics”[32]），但这其实是赞美之词，行文中并无焦虑、担忧之意。此外，词作为宋代非常成熟的文学样式也是学界广为熟知的，然从目前已显示的研究看，田安教授在研究李白的宋代接受时并未涉及这一角度，或许这也有她的某种考虑，但并不影响其整体思路的展开。

四、余论

在"历史"中书写，从"文本的生产"出发，北美汉学对中国古典文学的研究已出现明显的转向。田安延续了此路径，以新旧唐书、宋代文人传记、文学选集为切入点，考察了唐代文学遗产在五代与北宋的接受情况，从而为唐代文学研究提供了一新的认知视角。宋代的学者通过各种不同手段来重新定义、组织、重塑唐代文学遗产，这其中就包含了历史书写、文集编定、版本流传、文学评注、以笔记为载体的轶事记录等多个环节。在其中，田安也特别强调宋人在力图还原唐代文化遗产的同时，在文本取舍与组织层面折射出的独有理念。此外，田安的研究也广泛地触及与关注到宋代文人对唐代文本竭泽而渔式的收集、编辑、仿写，以及他们对唐代作者传记的撰写等，并将之看作是前代所未有的一种现象，它代表了一个分水岭，由此而构成了中国文学传统中一种崭新的，即为田安称之为"目录学意识"和"传记意识"兴起的事实。田安的第三本即将面世的专著《书写大唐：唐代文学遗产在五代和北宋的形塑》即是她对唐代文学"宋型化"现象所做的带有尝试性的集中化探讨，我们期待她的这本专著能早日告竣。因以上所述，均是根据各种已发表的散见论述整理以成，如有不当与不周之处，也望取得作者的谅解。

（作者单位：北京语言大学一带一路研究院）

注释：

[1] 田晓菲：《关于北美中国中古文学研究之现状的总结与反思》，载于《北美中国学研究概述与文献资源》，张海惠主编，北京：中华书局 2010 年版，页 616。

[2] 孙康宜、宇文所安主编：《剑桥中国文学史》，刘倩等译，北京：生活 · 读书 · 新知三联书店，2013，页 3。

[3] 同上，页 22。

[4] Stephen. Owen, "The Manuscript Legacy of the Tang: The Case of Literature , Critical Reading", *Tang China* Vol.3, 2018, pp.1096 — 1125.

[5] 夏丽丽：《田安谈选本文化与唐宋文学研究》，2019 年 2 月 17 日，参见：https://www.thepaper.cn/newsDetail_forward_2995152。

[6] Anna M. Shields, "Defining the 'Finest': A Northern Song View of Tang Dynasty Literary Culture in the *Wen Cui*", *Journal of Chinese Literature and Culture*, 4(02), 2017, pp.306 — 335.

[7] Anna M. Shields, "The 'Supplementary' Historian? Li Zhao's *Guo Shi Bu* as Mid-Tang Political and Social Critique", *T' Oung Pao* 103, (4 — 5), 2017, pp.407 — 447.
[8] Anna M.Shields, "Avatars of Li Bai: On the Production of Tang Poetry and Tang Poets during the Northern Song Dynasty 1", *Hsiang Lectures in Chinese Poetry* , 2019, pp.59 — 100.
[9] 田安：《从"文苑"之文到"淑世"之文——〈新唐书〉列传对"文"的重新定义》，《中国文学研究》2019年，页172。
[10] Anna M.Shields, "Chapter 38 Dynastic Histories from Tang to Song", Literary *Information in China*, Warrenton: Columbia University Press, 2021, pp.371 — 383.
[11] 田安：《从"文苑"之文到"淑世"之文——〈新唐书〉列传对"文"的重新定义》，《中国文学研究》2019年，页172。
[12] Anna M.Shields, "Chapter 38 Dynastic Histories from Tang to Song", *Literary Information in China*, Warrenton: Columbia University Press, 2021, p.372.
[13] Ibid., p.373.
[14] Ibid., p.373.
[15] Ibid., pp.371 — 374.
[16] 夏丽丽：《田安谈选本文化与唐宋文学研究》，2019年2月17日，参见：https://www.thepaper.cn/newsDetail_forward_2995152。
[17] 同上。
[18] 同上。
[19] Anna M. Shields, Center for Chinese Studies Annual Lim Lecture, 2022，参见：https://www.youtube.com/watch? v=9I3nQP8HxJo。
[20] 夏丽丽：《田安谈选本文化与唐宋文学研究》，2019年2月17日，参见：https://www.thepaper.cn/newsDetail_forward_2995152。
[21] 詹前倬：《邓百安教授访谈录》，2019年4月，参见：http://homepage.ntu.edu.tw/~history/public_html/09news letter/26/26-02.html。
[22] 同上。
[23] 夏丽丽：《田安谈选本文化与唐宋文学研究》，2019年2月17日，参见：https://www.thepaper.cn/newsDetail_forward_2995152。
[24] Anna M.Shields, "Defining the 'Finest': A Northern Song View of Tang Dynasty Literary Culture in the *Wen Cui*", *Journal of Chinese Literature and Culture*, 4(02), 2017, p.309.
[25] Ibid., pp.319 — 323.
[26] 王红霞：《宋代李白接受史》，上海：上海古籍出版社2010年版，页4。
[27] 同上，页34。
[28] Anna M.Shields, "Avatars of Li Bai: On the Production of Tang Poetry and Tang Poets during the Northern Song Dynasty 1", *Hsiang Lectures in Chinese Poetry*, 2019, p.72.
[29] Ibid., p.82.
[30] Ibid., p.89.
[31] Ibid., p.65.
[32] Ibid., p.67.

白佐良的中国古典诗文研究与翻译

宋鑫澜

摘要： 白佐良是意大利专业汉学发展时期的代表性人物，本文以其撰写的《中国文学》和两部古典诗文译本作为研究对象，运用跨文化研究理论对其中国古典诗文的翻译及研究进行梳理和分析。主要聚焦白佐良的文化审美以及他形成的独特的中国观。透过其汉学家的视角发现中国古典文化在意大利汉学体系中的位置，同时评述白佐良对意大利汉学在古典文学领域的贡献，借此丰富国内意大利汉学领域的研究。

关键词： 白佐良　意大利汉学　中国古典文学译介

一、引言

中国与意大利的接触最早可以追溯到西汉时期，从中外之间试探性的商业交往到后来两国建交，中意两国在历史中形成了多重缠绕交错的关系。按威尼斯大学汉学家兰乔蒂（Lionello Lanciotti，1925—2015）的话来说，这种关系“在欧洲是最古老、同时也是最年轻的”。意大利汉学可以从明末清初的“传教士汉学”算起，最初进入中国传教并为欧洲汉学做出了开拓性贡献的杰出汉学家如罗明坚、利玛窦都是意大利人，但自 17 世纪之后意大利汉学便处于相对停滞的状态，很少见到有突出的成果。直到 20 世纪中后期，随着二战结束，意大利共和国正式成立，意大利汉学也始从原有的停滞状态进入恢复期，可以将自 1945 年到 1978 年中国改革开放前这一阶段视为其专业汉学的确立期[1]。其中，白佐良（Giuliano Bertuccioli，1923—2001）即是当时意大利最早一批直接接触与研究中国古籍的优秀学者，并作为意大利专业汉学时期的领头人在该领域做出了令人瞩目的成就。特别是其对中国古典文学的研究不仅带动了意大利汉学的复苏，还为当地汉语与汉学教学的发展提供了切实可依的指南。

白佐良生于意大利罗马，掌握英语、汉语、法语、德语和日语等多种语言。二战后，他以外交官和学者的双重身份在中国、日本等地居住多年。作为一名学者，白佐良一生留下了丰富的学术著作，其研究涉及中国文学、历史、文化、社会等多个方面，发表了超过 600 篇学术作品。白佐良很早就开始关注中国文学，1945 年出版了他的首部翻译作品《陶渊明文集》（*T'ao Yüan-ming. Tre canti funebri. Traduzione e nota*），并以此开始了他的翻译研究工作。他在亚洲生活长达30年之久，《中国文学》（*La letteratura cinese*）[2]正是白佐良旅居期间辛勤研究的成果。该书于1959年在意大利出版，1968年再版。在意大利汉学研究的领域中该著作常被作为重要作品提及，甚至于被认为是迄今为止欧洲关于中国文学史最为完备的著述之一，该书中的中国古代诗歌翻译也极大地影响了后续的意大利汉学学者。[3]

1981年，白佐良离开外交领域，成为罗马大学哲学文学系东方研究部的"中国语言文学"教授，1996年与其弟子马西尼合著《意大利与中国》（*Italia e Cina*）[4]，全面介绍了从古罗马时期到民国初年共二千五百余年间中国和意大利交往的历程，重点分析了两国在对方心目中形象的变迁。该书是第一部由意大利人撰写的中意文化交流简史，旨在开辟出一个新的研究领域，为更广泛的读者群体提供阅读与认知的参系。20世纪90年代末，白佐良教授与特兰托大学卫匡国研究中心主任德马尔奇（Franco Demarchi）联合主编《卫匡国全集》[*Le opera minori di Martino Martini (1614 – 1661)*][5]，收录了意大利传教士卫匡国的书信文集及《中国新地图集》（*Novus atlas sinensis*）、《中国上古历史》（*Sinicae historicae decas prima*）、《鞑靼战纪》（*De bello tartarico historia*）等在内的一系列汉学著述。

二、文学史撰写与诗文编译

《中国文学》以时间为向度收集与记录了各种相关的文献材料，涉及从中国开天辟地的传统神话至20世纪上半叶中国文学的整个历程。在研究方法上看，该书不仅注重对中国文学做整体性的把握，也善于将文学事件与一定时期的历史语境联系起来考察，借之以揭示出中国不同时期文学发生与更迭的历史动因。通过立足于对每一时段资料的充分研究，该书写出了每一时期中国文学发展的独特风貌。在"文学发展学"层面上，该书基于对中国文化整体导向的思考，能密切关注到不同文类在中国文学谱系中处于的位置。此外，白佐良的研究还涉及物质文化与观念文化，包括了对哲学、文学、宗教、历史以及社会学、政治学和自然科学等的研究。作为第一部系统地将中国古诗词译介到意大利的作品，《中国文学》不仅为东方语言学者提供了广泛的资料参考，也一度成为意大利大学中国语言文学课程的核心教材，为意大利的汉文化教育打下深厚基础。

白佐良始终将中国文化视为一种多元异质的文化体系，他对中国传统社会的理解建立在对大量古籍的深入阅读之上，进而对中国文学作品进行了广泛翻译，《中国文学》中不乏《易经》《论语》等哲学典籍选段，《战国策》《资治通鉴》《左传》等历史文献摘编，以及多种流派的散文、诗歌和戏剧作品的译述。经由对这些文本的翻译，白佐良促成了意大利对中国传统文学的接受，并首次拥有了有关中国文学的完整的知识结构。这本书在1968年经扩写后再版，80年代后被列为罗马大学中国文学课程的指定教材，至2013年已发行第三版。由于当时仅有少数汉学家能够接触到中西方的图书资料，因而该书也曾被誉为彼时欧洲汉学界的一本经典著述，具有重要的学术价值。[6]

在此之前，意大利汉学研究界往往更注重中国的宗教、文化和哲学，对诗歌领域的关注甚少。而白佐良在这部著作的编撰中尤其重视诗歌作品，并且还特意选取了一些从未被翻译成西方语言的作品进行译介，[7]如《悲愁歌》《洗儿》等。通过白佐良的翻译，许多未被国外汉学界知晓的诗篇首次进入西方视野。中国传统诗歌的意大利语翻译往往依赖其他语言的转译，[8]然而通过白佐良的努力，这一局面也开始得到根本的改变。此外，白佐良在《中国文学》的基础上还精选了更多的经典文本作为翻译的对象，将之辑为诗歌和散文集两册，即《中国诗歌选》（*Testi di letteratura cinese. Poesia*）[9]和《中国古文选》（*Testi di letteratura cinese. Prosa*）[10]。白佐良的选目参考了《唐诗三百首》和四书五经等经典著作，但具体文本选择并非随机的，而是基于主观审美标准和作者自身经验而择定，这一特点在他的三部有关中国古典文学的著作中皆有体现。

由于白佐良深受西方浪漫主义与现代“文学”观念的影响，因而其译介往往多偏向于选择那些饱含个人情感表达和具有鲜明审美特征的作品，并将注意力集中在发掘作品中的所谓美学旨趣。在这一理念指引下，他选译的诗词也多以爱情、女性之美为主题，借此赞美女性的独立、自主、平等思想和精神内涵，比如《子衿》《关雎》《白头吟》等。他也关注以“离别”“漂泊远游”“相思愁绪”为主题的诗歌，如李清照的《武陵春》、蒋捷的《虞美人》。在对唐诗的选译与评价上，他认为崔护的《题都城南户》是唐代最美的爱情诗；同时高度赞誉李煜，认为其诗歌灵感多源自爱情和痛苦，充满强烈感情，触动人心。而这些也与意大利早期温柔新体诗流派相似，聚焦于女性和爱情，强调真实情感和微妙的心理变化，并契合了意大利文艺复兴时期人文主义的特点。

当然对“情”的关注，也是为了进一步关注诗歌的文化意识内涵，因此白佐良的视角也就很自然地从人文领域转向了社会领域，这也使之在编写上除了注重抒情诗篇外，也多着眼于具有社会价值和政治功能的作品。在他看来，虽然不主张将文学政治化，但也不能由此否认古代文学包含的政治意义，这点更明显地会体现在中国传统的古文上。为此，在《中国文学》中，他概括了中国哲学思想的主要特征，即中国人历来将君主视作传达上天旨意的使者，而自己则是这些理念的维护者与践行者。这也决定了古代的学者与文人会在自己的文本中常将君主与个人品德的实现作为追求的目标。这种文学与政治密不可分的特点，需要我们深入地了解当时的社会理念与社会制度是如何影响古典中国文学及其特征的。比如在论述宋朝散文时，他认为，一方面自由文体的出现提升了文学的价值；另一方面，可从中见到其内容也反映出了作者对当时社会的深刻认知。除了选译四书五经的篇章以外，白佐良还选译了当时担任重要职位的官员文人的政论和小品文，比如《师说》《读孟尝君传》，由此展示了古代中国的话语体制。通过对文学作品的分析与历史环境对比，读者也可更为深入地认识文章的价值和中国古代文人群体的思想状态。

三、翻译策略："异化"与"归化"相结合

白佐良的翻译作品主要服务于汉语教学，鉴于目标受众为意大利汉语学习者，因此在编译《中国文学》和其他两部诗文选集时，他力求通过"异化法"（alienation）来恢复原文的字面意义和准确性，以保留文本的中国文化和文体特色，由此突显出中国文化的特异性，但为能让意大利读者能对这些特异性有所了解，又需要在字句上加以适当改造并对之做出解释。比如，在翻译李商隐的《登乐游原》时，他先是将"向晚意不适"直译为"Verso sera la mia mente era turbata"（接近傍晚我感觉头晕），直接表达为生理上的不适，尽管这种译法可能与原意有所出入，但在意大利语中这个句式意味着"晕头转向，意识模糊"，因此相对更便于理解。但为减少文化差异造成的误解，白佐良又通过注释详细解释了这一表达在中文语境中的含义，译为"di cattivo umore, non sentirsi bene"（心情不好，感觉不适），借之可帮助读者理解其进一步引申的意义。

而对于那些更为特殊的意象或具有中国特色的词语和俗语，白佐良主要采取"归化法"（adaptation）进行翻译。以《九歌·山鬼》为例，译者选择采用"edera"（洋常春藤）、"piante rampicanti"（攀缘植物）来表达"薜荔"和"女萝"这些带有地域特色的词语，以使诗句更加晓畅易懂。将"既含睇兮又宜笑"译为"che mi fissa, schiudendo le labbra a sorriso"，大意为"抿嘴微笑着凝视我"，达到了意思上的对等，

生动展现了一个微笑含蓄、眉眼含情的形象，从而消除了文化差异可能带来的理解偏差。在翻译诗文中的成语“人面桃花”时，白佐良直接译作“una bella donna, incontrata casualmente una volta e di cui si conserva il ricordo”（偶然遇见一次的美丽女子，令人难以忘怀），这种转化式的表达方式只是保持了部分原义，但却符合意大利读者的习惯认知。

从形式上来说，白佐良也偏好带有迭句的诗词，因此对古老的《诗经》尤为喜爱，这也是因为其中的迭句与意大利的民歌有类似之处，符合对读音和意义双重性审美的心理习惯。长期以来，西方世界所理解的“诗歌”与“隐寓”（allegory）或“隐喻”（metaphor）相关，并将之看作一种纯粹的、抽象的、难以企及的艺术境界。因此，诗人们试图在声音与意义、形式与内容中尽可能寻求一种美学上的平衡，这也影响了一些汉学家在翻译汉诗时的处理方式。比如，《古诗十九首·青青河畔草》这首诗连用了六个叠词，白佐良在翻译时尽量保持上下句音节数量的一致，使译文更富有韵律感，同时在选词上也更注意选择词尾元音一致的词语，由此使得整首诗的翻译在语法结构和意境传达上表现得十分和谐。

形式作为中文诗歌美感的重要传达方式不可忽略。因此虽然白佐良在翻译中采用的是一种自由体，但他仍希望能尽量保持每个诗句的用词量相近，在形式上显得较为整齐，以使译诗接近中国古诗的原有格式。然而，意大利语强调时态和人称，而中国诗歌则常采用无人称写法，因此在翻译过程中需要将之补足。这种译法有可能会在一定程度上限制意大利读者的想象力，同时，如何补充信息也是对译者有效把握原文的考验。在这方面，白佐良在翻译中会通过减少逻辑性强的连词的使用方式，以突出中国诗歌语言的含蓄朦胧感，而在断句方面，则仍尽量遵循原作的语序和句法，以维护中国古典诗词原有的审美调式。

以《天净沙·秋思》为例，白佐良的译文如下：

Edera secca, un albero vecchio, un corvo a sera,
un piccolo ponte sul torrente, qualche casa
lungo l’antica strada. Il vento da occidente. Un cavallo magro.
Verso occidente tramonta il sole,
muore di tristezza chi sta lontano!

原曲的名词附修饰语的构成被全部保留了下来，语法结构也遵循了形式上对等的原则，未有增减。其末句“断肠人在天涯”的翻译，同样采用了无人称用法，由此构成了一幅静态化的画面，从而比较确切地传递出了原作的意境，使作品的神韵得以充分地再现出来。

白佐良的翻译读本被意大利东方学专业视为学习中国古文的首选工具。译本总体上呈现出较强的系统性、计划性，最大程度地保留了中国古典文学特有的面貌与形态。不论是民间话本还是官方典籍，面对文字背后丰富的历史蕴涵，白佐良都能较为准确地还原原文思想，并用标注的方式来解释其在中国文化背景下的深层含义。这种翻译方式对译者要求很高，需要对诗文的中文含义理解透彻，同时了解文学创作的社会历史背景，知晓诗人的风格以及诗人透过意象传达的思想感情，从而建构起一种特定的认知场域，使读者不仅能借之获得与原文读者相近的审美感受，也能了解诗文所依托的具体社会历史景观。

总体来看，无论是在处理整篇诗文时，还是在处理诗歌中出现的那些带有特定文化意指的成语和修辞等时，为保留中国文学的异质性，白佐良仍主要采用异化的方式来转译，这也体现出了他对源语言固有文化基因的积极肯定，以使中国文学在走近西方读者时能让他们较为充分地了解到中国人的文化习俗与思维方式。然而，不管如何，词语和概念的不对等仍然是翻译过程中最具挑战性的部分。因此白佐良采用了“归化”与“异化”相结合的方法，将中意两种不同的语言相互对照，并经过细致的斟酌，对那些具有特殊文化意象的词语或句子首先采用异化的翻译策略，进而用归化的方式作补充，兼顾了原文的特色和译文的可读性。并通过解释，让读者能了解到历史与文化对之的塑形作用。白佐良的译作不仅实现了语言上的转换，同时也较好地实现了文化间的转换，从而成为尝试中意两国人心意相通的一个优秀范例。

四、结语

白佐良的研究代表了意大利汉学在20世纪60—80年代的发展状况。通过将培养外交人才为目的的汉学实用教学与对中国文化的高水平汉学研究相结合，白佐良在继承意大利传统汉学的基础上开辟了新的探索之路。他对中国古代诗文的意译，推进了中国古典文学进入西方文化视野的进程，在一定程度上实现了跨文化的再现和重构，不仅为意大利人理解中国传统提供了有益范本，也使意大利的中国古典文学研究在系统化、学理化的方向上迈出了重要的一步。扩展地看，白佐良的中国观和对中国问题的思考也有助于意大利学者更为全面、客观地认知中国的哲学思想和古典文化。

通过研究白佐良对中国诗文的研究与翻译，我们也能看到，在一个相对确定的时间段中，一些汉学家对中国形象叙事的思维方式、话语体系也体现出某种相对的内在一致性，并揭示出在这个特定的时代中国形象在西方文化体系中运作的方式。对于这段已逝历史的回顾，有助于我们更好地了解历史变动对汉学的影响，并对其做出符合时代场景的判断。

（作者单位：杭州师范大学外国语学院）

注释：

[1] 张永奋、白桦：《意大利汉学史》，北京：学苑出版社 2016 年版，页 5。

[2] Bertuccioli, Giuliano. *Storia della Letteratura della Cina*, L'Asino d'oro edizioni, Roma, 2013. 该书第一版题为《中国文学史》（*Storia della letteratura cinese*），于 1959 年面世，1968 年再版时更名为《中国文学》（*La letteratura cinese*），本文参考的是于 2013 年出版的最新修订版，该版由费琳（Federica Casalin）编辑，汉学家马西尼（Federico Masini）作导言。

[3] Masini, Federico. *Italian translations of Chinese literature*, 1994, pp.42 — 43.

[4] Bertuccioli, Giuliano and Federico Masini. 1996. *Italia e Cina*. Bari, Laterza. 该书中译本为（意）白佐良、马西尼：《意大利与中国》，萧晓玲、白玉崑译，北京：商务印书馆 2002 年版。

[5] Bertuccioli, Giuliano. "Le opere minori di Martino Martini (1614 — 1661)1 Le opere cinesi". *Rivista Degli Studi Orientali*, vol. 67, no. 1/2, 1993, pp.143 — 170. JSTOR, http://www.jstor.org/stable/41880773. Accessed 17 Oct. 2022.

[6] 转引张西平、马西尼：《中外文学交流史：中国 - 意大利卷》，济南：山东教育出版社 2015 年版，页 277。原文出处：Letter by P. Demiéville to G. Bertuccioli, dated January 12th, 1969. Courtesy of G. Bertuccioli.

[7] Bertuccioli, Giuliano. *Storia della Letteratura della Cina*, L'Asino d'oro edizioni, Roma, 2013. 作者序。

[8] "Storia della lingua e storia della letteratura", *Romance Philology*, vol. 69, no. 2, 2015, pp.401 — 412. JSTOR, http://www.jstor.org/stable/44741947. Accessed 18 Oct. 2022.

[9] Bertuccioli, Giuliano. *Testi di letteratura cinese. Poesia*, Bagatto Libri, Roma, 1988.

[10] Bertuccioli, Giuliano. *Testi di letteratura cinese. Prosa*, Libreria Editrice Orientalia, Roma, 2013.

汉学现场

一生与中国文学结缘的使者
——访西班牙汉学家雷林科

陈恩维　何兆轩

北大西洋伊比利亚半岛曾孕育出古老而悠久的海洋文明，但与欧亚大陆另一端同样孕育出灿烂辉煌的文明的古老中国长期没有交往。16—18 世纪，随着地理大发现和航海新时代的到来，“东方使徒”西班牙传教士沙勿略（St. Francis Xavier，1506—1552）渡海东来，并尝试学习中文以进入中国，从而开启了西班牙汉学的“黄金时代”。其后，门多萨（Juan Gonsales de Mendoza，1545—1618）《中华大帝国史》成为当时欧洲人了解中国的必读书，庞迪我（Diego de Pantoja,1571—1618）则成为了融入中国社会的“西儒”，闵明我成为 17 世纪西班牙汉学的一代宗师。18—19 世纪，西班牙国力衰落，汉学研究也进入衰落时期。20 世纪，西班牙的汉学开始实现从“文言文”到“白话文”的转换，并且呈现出复苏的迹象。新时期以来，中西人文交流也在不断走向深入。2008 年 10 月 30 日，由北京大学与西班牙格拉纳达大学共同成立的孔子学院，成为推动中国和西班牙人文交流的桥梁，而曾任该校孔子学院第二任外方院长的雷林科（Alicia Relinque）教授，则成了新时期推动中国和西班牙人文交流的卓越使者。

雷林科现为西班牙格拉纳达大学教授，先后在香港城市大学、北京大学、伦敦大学亚非学院、哈佛大学开设并教授中国文学理论、中国古典文学及文言文等课程。教学之余，雷林科教授躬耕翻译领域多年，主要译著包括《文心雕龙》《西厢记》《金瓶梅词话》《牡丹亭还魂记》等中国古典文学名著。

初遇中国文学：兴趣与老师

雷林科从 1976 年开始学习汉语。她最初的汉语学习是在西班牙开始的。雷林科与汉语的结缘离不开一位国际巨星——李小龙，她少时因为看了李小龙的功夫电影而对中国产生兴趣，自此开始接触汉语。雷林科少年时期的理想是当一名外交官，所以大学期间她选择的第一个专业是法律，并且同时修习法语、德语、英语和汉语，但是汉语给她留下了最深刻的印象："第一天开始学汉语的时候，我被震惊了。我觉得汉字很漂亮，一看就很喜欢。我当时还学习其他的语言，但是刚看到汉字的时候，感觉汉字就像魔术一样吸引了我。"不过，雷林科的第一位中文老师并没有给她带来很好的印象，因为他不鼓励学生，课堂中不教授口语，自己上课又常不守时。幸运的是，雷林科后来遇到了一位很好的中文教师："他让我们真正地爱中国，爱汉字。他是第一个让我读唐诗的人。"这位老师的汉语教学颇为得法，不仅让雷林科的汉语快速入门，而且让她领略到了唐诗的气象风韵，雷林科从此与富有魔力的汉字及中国文学结下了不解之缘。

雷林科接触到的首部中国文学经典是《诗经》。那时候，刚刚涉足中国文学世界的雷林科经常去马德里的书店看有关中国的书，但只能看到一些有关阴阳太极的书。有一次，她在一众中国玄学之书中看到了一部中国诗集，不由眼前一亮。最初，她并不知道由拼音写就的书名是什么意思，直到后来才知道是《诗经》。该书装帧漂亮，但价格昂贵，其价格相当于二十本普通书籍。尽管当时特别想买这本书，但囊中羞涩的她只能是望梅止渴。每次到书店看书时，她都要特地看一下这本心爱之书有没有被买走。当看到书还静静地被留在书架上，她就无比开心，觉得这本书一直在等待着她去购买。工作之后，领到第一笔工资，雷林科立刻把它给买回来了。"这本书是我的宝贝，我把它珍藏在家中。"雷林科提及此书时，脸上仍带有淡淡的笑意。

对中国文学的学习兴趣被激发后，雷林科便一发不可收拾，全身心投入到中国文学的学习和研究当中。她先后辗转西班牙、法国的高校求学，从法律系跨专业转至汉语系，最后以"唐代岑参的诗歌研究"为题完成了硕士学位论文，并取得法国的汉学硕士学位。1985 年，雷林科选择到中国的北京大学进修四年。由于当时还没有实行中西两国的学历与学位认证，她即使在北京大学获得了博士学位也不能得到西班牙政府的承认，但她仍义无反顾地以交换生的名义来到北大进修汉语。在北大，雷林科主要进修了古代文学、古代汉语与现代文学的相关课程。这段难得的经历为她日后的翻译工作打下了坚实的基础。她对在华生活也甘之如饴："那段时间，可以说是我这辈子最幸福的一段时光。"

翻译中国文学：基于热爱的忠实翻译

《文心雕龙》是雷林科翻译的第一部中国文学作品。这部作品的翻译有着一串因缘际会。雷林科的博士论文原本是打算研究唐代诗歌与西班牙诗歌在比喻上的差异，但在研究过程中，她却被《文心雕龙》中的文论思想深深地吸引了。为了深入了解《文心雕龙》，她试着寻找相关外文译本，却只发现了一个英文译本，而且翻译得并不准确，在用词遣句、理论解释等方面让她感觉"不舒服"，于是她决定改变研究方向，自己动手翻译《文心雕龙》，从此踏上了翻译中国经典的道路。

雷林科的翻译动机来自于译者对作品的热爱。雷林科一再提到，她最想翻译的作品其实是《楚辞》。这部带有浪漫主义风格、感情奔放、想象奇特的作品从感性角度深深地感染了她。雷林科力图沉浸式地体悟《楚辞》中每一个字词的含义与情绪基调，认为其中的描写"特别美，特别让人感动"。同时，她还深入了解了屈原的生平和性格，对他的经历与行为"特别佩服"。显然，对文字的精准理解和对作者的充分了解，有利于她对文本进行深层次的体悟。其次，《楚辞》所具有的浓郁的楚国地方特色和神话色彩，也是雷林科乐此不疲的原因。她觉得："神话都是有秘密的。"《楚辞》中的神话与楚地民俗，给雷林科带来了了解中国文化的新视角，她希望在翻译中能借此更加深入地了解中国文化。目前，雷林科的《楚辞》翻译已取得了一定进展："《离骚》已经翻译了一些部分，《九歌》也翻译了三四个部分"。当问及翻译中的艰难险阻，雷林科不假思索地指出："有人问我遇到过什么困难？我遇到的所有都是困难，例如材料不足，知识储备还跟不上，等等。"同时，她还表达出对读者市场的担忧："我翻译的都是古典文学，现在在西班牙没有几个人愿意去看这些作品。"但是，她对这些困难十分释怀："这些困难，让我发现我的翻译工作是多么有意义。我理应去克服一个个困难，准确地翻译中国文学经典，让更多西班牙读者了解中国文学之美。

当然，更重要的是，这项工作也让我发现了不同于西班牙的新的文学世界，让我看到了新的语言、新的文化。我享受着这一切。”诚如《离骚》所言：“亦余心之所善兮，虽九死其犹未悔。”对于中国古典文学的翻译事业，雷林科一直秉持矢志不移的热爱。无论接受效果如何，她个人在翻译过程中已获得足够的精神文化满足。

雷林科也将翻译当作一段学习和致敬中国文学之旅。在决定翻译《金瓶梅词话》时，初期她并没有急于开展工作，而是首先反躬自问，自己是否喜爱这部作品，是否对作品产生的时代背景有充分的了解。为此，她选择先沉淀两年时间：“因为我之前根本不了解明代的状况，所以在第一年、第二年我都没开始翻译。理由很简单，我需要这段时间去学习和了解关于明代的知识，了解关于这一段时间的历史、文化等很多东西。”在不断研习过程中，她明确了自己对明代文学作品的欣赏和喜爱：“我学了很多关于明代的知识，最后我觉得《金瓶梅》是值得翻译的。”在确定好自己的内心取向后，雷林科开始拓展自己对《金瓶梅》了解的广度。她大量收集相关资料，以达到全方位熟稔明代及《金瓶梅词话》的目的：“我几乎去了我知道的所有书店，在那里找到并买下大量关于中国古典小说、关于明代、关于金瓶梅的资料。”这些庞杂的资料，包括《金瓶梅》的各个版本：“我会把所有的我可以找到的版本都拿到，分辨哪一个是最好的版本，哪一个是最具有参考性的，或者是最重要的版本。”雷林科对底本的考证，不局限于目标文本，她还会将之与同时期的其他中国古典文学作品进行横向比较。《金瓶梅》的翻译使雷林科进一步地了解了明代社会的世况，以及明代小说中的爱情书写。不久，她接到了出版社翻译《牡丹亭》的邀约。于是，她又开始将两部经典作品进行横向比较，希望能由此进一步扩展与加深对不同体裁的中国文学作品关于

爱情的书写及其特点的了解。

雷林科深谙语言学习在跨文化交际中的重要作用。早在法国求学时期，她就做好了相应的语言准备。她在学习中文的同时还学习了日语。她认为，此举可以“帮助我去了解更多的材料，获取更为广阔的视野”。不久前，雷林科将1922年林纾根据英文版《堂吉诃德》翻译而成的文言版《魔侠传》再度译回西班牙语。这也被她看作是一场“无比艰辛”的挑战，因为林纾所使用的桐城派古文晦涩难懂，并且没有标点，这就大大增加了阅读与理解的难度。好在《魔侠传》是由英文转译而来，而雷林科精通英语，因此，她阅读了几乎所有相关的英文中间译本，最后通过对比汉、英、西三语文本，准确地理解了林纾《魔侠传》的本意。与此同时，她也发现了林氏在翻译英文版《堂吉诃德》时添加的那些“中国印记”，借之也可更深入地认知跨文化交流中出现的那些转义现象。

在不同语种的互译中，名词的表意会在传播中变形。面对这种情况，雷林科强调词汇互译的准确性。在翻译中，她通常会先了解并确认某个名词在中文里的意思，随后对比西班牙语名词在相同语境中的意思。这样的考证需要参考大量的语料，以保证词汇意义的一致性。对于整本书，雷林科尽量保留作品原貌。她常常会遇到出版社提出的对译作进行删减的要求：“有一次，出版社的主任看过《金瓶梅》一个法国的译本后，建议我翻译他觉得最有意思的那一部分，同时避免翻译其中的一些情色描写。”甚至，还有一些编辑要求译作增添某些情节，以满足西方读者的阅读需求。这时候，她通常会坚决拒绝。因为，她觉得译者应该保证作品的完整性，不能进行过多的改动而影响作品原貌。

雷林科“沉浸式”的翻译工作，让一个个成熟的译本面世。这些译本极好地保存、传播了中国古典文学的古朴风韵，准确呈现了中国文学的迷人风采。在翻译过程中，雷林科自己也得到了中国文学的反哺与滋养。例如《金瓶梅》中呈现的中国世情让她深深着迷，其中大量的饮食、宗教、法律等描写，让她愈加深刻体悟到了中国文化的厚重与精深。

中国文学外译展望：游戏、科幻与女性诗会

虽然雷林科个人很热爱中国古典文学，但她也发现当代西班牙年轻人对包括中国在内的各国古典文学都不大感兴趣。加之信息的不对称，当代西班牙人对中国仍带

有一些中国早期经济尚未发展之时遗留下的偏见，这也影响了他们对中国文学的认识与接受。为此，雷林科认为也有必要借用新的传播方式来促进文化间的交流，比如她在近年来敏锐地观察到中国文学海外传播的一个新动向——电子游戏与科幻小说。雷林科谈到当代西方年轻人对于电子游戏的热衷："几年前，很多西班牙人因为日本的video games而对日本感兴趣，从而开始学习日语。现在，中国古典文学也是电子游戏的重要题材之一。"她发现西班牙的年轻人对一款以《三国演义》作为背景的电子游戏很感兴趣。所以，当学生们告诉她诸葛亮、刘备等中国历史人名时，她惊呆了，甚至有玩一玩这款游戏的想法，并萌发了对这种新的传播手段的高度兴趣。同时，她观察到中国古典文学在西方尚未失去传播的土壤，"我们发现，四大奇书，例如《金瓶梅》《西游记》等书在西班牙一版再版，而《红楼梦》基本上每三四年就再版一次。"这说明，中国文学在西方仍有一定市场，依然有一群忠实读者阅读并喜爱这些中国经典文学作品。因此如果能结合电子游戏这个新的传播路径来传播中国文学经典，未来市场是充满希望的。

雷林科对中国现当代文学也有涉猎，尤其是中国科幻小说领域。她盛赞中国科幻小说与刘慈欣对西方读者的影响："这两三年，刘慈欣的书在西班牙非常流行，很多出版社开始翻译出版中国的科幻小说。我觉得，中国的科幻小说正在变成西班牙年轻人了解中国的新渠道，可以帮助西班牙人打破对中国的偏见。"雷林科希望借助翻译中国当代科幻小说引导西方读者了解中国古典文学："可能人家通过阅读中国科幻文学，觉得科幻小说有意思，进而产生了解中国古典小说的兴趣。"她认为这是一个很好的促进古典文学在西方传播的方法。同时，雷林科也认为，中国文学与西方文学是存在文化相通性的，在中国文学传播过程中理应对这方面加以挖掘："中西两国有源远流长的交流史，我们有很多彼此的历史文献资料。所以，我的观点是，我们不应该一直去强调我们的差异，而应该去更多地关注我们之间的共同点。"中国古典和当代科幻小说的翻译，无疑是一条沟通中西文化共性的新渠道，雷林科对之予以了极大的期待。

关于中国古典文学研究，雷林科还分享了她个人的一个研究计划，即对中西女性诗会的相关研究。这个课题的设想与中国科幻小说有一定的联系。雷林科在阅读中发现，中国当代有很多女性科幻小说作家，例如写出《北京折叠》的郝景芳等。在中国文学史上，特别是明清时期，女性作家也比较活跃。结合自身的诗歌研究、明清研究、翻译研究等方面的学术背景和学术积累，她开始将关注的目光放到中国明清女性诗会上。关于中国的女性诗会，明代袁枚的《随园诗话补遗》有所记载：“闺秀吴浙为盛。庚戌春，扫墓杭州，女弟子孙碧梧邀女士十三人，大会于湖楼，各以诗画为贽，余设二席以待之。”雷林科想翻译这类诗会的作品，并与西方相近历史时期的女性诗会进行比较：“在17、18世纪的欧洲，也有一些诗会，即很多人在一起创作诗歌，西方女性在这点上和中国女性一样，她们会时常聚集在一起写作诗歌。我对这一现象特别感兴趣。我与一个同事商讨过，她是做法国女士诗会研究的。我们决定同时开展研究，先各自分头研究，然后做综合比较研究。”

从《文心雕龙》到《西厢记》，从《牡丹亭》到《楚辞》，从《金瓶梅词话》到《魔侠传》，雷林科基于热爱而将多部中国文学名著翻译成西班牙语，直接推动了中国文学在西班牙语国家的传播和中外文学的交流互鉴。不仅如此，她还开始结合互联网新时代年轻读者的接受习惯，探寻多种翻译、传播和研究中国古典文学的可能途径。而阅读、翻译和研究中国文学，也一直滋养和回馈着雷林科教授，带给她无穷的乐趣。2017年，雷林科荣获第十一届中国图书特殊贡献奖和首届黄玛赛中国文学翻译奖。2023年9月11日，她又获得首届旨在为表彰全球范围内致力于促进中外文化交流、文明互鉴的外籍人士或机构而设立的兰花奖中的“友好使者奖”。她深情地表示：“对我而言，研究中国不仅仅是我的职业，是我的爱好，更是我生命中的极为重要的一部分。”

（作者单位：广东外语外贸大学中国语言文化学院）

立足当下中国的文化传播使者

——访俄罗斯汉学家罗流沙

采访人：唐可心

坐落在涅瓦河北岸、与冬宫遥遥相对应的，圣彼得堡国立大学是俄罗斯最早建立的大学之一，也是俄罗斯汉学研究的发源地。圣彼得堡国立大学东方学系是世界领先的研究现代和古代东方国家和地区的文化、语言、宗教和历史的中心之一，并于2006年设立了俄罗斯的第一所孔子学院。罗季奥诺夫（Aleksei Rodionov），这位常以“罗流沙”的名字为中国学者熟知的汉学家即任职于此，他当初于圣彼得堡国立大学开展博士后研究，后又担任该校东方学系汉语教师、东方学系常务副主任、孔子学院理事。圣大悠久的汉学研究历史给了罗流沙丰富的滋养，他又通过自己的教学与学术活动反哺着这所大学，二者密不可分。

“上世纪80年代的时候，我住在黑龙江省黑河对面的布拉格维申斯克，对河对岸的国度充满了好奇，觉得它是谜一样的国度。”对中国的好奇、对中华文化的向往从小就在他心中埋下了种子，也是在这个中俄接壤的边境城市，他开始学习汉语。1992年，在激烈的竞争下，他考上了布拉格维申斯克国立师范大学的汉语专业，正式开启了汉学研究之路。罗流沙曾于 1994 年在复旦大学学习，作为年轻一代的汉学研究者，他继承了老一辈“中国通”对汉语和中国文化的热爱。“学汉语、研究中国文化是我的终身大事”，他笑着说。也是在热爱的驱使下，他撰写了《中国文学史手册》《老舍与中国 20 世纪文学中的国民性问题》两部专著，以及关于中国现当代文学和中俄文学交流的论文 62 篇。自 2003 年以来，他策划、编辑了《上海人文集》、《中国当代小说（三卷本）》、《第四十三页：中国 21 世纪小说》、茅盾《子夜文集》、刘震云《吃瓜时代儿女们》、《中国 20—21 世纪话剧精选》等 29 部书籍，翻译了老舍《我这一辈子》、贾平凹《黑氏》、余秋雨《上海人》、冯骥才《司格林教授》、曹文轩《乌鸦》、杨争光《公羊串门》、黄国勤《潮州两记》、蔡东《朋霍费尔从五楼纵身一跃》、光盘《达达失踪》等 25 部作品，是一位精通中国现当代文学的“高产”汉学家。

在许多场合，被问及作为一个汉学家的意义，罗流沙的回答都是“让更多俄罗斯人认识中国”。轻描淡写的回答背后，是他立足当下，对传播中国文化、加强中俄文化交流的决心。也是这种信念，促使他从一个边境小城的懵懂少年，转变为一名年少有为、赫然有名的汉学家。

中国现当代文学的传播者

“我最感兴趣、最喜欢、最佩服的中国作家是老舍”，罗流沙认为幽默是老舍创作的一个重要的主题，“他的幽默并不让读者哈哈大笑，而是让读者从另一个角度看到社会的荒诞、人生的荒诞和人的寂寞”。对老舍的“偏爱”，也体现在他的专著《老舍与中国 20 世纪文学中的国民性问题》中。同时他认为许多像鲁迅、老舍、巴金、莫言、余华等的中国作家，与俄罗斯作家有很多共通之处，他们受到俄国作家的影响，“都关注作家对人类的责任意识、对真理和正义的追求、对解除人类所受的各种社会和精神上的奴隶枷锁的痴心”。因其出生的时代，罗流沙接触到的更多是中国现当代文学，加之中俄国家政策支持和自身的研究方向，罗流沙将自己定位为中国现当代文学的传播者。凭借对中国现当代文学及创作者的深刻体悟以及共通的精神追求，他加入了翻译这些中国现当代作品的队伍，用翻译构建起中国现当代文学与俄罗斯文学交流的桥梁，让更多俄罗斯读者认识到与刻板印象大为不同的中国。

按照罗流沙的划分，可以将 1992 年至今的中国现当代文学在俄罗斯的译介分为三个阶段，并呈现出从寂冷到繁荣的趋势，以及译者队伍人数由少至多、翻译量由小至大等特征，而他则经历了后两个阶段。如果说前一个阶段的特征是译者人数少、质量高、报酬低、翻译量小，那么后来随着中俄经贸交流加深，汉语热在俄罗斯的普及，莫斯科大学、圣彼得堡国立大学等高校相继开设了中国文学翻译的课程。此外，有赖于中国机构推动的文学“走出去”计划，以及中俄两国政府签署的“50部互译计划”等，中国现当代文学翻译队伍持续扩大，形成了专业化和职业化的趋势，翻译的作品也更丰富。在他看来，虽然一些翻译作品的质量还不太令人满意，但这些变化是值得称赞的，它们标志着中俄人文交流的愈趋深入，也体现了俄罗斯人对中国文化，尤其是对中国现当代的文化日益强烈的了解意愿。

自2003年始，罗流沙共翻译了25部中国现当代文学作品，其中包括余秋雨的《上海人》、贾平凹的《黑氏》、韩少功的《第四十三页》、老舍的《我这一辈子》等。他坦言道：“我自己很喜欢翻译活动，我在大学里一边教授文学翻译课，一边从事翻译工作。但由于时间和精力有限，我的翻译主要以中短篇小说为主。”中国现当代文学与他的研究方向契合，同时文学中体现的人文精神和对人生、人性的思考让他深深热爱着中国现当代文学。他认为，很长一段时间以来，俄罗斯与最新的中国文学之间产生了脱节，一个很重要的原因就是没有人翻译这些新作品，带着这种担忧，他策划、翻译了多部中国现当代文学作品，希望以此弥补由脱节产生的空白，并满足俄罗斯读者了解中国现当代文学的强烈意愿。“我相信，在这些作品中，我们每个人都能找到有价值的、有新意的书。”

罗流沙对中国文化已然十分熟悉，再加上有中国学习的经历，他的译作更多地体现出原汁原味的特点。在翻译过程中，罗流沙既本着尊重原文的态度，同时也会依据中俄语言、文化间事实上存在的差异和读者的接受情况，适时采取直译、替代、意译或添加译注等不同策略。在此方面的不断修炼，也使他的翻译水准达到了相当娴熟的程度，能高水平地完成接手的翻译工作，并受到了学界与读者的高度评价。

除了关注那些人们熟知的现当代文学作家作品，紧跟潮流的罗流沙也将目光放在了中国网络文学上，“中国网络文学是一个全新的文学形态，它出现在我们面前，而且出现得不同寻常”。他通过数字统计证明，中国网络文学也在俄罗斯颇受欢迎。比如“在2022年，Komilfo出版社推出了中国作家墨香铜臭的小说《天官赐福》的第一卷，发行量竟达80,000册，创下了新的纪录。自20世纪90年代以来，还没有任何作品达

罗流沙担任中国作家刘震云文学影视作品节活动主持人

到过如此大的发行量”。不仅如此，那些网络文学的衍生品如T恤、马克杯等也如潮水般涌入了俄罗斯。罗流沙敏锐的视角更加证实了中国文学的无限潜力，甚至于像网络文学这类较为新鲜的创作形态也能如此快地被俄罗斯读者接受，这也提醒了俄国新一代的汉学家，要对新事物、新现象予以更多的关注。

除了创作、翻译之外，罗流沙还积极参与中俄文学交流活动，比如邀请刘震云到圣彼得堡国立大学交流与举办讲座，还在中国作协的支持下建立了“俄罗斯中国文学读者俱乐部”，旨在向海外读者推介中国文学作品，让更多中国作家走向世界。除了线下的积极联络与沟通，还举办多种多样的文学活动，俄罗斯的汉学家与译者们也开创了自己的网络平台，向当地读者推介中国著名作家的优秀作品。

“在我看来，中国当代文学的传播潜力还是很大的。一方面，社会上日益增长的对中国的兴趣主要还是集中在当代中国；另一方面，中国当代文学虽然有鲜明的本土化特征，但它本身也是中国和西方文学传统融合的产物，在体裁、修辞、主题上能很好地为外国人所接受。”中国传统文学在俄罗斯也曾经产生过较大的影响并传播深远，而相比之下，现当代文学更能体现中国、中国人如今的面貌，更便于中俄文化之间的交流。也正因此，罗流沙会在这条路上不断进行钻研和开拓，无论是作为俄罗斯高校的教职人员，给学生们带去影响，还是作为一名杰出的汉学家、翻译家，将中国文学广泛地播撒至俄罗斯大地，他一直都在尽职、尽力地做好自己的工作。

中俄文化交流的使者

2023年1月13日，圣彼得堡国立大学的学生们组织了一场别具特色的中国诗歌和戏剧表演，这也是首届圣彼得堡大学生中国文化艺术节中的一个竞赛单元。罗流沙作为戏剧大赛评委会主席亲临现场，对学生们的精彩表演给予了积极的鼓励："我们已经开始走到线下，与中国文化面对面，我希望我们的生活中能有更多的中国文化。"戏剧是一种生动直观的文化传播形式，因此而他也非常期待中国的这一传统艺术形式能不断地登上俄罗斯剧院的舞台。其实，像这样大大小小的活动不胜枚举，而罗流沙都会亲力亲为地投身其中，以此来推动中国文化艺术在俄罗斯的落地生根。

在儿时的黑龙江边，他认为"那时，中国虽然近，但其实像月亮一样远"。如今，随着中俄多层次多方面的交流不断加强，罗流沙不仅多次受邀出席中国的学术活动，在中国许多重要场合发表讲话，对中国发生日新月异的变化发出由衷的赞赏，而且他也切实地感到，伴随着中俄距离的"缩短"，中国元素开始对俄罗斯社会产生越来越大的影响，特别是来自中国的大大小小的商品进入到了百姓之家，使俄罗斯人开始产生了某种依赖，"我和家人现在用的手机品牌就是华为的。"罗流沙笑着说道。

除此之外，中国节日文化、饮食文化也在俄罗斯逐渐普及。据他所说，俄罗斯有许多中国文化节，其中规模最大、影响最广泛的便是春节。"过中国年"是俄罗斯孔子学院的一项重点活动，中国大使馆和总领事馆每年也会在中国文化部的支持下举办大规模的针对广大群众的春节晚会和招待会等。"许多知道春节的俄罗斯人都对属相很感兴趣，中国的鞭炮很好玩，红色灯笼很好看，饺子很好吃，中国人在他们心目中已经变成一群很可爱的人，而中国也不再是一个陌生的、不易理解的巨大邻邦。"

当然，中国文化的快速传播，与"一带一路"合作的深入和孔子学院的创立密不可分。俄罗斯目前有20多所孔子学院，"并且有着很好的发展前景，因为俄罗斯人对学汉语和了解中国文化有很大的热情"。罗流沙说道。在俄罗斯，汉语已成为一门热门的专业，在圣彼得堡大学，汉语也是最难考的专业之一。即便如此，招收的学生还是会远远超过计划人数。中文相关专业也很容易就业，他笑着说："毫不夸张地说，学了这些专业就等于有了'铁饭碗'"。

中国诗歌朗诵比赛中的圣大学生

罗流沙在中国

罗流沙同时指出最近十几年来俄罗斯汉学家们对中国的研究已由传统的汉学（即语言、文化和历史研究）发展成多方位的、跨学科的研究。比如圣彼得堡大学最近几年新开设了中国法律、中国经济和中国旅游专业。这些都是中俄文化交流、俄国汉学研究立足当下时代收获的成效。

罗流沙也认为，随着中俄文化交流的不断深入，中国形象其实也发生了很大转变。他提到，“在俄罗斯人眼里，今天的中国不再是人口众多、经济落后的国家，而是友好的、繁荣的、先进的伟大邻邦”。随着中国的崛起，理解中国成为国际社会日益迫切的议题，这也直接影响着汉学研究的发展。“理解中国”也是许许多多像罗流沙一样的俄罗斯汉学家的使命，“中国的历史源远流长，中华几千年的文明积累了丰富的思想、宗教、文学、艺术、美食等方面的传统，值得与世界共享”。罗流沙正是在这种与世界共享中国优秀文化的信念的驱使下，笔耕不辍，奋楫笃行，以此拉近中俄的距离。看到这些变化时，我们也要感谢像罗流沙这样的汉学家，一直都在自觉、积极地充当着中俄文化交流的使者，用文明连接两片大陆，从而使中国于俄罗斯不再是高悬空中的明月，而是近在咫尺的弱水。

（作者单位：北京语言大学中华文化研究院）

丁 放　阳光下的禾木村

丁　放　清晨的阿斯哈图石林

作者简介：

丁放，女，北京科技大学文法学院硕士生导师。艺术评论家、摄影家。

丁 放 海滨之恋

丁 放 如歌的行云

苏 刚 长城

作者简介：

苏刚，北方工业大学副教授。现为中国美术家协会会员，中国艺术评论家协会会员。

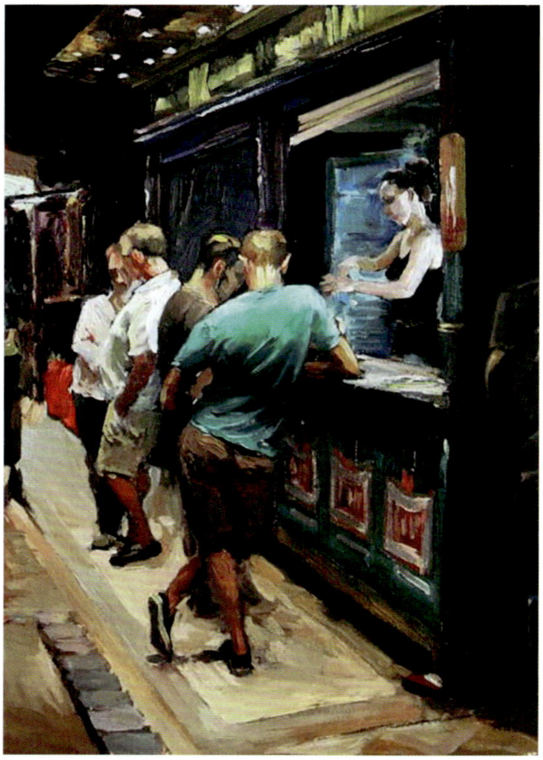

苏 刚 布达佩斯的夜半

苏 刚 布达佩斯的舞蹈

苏 刚　灵隐寺

林建寿 喜临门

林建寿 大宁水库

作者简介：

林建寿，中国艺术研究院研究员。现为中国美术家协会会员，中国油画学会会员。